BIBLIOTHECA «EPHEMERIDES LITURGICAE»
«SUBSIDIA»

COLLECTIO CURA A. PISTOIA, C.M., ET A.M. TRIACCA, S.D.B. RECTA

——————— 57 ———————

DE LICENTIA SUPERIORUM

BENOÎT DARRAGON

Moine bénédictin d'Hautecombe

RÉPERTOIRE
DES PIÈCES EUCHOLOGIQUES
CITÉES DANS LE
"DE ANTIQUIS ECCLESIAE RITIBUS„
DE DOM MARTÈNE

C.L.V. — EDIZIONI LITURGICHE - 00192 ROMA
Via Pompeo Magno, 21
1991

Tip. Giammarioli - Frascati

INTRODUCTION

Aucun liturgiste n'ignore l'extraordinaire valeur du grand ouvrage de Dom Edmond Martène, *De Antiquis Ecclesiae Ritibus*, et il n'est aucunement nécessaire d'en faire une présentation.

Jusqu'à une époque assez récente, il était toutefois assez difficile de l'utiliser pleinement, car le caractère fort succinct des références aux manuscrits utilisés par l'auteur demandait un travail assez délicat pour situer dans le temps et le lieu les textes produits. Cette difficulté a été enlevée par le remarquable ouvrage de Mgr A.-G. Martimort: « *La Documentation liturgique de Dom Edmond Martène* », Biblioteca Apostolica Vaticana, 1978.

Il restait cependant un pas à faire. Les multiples *Ordines* rassemblés par Martène contiennent de très nombreuses pièces euchologiques, dont il est souvent utile et nécessaire, pour l'histoire liturgique, de pouvoir suivre l'apparition et le développement. Leur recherche dans le *De Antiquis Ecclesiae Ritibus* implique souvent un travail long et fastidieux. C'est à réaliser celui-ci une fois pour toutes que vise le présent ouvrage.

Il relève, dans l'ordre suivi par Martène, toutes les pièces de ce genre, et l'Index alphabétique permet de les retrouver sans peine.

Le relevé des pièces a été fait de la manière suivante:

— tous les *Ordines* donnés par Martène sont indiqués successivement, pour autant qu'ils comportent des pièces euchologiques ou assimilables;

— les titres de ces *Ordines* sont précédés de leur numéro d'ordre dans l'ouvrage de Mgr Martimort. Ils sont suivis (entre parenthèses) des références aux éditions d'Anvers et de Venise, signalées par les sigles **A** et **V**.

Benoît Darragon
Moine bénédictin d'Hautecombe

LIBER PRIMUS

DE RITIBUS IN SACRAMENTORUM ADMINISTRATIONE OBSERVATIS

CAPUT I

De ritibus baptismi

ARTICULUS VII
IN QUO VARII EXHIBENTUR ORDINES
AD FACIENDUM CATECHUMENUM

367. **Ordo 1** (A, I 41-42; V, I 15)

AD CHRISTIANUM FACIENDUM

1. Ds caritatis totius confirmator ... fidei percipiat.
2. Ds qui perdita reparas ... pervenire mereamur.
3. Dne s. p. o. ae. ds qui fecisti caelum ... religiose consistat.
4. Ds qui es et qui eras ... spiritu sancto.
5. Accipe signum crucis tam in fronte ... in saecula saeculorum.
6. Accipe spiritum sanctum et in corde teneas.

368. **Ordo 2** (A, I 40-41; V, I 15)

AD CHRISTIANUM FACIENDUM

7. Dne dignare benedicere hujus infantiae ... percipere mereamur.
8. Accipe signaculum christi suscipe ... confessus es a christo.
9. Signo te in nomine patris et filii ... pax tecum.

369. **Ordo 3** (A, I 42; V, I 15)

AD CATECHUMENUM EX PAGANO FACIENDUM

10. Accipe signum crucis tam in fronte ... saecula saeculorum.
11. Te deprecamur dne s.p.o. ae. ds ut huic ... percipere mereatur.
12. Dne s. p. o. ae. ds qui es et eras ... servire mereatur.

370. **Ordo 4** (A, I 42-45; V, I 15-16)

INCIPIT ORDO ET ORATIONES AD CATECHUMENUM FACIENDUM

13. Insufflo te diabole in nomine patris ... fraude decepisti.
14. O. s. ds pater domini nostri j. c. respicere ... percepta medicina.
15. Preces nostras qs dne clementer exaudi ... pervenire mereatur.

16. Ds qui humano generi ita es conditor ... per gratiam.
17. Exorcizo te creatura salis in nomine ... saeculum per ignem.
18. Benedic o. ds hanc creaturam salis ... qui venturus.
19. Accipe sal sapientiae propitiatus in vitam aeternam.
20. Ds patrum nostrorum ds universae conditor ... consequi mereatur.
21. Ds abraham ds jacob ds qui moysi ... ad gratiam baptismi tui.
22. Ergo maledicte diabole recognosce ... audeas violare.
23. Ds caeli ds terrae ds angelorum ... ad gratiam baptismi tui.
24. Ergo maledicte ...
25. Ds immortale praesidium ... regna percipiat.
26. Audi maledicte satana aljuratus ... vivos et mortuos.
27. Da abraham ds isaac ds jacob ds qui tribus ... baptismi tui.
28. Ergo maledicte ...
29. Exorcizo te immunde spiritus in nomine ... dextram porrexit.
30. Ergo maledicte ...
31. Exorcizo te immunde spiritus per patrem ... suscitavit.
32. Ergo maledicte ...
33. Æternam ac justissimam pietatem ... percipiendam gratiam tuam.
34. Benedictio dei patris et filii ... perducat aeternam.

371. **Ordo 5** (A, I 45-46; V, I 16-17)

INCIPIT ORDO AD BAPTIZANDUM INFANTEM

35. Recede ab hac imagine dei ... spiritui sancto.
36. Signum crucis domini nostri j. c. in fronte tua pono.
37. Signum salvatoris nostri j. c. in pectus tuum pono.
38. O. s. ds pater dni nostri j. c. respicere ...
39. Preces nostras qs dne ...
40. Ds qui humani generis ...
41. Exorcizo te creatura salis ...
42. Accipe sal sapientiae propitiatum ...
43. Ds patrum nostrorum ...
44. Ds abraham ds isaac ...
45. Ergo maledicte ...
46. Ds immortale praesidium ...
47. Ergo maledicte ...
48. Exorcizo te immunde spiritus ...
49. Ergo maledicte ...
50. Ds caeli ds terrae ...
51. Ergo maledicte ...
52. Ds abraham ds isaac ...
53. Ergo maledicte ...
54. Exorcizo te immunde spiritus ...
55. Ergo maledicte ...
56. Aeternam ac justissimam ...

372. **Ordo 6** (A, I 46-47; V, I 17)

ORDO AD CATECHUMENUM FACIENDUM

57. Accipite signaculum dei patris et filii et spiritus sancti.
58. Exi ab eo satan. Da honorem ... famulo dei ill.
59. Signo te in fronte in nomine dni ... ut confitearis illi.
60. O. s. ds pater dni nostri j. c. ...
61. Preces nostras ...
62. Ds qui humani generis ...
63. Exorcizo te creatura salis ...
64. Accipe sal sapientiae ut propitiatus ... in vitam aeternam.
65. Ds patrum nostrorum ...
66. Ds abraham ds isaac ds jacob ...
67. Ergo maledicte ...
68. Ds caeli ds terrae ...
69. Ergo maledicte ...
70. Ds immortale praesidium ...
71. Audi maledicte satana ...
72. Ds abraham ds isaac ds jacob ...
73. Ergo maledicte diabole ...
74. Exorcizo te immunde spiritus ...
75. Ergo maledicte diabole ...
76. Exorcizo te immunde spiritus per patrem ...
77. Ergo maledicte diabole ...
78. Aeternam ac justissimam ...
79. Nec te latet satanas ...
80. Effeta quod est adaperire in odorem suavitatis.
81. Tu autem effugesce ... judicium dei.
82. Abrenuntias satanae? ... abrenuntio.
83. Et ego te linio oleo ... vitam aeternam.

373. **Ordo 7** (A, I 47-49; V, I 17-18)

ORDO CATECHUMENUM FACIENDI

84. Si vis habere vitam aeternam ... per eum qui venturus.
85. Exi ab eo spiritus immunde et da locum ... paraclito.
86. (N.) Accipe spiritum sanctum ... pax tibi.
87. (N.) Signum salvatoris ... pectore tuo pono.
88. (N.) Signum salvatoris ... in pectore tuo pono.
89. (N.) Accipe signum crucis tam in fronte ... qui venturus est.
90. Preces nostras qs dne ...
91. Ds qui humani generis ...
92. O. s. ds pater ...
93. Benedic o. ds hanc creaturam salis ... qui venturus.
94. (N.) Accipe salem sapientiae ... pax tibi.
95. Ds patrum nostrorum ...
96. Ds abraham ds isaac ...
97. Ergo maledicte ...

98. Ds caeli ds terrae ...
99. Ergo maledicte ...
100. Audi maledicte satana ...
101. Ergo maledicte ...
102. Ds abraham ds isaac ...
103. Ergo maledicte ...
104. Exorcizo te immunde spiritus ...
105. Ergo maledicte ...
106. Exorcizo te immunde spiritus ...
107. Ingredere in sanctam ecclesiam ... jesu christo.

374. **Ordo 8** (A, I 46-47; V, I 18)

108. Exi ab eo satana ...
109. In nomine patris et filii ... spiritum sanctum.
110. Signo te in nomine dni nostri j. c. ut confidas in eo.
111. Signum crucis dni nostri j. c. in pectus tuum pono.
112. O. s. ds pater ...
113. Preces nostras ...
114. Ds qui humani generis ...
115. Exorcizo te creatura salis ...
116. Accipe sal sapientiae ... vitam aeternam.
117. Ds patrum nostrorum ...
118. Ds abraham ds isaac ...
119. Ergo maledicte ...
120. Ds immortale praesidium ...
121. Audi maledicte satana ...
122. Exorcizo te immunde spiritus ...
123. Ergo maledicte ...
124. Ds caeli ds terrae ...
125. Ergo maledicte ...
126. Ds abraham ds isaac ...
127. Ergo maledicte ...
128. Exorcizo te immunde spiritus ...
129. Ergo maledicte ...
130. Aeternam ac justissimam ...
131. Nec te latet ...
132. Effeta quod est adaperire ... judicium dei.

375. **Ordo 9** (A, I 50-51; V, I 18-19)

INCIPIT ORDO AD CATECHUMENUM FACIENDUM

133. Signo te sigillo fidei ... pectus tuum pono.
134. O. s. ds pater dni nostri j. c. ...
135. Preces nostras ...
136. Ds qui humani generis ...
137. Exorcizo te creatura salis ...
138. Accipe sal sapientiae ut per hoc propitietur ...

139. Ds patrum nostrorum ...
140. Ds abraham ds isaac ...
141. Ergo maledicte ...
142. Ds immortale praesidium ...
143. Audi maledicte ...
144. Exorcizo te immunde spiritus ...
145. Ergo maledicte ...
146. Exorcizo te immunde spiritus ...
147. Ergo maledicte ...
148. Aeternam ac justissimam ...
149. Nec te latet ...
150. Tu autem effugare ...
151. (N.) intra in ecclesiam dei.

376. **Ordo 10** (A, I 51; V, I 19)

ORDO BAPTISTERII SUPER FEMINAS

152. Exi ab ea spiritus immunde ... spiritus sancti.
153. Signum crucis salvatoris ... in fronte tua pono.
154. Signum crucis salvatoris ... in pectore tuo pono.
155. Accipe signum crucis tam in fronte ... saecula saeculorum.
156. O. s. ds pater ...
157. Preces nostras ...
158. Ds qui humani generis ...
159. Exorcizo te creatura salis ...
160. Accipe sal sapientiae ... in vitam aeternam.
161. Ds patrum nostrorum ...
162. Ergo maledicte ...
163. Ds abraham ...
164. Ergo maledicte ...
165. Exorcizo te ...
166. Ergo maledicte ...
167. Aeternam ac justissimam ...
168. Nec te latet ...
169. Effeta quod est adaperire ...
170. Tu autem effugare ...
171. Intra in gaudium dni tui.

377. **Ordo 11** (A, I 52-53; V, I 19-20)

ORATIO IN MULIEREM POST QUADRAGINTA DIES

172. Dne ds o. pater dni j. c. qui naturam ... saeculorum.
173. Dne ds noster qui advenisti in salutem ... glorificet.
174. Dne ds noster qui in quadraginta dierum ... vivifico tuo.
175. Capita vestra dno inclinate.
176. O. ds et pater o. qui per grandiloquium ... saecula saeculorum.
177. Ecclesiam ingreditur servus dei ... saecula saeculorum.
178. Introibit in domum tuam ... servus dei (N.).

378. Ordo 12 (A, I 53-56; V, I 20-21)

ORATIO AD FACIENDUM CATECHUMENUM

179. In nomine tuo ds veritatis ... tua est gloria.
180. Increpat te diabole qui advenit ... in saecula saeculorum.
181. Ds sanctus timendus et gloriosus ... in saecula saeculorum.
182. Dne sabaoth ds israel qui omnem ... saecula saeculorum.
183. Dominator dne qui hominem ad imaginem ... vitae consocia.
184. Malignum omnem et immundum ... ab eo expelle.
185. Spiritum erroris spiritum nequitiae ... regno consequatur.
186. Gratia et miserationibus ... in saecula saeculorum.
187. Abrenuntias satanae? ... abrenuntio.
188. Abrenuntiasti satanae?
189. Insuffla igitur et expue in illum.
190. Conjungeris christo? .... conjunctus sum.
191. Adora ergo illum ... individuam trinitatem.
192. Benedictus ds qui omnes homines ... in saecula saeculorum.
193. Dominator dne ds noster servum tuum ... in saecula saeculorum.

379. Ordo 13 (A, I 56-57; V, I 21)

ORATIO AD FACIENDUM EX ETHNICO CATECHUMENUM

194. Benedictus es dne ds pater dni nostri j. c. ... dignus fiat.
195. Tu dne sanctum verbum tuum ... et sancto spiritui.

380. Ordo 14 (A, I 57-58; V, I 21)

ORDO SERVANDUS CIRCA EOS QUI EX HEBRAEIS
AD CHRISTIANAM FIDEM ACCEDUNT

196. Renuncio omni hebraeorum consuetudini ... daemoniis colloce-
tur.
197. Dne j. c. fili dei vivi agne et pastor ... saecula saeculorum.

ARTICULUS XII

IN QUO VARII AD FACIENDUM SCRUTINIUM
ORDINES REFERUNTUR

384. Ordo 1 (A, I 89-98; V, I 32-35)

AD FACIENDUM SCRUTINIUM

198. Da illi misericordiam tuam ... justificationes tuas.

INCIPIT EXORCISMUS

199. Adgredior te immundissime damnate ... judicium confitentur.

INCIPIT EXPOSITIO VEL TRADITIO SYMBOLI

200. Sermo et sacramentum totius symboli ... ita incipit.

201. Exaudi dne supplicationem familiae ... percipere mereantur.

EXPOSITIO EVANGELIORUM IN AURIUM APERTIONE AD ELECTOS

202. Aperturi vobis filii carissimi evangelia ... lucas joannes.
203. Filii carissimi ne diutius ergo vos ... matthaei persona.
204. Marcus evangelista leonis gerens figuram ... excitabit eum?
205. Lucas evangelista speciem vituli ... plenissime continebat.
206. Joannes habet similitudinem aquilae ... dno nostro percipere.

PRAEMISSIONES AD SCRUTAMEN

207. Te dne deprecamur et poscimus ... baptismatis praeparentur.
208. Christe jesu qui cunctis portas aperis ... delebit impressum.

INCIPIT PRAEFATIO ORATIONIS DOMINICAE

209. Dnus et salvator noster discipulis ... nos docuit et ita.
210. Patefactum vobis dilectissimi nobis ... saecula saeculorum.

MISSA IN SYMBOLI TRADITIONE

211. In geminas partes diem hunc excolendum ... voce salvator.
212. ... pater ex alto clarificat ... dicentes: sanctus.
213. Aspice sincero vultu ... sancta largiris.
214. Venerabilibus informati praeceptis ... dicimus: pater.
215. Exerce liberator in nobis juris ... concina gloriaris.
216. Perseveret in his dne caeleste signaculum ... consequi mereantur.
217. Concede in his immaculatae vitae ... sine fine conlaudent.
218. Acceptis fratres carissimi spiritualibus cibis ... spiritum sanctiorem.
219. Panis vitae nostrae aspice ds ... blandimenta non quatiant.

INCIPIT EXPOSITIO SYMBOLI

220. Fratres carissimi virtus est sacramenti ... hoc modo incipit.

385. **Ordo 2** (A, I 98-103; V, I 35-37)

DENUNTIATIO PRO SCRUTINIO QUO III HEBDOMADA
IN QUADRAGESIMA IN TERTIA FERIA INITIANTUR

221. Scrutinii diem dilectissimi fratres ... peragere valeamus.
222. In nomine patris et filii et spiritus sancti.
223. O. s. ds pater dni nostri j. c. ...
224. Preces nostras ...
225. Ds qui humani generis ...
226. Exorcizo te creatura salis ...
227. Accipe sal sapientiae ... in vitam aeternam.
228. Ds patrum nostrorum ...
229. Da qs dne electis nostris ...
230. In nomine patris ... et spiritus sancti.
231. Da abraham ds isaac ...
232. Ds immortale ...

233. Ds abraham ds isaac ...
234. Exorcizo te immunde ...
235. Aeternam ac justissimam ...
236. Memento famulorum famularumque qui electos tuos ... cognita est.
237. Hanc igitur oblationem ... poscimus praeparare.
238. Adesto dne qs redemptionis effectibus ... dignanter coaptandos.
239. Suppliciter dne sacra familia ... largiente percipiant.
240. Die sabbati adveniente ... ad ecclesiam N. vel N.
241. Illa feria adveniente colligite vos ... ipse nuntiaverit.
242. Aperturi vobis ...
243. Filii carissimi ne diutius ...
244. Marcus evangelista leonis gerens figuram
245. Lucas evangelista species vituli ...
246. Joannes habet similitudinem aquilae ...
247. Adnuntia fidem ipsorum qualiter credant ...
248. Haec summa est fidei nostrae ...
249. Dnus et salvator noster ...
250. Haec libertatis vox est ...
251. Audite dilectissimi orationis dominicae sancta mysteria ...

386. Ordo 3 (A, I 103-110; V, I 37-40)

252. Scrutinii diem dilectissimi ...
253. O. s. ds pater dni j. c. ...
254. Preces nostras ...
255. Ds qui humani generis ...
256. Exorcizo te creatura salis ...
257. Accipe sal sapientiae ...
258. Ds patrum nostrorum ...
259. Ds abraham ds isaac ...
260. Ds caeli ds terrae ...
261. Ds immortale praesidium ...
262. Ds abraham ds isaac ...
263. Exorcizo te immunde spiritus ...
264. Exorcizo te immunde spiritus ...
265. Aeternam ac justissimam ...
266. Illa feria adveniente ...
267. Aperturi vobis filii ...
268. Filii carissimi ne diutius ...
269. Marcus evangelista ...
270. Lucas evangelista ...
271. Joannes evangelista ...
272. Dilectissimi nobis accepturi ...
273. Annuncia fidem ...
274. Dnus et salvator noster ...
275. Audistis dilectissimi dominicae orationis ...
276. Da qs dne electis nostris ... gratiam reformentur.
277. Miseratio tua ds ad haec percipienda ... conversatione perducat.

278. Memento dne famulorum ... baptismi tui.
279. Hanc igitur oblationem ... vocare dignatus es.
280. Hos dne fonte baptismatis ... poscimus preparari.
281. Adesto dne qs redemptionis effectibus ... dignanter aptandos.
282. Suppliciter dne sacra familia ... te largiente percipiant.
283. O. s. ds ecclesiam tuam ... regeneratione caelestes.
284. Remedii sempiterni munera ... exhibere perficias.
285. Memento dne famulorum ...
286. Hanc igitur oblationem ...
287. Tu semper qs dne tuam attolle ... benignitate salvandam.
288. Tu famulis tuis qs dne bonos mores ... beneficia promereri.
289. Concede qs dne electis nostris ... membra numerentur.
290. Supplices dne sacra familia ...
291. Tu semper qs dne ...
292. Tu famulis tuis qs dne ...
293. Aperturi vobis carissimi ...
294. Filii carissimi ne diutius ...
295. Marcus evangelista ...
296. Lucas evangelista ...
297. Joannes evangelista ...
298. Exaudi nos o. ds et famulos tuos ... operatione mundari.
299. Memento dne famulorum ...
300. Hanc igitur oblationem ...
301. Concurrat qs dne populus tuus ... sedulus exoret.
302. Ds qui cum salutem hominum ... renatos custodias.

388. **Ordo 4** (A, I 110-115; V, I 40-42)

ORDO AD SCRUTINIUM

303. Exorcizo te cinis in nomine dei ... sinceri inveniantur.
304. Te item petimus et rogamus ... constituant vitiorum.
305. Effeta quod est adaperire. In odorem suavitatis.
306. Tu autem effugare diabole ... judicium dei.

INCIPIT ORDO VEL DENUNTIATIO SCRUTINII AD ELECTOS QUOD IN TERTIA HEBDOMADA IN XL. II. FERIA INITIATUR

307. Scrutinii diem dilectissimi ... peragere valeamus.
308. Abrenuntias satanae? ... abrenuntio.
309. Credis in deum patrem ... credo.
310. Exi immunde spiritus ...
311. In nomine patris et filii ...
312. O. s. ds pater dni nostri j. c. ...
313. Exorcizo te creatura salis ...
314. Accipe salem sapientiae ...
315. Ds patrum nostrorum ...
316. Da qs electis ...
317. Ds abraham ...
318. Ds caeli ds terrae ...

319. Audi maledicte satana ...
320. Ds abraham ...
321. Exorcizo te immunde spiritus ...
322. Exorcizo te immunde spiritus ...
323. Aeternam ac justissimam ...
324. Miseratio tua ds ad haec ... conversatione perducat.
325. Memento dne famulorum ...
326. Hanc igitur oblationem ...
327. Hos dne renovandos fonte ... pace disponas.
328. Die sabbati adveniente ...
329. O. s. ecclesiam tuam ...
330. Remedii sempiterni ... exhibere perficias.
331. Tu semper qs dne ...
332. Tu famulis tuis qs dne ...
333. Illa feria veniente ...
334. Concede dne electis nostris ... membra numerentur.
335. Aperturi vobis filii ...
336. Filii carissimi ne diutius ...
337. Marcus evangelista ...
338. Lucas evangelista ...
339. Joannes evangelista ...
340. Dilectissimi nobis accepturi ...
341. Pya glossa omologesin ... pisteuo is ena.
342. Annuncia fidem ipsorum qualiter credant.
343. Haec summa dilectissimi ...
344. Dominus et salvator noster j. c. ...
345. Exaudi nos o. ds et famulos tuos ...
346. Concurrat qs dne populus ...
347. Ds qui cum salutem hominum ...

389. **Ordo 5** (A, I 115-118; V, 42-43)

348. Aperturi filii carissimi ...
349. Filii carissimi ...
350. Marcus evangelista ...
351. Lucas evangelista ...
352. Joannes evangelista ...
353. Suscipite symbolum ... ecclesiae tradiderunt.
354. Dilectissimi nobis accepturi sacramenta ...
355. Annuntia fidem illorum ...
356. Haec summa est fidei ...
357. Dominus et salvator noster ...
358. Diximus vobis dilectissimi ... constituat haeredes.
359. Haec libertatis vox est ... conferre dignetur.
360. Audistis dilectissimi dominicae orationis ... faciat pervenire.

391. **Ordo 6** (A, I 118-120; V, 43-44)

361. Ds abraham ds isaac ...

362. Ergo maledicte diabole ...
363. Ds immortale praesidium ...
364. Ergo maledicte ...
365. Exorcizo te immunde spiritus ...
366. Ergo maledicte ...
367. Aeternam ac justissimam ...
368. Ds qui et justis praemia ...
369. Aperturi vobis filii evangelia ...
370. Filii carissimi ne diutius ...
371. Marcus evangelista ...
372. Lucas evangelista ...
373. Joannes evangelista ...
374. Dilectissimi nobis accepturi ...
375. Annuncia fidem ...
376. Haec summa est dilectissimi ...
377. Dominus et salvator noster ...
378. Audistis dilectissimi orationis dominicae ...

392. **Ordo 7** (A, I 120-123; V, I 44-45)

RENUNCIATIO ET COOPTATIO A PATRIARCHA FACTA SANCTA PARASCEVE ANTE PASCHA CONGREGATIS CATECHUMENIS IN SANCTISSIMA ECCLESIA

379. State in timore et cruce ... solvite calceamenta.
380. Instat instructionis vestrae ... opifici adhaeretis.
381. Convertamini ad occidentem ... insufflate in eum.
382. Convertamini ad orientem ... adorate illum.
383. Benedictus ds qui vult omnes homines ... in saecula saeculorum.
384. Ecce renuntiatis diabolo ... filio et spiritui sancto.
385. Sursum habete manus... dne miserere.
386. Quia misericors et benignus ds ... gloriam rependimus.
387. Dominator dne ds servos tuos ... regni filii tui.
388. Quotquot dispositi estis ... benedictionem accipite.
389. Ds pater noster qui omnes vis salvari ... gloriam rependimus.

406. ARTICULUS XVII (A, I 173-175; V, I 62-63)

ANTIQUA FIDEI PROFITENDAE FORMULA

390. Credimus in deum patrem omnipotentem ... esse arbitrii.

ARTICULUS XVIII

IN QUO VARII AD BAPTISMUM CONFERENDUM ORDINES REFERUNTUR

407. **Ordo 1** (A, I 175-176; V, I 63-64)

391. Stantes fratres carissimi super ripam. ... omnium peccatorum.
392. Ds qui jordanis fontem ... in aeternum.

393. VD. Initiator sanctorum ... patrem et spiritum.
394. Exorcizo te creatura aquae ... saecula saeculorum.
395. Infusio chrismae salutaris ... in vitam aeternam.
396. Baptizo te in nomine patris ... vitam aeternam.
397. Perungo te chrisma sanctitatis ... saecula saeculorum.
398. Ego lavo tibi pedes ... habeas vitam aeternam.
399. Accipe vestem candidam ... jesu christi.
400. Oremus fratres carissimi dnum ... vestire salutem.
401. Baptizatis et in christo coronatis ... usque in finem.

408. **Ordo 2** (A, I 176-178; V, I 64)

OPUS AD BAPTIZANDUM

402. Auctorem ac reparatorem nostrum ... in terris perditione.
403. O. s. ds adesto magnae pietatis ... compleatur effectu.
404. Exorcizo te fons aquae perennis ... mundum per ignem.
405. Dominum immortalium munerum ... conresurgat in regno.
406. Benedic dne hanc aquam salutaris ... in vitam aeternam.
407. VD. Dne ds aeterne. Qui solus habes ... praemiis consecretur.
408. Ds ad quem sitientes animae ... fragilitate deponant.
409. Abrenuntias satanae? ... abrenuntio.
410. Credis patrem et filium? ... Credo.
411. Baptizo te credentem in nomine ... saecula saeculorum.
412. Ds pater dni nostri j. c. qui te regeneravit ... saeculorum.
413. Dominus et salvator noster j. c. apostolis ... saeculorum.
414. Ds ad quem scabie veteris hominis ... subtrahatur haereditas.

409. **Ordo 3** (A, I 179-181; V, I 64-65)

INCIPIT ORDO BAPTISMI

415. Exorcizo te creatura aquae ... in saecula saeculorum.
416. O. s. ds adesto magnae pietatis ... compleatur effectu.
417. Ds qui invisibili potentia ... natura conciperet.
418. Ds qui nocentis mundi crimina ... qui vivit et regnat.
419. VD. Qui aperuisti nobis fontem vitae ... saeculorum.
420. Infusio chrismae salutaris ... in vitam aeternam.
421. Admitte qs o. ds familiam tuam ... fraudibus inimici.
422. Exorcidio te spiritus immunde ... in saecula saeculorum.
423. Effeta effecta est in odorem suavitatis.
424. Ungo te de oleo sanctificato ... regem et prophetam.
425. Operare creatura olei ... per omnia saecula saeculorum.
426. Abrenuntias satanae? ... Abrenuntiat.
427. Credit in deum patrem ... resurgere? Credat.
428. Baptizo te in nomine patris ... partem cum sanctis.
429. Ds pater dni nostri j. c. qui te regeneravit ... vitam aeternam.
430. Accipe vestem candidam ... tribunal christi.
431. Ego tibi lavo pedes ... hospitibus et peregrinis.
432. Dominus noster j. c. linteo ... hospitibus et pauperibus.

433. Laudes et gratias dno referamus ... tribunal christi.
434. Dne ds o. famulos tuos ... integritate custodiant.

410. **Ordo 4** (A, I 181-182; V, I 65)

435. Ephpheta quod est adaperire ... judicium dei.
436. Abrenuntias satanae? ... Abrenuntio.
437. Credis in deum patrem omnipotentem? ... Credo.
438. Ds o. pater dni j. c. qui te regeneravit ... vitam aeternam.

411. **Ordo 5** (A, I 182-183; V, I 66)

AD SUCCURRENDUM INFIRMUM CATICUMINUM

439. Nec te latet ...
440. Effeta quod est adaperire in odorem suavitatis.
441. Tu autem effugare... regnum dei.
442. Abrenuntias satanae? ...
443. Exaudi nos o. ds et in hujus aquae ... mereatur aeternam.
444. Exorcizo te creatura aquae per deum vivum ... per ignem.
445. Adesto dne tuis muneribus ... impleatur auxilio.
446. Dne s. pater o. ae. ds spiritualium ... habitaculum procuret.
447. Exorcizo te creatura aquae in nomine dei ... saeculum per ignem.
448. Credis in deum patrem ... vitam aeternam? Amen.
449. Baptizo te N. in nomine patris ... vitam aeternam.
450. Ds o. pater dni nostri j. c. qui te regeneravit ...
451. Corpus dni nostri j. c. sit tibi in vitam aeternam.
452. O. s. ds qui regenerasti ... unitatis tuae veritatem.
453. O. s. ds majestatem tuam supplices ... tribuas sanitatem.

412. **Ordo 6** (A, I 183-186; V, I 66-67)

ORDO VERO QUALITER CATACIZANTUR EST ITA

454. Nec te latet ...
455. Effeta effeta ...
456. N. Abrenuntias satanae? ... Abrenuntio.
457. O. s. ds adesto ...
458. VD. Ds invisibilis potentiae ... saeculum per ignem.
459. (N.) Credis in deum? ...
460. Baptizo te in nomine patris ... spiritus sancti.
461. Ds pater dni nostri j. c. qui te regeneravit ... vitam aeternam.
462. O. pater dni nostri j. c. regenerasti ...
463. Signum christi in vitam aeternam. Pax tecum.
464. In nomine patris et filii et spiritus sancti.
465. O. s. ds pater dni nostri j. c. respicere ...
466. Exorcizo te creatura salis ...
467. Accipe (N.) sal sapientiae ...
468. Ds abraham ds isaac ...
469. Audi maledicte satanas ...

470. Exorcizo te immunde spiritus ...
471. Ds caeli ds terrae ...
472. Exorcizo te immunde spiritus ...
473. Aeternam ac justissimam ...
474. Innumeras medelae tuae curas ... crucis christi.
475. Famulum tuum dne ad tui baptismi ... valeat exsultare.
476. Te dne supplices exoramus ut visitatione ... quae petimus.
477. Nec te latet ...
478. Effeta quod est adaperire ...
479. (N.) Abrenuntias satanae ...
480. Exaudi nos o. ds ...
481. Exorcizo te creatura aquae ...
482. Adesto dne tuis ...
483. Dne s. pater o ...
484. Exorcizo te creatura aquae ...
485. (N.) Credis in deum patrem? ...
486. Baptizo te in nomine patris ...
487. Ds o. pater dni j. c. qui te regeneravit ...
488. Corpus dni nostri j. c. in vitam aeternam.
489. O. s. ds qui regenerasti ...
490. O. s. ds majestatem tuam ...

414. Ordo 8 (A, I 188-189; V, I 68)

491. Nec te latet ...
492. Effeta effeta ...
493. Abrenuntias satanae? ...
494. O. s. ds adesto ...
495. (N.) Credis in deum patrem omnipotentem ...
496. Baptizo te in nomine patris ...
497. Ds o. pater dni nostri j. c. ...

415. Ordo 9 (A, I 189-190; V, I 68-69)

498. O. s. ds pater dni nostri j. c. ...
499. (N.) Accipe salem sapientiae ...
500. Aeternam ac justissimam ...
501. Nec te latet ...
502. Effeta quod est adaperire ...
503. Tu autem effugare ...
504. Et ego te linio ...
505. Credis in deum ...

416. Ordo 10 (A, I 190-195; V, I 69-70)

INCIPIT ORDO SUPER ELECTOS AD CATECUMINUM FACIENDUM

506. O. s. ds pater dni nostri j. c. respicere ... percepta medicina.
507. Exorcizo te creatura salis ... saeculum per ignem.

508. (N.) Accipe salem sapientiae ... in vitam aeternam.
509. Ds patrum nostrorum ...
510. Ds abraham ds isaac ...
511. Ergo maledicte diabole ...
512. Ds immortale praesidium ...
513. Audi maledicte satana ...
514. Exorcizo te immunde spiritus ... dextram porrexit.
515. Ergo maledicte ...
516. Ds caeli ds terrae ...
517. Ds abraham ds isaac ...
518. Exorcizo te immunde spiritus ... monumento suscitavit.
519. Aeternam ac justissimam ...

IN SABBATO SANCTO ORATIO AD CATECHIZANDUM INFANTEM

520. Nec te latet ...
521. Effeta quod est adaperire ...
522. Tu autem effugare ...
523. Abrenuntias satanae? ... Abrenuntio.
524. O. s. ds adesto magnae pietatis ...
525. VD. Qui invisibili potentia ... saeculum per ignem.
526. Credis in deum patrem ...
527. Et ego te baptizo in nomine patris ...
528. Ds o. pater dni nostri j. c. ...
529. Corpus dni nostri j.c. custodiat te in vitam aeternam.
530. O. s. ds qui regenerare ... propitiatus aeternam.
531. Medelam tuam deprecor dne s. pater o. ae. ds ... gratiam baptismi tui.
532. Exorcizo te creatura aquae ... saeculum per ignem.
533. Ds o. pater dni nostri j. c. qui te regenerare ...

417. **Ordo 11** (A, I 195-198; V, I 71)

ORDO BAPTISTERII

534. Recede diabole ab hac imagine dei ... spiritui sancto.
535. Signum sanctae crucis ... in frontem tuum pono.
536. Signum salvatoris ... in pectus tuum pono.
537. O. s. ds respicere ...
538. Preces nostras ...
539. Ds qui humani generis ...
540. Exorcizo te creatura salis ...
541. Accipe salem sapientiae ...
542. Ds patrum nostrorum ...
543. Ds abraham ds isaac ...
544. Ergo maledicte ...
545. Ds immortale praesidium ...
546. Audi maledicte ...
547. Exorcizo te immunde spiritus ...
548. Ergo maledicte ...

549. Ds caeli ds terrae ...
550. Ergo maledicte ...
551. De abraham ds isaac ...
552. Ergo maledicte ...
553. Exorcizo te immunde spiritus ...
554. Ergo maledicte ...
555. Aeternam ac justissimam ...

IN SABBATO SANCTO ORATIO AD CATECHIZANDUM INFANTEM

556. Nec te latet ...
557. Effeta quod est adaperire ...
558. Exi immunde spiritus et da locum spiritui sancto.
559. Fuge immunde spiritus da honorem deo vivo et vero.
560. Abrenuntias satanae? ... Abrenuntio.
561. O. s. ds adesto magnae pietatis ...
562. VD. Qui invisibili potentia ... saeculum per ignem.
563. Fecundetur et sanctificetur ... in vitam aeternam.
564. Credis in deum patrem ...
565. Et ego te baptizo in nomine patris ...
566. Ds o. pater dni nostri j. c. qui te regeneravit ...
567. Accipe vestem candidam ... in vitam aeternam.
568. Corpus dni nostri j. c. custodiat te in vitam aeternam.
569. O. s. ds qui regenerare ...
570. Medelam tuam deprecor ...
571. Exorcizo te creatura aquae ...
572. Baptizo te in nomine patris ...
573. Ds o. pater dni nostri j. c. qui te regeneravit ...

418. **Ordo 12** (A, I 198-200; V, I 72-73)

INCIPIT ORDO SUPER ELECTOS AD CATECUMINUM FACIENDUM

574. Signum crucis salvatoris ...
575. Signum crucis salvatoris ...
576. O. s. ds pater dni nostri j. c. respicere ...
577. Preces nostras ...
578. Ds qui humani generis ...
579. Exorcizo te creatura salis ...
580. Benedic hanc creaturam salis ...
581. Accipe salem sapientiae ...
582. Ds patrum nostrorum ...
583. Ds abraham ds isaac ...
584. Ergo maledicte ...
585. Ds caeli ds terrae ...
586. Ergo maledicte ...
587. Ds immortale praesidium ...
588. Audi maledicte satana ...
589. Ds abraham ds isaac ...
590. Ergo maledicte ...

591. Exorcizo te immunde spiritus ...
592. Ergo maledicte ...
593. Exorcizo te immunde spiritus ...
594. Ergo maledicte ...
595. Aeternam ac justissimam ...

IN SABBATO SANCTO

596. Nec te latet ...
597. Effeta quod est adaperire ...
598. Exi immunde spiritus da locum spiritui sancto.
599. Abrenuntias satanae? ...
600. Et ego te linio oleo ... vivo et vero.
601. O. s. ds adesto magnae pietatis ...
602. VD. Qui invisibili potentia ...
603. In nomine patris ... in vitam aeternam.
604. Credis in deum? ...
605. Baptizo te in nomine patris ...
606. Ds o. pater dni nostri j. c. qui te regeneravit ...
607. Accipe vestem candidam ...
608. Corpus et sanguis dni j. c. custodiat te in vitam aeternam.
609. Aeternam ac justissimam ...
610. Medelam tuam deprecamur ...
611. Nec te latet ...
612. Effeta quod est adaperire in odorem suavitatis.
613. Abrenuntias satanae? ...
614. Et ego te linio chrismate salutis ... domino nostro.
615. Exaudi nos o. ds et in hujus aquae ... mereantur aeternam.
616. Exorcizo te creatura aquae ... qui venturus.
617. Exorcizo te creatura aquae ... omnium peccatorum.
618. Credis in deum ...
619. Baptizo te in nomine patris et filii et spiritus sancti.
620. Ds o. pater dni nostri j. c. ...
621. O. s. ds qui regenerare ...

419. Ordo 13 (A, 201-202; V, I 73)

622. Signaculo dei patris ... ut confitearis illi.
623. Signaculum dei patris ... in saecula saeculorum.
624. O. s. ds pater dni nostri j. c. ...
625. Preces nostras qs dne ...
626. Ds qui humano generi ...
627. Exorcizo te creatura salis ...
628. Accipe sal sapientiae sit tibi ... in vitam aeternam.
629. Ds patrum nostrorum ...
630. Ds abraham ds isaac ...
631. Trado signaculum dni nostri j. c. ... in saecula saeculorum.
632. Signo te signaculo dni nostri j. c. de manu ... saecula saeculorum.
633. O. s. ds adesto ...

634. Vel te latet ...
635. Effeta quod est adaperire ...
636. Tu autem effugare diabole ... judicium dei.
637. Abrenuntias satanae? ...
638. Et ego linio te oleo ... in vitam aeternam.
639. Credis in deum patrem ...
640. Et te baptizo in nomine patris et filii et spiritus sancti.
641. Ds o. pater dni nostri j. c. qui te regeneravit ...
642. Accipe vestem candidam ...
643. Accipe candelam irreprehensibilem ... in saecula saeculorum.
644. Corpus et sanguis dni nostri j. c. custodiat te in vitam aeternam.
645. O. s. ds qui regenerare ... veritatem.
646. O. s. ds qui regenerare dignatus es ...

420. Ordo 14 (A, I 202-204; V, I 73-74)

INCIPIT ORDO BAPTISMATIS

647. Exi immunde spiritus et da locum spiritui sancto.
648. Accipe signaculum dei patris et filii et spiritui sancti.
649. O. s. ds pater dni nostri j. c. respicere ...
650. Exorcizo te ...
651. Accipe salem sapientiae propitiatus in vitam aeternam. Pax tibi.
652. Ds patrum ...
653. Ds abraham ...
654. Ds caeli ...
655. Ds immortale ...
656. Audi maledicte ...
657. Ds abraham ...
658. Exorcizo te ...
659. Exorcizo te immunde ...
660. Aeternam ac justissimam ...
661. Non te latet ...
662. Effeta quod est adaperire ...
663. Tu autem effugare diabole ... judicium dei.
664. Abrenuntias satanae? ... abrenuntio.
665. Credis in deum patrem ...
666. Et ego linio te oleo ... in vitam aeternam.
667. (N.) Baptizo te in nomine patris et filii et spiritus sancti.
668. Ds o. pater dni nostri j. c. qui te regeneravit ...
669. Ipse te linit chrismate salutis in christo ... in vitam aeternam.
670. Accipe vestem candidam ...
671. O. s. ds majestatem ... tribuas sanitatem.
672. Corpus dni nostri j. c. in vitam aeternam.

421. Ordo 15 (A, I 204-206; V, -74-75)

673. In nomine patris et filii et spiritus sancti.
674. Nec te latet ...
675. Quod est adaperire.

676. Abrenuntias satanae? ...
677. Et ego te linio oleo salutis ... in vitam aeternam.
678. Ite baptizantes populum ... spiritus sancti.
679. O. s. ds adesto ...
680. VD. Qui invisibili clementia ...
681. Sanctificetur et foecundetur ... spiritus sancti.
682. (N.) Credis in deum patrem ...
683. Et ego te baptizo in nomine patris ... vitam aeternam.
684. Ds o. pater dni nostri j. c. qui te regeneravit ...
685. Accipe vestem sanctam candidam ... vitam aeternam.
686. Accipe lampadem irreprehensibilem ... in aula caelesti.
687. Corpus cum sanguine dni nostri j. c. ... in vitam aeternam.

422. Ordo 16 (V, I 206-208; V, I 75)

INCIPIT ORDO AD CATECHUMENOS FACIENDOS

688. Per istam insufflationem ... permaneat in aeternum.
689. Haec est autem vita aeterna ... pendet et prophetae.
690. Accipe spiritum sanctum.
691. O. s. ds pater dni nostri j. c. respicere dignare.
692. Preces nostras ...
693. Ds qui humani generis ...
694. (N. vel N.) Accipe sal ... in vitam aeternam.
695. Ds patrum nostrorum ...
696. (N. vel N.) In nomine patris ... intra ... vitam aeternam.
697. Effeta quod est adaperire ... judicium dei.
698. Abrenuntias satanae? ...
699. (N. vel N.) Et ego te linio oleo ... in vitam aeternam.
700. (N. vel N.) Credis in deum patrem ...
701 (N. vel N.) Ego baptizo te in nomine patris ...
702. Ds o. pater dni nostri j. c. qui te regeneravit ...
703. Accipe vestem candidam ...
704. Accipe lampadem irreprehensibilem ...
705. In nomine patris et filii ... vade in pace.

423. Ordo 17 (A, I 208-210; V, I 75-76)

706. Exultet jam angelica turba ...
707. Ds qui divitias ...
708. Ds qui mirabiliter ...
709. O. s. ds ...
710. Omnipotens ...
711. Sanctificetur et foecundetur ...
712. Credis in deum omnipotentem? ... credis in spiritum sanctum ...
713. Et ego te baptizo in nomine patris ...
714. Ds o. pater dni nostri j. c. qui te ...

424. Ordo 18 (A, I 210-216; V, I 76-78)

INCIPIT OFFICIARIUM CURATORUM INTER CETERA DECLARANS
MODUM ADMINISTRANDI SACRAMENTA ECCLESIAE

715. (N. vel N.) Ego baptizo te in nomine patris ...
716. Si baptizatus es non te baptizo. Si non es baptizatus ...

MODUS ADMINISTRANDI MASCULIS BAPTISMI SACRAMENTUM ET PRIMO
AD CATECHUMINUM FACIENDUM INFANTULUM

717. Exi ab eo satan spiritus immunde ...
718. In nomine patris et filii ...
719. Signum sanctae crucis dni ... in frontem tuam pono.
720. Signum crucis salvatoris dni ... in pectus tuum pono.
721. Signum salvatoris dni nostri j. c. inter scapulas tuas pono.
722. Accipe signum crucis tam in fronte ... esse jam possis.
723. O. s. ds pater dni nostri j. c. respicere ...
724. Preces nostras ...
725. Ds qui humani generis ...
726. Exorcizo te creatura salis ...
727. Accipe sal sapientiae ...
728. Ds patrum nostrorum ...
729. Ds abraham ds isaac ...
730. Ergo maledicte ...
731. Et hoc signum sanctae crucis quod nos ... audeas violare.
732. Ds immortale praesidium ...
733. Exi maledicte sathana ...
734. Ergo maledicte ...
735. Et hoc signum sanctae crucis ...
736. Exorcizo te immunde spiritus ...
737. Ergo maledicte ...
738. Et hoc signum sanctae crucis ...
739. Aeternam ac justissimam ...
740. Ne te lateat ...
741. Epheta quod est adaperire ...
742. Tu autem effugare ...
743. Et benedictio dei patris omnipotentis et filii ... maneat semper.
744. In nomine patris et filii...
745. Intra in gaudium domini tui ... saecula saeculorum.
746. Abrenuntias satanae? ...
747. Ego te linio oleo exorcizato ... in vitam aeternam.
748. Credis in deum patrem omnipotentem ...
749. Et ego baptizo te. In nomine patris ...
750. Si baptizatus es non te baptizo. Sed si nondum ...
751. Ds o. pater dni nostri j. c. qui te regeneravit ...
752. Accipe vestem candidam ... saecula saeculorum.
753. Accipe lampadem ardentem ...
754. Protege dne famulum tuum subsidiis pacis ... redde securum.
755. O. s. ds qui regenerasti hunc famulum tuum ... veritatem.
756. (Enfant) Je te baptise au nom du père ... et du saint esprit.

757. Medelam tuam deprecor dne s. pater o. ae. ds ... baptismi tui.
758. Exorcizo te creatura aquae ... saeculum per ignem.
759. Sanctificetur et foecundetur ...
760. Ego baptizo te in nomine ...
761. Ds o. pater dni nostri j. c. qui te regeneravit ...

425. **Ordo 19** (A, I 216-217; V, I 78-79)

762. In nomine patris et filii ...
763. Epheta quod est adaperire ...
764. (N. vel N.) Abrenuntias satanae ...
765. Et ego linio ...
766. O. s. ds respice propitius ... corpusque sanctificet.
767. O. s. ds adesto magnis pietatis ... impleatur effectu.
768. Concede qs o. ds ut solemnitatem ... vitae sentiamus.
769. (N.) Credis in deum patrem ... vitam aeternam.
770. Ego te baptizo in nomine patris ... vitam aeternam.
771. Ds o. pater dni nostri j. c. qui te regeneravit ...

426. **Ordo 20** (A, I 218-219; V, I 79-80)

MODUS BAPTIZANDI SECUNDUM ECCLESIAM ROMANAM

772. (N. vel N.) Quid petis ab ecclesia dei? ... maximum mandatum.
773. Exi ab eo immunde spiritus ...
774. (N.) Accipe signaculum dei patris ... valeat adimplere.
775. Insufflo te catechumenum denuo ... virtus purgatio.
776. Preces nostras ... pervenire mereatur.
777. (N.) Accipe sal sapientiae quod propitiatur tibi in vitam aeternam.
778. Ds patrum nostrorum ... consequi mereatur.
779. (N.) Intra in conspectum dni ... ut habeas vitam aeternam.
780. Effeta quod est adaperire ...
781. Tu autem effugare diabole ... judicium dei.
782. Abrenuntias satanae? ... abrenuntio.
783. Et ego te linio pectus ... vitam aeternam.
784. Credis in deum patrem omnipotentem ... Credo.
785. Et ego te baptizo in nomine patris ... spiritus sancti.
786. Ds o. pater dni nostri j. c. qui te regeneravit ... vitam aeternam.
787. Accipe vestem candidam ... vitam aeternam.

427. **Ordo 21** (A, I 219-226; V, I 80-82)

ORDO BAPTISMI PARVULORUM

788. Quis illum offert? ... meretur.
789. Abrenuncias diabolo? ... abrenuntio.
790. Epheta quod est adaperire ... in vitam aeternam.
791. Exsufllo te immudissime spiritus ... judicium dei.
792. Ego te linio oleo ... vitam aeternam.
793. Aeternam ac justissimam ...

794. Exorcizo te omnis immundissime spiritus ... saeculum per ignem.
795. (N.) Accipe signum sanctae crucis ... saeculum per ignem.
796. Ds cui ad initiandum nulla parvitas ... deducente perveniat.
797. Exorcizo te creatura salis in nomine ... saeculum per ignem.
798. (N.) Accipe sal sapientiae propitiatum sit tibi in vitam aeternam.
799. Ds patrum nostrorum ...
800. Ds abraham ds isaac ...
801. Ingredere fili in domum dei ... viam scientiae.
802. O. s. ds respice propitius ... pervenire mereatur.
803. Credis in deum patrem ...
804. (N.) Ego te baptizo in nomine patris ... spiritus sancti.
805. (N.) Si baptizatus es non ...
806. Ipse te liniat ...
807. Ds pater dni nostri j. c. qui te regeneravit ...
808. Accipe vestem candidam ... saecula saeculorum.
809. Accipe lampadem ardentem ... in saecula saeculorum.
810. O. s. ds qui regenerasti ... divinitatis tuae virtutem.
811. Benedictio dei omnipotentis patris ... maneat semper.

ORDO SUPPLENDI IN ECCLESIA SOLEMNES BAPTISMI CAEREMONIAS CUM INFANS DOMI OB NECESSITATEM BAPTIZATUS EST

812. Abrenuntias diabolo ... Abrenuncio.
813. (N.) Memor esto sermonis tui ... memor ero.
814. Epheta quod est adaperire ... in vitam aeternam.
815. Ego te linio oleo ... in vitam aeternam.
816. Aeternam ac justissimam ...
817. (N.) Accipe signum sanctae crucis ...
818. Ds cui ad initiandum ...
819. Exorcizo te creatura salis ...
820. (N.) Accipe sal sapientiae propitiatum ... in vitam aeternam.
821. Ds patrum nostrorum ...
822. Ingredere fili in domum dei ...
823. O. s. ds respicere propitius ... cucurrit ecclesiam.
824. Ds pater dni nostri j. c. qui te regeneravit ...
825. Accipe vestem candidam ...
826. Accipe lampadem ardentem ...
827. O. s. ds qui regenerasti ...
828. Benedictio dei omnipotentis patris ... maneat semper.

428. Ordo 22 (A, I 227-230; V, I 82-84)

OFFICIUM SANCTI BAPTISMATIS

829. Benedic dne. Benedictum regnum patris ... saecula saeculorum.
830. Clemens et misericors ds qui corda... in saecula saeculorum.
831. Magnus es dne et miranda sunt ... invocavi dne.
832. Conterantur sub signo figurae ... in saecula saeculorum.
833. Dominator dne ds patrum nostrorum qui in arca noë ... saecula saeculorum.
834. Benedictus ds qui illuminat ... in saecula saeculorum.

835. Ungitur servus dei (N.) oleo ... in saecula saeculorum.
836. In animae corporisque medelam ... et plasmaverunt me.
837. Baptizatur servus dei (N.) in nomine ... saecula saeculorum.
838. Induitur servus dei (N.) tunica ... in saecula saeculorum.
839. Benedictus es dne ds o. fons bonorum ... regni caelestis.
840. Signaculum doni spiritus sancti.

429. **Ordo 23** (A, I 230-231; V, I 84)

ORATIONES BAPTISMATIS QUAS PRAECEDENTIBUS CATECHISMIS
DICIT PATRIARCHA MAXIME SABBATO SANCTO VESPERE

841. Misericors et clemens ...
842. Magnus es dne ...
843. Conterantur sub signo ...
844. Dominator dne ...
845. Baptizatur (N.) in nomine patris et filii et spiritus sancti.
846. Benedictus es dne ...
847. Signaculum doni spiritus sancti.

430. **Ordo 24** (A, I 232; V, I 84)

848. Misericors et clemens ...
849. Magnus es dne ...
850. Conterantur sub virtute ...
851. Dominator dne ...
852. Baptizatur N. in nomine patris et filii et spiritus sancti.
853. Benedictus es dne ...
854. Signaculum doni spiritus sancti.

431. **Ordo 25** (A, I 232-233; V, I 85)

855. Clemens et misericors ...
856. Magnus es dne ...
857. Conterantur sub signo ...
858. Dominator dne ...
859. Ungitur (N.) oleo laetitiae in nomine patris ... spiritus sancti.
860. Baptizatur (N.) in nomine patris et filii et spiritus sancti.
861. Benedictus es dne ...
862. Signaculum doni spiritus sancti ... remissae sunt iniquitates.

432. **Ordo 26** (A, I 234-236; V, I 85)

IN PUERUM MORTI PROXIMUM ORATIO, SANCTORUM BAPTISMATUM
OMNE PROOEMIUM BENEDICTIONEMQUE COMPREHENDENS

863. Benedictum regnum patris ...
864. Dne ds o. omnis creaturae visibilis ... tremendum invocavi.
865. Baptizatur servus dei ...
866. Signaculum doni ...
867. Ds qui servo tuo per sanctum baptisma ... tuarum custodi.

868. Quia benedictum est et glorificatum ... in saecula saeculorum.
869. Dominator dne ds noster qui per baptismi ... deducere digneris.
870. Quia tu es sanctificatio nostra ... in saecula saeculorum.
871. Hic qui christum et deum nostrum induit ... victores esse praebe.
872. Quia tuum est misereri et salvare ... in saecula saeculorum.
873. Justificatus es illuminatus es ...
874. Baptizatus es illuminatus es unguento ... in saecula saeculorum.

CAPUT II

De ritibus ad confirmationis sacramentum spectantibus

ARTICULUS IV
IN QUO VARII AD CONFIRMANDOS ORDINES REFERUNTUR

438. **Ordo 1** (A, I 253-254; V, I 92)

CONFIRMATIO HOMINUM AB EPISCOPO
DICENDA QUOMODO CONFIRMARE DEBET

875. O. s. ds qui regenerare dignatus es ... in vitam aeternam.
876. Accipe signum sanctae crucis chrismate ... in vitam aeternam.
877. Confiteor te ds pater et filius ... diebus vitae tuae.
878. Ds qui apostolis tuis sanctum dedisti spiritum ... perficiat.
879. Benedicat vos o. ds qui cuncta ex nihilo ... pravitate defendat.
880. Effunde qs dne super hos famulos ... in apostolis gloriosus.

439. **Ordo 2** (A, I 254-255; V, I 93)

881. Ds o. pater dni nostri j. c. qui regenerasti ... in vitam aeternam.
882. Signum christi in vitam aeternam.

440. **Ordo 3** (A, I 255; V, I 93)

ORATIO SUPER CONFIRMANDOS

883. O. s. ds qui regenerare dignatus es ... propitiatus aeternam.
884. Signum christi in vitam aeternam.
885. Confirmet vos pater et filius ... in saecula saeculorum.
886. Ecce sic benedicetur homo ... diebus vitae vestrae.

441. **Ordo 4** (A, I 255; V, I 93)

ORDO AD CONSIGNANDOS INFANTES

887. O. s. ds qui regenerare ...
888. Signat te ds sigillo fidei ... spiritus sancti.

442. **Ordo 5** (A, I 256; V, I 93)

889. O. s. ds qui regenerare ... propitiatus aeternam.

890. Confirmo et consigno te ... spiritus sancti.
891. Confirmet vos pater et filius ... in saecula saeculorum.
892. Benedictio dei patris et filii ... maneat semper vobiscum.

443. Ordo 6 (A, I 256-257; V, I 93)

ORATIO AD INFANTES CONSIGNANDOS

893. O. s. ds qui regenerare dignatus es ...
894. Confirmo et consigno te in nomine patris ... spiritus sancti.
895. Benedicat vos o. ds qui ex nihilo cuncta ... effici mereamini.
896. Ds qui apostolis tuis sanctum dedisti ... inhabitando perficiat.
897. Inclinet ds aurem suam ad preces ... caritatis ostendat.

444. Ordo 7 (A, I 257-258; V, I 93-94)

AD CONSIGNANDOS INFANTES

898. Confirmo te signo crucis ... in vitam aeternam.
899. Ds qui apostolis tuis sanctum dedisti ... inhabitando perficiat.
900. Benedicat vos o. ds qui cuncta ex nihilo ... effici mereamini.
901. Effunde dne super hos famulos tuos ... in apostolis gloriosis.

445. Ordo 8 (A, I 258; V, I 94)

902. O. s. ds qui regenerare ...
903. Confirmo et consigno te signo sanctae crucis ...
904. Ds qui apostolis tuis sanctum ...

446. Ordo 9 (A, I 253-255; V, I 94)

CONFIRMATIO EPISCOPALIS

905. O. s. de qui regenerare ...
906. Confirmo te signo sanctae crucis ... vitam aeternam.
907. Confirmet te pater et filius ... in saecula saeculorum.
908. Benedictio dei patris et filii ... vitam aeternam perducat.

447. Ordo 10 (A, I 255; V, I 94)

ORDO AD CONSIGNANDOS INFANTES

909. O. s. ds qui regenerare dignatus es ...
910. Consigno et confirmo te ... spiritus sancti.
911. Pater sancte per unicum filium ... confirmare digneris.
912. Ds qui apostolis tuis sanctum ... inhabitando perficiat.
913. Benedicat vos dnus ex sion ... pacem super israel.

448. Ordo 11 (A, I 255-256; V, I 94)

914. Spiritus sanctus superveniat in vos ... custodiat vos.
915. O. s. ds qui regenerare ...

916. Confirmo te et signo in nomine patris ... et spiritus sancti.
917. Ecce sic benedicetur homo ... in timore suo sanctissimo.
918. Ds qui apostolis tuis sanctum ...
919. Benedicat vos o. ds qui cuncta ... effici mereamini.

449. Ordo 12 (A, I 256-257; V, I 94-95)

ORDO AD CONFIRMATIONEM INFANTUM

920. O. s. ds qui regenerare ...
921. In nomine patris ... confirmo et consigno te ... vitam aeternam.
922. Ecce sic benedicetur homo qui timet ... timore suo sanctissimo.
923. Ds qui apostolis tuis ...
924. Benedictio dei patris omnipotentis ... maneat semper.
925. Adsit nobis dne virtus spiritus sancti ... operatione confirmet.
926. Benedicat vos o. ds qui cuncta ex nihilo ...

450. Ordo 13 (A, I 257; V, I 95)

ORDO AD CONSIGNANDUM INFANTEM

927. O. s. ds qui regenerare ...
928. Consigno et confirmo te signo sanctae crucis ...
929. Pater sancte per unicum filium tuum ... confirmare digneris.
930. Ds qui apostolis tuis per unctionem ... habitando perficiat.
931. Benedicat vos o. ds qui cuncta ...
932. Benedictio dei patris o. et filii ... sit semper vobiscum.

451. Ordo 14 (A, 1258; V, I 95)

933. Spiritus sanctus superveniet in vos ... vos custodiat.
934. O. s. ds qui regenerare ...
935. Consigno te signo crucis et confirmo te chrismate salutis.
936. Ds qui apostolis tuis sanctum ...
937. Ecce sic benedicetur homo ... diebus vitae vestrae.

452. Ordo 15 (A, I 258-259; V, I 95)

938. O. s. ds qui regenerare dignatus es ... in vitam aeternam.
939. Confirmo te in nomine patris et filii et spiritus sancti.
940. Ds qui apostolis tuis sanctum ... habitando perficias.
941. Benedicat vos divina majestas pater et ... spiritus sanctus.

453. Ordo 16 (A, I 262; V, I 95)

ORDO AD CONSIGNANDOS PUEROS

942. O. s. ds qui regenerare ...
943. Consigno te signo crucis et confirmo te ... spiritus sancti.
944. Ecce sic benedicetur homo qui timet ... diebus vitae suae.
945. Ds qui apostolis tuis sanctum ...
946. Vade in pace et angelus ... inimicorum dei.

454. **Ordo 17** (A, I 262-263; V, I 95-96)

ORDO AD CONSIGNANDOS INFANTES

947. Spiritus sanctus super vos descendat ... vos custodiat.
948. O. s. ds qui regenerare dignatus es ... propitiatus aeternam.
949. (N.) Signo te signo crucis ... spiritus sancti.
950. Ecce sic benedicetur homo ... diebus vitae vestrae.
951. Ds qui apostolis tuis sanctum ... inhabitando perficiat.
952. Benedicat vos pater et filius et spiritus sanctus.

455. **Ordo 18** (A, I 263; V, I 96)

INCIPIT AD CONSIGNANDUM PUERUM AB EPISCOPO

953. O. s. ds qui regenerare ...
954. Consigno te signo crucis ... spiritus sancti.
955. Ecce sic benedicetur omnis homo ... diebus vitae vestrae.
956. Ds qui apostolis tuis sanctum ...

456. **Ordo 19** (A, I 263-264; V, I 96)

AD CONSIGNANDOS INFANTES

957. O. s. ds qui regenerare ...
958. Consigno te signo crucis ... spiritus sancti.
959. Da qui apostolis tuis sanctum ...
960. Benedicat vos o. ds qui cuncta ... effici mereamini.

457. **Ordo 20** (A, I 265; V, I 96)

DE CHRISMANDIS IN FRONTE PUERIS

961. Spiritus sanctus superveniat in vos ... a peccatis.
962. O. s. ds qui regenerare ...
963. (N. vel N.) consigno te signo sanctae crucis ... vitam aeternam.
964. In nomine patris et filii et spiritus sancti. Pax tecum.
965. Ds qui apostolis tuis sanctum ...
966. Ecce sic benedicetur homo qui timet dominum.
967. Benedicat vos dominus ex sion ... vitam aeternam.

458. **Ordo 21** (A, I 265-266; V, I 97)

ORDO AD CONSIGNANDOS PUEROS

968. O. s. ds qui regenerare ...
969. Signo te signo crucis ... spiritus sancti.
970. Ecce sic benedicetur omnis homo ... diebus vitae tuae.
971. Ds qui apostolis tuis sanctum ...
972. Benedicat te o. ds pater et filius et spiritus sanctus.

459. Ordo 22 (A, I 266; V, I 97)

ORDO AD CONFIRMANDUM

973. O. s. ds qui regenerare ...
974. Confirmo et consigno te signo ... spiritus sancti.
975. Ds qui apostolis tuis sanctum ...
976. Ecce sic benedicetur homo ... in saecula saeculorum.

460. Ordo 23 (A, I 266-268; V, 97)

977. O. s. ds qui regenerare ... vitam propitiatus aeternam.
978. Signo te signo crucis ... spiritus sancti.
979. Ecce sic benedicetur homo ... diebus vitae vestrae.
980. Ds qui apostolis tuis sanctum ...
981. Benedicat vos o. ds pater et filius et spiritus sanctus.

CAPUT III

De eucharistia ut est sacrificium in genere

ARTICULUS III

QUIBUS OLIM DIEBUS SACRA CELEBRARETUR LITURGIA
ET QUOTIES IN DIE

465. IN FESTO S. BENEDICTI (A, I 288-289; V, I 105)

982. Concede nobis qs dne alacribus ... vita complacuit.
983. Oblata confessoris tui benedicti honore ... effectum obtineant.
984. Quos caelestibus dne recreas alimentis ... tuere periculis.
985. O s. ds qui hodierna luce carnis ...
986. O. ae. ds qui radiantibus b. benedicti ... gaudiis admisceri.
987. Oblatis dne ob honorem ...
988. Perceptis tui corporis et sanguinis dne ... fulciamur aeternis.
989. O. s. ds qui per gloriosa b. benedicti ... errore subsequamur.
990. Paternis inventionibus magnifici ... decoretur exemplis.
991. Perceptis dne ds noster salutaribus ... proficiat ad salutem.
992. O. et m. dnus qui in hoc die b. benedictum ... gradiamur et meritis.

CAPUT IV

De singularibus sacrae liturgiae ritibus

ARTICULUS I

DE PRAEPARATIONE AD MISSAM

468 (A, I 350; V, I 126)

993. Jugum tuum dne j. c. pone ... quia leve.
994. Indue me vestimento justitiae et spiritali intellectu.

995. Praecinge dne lumbos mentis ... cordis et corporis mei.
996. Stola justitiae circumdet dominus ... purificet mentem meam.
997. Indue me dne loricam fidei et galeam spem salutis.

469 (A, I 350; V, I 126-127)

998. Conscinde dne saccum meum et circumda me laetitia.
999. Circumda me dne laetitia... justitiam custodire.
1000. Praecinge me dne virtute ... viam meam.
1001. Stola justitiae circumda ... cor meum.
1005. Pone dne galeam salutis ... saevitiam superandam.
1003. Sit splendor dni nostri super nos ... nostrarum dirige.

470. (A, I 350-351; V, I 127)

1004. Lavabo inter innocentes ... a peccato meo munda me.
1005. Pone dne galeam salutis ... saevitiam superandam.
1006. Indue me dne vestimento salutis ... circumda me semper.
1007. Praecinge me dne cingulo fidei ... totius castitatis.
1008. Redde mihi dne obsecro stolam ... misericordia deus noster.
1009. Merear deprecor dne manipulum ... portionem accipiam.
1010. Dne j. c. qui dixisti jugum ... salvator mundi.

471. (A, I 351; V, I 127)

1011. De latere dni nostri j. c. exivit ... in remissionem peccatorum.
1012. Commixtio vini et aquae ... spiritus sancti.
1013. Pone dne galeam salutis ... spiritus sancti.
1014. Indue me dne vestimento salutis ... circumda me semper.
1015. Praecinge dne cingulo fidei ... corporis mei.
1016. Venientes autem venient ... manipulos suos.
1017. Stola jucunditatis et exultationis ... onus meum leve.
1018. Indue me dne lorica justitiae et galea salutis aeternae.

472. (A, I 351-352; V, I 127)

1019. De latere dni nostri j. c. exivit ... peccatorum nostrorum.
1020. Commixtio vini et aquae ... spiritus sancti.
1021. Dne j. c. propitius esto mihi peccatori ... tu es deus meus.
1022. Obumbra dne caput meum ... nubila ignorantiae.
1023. Indue me dne vestimento salutis ... lorica fortitudinis.
1024. Praecinge dne cingulo fidei ... totius castitatis.
1025. Da mihi dne sensum rectum ... omnem laudem tuam.
1026. Stola justitiae circumda me dne ... purifica mentem meam.
1027. Indue me dne ornamento humilitatis ... mentis et corporis.

473. (A, I 352-354; V, I 127-128)

1028. Largire clementissime pater ut sicut ... sanctarum virtutum.
1029. Aures tuae pietatis mitissime ds inclina ... diligere merear.

1030. Calcea dne pedes meos ... in velamento alarum tuarum.
1031. Pone dne galeam salutis ... diabolicas catervas.
1032. Dealba me dne et a delicto ... perfruar caeli.
1033. Praecinge me cingulo fidei ... totius castitatis.
1034. Rogo te altissime sabaoth pater sancte ... leniter suscipere.
1035. Redde mihi obsecro dne stolam ... merear in perpetuum.
1036. Indue me dne vestimento salutis ... laetitiae circumda.
1037. Indue me dne novum hominem ... sanctitate veritatis.
1038. Ds aeternorum honorum fidelissime ... servire concedas.
1039. Invectione hujus manipuli ... perenniter gaudere.
1040. Ds qui me sacris altaribus ... adscribi libro.
1041. Ds qui tribus pueris mitigasti ... flamma vitiorum.

ARTICULUS II

DE ACCESSU CELEBRANTIS AD ALTARE ET DE CONFESSIONE

477-479 (A, I 360-361; V, 130-131)

1042. Ds qui de indignis dignos facis ... requie defunctorum.
1043. Dne s. p. o. ae. ds sic me dignum ... invocare volunt.
1044. Conscientias nostras qs dne visitando ... inveniat mansionem.

ARTICULUS III

484. DE MISSAE INTROITU ETC. USQUE AD EPISTOLAM (A, I 364; V, I 131)

1045. Rogo et admoneo vos fratres carissimi ... stare conspicio.
1046. Supplico fratres carissimi et paterna ... humiliare non differat.

ATICULUS IV

DE EPISTOLA, GRADUALI, ALLELUIA

1047. Ds qui humanae substantiae ...

ARTICULUS VI

488. DE OBLATIONE (A, I 389-390; V, I 141-142)

1048. Ds qui humanae substantiae ...
1049. Veni sanctificator o. ae. ds benedic ... praeparatum.
1050. Suscipe sancta trinitas hanc oblationem quam tibi offerimus ...
1051. S. s. t ... quam tibi offero in memoriam ... agimus in terris.
1052. S. s. t. hanc oblationem quam tibi offerimus pro animabus ... sempiterna.
1053. S. clementissime pater ... consequamur aeterna.
1054. S. clementissime pater ... venerantur ecclesia.
1055. Hanc igitur oblationem qs o. ds ut placatus ... peccata indulgeas.
1056. Veni sanctificator o. ds benedic ... spiritus sancti.
1057. Ex latere christi sanguis ... sanctificare dignetur.
1058. In tuo conspectu qs dne linteamina ... placere valeamus.

1059. Acceptabilis sit majestati tuae o. ds ... ecclesiae catholicae.
1060. Offerimus tibi dne christi filii tui calicem ... ascendat.
1061. S. s. t. hanc oblationem quam tibi offerimus pro me ... aeternam.
1062. Dne s. p. o. ae. ds benedicere ... oblationem illam.

ARTICULUS VII

495. THURIFICATIO OBLATORUM (A, I 394; V, I 142)

1063. Dne ds noster qui suscepisti munera abel ... in remissionem peccatorum.
1064. Suscipiat dnus vota tua ... spiritus sancti.

496. LOTIO MANUUM (A, I 395; V, I 142-143)

1065. Ante conspectum divinae majestatis ... salvator mundi.
1066. Veni sancte spiritus reple ... clamor meus ad te veniat.
1067. Descendat dne caelestis gratia ... munus tibi oblatum.
1068. In nomine sanctae trinitatis ... pacis super hoc munus.
1069. Orate fratres pro me ... omniumque salute.
1070. Obsecro vos fratres ut oratio ... dignetur suscipere.
1071. Orate pro me fratres et ego pro vobis ... obumbrabit tibi.
1072. Obsecro vos fratres orate pro me ... omniumque salute.
1073. Orate pro me fratres et sorores ... dei sacrificium.

503. SECRETA (A, 396; V, I 143)

1074. Descendat qs dne spiritus sanctus ... dignanter emundet.

505-509. TRISAGION (A, I 398; V, I 143-144)

1075. Ds qui non mortem sed paenitentiam ... in hac peregrinatione.
1076. Aperi os meum ad benedicendum ... quem elegisti.
1077. Suscipe sancta trinitas ds in veneratione ... prosit ad indulgentiam.
1078. Facturus memoriam salutaris hostiae ... commercia largiantur.

ARTICULUS VIII

DE CANONE MISSAE

510. CANON UNICUS AUT VARIUS (A, I 396-397; V, I 144)

1079. Vere sanctus vere benedictus dnus ... manifestus in terris.
1080. Gloria in excelsis deo ... omniumque salute.
1081. Vere sanctus vere benedictus dnus noster j. c. ... instituit.

511. COMMEMORATIONES VIVORUM (A, I 406; V, I 146)

1082. Memento dne famulo tuo rege nostro N.
1083. Memento dne famulorum famularumque tuarum ... affectu suscepimus.

1084. Memento dne famulorum famularumque tuarum et eorum ... videntur.
1085. Memento dne famulorum ... congregationis ... circumstantium.
1086. Memento mei quaeso dne et miserere ... circumstantium.
1087. Memento etiam famulorum ... familiarium ... circumstantium.
1088. Memento mei quaeso dne et miserere ... circumstantium.
1089. Memento dne famulorum ... pietatem tuam ... circum adstantium.

512. MEMORIA SANCTORUM ET CONSECRATIO (A, 408; V, I 147)

1090. Hanc igitur oblationem servitutis ... pace disponas.
1091. Hanc igitur oblationem quam tibi ac si indignus ... pace disponas.
1092. Hoc est corpus meum quod pro vobis frangitur ... peccatorum.
1093. Hoc est corpus meum quod pro multis frangitur ... peccatorum.
1094. Hoc est corpus meum quod pro vobis tradetur ... multorum.
1095. Hoc est corpus meum quod pro vobis et pro multis ... peccatorum.
1096. Hoc est enim corpus meum. Hic est enim calix ... peccatorum.
1097. Hoc est corpus quod ... hic est calix novi ... peccatorum.
1098. Hoc est enim corpus meum quod pro multis ... sanguis meus.

513. COMMEMORATIO DEFUNCTORUM (A, I 416; V, I 150)

1099. Memento etiam dne et eorum qui nos ... in somno pacis.
1100. Nobis quoque peccatoribus ...

ARTICULUS IX

515. DE PRECIBUS SACRO CANONI ADDITIS (A, I 418; V, I 150-151)

1101. Confiteor tibi deus meus quia ego ... vitam aeetrnam.
1102. Placeat tibi sancte ds trinitas ... propitiabile.
1103. Sancta cum sanctis et conjunctio ... in vitam aeternam.

516. (A, I 413; V, I 151)

1104. Ds a quo sancta ...
1105. Ecclesiae tuae qs dne preces ...
1106. Hostium nostrorum dne qs elide superbiam ... prosterne.

517. (A, I 420-421; V, I 151)

1107. Ds qui admirabili providentia cuncta ... pacis aeternae.
1108. Rege qs dne famulum tuum pontificem ... gaudeat institutis.
1109. Da qs o. de famulo tuo regi nostro ... protectione defendi.

520. (A, I 422; V, I 152)

1110. Ds qui apostolis tuis sanctum ... largiaris et pacem.

521. ORATIONES ANTE ET POST COMMUNIONEM (A, I 423; V, I 152)

1111. Sumentes ex sacris altaribus christi ... **quod accepimus habeamus.**

522 (A, I 415-417; V, I 152-153)

1112. Haec commixtio et consecratio corporis ... praeparatio salutaris.
1113. Da qs o. ds nobis famulis ... miserere nobis.
1114. Ds qui es omnium dominator fac nos ... dona nobis pacem.
1115. Pax christi et sanctae ecclesiae abundet in cordibus vestris.
1116. Habete vinculum pacis ... sacrosanctis mysteriis.
1117. Concede dne j. c. ut sicut haec sacramenta ... omnium peccatorum.
1118. Dne sancte pater o. ae. ds da mihi hoc corpus ... in saecula.
1119. Dne j. c. fili dei vivi qui ex voluntate patris ...
1120. Corpus dni j. c. sit mihi ... in vitam aeternam.
1121. Sanguis dni mei j. c. ... in vitam aeternam.
1122. Ecce jesu benignissime quod cupivi ... suscipio in terris.
1123. Ave in aevum sanctissima caro ... summa dulcedo.
1124. Ave in aeternum caelestis potus ... super omnia dulcissimus.
1125. Perceptio corporis dni nostri j. c. non mihi ... vitam aeternam.
1126. Cruor ex latere dni nostri j. c. mihi ... vitam aeternam.
1127. Corpus dni nostri j. c. mihi proficiat ad remedium animae meae.
1128. Sanguis dni nostri j. c. conservet ... **in vitam aeternam.**
1129. Dne j. c. propitius esto peccatis ... vitiis emundes.
1130. Dne j. c. fili dei corpus tuum ... hic et in aeternum.
1131. Corpus tuum quod sumpsimus ... intraverunt sacramenta.
1132. Quod ore sumpsimus dne pura mente ... remedium sempiternum.
1133. Gratias ago tibi dne ds pater o. ... gaudia justorum.
1134. Placeat tibi sancta trinitas ...
1135. Meritis et intercessione beatae ... miserearis nostri dne.

523. (A, I 424-425; V, I 153)

1136. Haec sacrosancta commixtio corporis ... praeparatio salutaris.
1137. Dne j. c. non sum dignus te suscipere ... aeternam introductio.
1138. Dne s. pater o. ae. ds da mihi corpus ... saecula saeculorum.
1139. Perceptio corporis ...
1140. Dne j. c. qui ex voluntate patris ...

524. (A, I 425-426; V, I 153)

1141. Qui es omnium ds et dominator ... unitatis conjunctio.
1142. Dne s. pater o. ae. ds da mihi corpus ... saecula saeculorum.
1143. Praesta mihi peccatori misericors christe ... capiendam aeternam.
1144. Verbum caro factum est et habitavit in nobis.
1145. Corpus tuum dne quod sumpsi ...
1146. Perceptio corporis dni j. c. prosit ... vitam aeternam.
1147. Sanguis dni nostri j. c. conservet **animam** ... **aeternam.**
1148. Placeat tibi sancta trinitas ...

525. (A, I 426; V(I 153)

1149. Agimus tibi patri gratias pro ... emundet dni j. c.

526. ,A, I 417-418; V, I 153)

1150. Quos caelesti dne alimento satiasti ... adversitate custodi.
1151. Laeti dne sumpsimus sacramenta ... proficiant sempiternam.
1152. Augeatur in nobis dne qs tuae virtutis ... munere praeparemur.
1153. O. s. ds fac nos tibi semper ... corde famulari.
1154. Quod ore sumpsimus dne pura mente capiamus.
1155. Mysteria nos dne sancta purificent et suo munere tueantur.
1156. Quos tantis dne largiris uti ... aptare digneris.
1157. Mensa tua dne nos a delectationibus ... instituat alimentis.
1158. Tui nobis dne communio sacramenti ... tribuat unitatem.
1159. Tua sancta nobis o. ds et indulgentiam ... impendant.
1160. Tua nos dne medicinalis operatio ... inhaerere mandatis.
1161. Purificent semper et muniant .. salvationis effectum.
1162. Qs o. ds ut munere divino ... prosit effectum.

ARTICULUS XII

IN QUO VARII AD MISSAM CELEBRANDAM ORDINES REFERUNTUR

542. Ordo 1 (A, I 461-464; V, I 166)

MISSA GALLICANA IN NATALI S. STEPHANI PROTOMARTYRIS

1163. Venerabilem atque sublimem beatissimi ... in omnibus largiatur.
1164. Ds qui sancto stephano martyri tuo ... supplicavit.
1165. O. s. ds qui sanctorum virtute multiplici ... consequantur aeternam.
1166. Ds caritatis indultor ds indulgentiae ... consequi mereamur.
1167. VD. Te laudare teque benedicere tibi gratias ... dicentes.
1168. Vere sanctus vere benedictus ... solemnitatis instituit.
1169. Hoc ergo facimus dne haec praecepta ... sanguinis haereamus.
1170. Gloriosi levitae exemplis ... cunctatione permittat.
1171. Libera nos a malo o. ds et tribue ... defuisse martyrium.
1172. Ds qui tuos martyres ita vinxisti ... vidit in gloriam.
1173. Ds perennis salus beatitudo inaestimabilis ... beati esse mereantur.
1174. Gratias agimus tibi dne multiplicatis ... sustentas.

543. EXPOSITIO BREVIS ANTIQUAE LITURGIAE GALLICANAE

(A, I 464-469; V, I 167-168)

1175. Hic est calix sanguinis mei ... in remissionem peccatorum.
1176. Pax fides caritas ... sit semper vobiscum.

544. **Ordo 2** (A, I 469-476; V, I 168-171)

DOMINICA I ADVENTUS

1177. Ds qui per angelicos choros adventum ... innovata permaneat.
1178. Per misericordiam tuam ds noster ... in saecula saeculorum.
1179. Acceptabilis sit majestati tuae ... fidei cultoribus.
1180. Offerimus tibi dne calicem ad benedicendum ... suavitatis ascendat.
1181. Hanc oblationem qs dne placatus admitte ... indulge.
1182. In spiritu humilitatis et in animo ... tibi praeparatum.
1183. In nomine patris et filii ... regnas ds in saecula saeculorum.
1184. Accedam ad te in humilitate ... sine fine praeconium.
1185. Adventum dni nostri j. c. fratres ... esse venturum.
1186. Per misericordiam tuam ds noster ... in saecula saeculorum.
1187. Offerunt deo dno oblationem sacerdotes ... pro se et suis.
1188. Purifica dne ds pater o. peccatorum arcana ... fortissimum regnum.
1189. Per misericordiam tuam ds noster in cujus ... recitantur.
1190. Offerunt deo dno oblationem sacerdotes ... pro se et suis.
1191. Facientes commemorationem ... marci et lucae.
1192. Item pro spiritu pausantium ... johannis et felicis.
1193. Te qs dne j. c. ut dilectio ... veneris orbem.
1194. Quia tu es vita vivorum ... saecula saeculorum.
1195. Dne ds o. qui pro humani generis ... cognoscimus baptizatos.
1196. Quia tu es vera pax nostra ... in saecula saeculorum.
1197. Gratia dei patris omnipotentis pax ... cum omnibus nobis.
1198. Habetote osculum dilectionis ... mysteriis dei.
1199. VD. Quem joannes fidelis amicus ... ita dicentes.
1200. Vere sanctus et gloriosus dnus ... redemptor aeternus.
1201. Adesto adesto jesu bone pontifex ... in claritatem de caelis.
1202. Dne j. c. hanc hostiam vivam ... percipere sine fine.
1203. Te praestante sancte dne quia tu haec ... in saecula saeculorum.
1204. Fidem quam corde credimus ore autem dicamus.
1205. Verbum patris quod cum factum es ... proclameverimus in terris.
1206. Liberati a malo confirmati semper ... in omni tempore.
1207. Sancta sanctis et conjunctio ... praestetur in requiem.
1208. Illustret vos unigenitus filius dei ... regit in saecula saeculorum.
1209. Dne ds meus da mihi corpus ... in saecula saeculorum.
1210. Ave in aevum sanctissima caro ... nomen dni invocabo.
1211. Ave in aevum caelestis potus ... omnia dulcis es.
1212. Corpus et sanguis dni nostri j. c. custodiat ... vitam aeternam.
1213. Dne ds meus pater et filius ... in saecula saeculorum.
1214. Refecti christi corpore et sanguine ... gloriam percipiamus.
1215. Per misericordiam tuam ds noster qui es ... saeculorum.
1216. Solemnia completa sunt in nomine ... acceptum cum pace.

ITEM EX EODEM MISSALI (A, I 476-480; V, I 171-173)

1217. Largire sensibus nostris qs dne ... sanctarum virtutum.

1218. In nomine patris et filii et spiritus sancti.
1219. Pone dne galeam salutis ... saevitiam superandam.
1220. Indue me dne vestimento salutis ... circumda me semper.
1221. Praecinge dne cingulo fidei ... totius castitatis.
1222. Merear quaeso dne deportare manipulum ... portionem accipiam.
1223. Redde mihi obsecro stolam ... merear in perpetuum.
1224. Jugum tuum dne suave est et onus ... possim gratiam tuam.
1225. Ds qui de indignis dignos facis sorde ... **pontifex jesus christus.**
1226. Aufer a nobis qs dne cunctas iniquitates ... mentibus introire.
1227. Exaudi nos ds salutaris noster et per ... defende periculis.
1228. Per virtutem sanctae crucis ... venire gaudentes.
1229. **Conscientias nostras ...**
1230. Adsit nobis dne ...
1231. In tuo conspectu qs haec nostra ... placere valeamus.
1232. Misce dne in calice isto ... peccatorum nostrorum.
1233. Ex latere dni j. c. sanguis et aqua ... sanctificare dignetur.
1234. Benedictio dei patris omnipotentis ... patri offerendam.
1235. Conforta me rex sanctorum ... omnibus circumstantibus.
1236. Jube dne benedicere. Dnus sit in corde meo ... divinum.
1237. Munda cor meum corpusque ... valeam nunciare.
1238. Corroboret dnus sensum tuum ... eloquia sancta sua.
1239. Ave verbum divinum reformatio virtutum restitutio sanitatum.
1240. Acceptabilis ...
1241. Offerimus tibi dne j. c. filii tui ... suavitatis ascendat.
1242. Hanc oblationem ...
1243. Dne ds o. pater benedic et sanctifica ... omnia peccata mea.
1244. Ab illo benedicatur in cujus ... spiritus sancti.
1245. Placare dne per hoc incensum ... in vitam aeternam.
1246. Centuplum accipies ... in regno dei.
1247. Benedic dne creaturam istam panis ... animae quam corporis.
1248. Benedictio dei patris omnipotentis ... ex eo comedentes.

545. **Ordo 3** (A, I 480-489; V, I 173-176)

1249. Indue me dne vestimento salutis ... **ambire dignare.**
1250. Praecinge me dne cingulo fidei ... vigor castitatis.
1251. Pone dne in capite meo ... diaboli fraudes.
1252. Da dne manipulum in manibus meis ... ministrare merear.
1253. Stola dne justitiae circumda ... purifica mentem.
1254. Jugum tuum dne suave est ... possim gratiam.
1255. In nomine patris et filii et spiritus sancti.
1256. Rogo te altissime ds sabaoth ... hostias immolare.
1257. Me quoque ad tuum sanctum altare ... clementer suscipere.
1258. Apostolica vel prophetica doctrina ... spiritus sancti.
1259. Apostolica vel prophetica lectio sit ... spiritus sancti.
1260. Per evangelica dicta ... spiritus sancti.
1261. De latere christi exivit ... spiritus sancti.
1262. Suscipe clementissime pater hunc panem ... **spiritus sancti.**
1263. Suscipe clementissime pater hunc calicem ... spiritus sancti.

1264. O. s. ds placabilis et acceptabilis sit ... prosit indigno.
1265. Et suscipe sancta trinitas hanc oblationem ... rerum conditor.
1266. Suscipe sancta trinitas hanc oblationem ... facimus in terris.
1267. Et suscipe sancta trinitas ... pro emendatione ... rerum conditor.
1268. Istud est incensum contra insidias ... spiritus sancti.
1269. Te igitur clementissime ... una cum famulo tuo ...
1270. Communicantes ...
1271. Quam oblationem quam tuae pietatis ... nostri jesu christi.
1272. Qui pridie quam pro nostra omniumque ... remissionem peccatorum.
1273. Mandans quoque et dicens ad eos ... veniam ad vos.
1274. Unde et memores dne ... immaculatam hostiam.
1275. Supplices te rogamus o. ds ... omni benedictione.
1276. Nobis quoque peccatoribus ... peccatorum nostrorum.
1277. Ex ipso et per ipsum et in ipso ... laus et gloria.
1278. Imperium perpetuitas ... saecula saeculorum.
1279. Corpus tuum frangitur ... animas ds noster.
1280. Commixtio consecrati corporis ... gaudium sempiternum.
1281. Libera nos qs ... saecula saeculorum.
1282. Pax et communicatio dni nostri ... semper vobiscum.
1283. Dne j. c. qui dixisti apostolis ... digneris propitius.
1284. Pax in caelo et pax in terra ... semper vobiscum.
1285. Habete vinculum pacis ... misteriis dei.
1286. Dne s. pater o. ae. ds da mihi hoc corpus ... peccatorum meorum.
1287. Dne j. c. fili dei vivi qui pro ... separari promittas.
1288. Dne non sum dignus ut intres ... sanabitur anima mea.
1289. Quid retribuam domino ...
1290. Corpus dni nostri j. c. proficiat mihi ... gaudium sempiternum.
1291. Praesta quaeso dne ut perceptio corporis ... aeternam.
1292. Deo gratias deo gratias ... dona nobis pacem.
1293. Verbum caro factum est ... qui tollis peccata.
1294. Quod ore supsimus dne pura mente ... remedium sempiternum.
1295. Confirma hoc ds quod operatus es ... tranquillitatem et pacem.
1296. Agnus dei qui tollis ... sanctis tuis in gloria.
1297. Ascendat dne oratio nostra ad thronum ... vacua revertatur.
1298. Placeat tibi ds obsequium ... quod oculis ...
1299. Benedicat vos divina majestas ... spiritus sanctus.
1300. Precibus et meritis b. pontificis ... ad gaudia paradisi.

546. (A, I 481-488; V, I 173-176)

1301. Rogo te altissime ds sabaoth pater sancte ... hostias immolare.
1302. Oramus te dne per merita sanctorum quorum reliquiae ...
1303. Apostolica vel prophetica lectio sit nobis salutis eruditio.
1304. Corpus tuum frangitur christe calix benedicitur.
1305. Sanguis tuus sit nobis semper ad vitam ... ds noster.
1306. Corpus dni nostri j. c. custodiat ... in vitam aeternam.
1307. Praesta qs dne ut perceptio corporis ... nos perducat aeternam.
1308. Benedicat vos o. ds pater et filius et spiritus sanctus.

547. **Ordo 4** (A, I 489-518; V, I 176-186)

1309. O. et mitissime ds respice propitius ... habitaculum merear.
1310. Ds cui proprium est misereri semper ... pietatis absolvat.
1311. Exaudi qs dne supplicum preces ... benignus et pacem.
1312. O. s. ds misericordiam tuam nobis ostende ... sentiamus.
1313. O. s. ds misericordiam tuam nobis placatus ... consequatur.
1314. Intervenientibus pro nobis omnibus factis ... coepta finiatur.
1315. Lavabo inter innocentes ...
1316. Largire sensibus nostris o. ds ut ... sanctarum virtutum.
1317. Conscinde dne saccum meum ... laetitia salutari.
1318. Humeros meos sancti spiritus gratia ... in saecula saeculorum.
1319. Circumda me dne fidei armis ... justitiam custodire.
1320. O. s. ds suppliciter exoro ... vera sunt gaudia.
1321. Circumcinge lumbos meos dne ... corporis mei.
1322. Praecinge lumbos meos dne ... corporis mei.
1323. Stola justitiae circumda dne ... purifica mentem meam.
1324. Disrumpe dne vincula peccatorum meorum ... reverentia famulari.
1325. Indue me dne vestimento salutis ... lorica fortitudinis.
1326. Indumento hoc typico priscorum ... jugiter gratiosus.
1327. Indue me dne sacerdotali justitia ... tabernacula sempiterna.
1328. Indue me dne ornamento humilitatis ... in saecula saeculorum.
1329. Investione istius mappulae ... gaudere per omnia.
1330. Da dne virtutem manibus meis ... tibi servire.
1331. Creator totius creaturae dignare me ... merear mundus.
1332. Circumda me digitos meos virtute et decora sanctificatione.
1333. Da nobis dne veritatem tuam ... digne aperire.
1334. Rogo te altissime sabaoth pater sancte ... saecula saeculorum.
1335. Dne ds o. qui es trinus et unus ... miserere mei.
1336. Fac me quaeso o. ds ita justitia ita indui ... gravat.
1337. Aures tuae pietatis mitissime ds ... diligere te merear.
1338. In nomine patris ... sit benedictus ... peccatorum nostrorum.
1339. Pax christi in visceribus nostris permaneat.
1340. Deduc me dne in via tua ... quoniam bonum est.
1341. Dne ds o. qui es magnus ... humanitatem j. c. filii tui.
1342. Indulgentiam et remissionem ipse occultorum ... solidata custodiat.
1343. O. s. ds te humiliter deprecamur ut ... placere mereantur.
1344. Praesta qs o. et m. ds ut reatus ... percipere delictorum.
1345. Famulorum tuorum qs dne delictis ignosce ... salvamur.
1346. Aufer a nobis qs dne iniquitates nostras ... mentibus introire.
1347. Pax christi quam nobis per evangelium ... vitam aeternam.
1348. O. s. ds qui me peccatorem sacris ... diligere te merear.
1349. Suscipe confessionem meam unica spes ... dne ds meus.
1350. Confiteor tibi peccata mea ... facias pervenire.
1351. Ego miser peccator qui me prae omnibus ... nisi ad illum.
1352. Tuam dne clementiam deprecor ut ... sentiant adjumentum.

1353. Salva me dne rex aeternae gloriae qui ... largiri custodiam.
1354. Obsecro dne j. cunctas civitatis ... portas ejus laudatio.
1355. Ds o. miserere supplici tuo quia ... pensetur ignoro.
1356. Indignum me dne fateor tuis sacris ... in saecula saeculorum.
1357. Ds propitius esto mihi peccatori ... diebus vitae meae.
1358. Dne j. c. redemptor mundi propitius ... diebus vitae meae.
1359. Ds misericordiae et veritatis ... perducere digneris.
1360. Clementissime christe fidelium animarum ... munerari in caelis.
1361. Gloria in excelsis deo ... dei patris.
1362. Ds qui juste irasceris ... aggregari praecipias.
1363. Ante oculos tuos dne ds conscientiae ... veniam largiaris.
1364. Christe parce miserere mei ... exaudi orationem meam.
1365. Qs immensam pietatem tuam ds ... magnitudinem pietatis tuae.
1366. Mordacis conscientiae stimulis ... magnitudinem pietatis tuae.
1367. Si ante oculos tuos dne culpas ... gentium gaudeamus.
1368. **Ante conspectum tuae inaestimabilis ... deus meus es tu.**
1369. Miserere ds omnibus errantibus ... magnitudinis pietatis tuae.
1370. Succurre mihi ds meus antequam moriar ... in saecula saeculorum.
1371. Dne j. c. qui me tuo sanguine ... misereatur mei.
1372. Dne j. c. integritatis amator ... tibi complacere.
1373. Tuam dne clementiam precor ... dona percipiant.
1374. Projectis nobis dne in condemnationem ... de futuris cautelam.
1375. Impellit me peccatorem ministrandi ... poenitentiae non excludis.
1376. Suspende precor interventu istorum ... salvator mundi.
1377. Salva me dne rex aeternae gloriae ... tentationis virtutem.
1378. Dne sancte piissime pater da mihi ... in omni tempore.
1379. Ds qui contritorum non despicis ... saecula saeculorum.
1380. Dimitte dne ds o. quicquid ... nomini supplicemur.
1381. Odore caelestis inspirationis ... evangelii sui praecepta.
1382. In nomine dni nostri j. c. benedicatur ... in odorem suavitatis.
1383. Benedictio dei patris omnipotentis et filii ... evangelium pacis.
1384. Da mihi dne sermonem rectum ... in vitam aeternam.
1385. Per istos sermones sancti evangelii ... omnia peccata mea.
1386. Per istos sanctos sermones evangelii ... universa peccata nostra
1387. Largire sensibus nostris o. pater ... augmentum virtutum.
1388. Dne ds o. fac me peccatorem ... salutaris ad veniam.
1389. Ds qui de indignis dignos facis ... macula peccati.
1390. Majestatem tuam totis viribus ds ... digne offerre.
1391. Ante oculos tuos dne reus ... veniam largiaris.
1392. Ds qui te praecipis a peccatoribus ... propitiationem concede.
1393. Conscientia quidem trepidi ... mysteria consecrata.
1394. Ante conspectum divinae majestatis ... merear in caelis.
1395. Altissime ds ignosce mihi peccatori ... majestatis tuae.
1396. Ego vero tibi servire tibi dne ... ne amplius faciam.
1397. Ignosce quaeso mihi dne quem maculatae ... compleatur officium.
1398. Oro te dne o. ds ut per merita ... omnia peccata mea.

1399. Tibi dne creatori meo ... hostiam pro remissione ... defunctorum.
1400. Tibi dno ... offero hostiam placationis ... peccatorum nostrorum.
1401. Tibi dno ... offero hostiam placationis ... vitam aeternam.
1402. Suscipe sancta trinitas hanc oblationem ... offert ... ascendat.
1403. Acceptum sit omnipotenti deo et omnibus ... sacrificium tuum.
1404. Suscipe dne sancte pater hanc oblationem ... aures pietatis tuae.
1405. Acceptabilis sit omnipotenti deo oblatio tua.
1406. Suscipe sancte pater o. ae. ds hanc immaculatam ... exoro.
1407. Suscipe clementissime pater hostias placationis ... clementissime.
1408. Suscipe s. t. h. o. quam tibi offero in memoriam ... in terris.
1409. Suscipe s. t. h. o. quam tibi offero pro ... merear.
1410. Suscipe s. t. h. o. quam tibi offero pro ... iniquitates meas dele.
1411. Exaudi dne vocem deprecationis ... ad te veniat.
1412. Suscipe confessionem meam unica spes ... me recognosco.
1413. Ds qui per os david locutus es ... clementer accipias.
1414. Suscipe s. t. h. o. quam ego indignus ... peccatorum concedatur.
1415. Suscipe s. t. h. o. quam tibi offero pro me ... mereamur aeterna.
1416. Suscipe s. t. h. o. quam tibi offerimus pro rege ... mereantur.
1417. Suscipe s. t. h. o. quam pro ecclesia ... semper existat.
1418. Suscipe s. t. h. o. quam tibi offero pro salute ... mereatur.
1419. Suscipe s. t. h. o. quam tibi offero pro infirmo ... mereatur.
1420. Suscipe s. t. h. o. quam tibi offero pro anima ... mereatur.
1421. Suscipe s. t. h. o. quam tibi offero pro animabus ... aeterna.
1422. Suscipe s. t. h. o. quam tibi offerimus pro omnibus ... perseverent.
1423. Suscipe s. t. h. o. quam pro seniore ... condonetur.
1424. Sanctifica dne hanc oblationem ut nobis ... corpus fiat.
1425. Ds qui humanae substantiae dignitatem ... particeps jesus christus.
1426. Immola dno sacrificium laudis ... ad eum exaudiat te.
1427. Offerimus tibi dne calicem salutaris ... suavitatis ascendat.
1428. Dne ds j. c. qui in cruce passionis ... suavitatis ascendat.
1429. Oblatum tibi dne calicem sanctifica ... sanguis fiat.
1430. In nomine patris et filii ... sacrificium novum.
1431. Veni sanctificator o. ae. ds et benedic ... tibi praeparatum.
1432. Per intercessionem sancti gabrielis ... suavitatis accipere.
1433. Memores sumus ae. ds pater o. gloriosissimae ... descendebat.
1434. Incensum istud a te benedictum ... misericordia tua.
1435. Dirigatur oratio mea sicut incensum in conspectu tuo dne.
1436. Accendat in nobis dnus ignem ... aeternae charitatis.
1437. Orate pro me peccatore ... ante conspectum suum.
1438. Suscipiat ds de manibus tuis sacrificium ... peccatis nostris.
1439. Orent pro te omnes sancti ... pingue fiat.
1440. Immola dno sacrificium laudis et redde ... vota tua.
1441. Exaudiat te dnus orantes pro nostra omnium salute.
1442. Misereatur tui o. ds et dimittat tibi omnia peccata tua.
1443. Dnus sit in corde tuo et in ore tuo ... omniumque salute.
1444. Dne j. c. fides et fiducia nostra ... gloriam nominis tui.

1445. Dne ds qui non mortem sed paenitentiam ... pro eodem populo tuo.
1446. Dne adjunge voces nostras vocibus ... in hac peregrinatione.
1447. Facturus memoriam salutaris hostias ... commercia largiatur.
1448. Gaudeat dne qs famulus tuus beneficiis ... benignus effectum.
1449. Precibus nostris qs dne aures tuae pietatis ... sempiternam.
1450. In primis una cum famulo tuo ... sancto dei.
1451. Memento dne famulorum famularumque ... circumstantium.
1452. Hanc etiam oblationem humilitatis meae ... concedas.
1453. Quam oblationem tu ds in omnibus qs ...
1454. Hanc igitur oblationem quam tibi offerimus ... et compleatur.
1455. Memento dne et miserere mei multi ... ad cognoscendum te.
1456. Memento dne famulorum famularumque N. et N. praecipue ... emundare.
1457. Memento etiam mei quaeso ds et miserere ... suavitatis accendantur.
1458. Memento etiam dne famulorum famularumque ... praecesserunt ... habere digneris.
1459. Istis et omnibus in fide ... indulgeas deprecamur.
1460. Memento etiam domine famulorum ... qui nos praecesserunt ... deprecamur.
1461. Haec sacrosancta commixtio corporis ... praeparatio salutaris.
1462. Fiat commixtio et consecratio ... in vitam aeternam.
1463. Sacri sanguinis commixtio ... ad vitam aeternam.
1464. Concede dne christe ut sicut haec sacramenta ... delictorum.
1465. Dne j. c. qui dixisti apostolis tuis ... adunare dignare.
1466. Habete vinculum pacis ... sacrosanctis mysteriis.
1467. Pax christi et ecclesiae abundet in cordibus nostris.
1468. Panem caelestem accipiam et nomen dni invocabo.
1469. Perceptio corporis tui dne j. c. ... mentis et corporis.
1470. Fiat mihi obsecro dne hoc sacramentum ... salvator mundi.
1471. Corpus dni nostri j. c. sit mihi ... in vitam aeternam.
1472. Communicatio et confirmatio corporis ... ad vitam aeternam.
1473. Dne s. pater o. ae. ds da mihi hoc corpus ... saecula saeculorum.
1474. Sanguis dni nostri j. c. custodiat me in vitam aeternam.
1475. Dne j. c. fili dei vivi qui ex voluntate ... separare digneris.
1476. Corpus tuum dne quod accepi ... introierunt sacramenta.
1477. Haec sacrosancta commixtio corporis ... ad vitam aeternam.
1478. Perceptio corporis et sanguinis dni nostri j. c. ... in vitam aeternam.
1479. Corpus et sanguis dni nostri j. c. ... ad vitam aeternam.
1480. Ignosce dne quod dum rogare compellor ... miserere mei.
1481. Quod ore sumpsimus dne mente ... remedium sempiternum.
1482. Obsecro etiam te piissime omnium ... omni bono conserva.
1483. Conservent nos dne ... tribuant nobis.
1484. Custodi infra nos dne gratiae tuae ... virtute muniamur.
1485. Praesta dne j. c. fili dei vivi ut qui corpus ... criminum nostrorum.
1486. Placeat tibi sancta trinitas obsequium ... miserante propitiabile.

1487. Meritis et intercessionibus beatae mariae ... nostri o. ds.
1488. Ds quem omnia opera benedicunt ... meritoque reddamus.
1489. Ds qui tribus pueris mitigasti ... atque tormentorum.
1490. Actiones nostras qs dne aspirando ... coepta finiatur.

548. **Ordo 5** (A, I 518-528; V, I 186-190)

1491. Respice dne per invocationem tui nominis ... peccatorum percipiant.
1492. Propitiare dne iniquitatibus meis ... munere glorier.
1493. Sancti dei omnes qui ab initio saeculi ... habere cum sanctis.
1494. Aures tuae pietatis mitissime ds inclina ... diligere merear.
1495. Circumda me dne laetitia ... justitiam custodire.
1496. Conscinde dne saccum meum et ... salutari tui.
1497. Praecinge dne lumbos meos et circumcide ... cordis mei.
1498. Disrumpe dne vincula peccatorum meorum ... onus meum leve.
1499. Indue me dne sacerdotali justitia ... conscientiae gravat.
1500. Praecinge me dne virtute et pone immaculatam viam meam.
1501. Adsit nobis dne virtus spiritus sancti ... **tueatur adversis.**
1502. Aures tuae pietatis ...
1503. Dne ds o. qui es magnus et admirabilis ... humanitatem j. c.
1504. Aufer a nobis dne iniquitates nostras ... ad sancta sanctorum.
1505. Ds fons bonitatis et pietatis origo ... justificatus.
1506. Ante conspectum divinae majestatis ... merear in caelis.
1507. Oramus te dne per merita et patrocinia ... peccata nostra.
1508. O. s. ds qui me peccatorem ... ministrare merear.
1509. Pax christi quam nobis per sanctum ... in vitam aeternam.
1510. Suscipe confessionem meam unica spes ... **dne ds meus.**
1511. Conscientia quidem trepidus o. ds ... in saecula saeculorum.
1512. Dne ds o. pius et misericors cui nihil ... esto mihi peccatori.
1513. Ante oculos tuos dne reus adsisto ... saecula saeculorum.
1514. Dne ds o. qui es trinus et unus ... miserere mei.
1515. Dne j. c. redemptor mundi propitius esto ... diebus vitae meae.
1516. Dne ds pater o. sensuum illuminator ... usque perficiam.
1517. Dominator dne ds o. in voluntate tua universa ... ad gloriam regni tui.
1518. Ds misericordiae et veritatis clementiam ... digneris perducere.
1519. Summe sacerdos et vere pontifex ... puram et immaculatam ...
1520. Odore caelestis inspirationis ... evangelii sui praecepta.
1521. In nomine dni benedicatur ... in odorem suavitatis.
1522. Dnus sit in corde tuo ... sanctum evangelium.
1523. Benedictio dei patris et filii ... elationis a te.
1524. Crucis vivificae signo muni dne ... opere complenda.
1525. Ave sanctum evangelium salus et recreatio animarum nostrarum.
1526. Ave verba sancti evangelii quae totum mundum replesti.
1527. Per istos sanctos sermones evangelii ... omnia peccata nostra.
1528. Suscipiat sancta trinitas oblationes tuas ... peccatorum tuorum.
1529. Largire sensibus nostris o. pater ... augmentum virtutum.

1530. Dominator et vivificator et omnium bonorum ... beatitudinem.
1531. Largire mihi dne munditiam labiorum ... miserere mei.
1532. Ignosce dne quod dum rogare compellor ... **creditae non re-**cuses.
1533. Mordacis conscientiae stimulis ... indulgere dignetur.
1534. Ds bonitatis eximiae fons pietatis ... optata propitiatio.
1535. Concede qs o. et m. ds ut haec oblatio ... optata propitiatio.
1536. Suscipe s. t. h. o. tuam tibi offero ... facimus in terris.
1537. Suscipe s. t. h. o. quam tibi ego peccator ... vitam sempiternam.
1538. Suscipe s. t. h. o. quam tibi offero pro me ... salvus ero.
1539. Suscipe s. t. h. o. quam tibi offero pro animabus ... aeterna.
1540. O. s. ds qui es in sanctis tuis ... populi tui.
1541. Hoc incensum ad omnem putorem ... suae accendat.
1542. Dnus noster qui suscepisti munera ... pro peccatis.
1543. Suscipe qs dne de manibus nostris ... per omnia saecula.
1544. O. s. ds qui es repletus omni odore ... populi tui.
1545. Dirigatur dne oratio mea sicut ... peccatorum nostrorum.
1546. Facturus memoriam salutaris hostiae ... commercia largiatur.
1547. Aperi dne os meum ad benedicendum ... elegisti tibi dne.
1548. In spiritu humilitatis et in animo ... tibi dnus deus.
1549. Rex christe clementissime tu corda ... omni tempore.
1550. Tibi dno deo creatori hostiam ... fidelium tuorum.
1551. Veni sanctificator quaeso o. ae. ds benedic ... praeparatum tibi.
1552. **Dne ds trinitas sancta respice ... proficiant sempiternam.**
1553. Orate pro me fratres et sorores ... in conspectu dni.
1554. Suscipiat dnus sacrificium de manibus ... fidelium defunctorum.
1555. Accipiat dnus sacrificium de ore tuo ... nostrum salute.
1556. Exaudiat te dnus orantem pro nobis ... omnes petitiones tuas.
1557. Spiritus sanctus superveniat in te ... obumbret tibi.
1558. Sit dnus in corde tuo et in ore tuo ... omnia peccata tua.
1559. Precor vos sancti angeli archangeli ... vitam aeternam.
1560. Ds qui te praecipis a peccatoribus ... percipiam remissionem.
1561. Memento mei quaeso dne et miserere licet ... suavitatis accendantur.
1562. Memento etiam dne famulorum famularumque tuarum qui ... sancti deus.
1563. Agnus dei qui tollis peccata mundi miserere nobis.
1564. Haec sacrosanta commixtio corporis ... **praeparatio salutaris.**
1565. Dne s. pater o. ae. ds da mihi corpus ... **in saecula saeculorum.**
1566. Corpus dni mei i. c. sit mihi ... in vitam aeternam.
1567. Corpus et sanguis dni mei j. c. sit mihi salus.
1568. Dne j. c. fili dei qui ex voluntate ...
1569. Placeat tibi sancta trinitas ... saecula saeculorum.
1570. Dne j. c. fili dei unigenite qui es ... **concedas esse salutis.**

549. Ordo 6 (A, I 528-533; V, I 190-192)

1571. Da cui proprium est parcere semper ... clementer ignoscas.

1572. Concede qs o. ds cunctis viventibus ... mereantur aeternam.
1573. Lavabo inter innocentes ... nivem dealbabor.
1574. Pone dne amictum salutarem ... diabolicas fraudes.
1575. Indue me dne vestimentis salutis ... me semper.
1576. Praecinge dne cingulo fidei ... totius castitatis.
1577. Rogo altissime ds sabaoth ...
1578. Redde mihi dne obsecro stolam ... merear in perpetuum.
1579. Stola jucunditatis circumda me ... ds mentem meam.
1580. Merear dne deportari manipulum mentis ... portionem accipiam.
1581. Jugum enim dne tuum suave est ... possim tuam gratiam.
1582. Altissime ds ignosce mihi ... in saecula saeculorum.
1583. Dne rex o. memor fragilitatis ... exaudire digneris.
1584. Ante conspectum divinae majestatis tuae ...
1585. Ignosce dne quod dum rogare compellor ...
1586. Sancti dei omnes qui ab initio ... habere cum sanctis.
1587. Conscinde dne saccum meum et circumda ... justitiam custodire.
1588. Indue me dne lorica fidei et galea salutis ... spiritus sancti.
1589. Praecinge me dne virtute ... cordis mei.
1590. Stola justitiae circumda dne cervicem ... reverentia famulari.
1591. Fac me quaeso o. ds ita justitia indui ... conscientiae gravat.
1592. Deduc me dne in via tua ... despexit oculus meus.
1593. Dne ds o. qui es magnus et admirabilis ... j. c. filii tui.
1594. Aures tuae pietatis inclina precibus ... diligere te merear.
1595. Ds qui de indignis dignos ...
1596. Ds misericordiae et veritatis ... suppliciter deprecor.
1597. Ante conspectum divinae majestatis ...
1598. Aufer a nobis dne cunctas iniquitates ... mereamur introire.
1599. O. s. ds qui me peccatorem sacris ... ministrare merear.
1600. Pax christi quam nobis per evangelium ... in vitam aeternam.
1601. Dne ds o. qui es trinus ...
1602. Dne j. c. redemptor mundi propitius ...
1603. Odore caelestis inspirationis ... evangelii in praecepta.
1604. Dnus sit in corde tuo et in labiis ... evangelium pacis.
1605. Benedictio dei patris et filii ... sanctum evangelium suum.
1606. Suscipe confessionem meam unica spes ...
1607. Dne ds o. et misericors cui nihil ... esto mihi peccatori.
1608. Ecce ego dne ecce ego miser ... proveniat sempiternam.
1609. Ante oculos tuos dne reus conscientiae ...
1610. Tibi dne creatori meo hostiam ... fidelium tuorum.
1611. Hanc oblationem clementissime pater defero ... delictis.
1612. Suscipe s. t. h. o. quam tibi offert ... placens ascendat.
1613. Acceptum sit omnipotenti deo sacrificium istud.
1614. Hoc incensum ad omnem putorem nocuum ... accendat.
1615. Dne ds noster qui suscepisti munera abel ... peccatorum nostrorum.
1616. Suscipe qs dne manibus nostris peccatoribus ... omnia saecula.
1617. O. s. ds qui es repletus omni odore ... populi tui.
1618. Dominator dne rex regum rex gloriose ...
1619. Aperi dne os meum ad benedicendum ...

1620. Suscipe s. t. h. o. quam tibi offero ...
1621. Suscipe s. t. h. o. quam tibi offerimus pro rege ...
1622. Suscipe s. t. h. o. quam tibi offero pro me peccatore ...
1623. Suscipe s. t. h. o. quam tibi offero pro animabus ...
1624. Ds qui es trinus et unus respice ...
1625. Orate fratres ut meum ... sit acceptum.
1626. Suscipiat dnus sacrificium istud ... omniumque salutem.
1627. Orent pro te omnes sancti et electi dei ... peccata tua ...
1628. Gaudeat dne famulus tuus ...
1629. Ds qui non mortem sed paenitentiam desideras peccatorum ...
1630. Ds bonitatis eximiae ...
1631. Memento dne famulorum famularumque tuarum ... circumstantium ...
1632. Nec non et illorum ss. quorum hodie ... quorum meritis ...
1633. Haec sacrosancta commixtio corporis ... in saecula.
1634. Fiat commixtio et consecratio corporis ... **vitam aeternam.**
1635. Ds qui es dominator omnium fac nos ... conjunctio.
1636. Ecce jesu benignissime quod concupivi ... suscipio in terris.
1637. Ave in aevum sanctissima caro ... anima et corporis.
1638. Ave in aeternum caelestis potus ... in vitam aeternam.
1639. Concede dne j. ut sicut haec sacramenta ... omnium peccatorum.
1640. Corpus dni nostri j. c. maneat ad salutem ... vitam aeternam.
1641. Sanguis dni nostri j. c. sanctificet ... in vitam aeternam.
1642. Perceptio corporis et sanguinis dni nostri ... vitam aeternam.
1643. Corpus dni nostri j. c. qui pasti sumus ... vitae aeternae.

551. **Ordo 7** (A, I 534-537; V, I 192-193)

1644. Lavabo inter innocentes manus meas ... nivem dealbabor.
1645. Pone dne galeam salutis in capite ... saevitiam superandam.
1646. Indue me dne vestimento salutis ... circumda me semper.
1647. Praecinge dne cingulo fidei et virtute ... virtus castitatis.
1648. Stola justitiae circumda dne cervicem ... purifica mentem meam.
1649. Dne qui dixisti jugum meum suave est ... **merear salvator.**
1650. Redde mihi manipulum ... possim tuam gratiam.
1651. Veniam peto a te dne j. c. coram sanctis ... cunctis peccatis meis.
1652. Corroboret dnus sensum et labia tua ... eloquia divina.
1653. Ex latere christi sanguis et aqua ... sanctificare dignetur.
1654. Ante conspectum divinae mapestatis ...
1655. Rogo te ds sabaoth ...
1656. Ignosce dne quod dum rogare compellor ...
1657. Indignum me dne j. c. sacris tuis esse fateor ...
1658. Ds qui de indignis dignos facis ... obtulit in sacrificium.
1659. Dne j. c. propitius esto mihi peccatori ... salvator mundi.
1660. Confiteor tibi dne rex caeli et terrae ... delictorum.
1661. Suscipe s. t. h. o. quam tibi offerimus ... incarnationis.
1662. Ds qui non mortem sed paenitentiam desideras ...
1663. Dne j. c. salvator mundi qui elegisti ... necessitatem nostram.
1664. Haec sacrosancta commixitio corporis ... praeparatio salutaris.

1665. Dne s. pater o. ae. ds da mihi hoc corpus ... in saecula saeculorum.
1666. Dne j. c. fili dei vivi qui ex voluntate ...
1667. Corpus tuum quod sumpsi dne ds ... rex gloriae.
1668. Corpus dni nostri j. c. conservet animam ... vitam aeternam.
1669. Perceptio corporis et sanguinis ...

552. **Ordo 8** (A, I 537-541; V; I 193-195)

1670. Lavabo inter innocentes manus meas ...
1671. Pone dne galeam salutis in capite meo ... diabolicas fraudes.
1672. Indue me dne vestimento salutis ... circumda me semper.
1673. Praecinge dne cingulo fidei ... totius castitatis.
1674. Merear precor dne manipulum ... portionem accipiam.
1675. Redde mihi dne obsecro stolam immortalitatis ... in perpetuum.
1676. Jugum enim tuum dne suave est et onus ... possum tuam gratiam.
1677. Aufer a nobis dne spiritum superbiae ... ad sancta sanctorum.
1678. Ds qui de indignis dignos de peccatoribus justos ...
1679. Ds qui non mortem sed poenitentiam desideras ...
1680. Ante conspectum divinae majestatis tuae ...
1681. Ignosce mihi dne ignosce quia dum rogare ...
1682. Projectis dne nobis in condemnationem ...
1683. Ante oculos tuos dne reus conscientiae ...
1684. Indignum me tuis mysteriis esse fateor ... peccatis fuscor.
1685. Per virtutem sanctae crucis ... venire gaudentes.
1686. O. ds qui suscepisti munera abel ... peccatorum nostrorum.
1687. Corroboret dnus sensum et labia ... eloquia sancta sua.
1688. Hanc oblationem qs dne ds placatus accipe et omnium ... indulge.
1689. Suscipe s. t. h. o. quam tibi offerimus in memoriam ... ad honorem.
1690. Suscipe clementissime pater hanc oblationem quam ego ...
dns ds.
1691. Suscipe s. t. h. o. quam tibi offero pro animabus ... aeterna.
1692. In nomine sanctae trinitatis et individuae ... super hoc munus.
1693. **Descendat precamur o. ds pater super haec ... invicta custodiat.**
1694. Obsecro vos fratres orate pro me ... fiat dno.
1695. Suscipiat o. ds sacrificium de manibus tuis ... omnia peccata
tua.
1696. Dominator et vivificator bonorum omnium ... futuram beatitudinem.
1697. Aperi dne os meum ad benedicendum ... quem elegisti tibi.
1698. In tuo conspectu qs dne haec nostra munera ... placere valeamus.
1699. Acceptabilis sit majestati tuae o. ds ... dei ecclesiae.
1700. Offerimus tibi dne christi filii tui ... suavitatis ascendat.
1701. Ex latere christi sanguis et aqua exisse ... dignetur.
1702. Veniam peto ad te dne tibi et omnibus ... praestante ds noster.

1703. Hanc oblationem qs o. ds placatus accipe ... peccata indulge.
1704. Nec non et illorum quorum hodie ... celebratur triumphus.
1705. Haec sacrosancta commixtio corporis ... praeparatio salutaris.
1706. Fiat nobis et omnibus sumentibus ... praeparatio salutaris.
1707. Qui es omnium ds et dominator fac nos ... unitatis conjunctio.
1708. Dne j. c. non sum dignus te suscipere ... introductio.
1709. Dne s. pater o. ae. ds da mihi hoc corpus ... saeculorum.
1710. Corpus dni nostri j. c. quod accepi et sanguis ...
1711. Perceptio corporis et sanguinis dni j. c. quam ego ...
1712. Dne J. c. fili dei vivi qui ex voluntate ...
1713. Da qs o. ds ut tanti mysterii munus ... me suscipiant.
1714. Placeat tibi ...

553. **Ordo 9** (A, I 541-548; V, I 195-197)

1715. Ante conspectum divinae majestatis tuae ... in caelis per te.
1716. Ignosce dne ignosce quia dum rogare compellor ... salvator mundi.
1717. Si ante oculos tuos dne culpas quas fecimus ... gentium gaudeamus.
1718. Ante oculos tuos dne reus conscientiae ... veniam largiaris.
1719. Impellit ministrandi officium hostia ... salvator mundi.
1720. Conscientia quidem trepidi o. ds ad altare ... consecranda.
1721. Rogo te ds sabaoth altissime pater sancte uti ... suscipere.
1722. Ante aeterni regis christi praesentiam ... misericordia recognoscis.
1723. Projectis dne nobis in condemnationem operum ... custodiam.
1724. Si tantum dne reatus nostrae delinquentiae ... visitat per dolorem.
1725. Mordacis conscientiae stimulis ... indulgere dignetur.
1726. Ds ad quem accedere mundi ... salvator mundi.
1727. Indignum me dne sacrificiis tuis fateor ... saecula saeculorum.
1728. Dne misericors quem ecclesiae tuae populus ... obtinere.
1729. Eripiat nos qs dne tuorum deprecatio sanctorum ... relaxari peccata.
1730. Suscipe s. t. h. o. quam tibi offero in memoriam ... in terris.
1731. Suscipe s. t. h. o. quam tibi offerimus pro rege ... aeterna.
1732. Suscipe s. t. h. o. quam tibi offero pro me ... quotidie utor.
1733. Quid retribuam dne pro omnibus ... salvus ero.
1734. Suscipe s. t. h. o. quam tibi offero pro animabus ... aeterna.
1735. Respice dne ds propitius per intercessionem ... jubeas ut absolvet.
1736. Catholica est fide tenendum ... credimus obtinere.
1737. Die dominica ad missam ... solemnitate teneatur.
1738. Da bonitatis eximiae fons pietatis ... vitam aeternam.
1739. Ds qui es trinus et unus respice ... animae proficiant.
1740. Orate frates ut meum pariter ... sit sacrificium.
1741. Ds qui non mortem sed poenitentiam ... in hac peregrinatione.
1742. Ds qui de indignis dignos facis ... obtulit sacrificium.

1743. Memento dne famulorum famularumque tuarum omnis ... deo et vivo.
1744. Memento mei quaeso dne et miserere licet ... suavitatis accendantur.
1745. Libera nos qs ... nec non et sanctis martyribus tuis ...
1746. Pax dni sit semper vobiscum.

554. Ordo 10 (A, I 548-551; V, I 197-198)

1747. Indignum me dne tuis sacrificiis ...
1748. Dne misericors quem ecclesiae tuae populus ...
1749. Eripiat nos qs dne tuorum pia deprecatio ...
1750. Respice dne ds noster propitius ...
1751. Catholica est fide tenendum et omni devotionis ...
1752. Indignum me dne esse fateor ...
1753. Ds qui de indignis justos ...
1754. Aperi dne ds os meum ad benedicendum ... elegisti tibi.
1755. Ds qui non mortem sed poenitentiam ... in hac peregrinatione.
1756. Suscipe s. t. h. o. quam tibi offero in memoriam ... in terris.
1757. Veni sanctificator o. ae. ds benedic hoc ... praeparatum tibi.
1758. Ds une ds trinitas respice propitius ... proficiant sempiternum.
1759. Suscipe s. t. h. o. quam tibi offerimus pro rege .... aeterna.
1760. Suscipe s. t. h. o. quam tibi offero pro me ... salvus ero.
1761. Suscipe s. t. h. o. quam tibi offero pro animabus ... aeterna.
1762. Ds qui es trinus et unus respice propitius ... animae proficiant.
1763. Orate fratres ut meum pariter ... sit sacrificium.
1764. Ds bonitatis eximiae fons pietatis et origo ... spiritus sancti ds.
1765. Ita dne immensi criminis rei ... in examinatione confusos.
1766. Ignosce dne commaculatae vitae ... compleatur officium.
1767. Dimitte ds quidquid per intemperantiam ... supplicemus.
1768. Conscientia quidem trepidi ... mysteria consecranda.
1769. Dominator et vivificator et bonorum ... in sempiterna gloria.
1770. Qui es omnium ds et dominator dnus fac nos ... dne ds noster.
1771. Dne non sum dignus ut intres sub tectum ... in perpetuum separari.
1772. Da mihi dne corpus et sanguinem tuum ... misericordiae tuae.
1773. Sanguis dni nostri j. c. qui ex latere ... in vitam aeternam.
1774. Corpus et sanguis dni nostri j. c. custodiat ... vitam aeternam.

MISSA GENERALIS

1775. Dne ds pater o. qui es verus sanctus ... consortium concedas.
1776. Qs dne noster spes vera credentium ... suavissimum accipias.
1777. VD. Qui cum unigenito filio tuo ... misericorditer perducas.
1778. Hanc igitur oblationem servitutis nostrae ... potenter custodi.
1779. Tuam omnipotentiam dne ds noster supplices ... sempiternam tribuas.

ALIA MISSA GENERALIS

1780. O. ds trinitas in personis ... misericorditer concede.

1781. Oblationis hujus dne ds placare ... tribue peccatorum.
1782. VD. Sed quid tibi dignum ... consortium concedas.
1783. Hanc igitur oblationem servitutis nostrae ... dona obedientiam.
1784. Purificet nos qs dne divini libatio ... beatitudinis regnum.

ALIA MISSA GENERALIS

1785. Ds cui proprium est misereri ... largiaris gaudiorum.
1786. Miserere quaeso clementissime ds mihi ... gloriam tribue.
1787. VD. Qui septiformes ecclesiasticae ... largiaris consortium.
1788. Hanc igitur oblationem servitutis nostrae ... semper eripias.
1789. Tuam dne deprecor clementiam et per haec ... promissa perducant.

ALIA MISSA GENERALIS

1790. Pietate tua qs dne nostrorum solve ... aeternam concede.
1791. Ds qui singulari corporis tui hostia ... aeterna concede.
1792. VD. Per quem te ex toto corde ... peccatorum. Per quem.
1793. Hanc igitur oblationem servitutis ... misericorditer perducas.
1794. Sumpta qs sacramenta omnia crimina ... oblata salute.

ALIA MISSA GENERALIS

1795. Suscipe dne hanc immolationem laudis ... valeamus pervenire.
1796. Oblationes nostras qs dne propitius ... te miserante perveniant.
1797. VD. Qui non existentem me creasti ... sanctorum tuorum.
1798. Hanc igitur oblationem servitutis ... semper et munias.
1799. Laeti dne sumpsimus sacramenta caelestia ... proficiant sempliternum.

ALIA MISSA GENERALIS

1800. O. s. ds qui vivorum dominaris ... mereantur aeterna.
1801. Ds cui soli cognitus est numerus ... ascripta retineat.
1802. VD. Qui per passionem crucis mundum redemit ... largire consortium.
1803. Hanc igitur oblationem servitutis ... misericorditer largire.
1804. Purificent nos qs o. et m. ds sacramenta ... omnium peccatorum.

ALIA MISSA GENERALIS

1805. Ds qui es omnium sanctorum tuorum splendor ... perfrui sempiterna.
1806. Hostias dne quas tibi offero ... propitius largire.
1807. VD. Qui te mirabiliter operante ... fideles tuos.
1808. Hanc igitur oblationem servitutis ... cunctis credentibus.
1809. Mensae caelestis participatione ... largire consortium.

555. **Ordo 11** (A, I 562-568; V, I 202-204)

DOMINICA IN DIE PASCHAE

1810. Via sanctorum omnium j. c. qui ad te ... paradisi introire.

1811. O. et m. ds qui sacerdotum ministerio ... pacis ingressus.
1812. Totius honestatis o. ds ad reprimendas ... integritas.
1813. Indue me dne calceamentis justitiae ... timore servire.
1814. Virtus summa ds cunctorum ... corde pudico.
1815. Vestibus angelicis induti ... contagia mentis.
1816. Scrutator cordis et castae ... corpore gestus.
1817. Rogo te altissime ds sabaoth pater sancte ... hostias immolar.
1818. Colla jugo subdenda tuo ... ordine mundo.
1819. Sanctifica tunicam qua nunc ... mente fideli.
1820. O. et m. ds precor clementiam tuam ut me ... leniter suscipere.
1821. Digna manus nostras christi custodia ... monumenta salutis.
1822. Pignora me fidei signatum ... rex benedicte tua.
1823. Spes aeterna ds cunctorum certa ... ordo veternus.
1824. Qui super astra sedes qui regni ... perpeti vita.
1825. Suscipe confessionem meam unica spes ... miserere mei ds meus.
1826. Indignum me dne sacris tuis ... tu enim.
1827. Dne mihi medicinam ingeris aegro ... in saecula saeculorum.
1828. Ds qui hodierna die per unigenitum tuum ...
1829. Mitto incensum in odorem suavitatis ... individuae trinitatis.
1830. Dnus sit in corde tuo et in ore ... evangelii lectionem.
1831. Dne ds noster supplici devotione deposcimus ... peccatorum nostrorum.
1832. Placetur dne hoc thymiamate ... vitam aeternam.
1833. Suscipe qs dne preces populi tui cum oblationibus hostiarum ...
1834. VD. Te quidem omni tempore ...
1835. Ds qui non mortem sed paenitentiam ... in hac peregrinatione.
1836. Ds universae carnis qui noe et filiis ejus ...
1837. Benedicat vos o. ds hodierna interveniente paschali solemnitate ...
1838. Haec sacrosancta commixtio corporis ... praeparatio salutaris.
1839. Emittere digneris dne sanctum angelum tuum ... dne ut dignetur.
1840. Perceptio corporis et sanguinis tui ... mentis et corporis.
1841. Dne j. c. et fili dei vivi qui ex voluntate ... perpetuum separari.
1842. Dne s. p. o. ae. ds da mihi hoc corpus ... saecula saeculorum.
1843. Spiritum nobis dne ...
1844. Placeat tibi sancta trinitas ...
1845. Concede qs o. ds ...
1846. Praesta qs o. ds ...
1847. Praesta qs o. ds ut qui gratiam ...

556. Ordo 12 (A, I 568-574; V, I 204-207)

INCIPIT ORDO QUALITER MISSA CELEBRARI DEBEAT

1848. Calcea dne pedes meos ... in velamento alarum tuarum.
1849. Largire sensibus meis o. pater ut sicut ... augmenta virtutum.
1850. Da dne virtutem manibus meis ... tibi servire.
1851. Obumbra dne caput meum umbraculo ... nubila ignorantiae.
1852. Indue me dne vestimento salutis ... lorica fortitudinis.

1853. Dne accinge in me custodiam mentis meae ... spiritu elevationis.
1854. Stola justitiae circumda dne cervicem ... purifica mentem meam.
1855. Indue me dne ornamento humilitatis ... mentis et corporis.
1856. Da mihi dne sensum rectum et vocem ... possim laudem tuam.
1857. Aures tuae pietatis mitissime ds inclina ... diligere merear.
1858. Rogo te ds sabaoth altissime pater sancte ... per unigenitum.
1859. Fac me quaeso o. ds ita justitia indui ... conscientiae gravat.
1860. Confiteor deo omnipotenti et istis ... misero peccatore.
1861. **Precibus et meritis sanctae dei genitricis ... in vitam aeternam.**
1862. Indulgentiam et absolutionem ... misericors dnus.
1863. Aufer a nobis qs dne iniquitates nostras ... benignus et pacem.
1864. **Pax christi quam nobis per evangelium ... in vitam aeternam.**
1865. Ad te plasmator meus redemptor meus ... dne ds meus.
1866. O. s. ds qui me peccatorem sacris ... ministrare merear.
1867. Benignissime ac misericordissime ... salvator mundi.
1868. Ds misericordiae et veritatis ... suppliciter deprecor ...
1869. Ds qui non mortem sed paenitentiam desideras ...
1870. Adjuva nos dne ds noster tuorum deprecatione ... sentiamus auxilium.
1871. Conscientia quidem trepida o. ds ad altare ... mea ministeria.
1872. Dne ds o. qui es trinus et unus ubique ... miserere mei.
1873. Ds qui de indignis dignos et immundis mundos ... j. c. dnus noster.
1874. Indignum me dne fateor tuis sacris ...
1875. Altissime ds ignosce mihi ...
1876. Impellit me ministrandi officium ... indebiti sacerdotii ...

557. **Ordo 13** (A, I 574-580; V, I 207-209)

1877. Largire sensibus nostris o. pater ... augmentum virtutum.
1878. Calcia dne pedes meos in praeparatione ... alarum tuarum.
1879. Aures tuae pietatis mitissime ds ... diligere merear.
1880. Obumbra dne caput meum ... nubila ignorantiae.
1881. Indue me dne vestimento salutis ... lorica fortitudinis.
1882. Dne accinge in me custodiam ... spiritu elationis.
1883. Stola justitiae circumda dne cervicem meam ... purifica mentem meam.
1884. Indue me dne ornamento caritatis et pacis ... mentis et corporis.
1885. Da mihi dne sensum rectum ... possim laudem tuam.
1886. Aufer a nobis iniquitates nostras ... mentibus introire.
1887. O. ds qui me peccatorem sacris ... ministrare merear.
1888. Pax christi quam nobis per evangelium ... in vitam aeternam.
1889. Suscipe confessionem meam unica spes ... resuscita me ds meus.
1890. Ds propitius esto mihi peccatori ... diebus vitae meae.
1891. Dne j. c. redemptor mundi propitius esto ... diebus vitae meae.
1892. Ds qui de indignis dignos facis ... j. c. dnus noster.
1893. Ignosce dne quod te rogare compellor ... salvator mundi.
1894. Odore cealestis inspirationis suae ... evangelii sui praecepta.
1895. Dnus sit in corde tuo et in labiis ... evangelium pacis.

1896. Per istos sermones sancti evangelii ... dnus peccata nostra.
1897. Ante oculos tuos dne reus ... veniam largiaris.
1898. Tibi dno deo creatori meo hostiam ... fidelium tuorum.
1899. Acceptum sit omnipotenti deo sacrificium istud.
1900. Ante conspectum divinae majestatis tuae reus ... per te j. c.
1901. Suscipe s. t. h. o. quam tibi offero pro me ... mereamur aeterna.
1902. Suscipe s. t. h. o. quam offero in primis ... facimus in terris.
1903. Suscipe s. t. h. o. quam tibi offero pro anima ... mereatur.
1904. Suscipe s. t. h. o. quam tibi offero pro animabus .. adjungi.
1905. Immola deo sacrificium laudis ... ad eum exaudiat te.
1906. Dne j. c. qui in cruce passionis ... ascendat j. c.
1907. Ds qui humanae substantiae dignitatem ... particeps j. c.
1908. In nomine dni nostri j. c. sit sacrificium ... et benedictum.
1909. Per intercessionem sancti gabrielis ... suavitatis accipere.
1910. Incensum istud a te benedictum ascendat ... in conspectu tuo.
1911. Accendat in nobis dnus ignem ... aeternae caritatis.
1912. Orate pro me misero peccatore ... divinae pietatis.
1913. Orent pro te omnes sancti dei ... omnia peccata tua.
1914. Gaudeat dne ds famulus tuus beneficiis ... benignus effectus.
1915. Precibus nostris qs dne aures tuae pietatis ... perveniamus aeternam.
1916. Pax dni sit semper vobiscum.
1917. Haec sancta commixtio corporis ... praeparatio salutaris.
1918. Sancti sanguinis commixtio cum sancto corpore ... vitam aeternam.
1919. Panem caelestem accipiam et nomen dni invocabo.
1920. Perceptio corporis tui dne j. c. quod indignus ... et corporis.
1921. Quid retribuam dno ...
1922. Communicatio et confirmatio sancti ... in vitam aeternam.
1923. Dne j. c. fili dei vivi qui ex voluntate ... in perpetuum separari.
1924. Dne s. p. o. ae. ds da mihi hoc corpus ... in saecula saeculorum.
1925. Perceptio corporis dni nostri j. c. sit ... tuorum peccatorum.
1926. Corpus dni nostri j. c. prosit mihi ... ad vitam aeternam.
1927. Placeat tibi sancta trinitas obsequium ... propitiabile.
1928. Meritis et intercessionibus omnium ... nobis o. dnus.
1929. Ds qui tribus pueris mitigasti ... flamma vitiorum.

558. Ordo 14 (A, I 580-582; V, I 209-210)

1930. Fac me quaeso o. ds ita justitia indui ... conscientiae gravat.
1931. Aures tuae pietatis mitissime ds inclina ... diligere merear.
1932. Ante conspectum divinae majestatis dne reus ... salvator mundi.
1933. O. mitissime ds qui de indignis dignos ... sacerdos j. c.
1934. Conscientia quidem trepidi o. ds ad altare ... nostra ministeria.
1935. Ds misericordiae et veritatis clementiam ... digneris perducere.
1936. Dne ds o. qui es unus et trinus ... miserere mei.
1937. Indignum me dne esse fateor tuis sacris ... in saecula saeculorum.
1938. Aufer a nobis dne iniquitates nostras ... mentibus introire.

1939. O. s. ds qui me peccatorem sacris ... ministrare merear.
1940. Pax christi quam nobis per evangelium ... in vitam aeternam.
1941. Ds qui non mortem sed poenitentiam ... in hac peregrinatione.
1942. Dne j. c. redemptor mundi propitius esto ... diebus vitae meae.
1943. Ds qui tribus pueris mitigasti ... flamma vitiorum.
1944. Actiones nostras qs dne et aspirando ... coepta finiatur.

559. Ordo 15 (A, I 582-594; V, I 210-214)

1945. Conscinde dne saccum meum et circumda laetitia.
1946. Humeros sacros spiritus sancti gratia ... in saecula saeculorum.
1947. Indue me dne vestimento salutis ... justitiae et fortitudinis.
1948. Circumda me dne fidei armis ... justitiam custodire.
1949. O. s. ds suppliciter te exoro ut fraude ... vera sunt gaudia.
1950. Dne accinge in me custodiam mentis ... spiritu elationis.
1951. Praecinge me dne virtute et pone immaculatam viam meam.
1952. Accinge dne gladium tuum ... forma veritatis tuae.
1953. Circumcinge lumbos meos dne ... cordis et corporis mei.
1954. Stola justitiae circumda dne cervicem meam ... purifica mentem meam.
1955. Disrumpe dne vincula peccatorum meorum ... tibi famulari.
1956. Indue me dne ornamento humilitatis ... corporis per te christe.
1957. Creator totius creaturae dignare me ... merear praeclarus.
1958. Da mihi sensum rectum ... possim laudem tuam.
1959. Da dne virtutem manibus meis ad ... servire valeam.
1960. Fac me quaeso o. ds ita justitia indui ... conscientiae gravat.
1961. Aures tuae pietatis mitissime ds inclina ... diligere merear.
1962. Rogo te ds sabaoth altissime pater ... benigne suscipere.
1963. Impellit me dne ministrandi officium ... factus es hostia.
1964. Altissime ds ignosce mihi misero ... trinitas sancta.
1965. Ante oculos tuos dne reus conscientia teste existo ...
1966. Benedic dne hoc incensum ... in odorem suavitatis.
1967. Aufer a nobis dne iniquitates ... mentibus introire.
1968. O. s. ds qui me peccatorem sacris ... ministrare merear.
1969. Confiteor deo omnipotenti et vobis ... de futuris cautelam.
1970. Conditor ac redemptor meus christe ... largiaris aeternam.
1971. Pax christi quam nobis per evangelium ... in vitam aeternam.
1972. Benignissime ac misericordissime serenissime ... propitiatio.
1973. Si ante oculos tuos dne culpas quas facimus ... semper perseveremus.
1974. Indignum me dne fateor tuis factis ...
1975. Ds qui de indignis dignos de peccatoribus justos ...
1976. Ds misericordiae et veritatis clementiam ... digneris perducere.
1977. Dne ds o. qui es trinus et unus ... ut mei miserearis.
1978. Ds qui non mortem sed paenitentiam desideras ...
1979. Dne j. c. redemptor mundi propitius ... dno nostro jesu christo.
1980. Suscipe confessionem meam unica spes ... aeternam perducere.
1981. Eripiat nos qs dne tuorum pia deprecatio ... relaxari peccata.
1982. Ds ad quem mundi accedere desideramus ... in die judicii.

1983. Mordacis conscientiae stimulis ... indulgere dignetur.
1984. Largire quaeso dne ds o. per merita ... benedictus in saecula.
1985. Sancti dei omnes qui ab initio saeculi ... vobiscum in caelis.
1986. Odore caelestis inspirationis ... evangelii sui praecepta.
1987. In nomine dni benedicatur incensum ... in odorem suavitatis.
1988. Dnus sit in corde tuo et in labiis ... evangelium pacis.
1989. Benedictio dei patris et filii ... evangelium suum.
1990. Per istos sermones dni nostri j. c. ... omnia peccata nostra.
1991. Largire sensibus nostris o. pater ut sicut ... augmenta virtutum.
1992. Ante conspectum divinae majestatis tuae ... per omnia saecula.
1993. Tibi dno deo creatori meo hostiam offero ... fidelium defunctorum.
1994. Suscipe s. t. h. o. quam tibi offert ... placens ascendat.
1995. Acceptum sit dno deo omnipotenti istud sacrificium ... superpositum.
1996. Suscipe clementissime pater hostias ... clementissime ds.
1997. Suscipe s. t. h. o. quam ego indignus ... suppliciter exoro.
1998. Suscipe s. t. h. o. quam tibi offero pro me ... salvus ero.
1999. Suscipe s. t. h. o. quam tibi offero in primis ... in terris.
2000. Suscipe s. t. h. o. quam tibi offero pro me ... mereamur aeterna.
2001. Suscipe clementissime pater hostiam ... veniam consequantur.
2002. Suscipe s. t. h. o. quam tibi offero pro anima ... mereatur adunari.
2003. Suscipe s. t. h. o. quam tibi offero pro animabus ... aeterna.
2004. Facturus memoriam salutaris ... commercia largiatur.
2005. Dne j. c. qui in cruce passionis ... suavitatis ascendat.
2006. Acceptum sit tibi omnipotenti deo ... fieri particeps.
2007. In nomine dni nostri j. c. sit sacrificium ... et benedictum.
2008. Per intercessionem sancti gabrielis ... suavitatis accipere.
2009. In nomine patris et filii ... sit benedictum ... peccatorum nostrorum.
2010. Incensum istud a te benedictum ... in cospectu tuo.
2011. Placetur dne hoc thymiamate ... in vitam aeternam.
2012. Accendat in nobis dnus ... aeternae caritatis.
2013. Orate fratres ut meum pariter ... acceptum sacrificium.
2014. Orate fratres ut me orantem pro vobis exaudiat dnus.
2015. Orate fratres pro me peccatore ... votis vestris.
2016. Orent pro te omnes sancti et electi dei ... omniumque salute.
2017. Gaudeat dne qs famulus tuus beneficiis ... benignus effectum.
2018. Precibus nostris qs dne aurem tuae pietatis ... aeternam.
2019. Haec sacrosancta commixtio corporis ... praeparatio salutaris.
2020. Fiat commixtio et consecratio corporis ... in vitam aeternam.
2021. Sancti sanguinis commixtio cum sancto corpore ... ad vitam aeternam.
2022. Dne s. p. o. ae. ds da mihi hoc corpus ... in saecula saeculorum.
2023. Concede dne j. ut sicut haec sacramenta ... omnium peccatorum.
2024. Dne j. c. qui dixisti apostolis tuis pacem ... adunare dignare.
2025. Habete vinculum caritatis et pacis ut apti ... mysteriis.

2026. Pax christi et ecclesiae abundet in cordibus nostris.
2027. Panem caelestem accipiam et nomen dni invocabo.
2028. Corpus dni nostri j. c. sit mihi ... in vitam aeternam.
2029. Perceptio corporis tui j. c. sit mihi ... in vitam aeternam.
2030. Corpus tuum dne quod ego peccator ... munda sacramenta.
2031. Fiat mihi obsecro dne hoc sacramentum tuum ... percipere salvator.
2032. Calicem salutaris accipiam et nomen dni invocabo.
2033. Communicatio et confirmatio sancti sanguinis ... in vitam aeternam.
2034. Dne j. c. fili dei vivi qui ex voluntate patris ... separari.
2035. Perceptio corporis et sanguinis ... in vitam aeternam.
2036. Placeat tibi sancta trinitas obsequium ... sit propitiabile.
2037. Meritis et intercessionibus istorum ... omnipotens ds.
2038. Ds qui tribus ...
2039. Actiones nostras ...

560. **Ordo 16** (A, I 594-600; V, I 214-216)

2040. Fac me quaeso o. ds ita justitia ... conscientiae gravat.
2041. Aures tuae pietatis mitissime ds inclina ... diligere merear.
2042. Largire sensibus nostris o. pater ut sicut ... virtutum augmentum.
2043. Sub velamento alarum tuarum dne ... cordis humilitate.
2044. Indue me dne vestimento salutis ... tuae fortitudinis.
2045. Praecinge me dne zona justitiae ... caritatis et pudicitiae.
2046. Stola justitiae circumda dne cervicem ... purifica corpus meum.
2047. Indue me dne ornamento caritatis ... in saecula saeculorum.
2048. Da mihi dne sensum et vocem ut possim cantare laudem tuam.
2049. Aufer a nobis dne cunctas iniquitates ... introire mentibus.
2050. O. s. ds misericordiam nobis ... veniam consequamur.
2051. Ds misericordiae et veritatis clementiam ... digneris perducere.
2052. Dne j. c. redemptor mundi propitius ... diebus vitae meae.
2053. Indignum me dne esse fateor tuis sacris ... in saecula saeculorum.
2054. Pax christi quam nobis per evangelium ... in vitam aeternam.
2055. Odore caelestis inspirationis suae ... evangelii sui praecepta.
2056. Dnus sit in corde tuo ... evangelium pacis.
2057. Benedictio dei patris et filii ... sanctum evangelium suum.
2058. Per istos sermones sancti evangelii ... dnus peccata nostra.
2059. Ante oculos tuos dne ds conscientiae ... veniam largiaris.
2060. Ds qui de indignis dignos facis ... in sacrificium acceptabile.
2061. Ante conspectum divinae majestatis ... merear in caelis.
2062. Ignosce dne quod dum rogare compellor ... salvator mundi.
2063. Majestatem tuam ds piissime humili prece ... digne offerre.
2064. Tibi dno deo creatori meo hostiam ... fidelium tuorum.
2065. Suscipe s. t. h. o. quam tibi, offerunt ... placens ascendat.
2066. Acceptabilis sit deo omnipotenti oblatio tua.
2067. Deo omnipotenti sit acceptum sacrificium istud.
2068. Suscipe s. t. h. o. quam tibi offero in memoriam ... in terris.
2069. Suscipe s. t. h. o. quam tibi offerre praesumo ... utor.

2070. Suscipe s. t. h. o. quam tibi offerre praesumo pro infirmis ... consequi mereantur.
2071. Suscipe s. t. h. o. quam tibi offero pro anima ... aeterna.
2072. Suscipe s. t. h. o. quam ego indignus ... consequi merear.
2073. Suscipe s. t. h. o. quam tibi offerre praesumo pro imperatore ... consequi mereantur.
2074. Quid retribuam dno ... suavitatis ascendat.
2075. Dne ds j. c. qui in cruce passionis ... sanctificandum recipiatur.
2076. In nomine dni nostri j. c. sit coronatum ... et sanctificatum.
2077. Per intercessionem sancti gabrielis ... suavitatis accipere.
2078. Incensum istud benedictum ascendat ad te dne ... in conspectu tuo.
2079. Accendat deus in nobis ignem sui amoris ... aeternae caritatis.
2080. Orent pro te omnes sancti et electi ... omnium salute.
2081. Gaudeat dne famulus tuus beneficiis ... benignus effectum.
2082. Haec sacrosancta commixtio corporis ... praeparatio salutaris.
2083. Sancti sanguinis commixtio cum sancto corpore ... in vitam aeternam.
2084. Concede dne j. c. ut sicut haec sacramenta ... omnium peccatorum.
2085. Fiat commixtio et consecratio corporis ... in vitam aeternam.
2086. Dne j. c. qui dixisti apostolis tuis pacem ... adunare dignare.
2087. Habete vinculum pacis et caritatis ut apti ... sacris mysteriis.
2088. Dne j. c. fili dei vivi qui ex voluntate patris ...

561. Ordo 17 (A, I 600-603; V, I 216-217)

2089. Quid retribuam dno pro omnibus ... dni invocabo.
2090. In spiritu humilitatis ...
2091. Sanctifica qs dne hanc oblationem ... corpus fiat.
2092. Oblatum tibi calicem qs dne sanctifica ... sanguis fiat.
2093. Veni sanctificator o. ae. ds ... nomini tuo praeparatum.
2094. Suscipe s. t. h. o. quam tibi offerimus in memoriam ... in terris.
2095. Incensum istud a te benedictum ...
2096. Dirigatur oratio mea ...
2097. Accendat in nobis dnus ignem ... aeternae caritatis.
2098. Orate pro me peccatore ... omnipotenti deo.
2099. Non nobis dne non nobis ... da gloriam.
2100. Te igitur ...
2101. Memento dne famulorum ... muniamur auxilio.
2102. Hanc igitur oblationem ... grege numerari.
2103. Quam oblationem tu ds in omnibus ... jesu christi.
2104. Qui pridie quam pateretur ... memoriam facietis.
2105. Unde et memores ... immaculatam hostiam.
2106. Supplices te rogamus ... benedictione caelesti.
2107. Et gratia ... in somno pacis.
2108. Ipsis dne et omnibus ... indulgeas deprecamur.
2109. Nobis quoque peccatoribus ... praestas nobis.
2110. Per ipsum et cum ipso ... omnis honor et gloria.

2111. Libera nos qs dne ... saecula saeculorum.
2112. Pax domini ...
2113. Haec sacrosancta commixtio corporis ... praeparatio salutaris.
2114. Dne j. c. qui dixisti apostolis tuis ...
2115. Habete vinculum pacis et caritatis ... in cordibus nostris.
2116. Dne j. c. fili dei vivi ...
2117. Corpus dni nostri j. c. custodiat me ... ad vitam aeternam.
2118. Ave sanguis christi ... mundi est et vita.
2119. **Sanguis dni nostri j. c. custodiat me in vitam aeternam.**
2120. Quod ore sumpsimus ...
2121. Corporis sacri et sanguinis ... intraverunt sacramenta.
2122. Perceptio corporis et sanguinis ...
2123. Placeat tibi sancta trinitas ...
2124. Ds qui tribus pueris ...
2125. Ure igne sancti spiritus ...

566. Ordo 22 (A, I 610-613; V, I 220-221)

DOMINICA PRIMA POST PENTECOSTEM

2126. Ds qui humanae substantiae ...
2127. Dnus sit in corde tuo ...
2128. Suscipe s. t. h. o. quam tibi offert famulus ... placens ascendat.
2129. Ab ipso benedicaris ...
2130. Dne ds noster qui suscepisti munera abel ... peccatorum nostrorum.
2131. Largire sensibus nostris o. pater ... sanctarum virtutum.
2132. Orate fratres ... sanctae ecclesiae.
2133. Placeat tibi sancta trinitas ...

567. Ordo 23 (A, I 613-626; V, I 221-225)

PONTIFICE MISSAM SOLEMNITER CELEBRANTE
QUAE TAM AB EO QUAM A MINISTRIS AGENDA SUNT

2134. Aures tuae pietatis ...
2135. In cujus honore cremaberis ... ab illo benedicaris.
2136. Per hos sermones sancti evangelii ... peccata nostra.
2137. Precibus et meritis ... indulgentiam.
2138. Et benedictio dei omnipotentis patris ... maneat semper.
2139. Largire sensibus nostris o. ds ... virtutum augmentum.
2140. Lavabo inter innocentes ...
2141. Per ipsum et cum ipso ...

PONTIFEX MISSAM ALICUJUS SACERDOTIS AUDIENS
QUID AGERE DEBEAT

2142. In cujus honore cremaberis ab illo benedicaris.
2143. Odore caelestis inspirationis ... evangelii sui praecepta.
2144. Pax christi quam vobis per evangelium ... in vitam aeternam.
2145. Ab illo benedicatur cujus spiritus ... exordium ferebatur.

2146. Benedictionis et consecrationis ... descendat super munus.
2147. Suscipiat dnus sacrificium ... ecclesiae suae sanctae.
2148. Pax christi et ecclesiae sit semper vobiscum.
2149. Dnus nos benedicat et ab omni malo ... perducat aeternam.

QUANDO EPISCOPUS MISSAM PRO DEFUNCTIS CELEBRAT QUAE OBSERVARI DEBENT

2150. Dne j. c. qui dixisti apostolis ...

568. Ordo 24 (A, I 626-631; V, I 225-227)

DOMINICA PRIMA ADVENTUS

2151. Excita qs dne ...
2152. Benedictus tu et sermo oris tui ... spiritus sancti.
2153. Ab illo benedicaris in cujus honore ... spiritus sancti.
2154. Dnus sit in corde tuo ...
2155. Haec sacra nos dne ...
2156. Per quem haec omnia dne semper bona creas ...
2157. Suscipiamus dne misericordiam ...

569. Ordo 25 (A, I 631-635; V, I 227-228)

DE OFFICIO SACERDOTIS DIACONI ET SUBDIACONI

2158. Dnus sit in corde tuo ... evangelium pacis.
2159. Corroboret dnus sensum tuum ... evangelium pacis.
2160. De latere dni nostri j. c. exivit ... remissionem peccatorum.
2161. In spiritu humilitatis et in animo ... placeat tibi dne ds.
2162. In nomine patris et filii et spiritus sancti.
2163. Dirigatur dne oratio mea sicut incensum ... spiritus sancti.
2164. Orate fratres pro me peccatore ... deum nostrum.
2165. Qui pridie quam pateretur ...
2166. Supplices te rogamus ...
2167. Nobis quoque peccatoribus ...
2168. Per quem haec omnia ...
2169. Per ipsum et cum ipso ...
2170. Libera nos ... perturbatione securi.
2171. Pax dni sit semper vobiscum.
2172. Dne j. c. fili dei vivi ...
2173. Placeat tibi sancta trinitas ...

570. Ordo 26 (A, I 635-638; V, I 228-230)

2174. Actiones nostras qs dne aspirando ... coepta finiatur.
2175. Amplius lava me ... peccato meo munda me.
2176. De latere dni nostri j. c. exivit ... in remissionem peccatorum.
2177. Commixitio vini et aquae ... spiritus sancti.
2178. Pone dne galeam salutis in capite meo.
2179. Indue me vestimento salutis ... **circumda me semper.**

2180. Praecinge dne cingulo fidei ... **corporis mei.**
2181. Venientes autem venient ... portantes manipulos suos.
2182. Indue me dne stola ... thesauriza super me.
2183. Indue me dne veste nuptiali.
2184. Ego reus et indignus sacerdos ... ut ipse misereatur mei.
2185. Per gratiam sancti spiritus paracliti ... ad vitam aeternam.
2186. Indulgentiam absolutionem et remissionem ... misericors dnus.
2187. Aufer a nobis qs dne cunctas ... mentibus introire.
2188. Conscientias nostras qs dne visitando ... inveniat mansionem.
2189. Perpetua qs dne pace custodi ... salvator mundi.
2190. Ab illo sanctificeris in cujus honore ... spiritus sancti.
2191. Dnus sit in corde tuo et in labiis ... spiritus sancti.
2192. Suscipe s. t. h. o. quam tibi offero in memoriam ... saeculorum.
2193. Suscipe s. t. h. o. quam tibi offero pro animabus ... dignetur.
2194. In spiritu humilitatis et in animo ... tibi dne ds.
2195. Dne ds o. benedic et sanctifica ... exaudi orationem meam.
2196. Orate fratres et sorores pro me ... acceptum sacrificium.
2197. Orate fratres et sorores pro cunctis fidelibus ... sempiternam.
2198. Haec sacrosancta commixtio corporis ... praeparatio salutaris.
2199. Dne s. p. o. ae. ds da mihi hoc corpus ... in saecula saeculorum.
2200. Dne j. c. fili dei vivi qui ex voluntate patris ...
2201. Corpus dni nostri j. c. custodiat corpus ... in vitam aeternam.
2202. Corpus et sanguis dni nostri j. c. sint ... in vitam aeternam.
2203. Perceptio corporis et sanguinis dni nostri j. c. ... aeternam.
2204. Quod ore sumsimus pura mente capiamus ... remedium sempiternum.
2205. Placeat tibi sancta trinitas ...

571. **Ordo 27** (A, I 603-607; V, I 230-231)

2206. Concede mihi o. ds ita manus lavare ... in trinitate ds.
2207. Largire sensibus nostris o. pater ... augmentum virtutum.
2208. Concede dne galeam salutis ... diabolicas fraudes.
2209. Indue me dne vestimento salutis ... circumda me.
2210. Praecinge me dne cingulo fidei ... humorem libidinis.
2211. Redde mihi dne obsecro stolam ... merear laetari.
2212. Da mihi dne manipulum ... merear servire.
2213. Indue me dne vestimento humilitatis ... in saecula saeculorum.
2214. Ego dixi dne miserere mei ... ad te veniat.
2215. Aufer a nobis dne iniquitates nostras.
2216. Actiones nostras ...
2217. Ante conspectum divinae majestatis tuae ... largiendo.
2218. Dnus sit in corde tuo et in labiis tuis ... evangelium suum.
2219. Acceptabilis sit deo omnipotenti ... nomini praeparatum.
2220. Aufer a nobis iniquitates nostras ... spiritus sancti.
2221. In spiritu humilitatis et in animo ... dne ds.
2222. Suscipe s. t. h. o. quam tibi offero in memoriam ... saeculorum.
2223. Suscipe s. t. h. o. quam tibi offerimus pro ... in trinitate.
2224. Orate fratres carissimi pro me ... patrem omnipotentem.

2225. Summe sacerdos et vere pontifex qui te obtulisti deo ...
2226. Si tantum dne reatum nostrae ... in dolore gementem.
2227. Haec sacrosancta commixtio corporis ... praeparatio salutaris.
2228. Da pacem dne in diebus nostris ... nisi tu ds noster.
2229. Dne s. p. o. ae. ds da mihi hoc corpus ... in saecula saeculorum.
2230. Dne j. c. fili dei vivi qui ex voluntate ... separari permittat.
2231. Dne j. c. fili dei vivi qui ex voluntate ... corporum salutem.
2232. Dne j. c. fili dei vivi qui ex voluntate ... consolatione laetari.
2233. Corpus dni nostri j. c. prosit mihi ... in vitam aeternam.
2234. Sanguis dni nostri j. c. prosit mihi ... in vitam aeternam.
2235. Corpus dni mei j. c. quod accepi ... in vitam aeternam.
2236. Quod ore sumsimus dne pura mente capiamus.
2237. Placeat tibi sancta trinitas ...

572. Ordo 28 (A, I 642-646; V, I 231-232)

2238. Infirmitatem nostram qs dne propitius respice ...
2239. Pone dne galeam salutis in capite meo ... spiritus sancti.
2240. Indue me dne vestimento salutis ... in nomine patris ...
2241. Praecinge dne cingulo fidei et virtute ... patris et filii.
2242. Da mihi dne manipulum justitiae ... merear deservire.
2243. Redde mihi obsecro dne stolam immortalitatis ... merear in perpetuum.
2244. Indue me dne vestimento humilitatis ... in saecula saeculorum.
2245. Et ego reus sacerdos confiteor ... misereatur mei.
2246. Misereatur vestri o. ds et dimittat ... misericors dnus.
2247. Aufer a nobis dne iniquitates nostras ... ad sancta sanctorum.
2248. Ure igne sancti spiritus ...
2249. Actiones nostras ...
2250. Conscientias nostras ...
2251. Adesto nobis dne ds noster et quos ... defende subsidiis.
2252. Suscipe s. t. h. o. quam tibi offerimus in memoriam ... saeculorum.
2253. Suscipe s. t. h. o. quam tibi offero pro animabus ... aeterna.
2254. Veni creator spiritus mentes ...
2255. **Centuplum accipiatis et vitam aeternam possideatis.**
2256. Lavabo inter innocentes ...
2257. In spiritu humilitatis ...
2258. Dne ds pater o. benedic et sanctifica ... ad te veniat.
2259. Haec sacrosancta commixtio corporis ... praeparatio salutaris.
2260. Dne j. c. qui es vera pax ... hora sancta.
2261. Da pacem dne in diebus nostris ... nisi tu ds noster.
2262. Pax tibi frater et universae ecclesiae dei.
2263. Dne s. p. o. ae. ds da mihi hoc corpus ... in saecula saeculorum.
2264. Dne j. c. fili dei vivi qui ex voluntate patris ...
2265. Corpus dni nostri j. c. custodiat corpus ... in vitam aeternam.
2266. Corpus et sanguis dni nostri j. c. non sint mihi ... vitam aeternam.
2267. Perceptio corporis et sanguinis dni nostri j. c. ... in vitam aeternam.

2268. Quod ore sumsimus dne pura mente capiamus ... in vitam aeternam.
2269. Gratias tibi ago dne ds pater o. qui me refecisti ... aeternam.
2270. Placeat tibi sancta trinitas ...
2271. Benedicat vos divina majestas et una ... spiritus sanctus.
2272. Benedic dne creaturam istam panis ... spiritus sancti.

573. **Ordo 29** (A, I 646-647; V, I 232-233)

ORDO MISSAE IN ADVENTU

2273. Excita dne potentiam ...
2274. Haec nos dne ...
2275. Suscipiamus dne misericordiam ...

575. **Ordo 31** (A, I 649-653; V, I 234-235)

2276. Aures tuae pietatis ...
2277. Exue me dne veteri homine ... sanctitate virtutis.
2278. Largire sensibus nostris o. ds ut ... augmenta virtutum.
2279. Obumbra dne caput meum umbraculo ... nubila ignorantiae.
2280. Indue me dne vestimento salutis et ... lorica fortitudinis.
2281. Accinge in me dne custodiam mentis ... elationis et superbiae.
2282. Da mihi dne sensum rectum ... possim laudem tuam.
2283. Stola justitiae circumda dne ... purifica mentem meam.
2284. Indue me dne indumento humilitatis ... mentis et corporis.
2285. Ante conspectum divinae majestatis ... merear in caelis.
2286. Aufer a nobis ...
2287. Conscientias nostras qs dne visitando purifica ...
2288. O. s. ds qui me peccatorem sacris ... ministrare merear.
2289. Incensum istud dnus dignetur ... suavitatis accipere.
2290. Odore caelestis inspirationis ... evangelii sui praecepta.
2291. Dnus sit in corde tuo ... spiritus sancti.
2292. Ex latere j. c. exivit sanguis ... et spiritus sancti.
2293. Suscipe s. t. h. o. quam tibi offero et praesta ... placens ascendat
2294. In nomine j. c. fiat hoc sacrificium ... spiritus sancti.
2295. Concede mihi o. ds ita manus meas ... digne tractare.
2296. Suscipe s. t. h. o. quam tibi offero in memoriam ... in terris.
2297. Veni sanctificator o. ae. ds et benedic ... nomini tuo praeparatum
2298. Orate fratres pro me peccatore ... exorare queam.
2299. In spiritu humilitatis et in animo ... tibi dne ds.
2300. Te igitur clementissime ...
2301. Unde et memores dne nos servi tui ... salutis perpetuae.
2302. Supra quae propitio ac sereno ... immaculatam hostiam.
2303. Suppliciter te rogamus o. ds ...
2304. Libera nos qs dne ab omnibus malis ...
2305. Haec sacrosancta commixtio corporis ... praeparatio salutaris
2306. Dne j. c. qui dixisti apostolis tuis ... saecula saeculorum.
2307. Pax christi et ecclesiae dei ... sacrosanctis mysteriis.

2308. Dne j. c. fili dei qui ex voluntate patris ... saecula saeculorum.
2309. Dne s. p. o. ae. ds da mihi hoc sacrum ... manet in aternum.
2310. Perceptio corporis tui dne j. c. quam indignus ... et corporis.
2311. Corpus dni nostri j. c. conservet ... in vitam aeternam.
2312. Quid retribuam dno pro omnibus quae retribuit mihi?
2313. Calicem salutaris accipiam ... salvus ero.
2314. Corpus et sanguis dni nostri j. c. conservet ... in vitam aeternam.
2315. Quod ore sumsimus dne pura ... remedium sempiternum.
2316. Placeat tibi sancta trinitas.
2317. Benedicat nos divina majestas ... spiritus sanctus.
2318. Ds qui tribus pueris ...
2319. Da nobis qs o. ds vitiorum ...
2320. Ure igne sancti spiritus ...

576. Ordo 32 (A, I 653-658; V, I 235-237)

2321. Aures tuae pietatis mitissime ds ... diligere merear.
2322. Lavabo ...
2323. Largire sensibus nostris o. pater ... pollutiones mentium.
2324. Da dne virtutem manibus meis ... ministrare merear.
2325. Erue me dne veterem hominem cum suis ... deum creatus est.
2326. Indue me dne vestimento salutis ... fortitudinis tuae.
2327. Fac me qs o. ds ita justitia indui ... conscientiae gravat.
2328. Praecinge me dne zona justitiae ... dei et proximi.
2329. Da mihi dne sensum rectum et vocem ... laudem tuam.
2330. Stola justitiae circumda dne cervicem meam ... corpus meum.
2331. Indue me vestimento humilitatis et castitatis ... nomen sanctum tuum.
2332. Exaudi dne supplicum preces et confitentium ... tribuas et pacem.
2333. Aufer a nobis dne iniquitates nostras ... mentibus introire.
2334. Oramus te dne ut per merita sanctorum ... dimitte peccata.
2335. Tuam crucem adoramus ... pro nobis miserere.
2336. Pax christi quam tibi per evangelium ... in vitam aeternam.
2337. Auctoritate dei qua fungor ... spiritus sancti.
2338. Dnus sit in corde tuo ... in nomine dni.
2339. Per evangelica dicta deleantur ... in nomine dni.
2340. Sanctifica qs dne hanc oblationem ... corpus fiat.
2341. Acceptabile sit omnipotenti deo sacrificium nostrum.
2342. Oblatum tibi qs dne calicem ... sanguis fiat.
2343. Quid retribuam dno pro omnibus ... dni invocabo.
2344. Offerimus tibi dne calicem salutaris ... suavitatis ascendat.
2345. In nomine dni nostri j. c. sit sacrificium ... benedictum.
2346. Veni sanctificator o. ds et benedic ... nomini tuo praeparatum.
2347. Suscipe s. t. h. o. quam tibi offerimus in memoriam ... in terris.
2348. Incensum istud dnus benedicere dignetur.
2349. Dirigatur dne ad te oratio mea ...
2350. Orate pro me misero ...
2351. Lavabo inter ...

2352. Et pax ejus sit semper vobis.
2353. Dne j. c. qui dixisti apostolis tuis ...
2354. Accipe vinculum pacis.
2355. Dne non sum dignus ...
2356. Panem caelestem accipiam ... sanabitur puer meus.
2357. Corpus dni nostri j. c. proficiat ... in vitam aeternam.
2358. Quid retribuam dno pro omnibus ... dni invocabo.
2359. Laudans invocabo dnum et ab inimicis meis salvus ero.
2360. Corpus tuum dne quod sumsi et sanguis ... sacra sacramenta.
2361. Corpus et sanguis dni nostri j. c. proficiat ... in vitam aeternam.
2362. Perceptio corporis et sanguinis ... in vitam aeternam.
2363. Quod ore sumsimus dne pura mente ... remedium sempiternum.
2364. Placeat tibi sancta trinitas obsequium ... in vitam aeternam.
2365. Ds qui tribus pueris mitigasti ... **flamma vitiorum.**
2366. Actiones nostras ...

577. **Ordo 33** (A, I 658-661; V, I 237-238)

2367. In nomine patris et filii et spiritus sancti.
2368. Ego reus et indignus sacerdos ... ut ipse misereatur mei.
2369. Adoramus te christe ... redemisti mundum.
2370. Dnus sit in corde tuo ... spiritus sancti.
2371. Corroboret dnus sensum meum ... sancti evangelii.
2372. Quid retribuam dno ... nomen dni invocabo.
2373. Hanc oblationem qs o. ds ut placatus ... peccata indulge.
2374. In spiritu humilitatis et in animo ... tibi dne ds.
2375. Lavabo inter innocentes ...
2376. Veni sancte spiritus reple ... ignem accende.
2377. Suscipe s. t. h. o. quam tibi offerimus in memoriam ... in terris.
2378. In nomine patris et filii et spiritus sancti.
2379. Orate pro me fratres ut vestrum ... ante conspectum dni.
2380. Te igitur ...
2381. Memento dne famulorum ...
2382. Communicantes ...
2383. Hanc igitur ...
2384. Qui pridie quam pateretur ...
2385. Unde et memores ... salutis perpetuae.
2386. Supra quae propitio ... immaculatam hostiam.
2387. Supplices te rogamus ... benedictione caelesti.
2388. Memento ... in somno pacis.
2389. Ipsis dne et omnibus ...
2390. Nobis quoque peccatoribus ...
2391. Per quem haec omnia dne ... praestas nobis.
2392. Per ipsum et cum ipso ... honor et gloria.
2393. Libera nos qs dne ... perturbatione securi.
2394. Pax dni sit semper vobiscum.
2395. Agnus dei qui tollis peccata mundi ...
2396. Haec sacrosancta commixtio corporis ...
2397. Dne j. c. qui dixisti discipulis ...

2398. Habete vinculum pacis et caritatis.
2399. Dne j. c. fiili dei vivi ...
2400. Dne s. p. o. da mihi corpus ...
2401. Corpus dni nostri j. c. custodiat me in vitam aeternam.
2402. Sanguis dni nostri j. c. custodiat me in vitam aeternam.
2403. Perceptio corporis et sanguinis ...
2404. Quod ore sumsimus pura mente ...
2405. Agnus dei ...
2406. Placeat tibi sancta trinitas ...
2407. Protector in sperantium ...

578. Ordo 34 (A, I 661-664; V, I 238-239)

2408. Pone dne galeam salutis ... diabolicas fraudes.
2409. Indue me dne cingulo fidei ... totius castitatis.
2410. Venientes autem venient cum exultatione ... manipulos suos.
2411. Indue me dne stola gloriae ... thesauriza super me.
2412. Indue me dne veste nuptiali ... possim gratiam tuam.
2413. Et ego reus et indignus sacerdos ... orare pro me.
2414. Per gratiam sancti spiritus paracliti ... ad vitam aeternam.
2415. Respice qs dne super hanc familiam tuam ...
2416. Deus sit in corde meo ...
2417. Per evangelica dicta deleantur nostra delicta.
2418. In nomine patris et filii ... dni invocabo.
2419. Suscipe sancta trinitas ...
2420. In nomine patris et filii et spiritus sancti.
2421. Lavabo inter innocentes ...
2422. In spiritu humilitatis ...
2423. Veni sanctificator o. ae. ds et benedic ... spiritus sancti.
2424. Orate pro me fratres et sorores ... acceptum sit sacrificium.
2425. Tua dne propitiatione et b. mariae ... prosperitatem et pacem.
2426. Simili modo postquam ... memoriam facietis.
2427. Unde et memores ...
2428. Libera nos qs dne ab omnibus malis ... adversitate securi.
2429. Haec sacrosancta commixtio ...
2430. Pax tibi frater et ecclesiae sanctae dei.

579. Ordo 35 (A, I 664-671; V, I 239-241)

2431. Ds cui omne cor patet ... laudare mereamur.
2432. Confiteor deo b. mariae omnibus sanctis ... vos orare pro me.
2433. Misereatur vestri o. ds et dimittat ... perducat aeternam.
2434. Indulgentiam et remissionem omnium ... misericors dnus.
2435. Aufer a nobis qs dne cunctas iniquitates ... mentibus introire.
2436. Ab ipso benedicatur hoc incensum ... cremabitur.
2437. Suscipe s. t. h. o. quam ego indignus peccator ... sacrificium novum.
2438. Munda me dne ab omni inquinamento ... sanctum dni.
2439. In spiritu humilitatis ...
2440. Orate fratres et sorores pro me ut meum ... offensionibus nostris.

2441. Te igitur ...
2442. Hanc igitur oblationem servitutis nostrae ...
2443. Quam oblationem tu ds ...
2444. Qui pridie quam pateretur ... corpus suum.
2445. Simili modo postquam caenatum est ... memoriam facietis.
2446. Supplices te rogamus ...
2447. Per quem haec omnia ... praestas nobis.
2448. Per ipsum et cum ipso ... honor et gloria.
2449. Praeceptis salutaribus moniti ... audemus dicere.
2450. Libera nos qs dne ... perturbatione securi.
2451. Agnus dei ...
2452. Haec sacrosancta commixtio ... praeparatio salutaris.
2453. Dne s. p. o. ae. ds da mihi ... sine fine permanet.
2454. Ds pater fons et origo totius bonitatis ... servire valeamus.
2455. Dne j. c. fili dei vivi qui ex voluntate ...
2456. Corporis et sanguinis tui dne j. c. sacramentum ... saluti.
2457. Ave in aeternum sanctissima caro ... summa dulcedo.
2458. Corpus dni nostri j. c. sit mihi ... spiritus sancti.
2459. Ave in aeternum caelestis potus ... summa dulcedo.
2460. Corpus et sanguis dni nostri j. c. prosint ... spiritus sancti.
2461. Gratias tibi ago dne s. p. o. ae. ds qui me ... in vitam aeternam.
2462. Haec nos communio dne ... faciat esse consortes.
2463. Placeat tibi sancta trinitas ...

580. Ordo 36 (A, I 671-675; V, I 242-243)

2464. Largire sensibus nostris o. pater ... sanctarum virtutum.
2465. De latere dni nostri j. c. exivit ... ut emundaret.
2466. Commixtio vini et aquae ...
2467. Suscipe s. t. h. o. quam tibi offerimus pro nostra ... salute.
2468. Pone dne galeam salutis in capite meo ... diabolicas fraudes.
2469. Indue me dne vestimento salutis ... circumda me semper.
2470. Praecinge dne lumbos mentis ... corporis mei.
2471. Aufer a nobis qs dne iniquitates nostras ... ad sancta sanctorum.
2472. Da mihi dne sensum rectum ... vitam aeternam.
2473. Stolam jocunditatis indue me dne ... super caput meum.
2474. Indue me dne ornamento humilitatis ... in saecula saeculorum.
2475. Ante conspectum divinae majestatis ... mysterium dignum.
2476. Ego reus et indignus sacerdos ... orare pro me.
2477. Misereatur vestri o. ds dimittat ... ad vitam aeternam.
2478. Indulgentiam absolutionem et remissionem ... misericors dnus.
2479. Perpetua nos dne pace custodi ... redimere dignatus es.
2480. Respice qs dne super hanc familiam tuam ... subire tormentum.
2481. Dnus sit in corde tuo ... spiritus sancti.
2482. Per evangelica dicta nostra deleantur peccata.
2483. In spiritu humilitatis et in animo ... domine deus.
2484. O. pater benedic et sanctifica hoc sacrificium ... ad te veniat.
2485. Orate pro me fratres ut digne ... omniumque salute.
2486. Te igitur clementissime pater ...

2487. Memento pro se suisque pro nostro abbate ... peste et adversi-
tatibus.
2488. Dne ds pater o. qui sola bonitate ... necessaria sunt tribuas.
2489. Libera nos qs dne ab omnibus malis ...
2490. Fiat commixtio corporis et sanguinis ... in vitam aeternam.
2491. Pax tibi frater et universae sanctae ecclesiae dei.
2492. Ave verum corpus natum ... jesu fili mariae.
2493. O panis angelorum qui de caelo ... fruar in aeternum.
2494. Corpus dni nostri j. c. sit mihi ... in vitam aeternam.
2495. Corpus et sanguis dni nostri j. c. prosit mihi in vitam aeternam.
2496. Quod ore sumsimus dne pura mente ... in vitam aeternam.
2497. Benedictio et claritas et sapientia ... in saecula saeculorum.
2498. Dne j. c. qui ex voluntate patris ...
2499. Lavabo inter innocentes ...
2500. Auge in nobis qs dne fidem tuam ... semper accende.
2501. Protector in te sperantium ds sine quo ... amittamus aeterna.
2502. Ds virtutum cujus est totum ... nutrita custodias.
2503. Actiones nostras qs dne aspirando ... requiescant in pace.
2504. Ds qui tribus pueris ...

581. Ordo 37 (A, I 676-679; V, I 243-244)

2505. Ds cui proprium est misereri ... pietatis absolvat.
2506. Aufer a nobis dne iniquitates nostras ... ad sancta sanctorum.
2507. Ure igne sancti spiritus renes nostros ... corde placeamus.
2508. Actiones nostras qs dne aspirando ... requiescant in pace.
2509. Ds qui de indignis dignos facis ... sanctum sacrificium.
2510. Ego reus et indignus sacerdos confiteor ... misereatur mei.
2511. Fratres per sanctam misericordiam dni nostri j. c. ... vitam
aeternam.
2512. Indulgentiam absolutionem ... misericors dnus.
2513. Adoramus te christe et benedicimus tibi ... spiritus sancti.
2514. Ab illo sanctificeris in cujus honore cremaris.
2515. De latere dni nostri j. c. exivit sanguis ...
2516. Dnus sit in corde et ore meo ... evangelium pacis.
2517. Per evangelia lecta deleantur nostra delicta.
2518. Ave sanctum evangelium pacis.
2519. Inter innocentes lavabo manus meas ... altare tuum dne.
2520. In spiritu humilitatis et in animo ... dne ds meus.
2521. Orate fratres carissimi pro me ... vivorum quam mortuorum.
2522. Pax mihi dne j. c. et ecclesiae sanctae dei.
2523. Perceptio corporis et sanguinis tui ... ad vitam aeternam.
2524. Quod ore sumpsi pura mente ... munus aeternum.
2525. Agimus tibi gratias rex ... saecula saeculorum.
2526. Placeat tibi sancta trinitas ... propitiante propitiabile.
2527. Protector in te sperantium ds sine quo ... amittamus aeterna.
2528. Ecclesiam tuam qs dne benignus ... perveniat sempiterna.
2529. Ds virtutum cujus est totum ... nutrita custodias.
2530. Actiones nostras qs dne ...

2531. Et benedictio dei omnipotentis patris ... maneat super nos.
2532. Ds qui tribus pueris mitigasti ... flamma vitiorum.
2533. Gratias ago tibi dne s. p. o. ae. ds qui me refecisti ... in aeternum.
2534. Gratias tibi ago dne s. p. o. ae. ds qui me indignum ... sempiternum.
2535. Sancta maria inclita mater dni nostri j. c. ... dignetur.

DE OFFICIO DIACONI CARDINALIS FESTIVIS DIEBUS PAPAE CELEBRANTI MINISTRANTIS

582. (A, I 679-694; V, I 244-249)

2536. Munda cor meum et labia mea o. ds ...
2537. Per quem haec omnia semper bona creas ...
2538. Pax dni sit semper vobiscum.
2539. Sanguis dni nostri j. c. custodiat ... in vitam aeternam.
2540. Precibus et meritis beatae mariae semper virginis ...
2541. Actiones nostras qs dne aspirando ... coepta finiatur.
2542. O. s. ds dirige actus nostros ... operibus abundare.
2543. Ds qui filios israel per maris medium ... pervenire valeamus.

CAPUT V

De ritibus ad eucharistiam extra sacrificium spectantibus

ARTICULUS II

DE COMMUNIONE INFIRMORUM ORDO AD VISITANDUM INFIRMUM CUM EUCHARISTIA ET NON CUM UNCTIONE

583. (A, I 698-699; V, I 251)

2544. O. m. ds qui beato petro apostolo ... dni nostri j. c.
2545. Dnus noster j. c. qui dixit apostolis suis ... ad regem caelorum.
2546. Absolutionem et remissionem peccatorum ...
2547. Accipe viaticum.
2548. Ds qui famulo tuo ezechiae ... erigat ad salutem.

CAPUT VI

De ritibus ad sacramentum poenitentiae spectantibus

ARTICULUS VII

IN QUO VARII AD DANDAM PAENITENTIAM RECONCILIANDOSQUE PAENITENTES ORDINES REFERUNTUR

599. Ordo 1 (A, I 766-768; V, I 275)

ORATIONES ET PRECES SUPER POENITENTEM CONFITENTEM PECCATA SUA MORE SOLITO FERIA QUARTA INFRA QUINQUAGESIMAM

2549. Exaudi dne preces nostras et tibi confitentium ... absolvat.

2550. Praeveniat hunc famulum tuum qs dne ... indulgentia deleantur.
2551. Adesto dne supplicationibus nostris nec sit ... valeat adhaerere.
2552. Dne ds noster qui offensione nostra ... gaudia gratuletur.

ORATIO AD RECONCILIANDUM POENITENTEM

2553. Adesto dne supplicationibus nostris et me qui ... est operare.
2554. Praesta qs dne huic famulo tuo ... veniam consequendo.
2555. Ds humani generis benignissime conditor ... misericordia reformavit.
2556. Da nobis dne ut publicani precibus ... gloriae mancipetur.
2557. Absolvimus vobis vice beati petri ... peccatis vestris indultor.
2558. Dne s. p. o. ae. ds qui per jesum christum ... ad vitam aeternam.

600. Ordo 2 (A, I 768-774; V, I 275-278)

2559. Exaudi qs dne supplicum preces et confitentium ... absolvat.
2560. Adsit qs dne huic famulo tuo inspiratio ... satisfactione compescat.
2561. Praeveniat hunc famulum tuum qs dne ... indulgentia deleantur.
2562. Adesto dne supplicationibus nostris nec sit ... valeat adhaerere.
2563. Dne ds noster qui offensione nostra ... gaudia gratuletur.
2564. Ds cujus indulgentia nemo non indiget ... miseratione salvemur.
2565. Ds sub cujus oculis omne cor ... alienus a venia.
2566. Ds infinitae misericordiae veritatisque immensae ... laetemur.
2567. Da qs huic famulo tuo continuam ... visitationis praeveniat.
2568. Adesto dne supplicationibus nostris et me ... pietatis est operare.
2569. Praesta qs dne huic famulo tuo dignum ... veniam consequendo.
2570. Absolvimus vos vice b. petri apostolorum ... in fine manentem.
2571. Dne s. p. o. ae. ds qui vulnera nostra ... pervenire mereatur.
2572. Exaudi nos dne et sicut publicani ... gloriae mancipetur.
2573. Ds m. ds clemens qui secundum multitudinem ... admitte.
2574. Majestatem tuam dne supplices deprecamur ... mereatur introire.
2575. Praeveniat hunc famulum tuum qs dne ... indulgentia deleantur.
2576. Adesto dne supplicationibus nostris nec sit ... valeat adhaerere.
2577. Dne ds noster qui offensione nostra ... gaudia laetetur.
2577* Precor dne clementiam tuae majestatis ... gloriae reformetur.
2578. Ds humani generis benignissime ... misericordia reformavit.
2579. Dne ds o. rex regum et dns dominantium ... pervenire mereatur.
2580. Ds innocentiae restitutor et amator ... gratanter incedat.
2581. Ego immeritus et peccator episcopus ... ad regna caelorum.

601. Ordo 3 (A, I 774-781; V, I 278-280)

INCIPIT ORDO QUALITER CONFITERI DEBET HOMO REATUM SUUM

2582. Credis in deum patrem et filium et spiritum sanctum ? Credo.
2583. Credis quia hae tres personae unus sit deus ? Credo.
2584. Credis quia in ipsa carne ... prout gessisti ? Credo.
2585. Vis dimittere omnibus ... pecata vestra ?

2586. Confiteor tibi dne pater caeli et terrae ... omnibus aeternam.
2587. Misereatur tui o. ds et donet tibi veram ... ad vitam aeternam.
2588. Dne ds noster propitius esto mihi ... ad paenitentiam venerunt.
2589. O. mitissime ds respice propitius preces ... habitaculum inveniatur.
2590. Ds qui illuminas omnem hominem ... diligere valeat.
2591. Dimitte dne peccata nostra et tribue ... clementer exaudias.
2592. Ds justorum gloria et misericordia ... praemia pervenire.
2593. Da nobis dne ut sicut publicani precibus ... gloriae mancipetur.
2594. Ds qui nullius paenitentia indiges ... tua miseratione solvamur.
2595. Ds sub cujus oculis omne cor ... alienus et venia.
2596. Ds infinitae misericordiae majestatisque ... benedictione laetemur.
2597. Precor dne clementiae et misericordiae ... caelestis mancipetur.
2598. Dne s. p. o. ae. ds qui per jesum christum ... mereatur aeternam.
2599. Exaudi dne preces nostras et tibi confitentium ... **absolvat.**
2600. Praeveniat hunc famulum tuum qs dne ... indulgentia deleantur.
2601. Adesto dne supplicationibus nostris nec sit ab hoc ... adhaerere.
2602. Dne ds noster qui offensione nostra non vinceris ... gratuletur.
2603. Adesto qs dne huic famulo tuo inspiratio ... satisfactione compescat.
2604. Da qs dne huic famulo tuo continuam ... praeveniat et subsequatur.
2605. Adesto dne supplicationibus nostris et me qui etiam ... est operare.
2606. Praesta qs dne huic famulo tuo dignum ... veniam consequendo.
2607. Ds humani generis benignissime conditor ... misericordia reformavit.

603. Ordo 4 (A, I 782-784; V, I 280-281)

ORDO PRIVATAE SEU ANNUALIS POENITENTIAE ITA PROSEQUENDUS EST

2608. Credis in patrem et filium et spiritum sanctum ? Credo.
2609. Credis quia istae tres personae quas ... unus sit deus ? Credo.
2610. Credis quia in hac carne in qua modo ... prout gessisti ? Credo.
2611. Vis dimittere his qui in te peccaverunt ... peccata vestra ?
2612. Multa quidem et innumerabilia sunt alia peccata ... **imploro.**
2613. Dns ds o. propitius esto mihi peccatori ... ad paenitentiam venerunt.
2614. Adsit qs dne huic famulo tuo N. ... satisfactione compescat.
2615. Da qs dne huic famulo tuo continuam ... praeveniat et subsequatur.
2616. Praeveniat hunc famulum tuum qs dne ... indulgentia deleantur.
2617. Adesto qs dne supplicationibus nostris nec sit ... valeat adhaerere.
2618. Dne ds noster qui peccatis nostris offenderis ... gratuletur.
2619. Exauditor omnium ds exaudi fletuum nostrorum ... **consoleris.**
2620. Sancte dne qui remissis delictis beatitudinem ... perfunde.

2621. Emitte dne salutare tuum infirmitatibus ... adversantium vitiorum.
2622. Largire miserationes tuas dne nobis ... caelestem componi.
2623. Exorabilis dne intende orationem ... misericordiae sublevemur.
2624. Intendant qs dne pietatis tuae aures ... nobis misericordias tuas.
2625. Ds qui matutinam sacrae resurrectionis tuae ... illustrare digneris.

605. **Ordo 6** (A, I 789-790; V, I 283)

INCIPIT ORDO AD PAENITENTIAM DANDAM

2626. Credis in patrem et filium et spiritum sanctum ? Credo
2627. Credis quod istae tres personae ... et unus deus ? Credo.
2628. Credis quod in ista carne ... malum quod gessisti? Credo.
2629. Vis dimittere illis peccata quicumque ... vobis peccata vestra?
2630. Exaudi dne preces nostras et confitentium ... miserationis absolvat.
2631. Praeveniat hunc famulum tuum N. qs dne misericordia ... deleantur.
2632. Praesta qs dne ut hunc famulum tuum N. ... reddatur innocuus.
2633. Majestatem tuam qs dne s. pater ae. ds qui non mortem ... est sanctum.

FORMAE ABSOLUTIONIS POENITENTIS MORIENTIS

2634. Ds o. salvator et redemptor generis humani ... ante faciem illius.
2635. Dnus j. c. qui dixit apostolis suis quaecumque ... ad regna caelorum.
2636. In ea auctoritate et potestate fidentes ... cum omnibus sanctis.
2637. Vice apostolorum principis cui a dno ... peccatorum tuorum.
2638. Deinde absolvimus te vice s. petri ... perducat aeternam.

608. **Ordo 8** (A, I 793-797; V, I 284-286)

ABSOLUTIO POENITENTIUM IN CAPUT JEJUNII

2639. Exaudi dne preces nostras et tibi confitentium ... absolvat.
2640. O. s. ds confitentibus his famulis tuis pro tua ... prosit ad veniam.
2641. O. et m. ds qui peccatorum indulgentiam ... pietatis absolvat.
2642. Praeveniat hos famulos qs dne misericordia ... deleantur.

ABSOLUTIO POENITENTIUM IN COENA DOMINI

2643. Adesto dne supplicationibus nostris et me ... offensam.
2644. Praebe ds autem supplicationibus nostris et me ... pervenire in pace.
2645. Placatum: redde ds nostrorum cordium babitaculum ... sanctificetur.
2646. Suscipe dne nostrorum votorum ... profecisse laetemur.
2647. Absolve nos ds et alieno et nostro delicto ... nomini supplicemus.

INCIPIT RECONCILIATIO POENITENTIUM IN COENA DOMINI

2648. Adest o venerabilis pontifex tempus acceptum ... succurrit.
2649. Adesto dne supplicationibus nostris ...
2650. Ds qui es humani generis benignissime conditor ...
2651. Redintegra in eis apostolice pontifex quicquid ... gratulentur.
2652. O. s. ds confitentibus his famulis ...
2653. O. et m. ds qui peccatorum indulgentia ...
2654. Dne s. p. o. ae. ds respice propitius super hos ... agere mereantur.
2655. Ds m. ds clemens qui in multitudine indulgentiarum ...

609. **Ordo 9** (A, I 797; V, I 286)

2656. Exaudi dne preces nostras et confitentium ...
2657. Praeveniat hos famulos tuos ...
2658. Praesta qs dne his famulis ...
2659. Ds humani generis ...
2660. Ds m. ds clemens ...
2661. Det tibi dnus remissionem ... vitam aeternam.
2662. Adesto dne supplicationibus nostris ...

610. **Ordo 10** (A, I 797-803; V, I 286-288)

ORATIO AD CINERES BENEDICENDOS

2663. Ds qui non mortem sed poenitentiam desideras ... consequi mereamur.
2664. In nomine patris et filii ... in pulverem reverteris.

INCIPIT QUALITER SUSCIPERE DEBENT POENITENTEM EPISCOPI VEL PRESBYTERI

2665. Dne ds propitius esto mihi peccatori ut ... ad paenitentiam venerunt.

INTERROGATIO AD CONFESSIONEM DARE

2666. Credis in deum patrem et filium et spiritum sanctum? Credo.
2667. Credis quod istae tres personae sint unus deus? Credo.
2668. Credis quod in ista carne ... malum quod egisti? Credo.
2669. Vis dimittere eos quicumque in te peccaverunt ...? Volo.
2670. Indulgeat tibi dnus omnia peccata ... ad vitam aeternam.
2671. Promittis te de praeteritis culpis emendare ... abrenuntiare? Promitto.
2672. Dnus sit tibi adjutor et protector ... de tua peccata.
2673. Ds misericordiae ds indulgentiae det tibi ... paenitentia perseverare.

ORATIONES ET PRECES SUPER POENITENTEM

2674. Exaudi dne preces nostras et tibi confitentium ... absolvat.
2675. Praeveniat hos famulos tuos et has famulas ... indulgentia deleantur.

2676. Adesto dne supplicationibus nostris ne sit ... valeant adhaerere.
2677. Precor dne clementiam tuae majestatis ... gloriae reformetur.
2678. Dne ds noster qui confessionem nostram non vinceris ... gratuletur.

ORDO AGENTIBUS PUBLICAM POENITENTIAM

2679. Ds cujus indulgentiam nemo non indiget ... miseratione solvamur.
2680. Ds sub cujus oculis omne cor trepidat ... alienus a venia.
2681. Ds infinitae misericordiae veritatisque ... benedictione laetemur.
2682. Precor dne clementiae et misericordiae tuae ... gloriae mancipetur.
2683. Dne s. p. o. ae. ds qui per jesum christum ... ad vitam aeternam.

611. Ordo 11 (A. I 803; V, I 288)

ORDO AD POENITENTIAM DANDAM

2684. Deum omnipotentem ac misericordem qui non vult ... signa remaneant.

612. Ordo 12 (A, I 803-806; V, I 288-289)

ORDO POENITENTIS AD MORTEM

2685. Dne ds o. qui non vis mortem peccatorum ... illaesos custodiat.
2686. Ds cui proprium est misereri et parcere ... pietatis absolvat.
2687. Dne ds noster qui offensione nostra non ... alienus a venia.
2688. Exaudi dne supplicum preces ...
2689. Praeveniat hunc famulum ...
2690. Dne s. p. o. ae. ds qui per jesum christum ... pervenire mereatur.
2691. Ds m. ds clemens ...
2692. Majestatem tuam ...
2693. Ds m. ds clemens qui multitudinem ...
2694. Misereatur tui o. ds et dimittat tibi ... in vitam aeternam.
2695. Da nobis qs dne ut sicut publicani precibus ... gloriae mancipetur.
2696. Adesto dne supplicationibus ne sit ab hoc ... valeat inhaerere.
2697. Suscipe clementissime pater hostias ... consequi mereatur.
2698. Purificent nos qs dne sacramenta quae sumsimus ... glorietur.
2699. O. s. ds qui peccantium non vis animas perire ... transferatur.
2700. Munera dne oblata sanctifica ... maculis emunda.
2701. Sanctificationibus tuis o. ds et vitia ... semper et subsequatur.

613. Ordo 13 (A, I 806-809; V, I 289-290)

INCIPIT ORDO IN CAPITE JEJUNII

2702. Ds qui non mortem sed paenitentiam desideras ...
2703. O. s. ds qui misereris omnium et nihil odisti ...

2704. Recognosce homo quia cinis es et in cinerem reverteris.
2705. Ds qui humili actione flecteris ...
2706. Dne ds noster qui offensione nostra non vinceris ...
2707. Ds qui juste irasceris et clementer ignoscis ...
2708. Exaudi dne preces nostras et confitentium ...
2709. Praeveniat his famulis tuis ...
2710. Adesto dne supplicationibus nostris nec sit ab his ...
2711. Ecce ejicimini hodie a sinu matris ... transgressionem suam.

INCIPIT ORDO IN COENA DOMINI AD RECONCILIANDOS POENITENTES

2712. Adesto dne supplicationibus nostris et me qui etiam ...
2713. Praesta qs dne his famulis vel famulabus ...
2714. Ds humani generis benignissime ...
2715. Ds miserator ds clemens ...
2716. Majestatem tuam dne ...
2717. Dnus j. c. qui discipulis suis dixit ... ad regnum caelorum.
2718. Absolutionem et remissionem omnium peccatorum ... hic et in aeternum.

614. Ordo 14 (A, I 809-813; V, I 290-291)

ORATIONES DICENDAE QUANDO AD EPISCOPUM VENIUNT
HI QUI IN CRIMINALI PECCATO DETINENTUR

2719. Adesto dne supplicationibus nostris et me ... est operare.
2720. Praesta qs dne his famulis tuis dignum ... veniam consequendo.
2721. Ds humani generis benignissime conditor et ... reformavit.
2722. Absolvimus vos vice b. petri apostolorum ... sine fine manentem.
2723. Sicut principali constat sententia ... consortium supernorum.
2724. Sicut a dno nostro j. c. didicimus ... sanctorum angelorum.
2725. Vice b. petri principis apostolorum ... in saecula saeculorum.
2726. Precor dne clementiam tuam ut his famulis ... praemia consequantur.
2727. Ds m. ds clemens qui secundum multitudinem ... reconciliationis admitte.
2728. Majestatem tuam dne supplices deprecamur ... mereantur introire.
2729. Adesto o. ds supplicationibus humilitatis meae ... saecula saeculorum.
2730. Dne ds o. propitius esto mihi peccatori ... remissio te largiente.
2731. Respice dne supplicum vota et clamantium ad te ... saecula saeculorum.
2732. Dne ds o. rex regum et dnus ... pervenire mereantur.
2733. Absolvimus vos vice b. petri apostolorum principis ... conversationem.
2734. In nomine et misericordia omnipotentis dei consurge ... saeculorum.
2735. Misereatur vestri o. ds et dimittat vobis ... in vitam aeternam.

615. **Ordo 15** (A, I 813-816; V, I 292-293)

ORDO AD DANDAM POENITENTIAM

2736. Dne ds o. qui non vis mortem peccatorum ... caveamus efficias.
2737. Ds qui justificas impium et non vis mortem ... a te separetur.
2738. Ds cui proprium est misereri semper ... pietatis absolvat.
2739. Ds miserator ds clemens ds indulgentiae ... fructuosum.
2740. Ds sub cujus oculis esse cor trepidat ... alienus a venia.
2741. Exaudi dne qs supplicum preces et confitentium ... absolvat.
2742. Ds o. qui dedit potestatem b. petro apostolo ... liberet absolutum.
2743. Absolvimus te vice b. petri apostoli ... sit pius indultor.
2744. Ex auctoritate omnipotentis dei b. petrus caelestis ... peccatis tuis.

ORDO AD RECONCILIANDUM POENITENTEM

2745. Majestatem tuam dne supplices deprecamur ut ... mereatur intrare.
2746. O. de deo ds qui habet potestatem ... noli peccare.
2747. Benedicat te dnus et custodiat semper ... det tibi pacem.
2748. Benedicat te o. ds et per abundantiam ... ad regna caelorum.
2749. Benedicat te ds pater custodiat te ... christus dei filius.

616. **Ordo 16** (A, I 816-818; V, I 293)

ORDO QUOMODO POENITENTES IN QUADRAGESIMA EPISCOPO DEBENT SE PRAESENTARE

ABSOLUTIO POENITENTIUM

2750. Exaudi dne preces nostras ...
2751. O. s. ds parce confitentibus ...
2752. O. et m. ds qui peccatorum indulgentiam ...
2753. Praeveniat hos famulos ...
2754. Adesto dne supplicationibus nostris nec sit ...
2755. Dne ds noster qui offensione nostra ...

RECONCILIATIO POENITENTIUM IN COENA DOMINI

2756. Adesto dne supplicationibus nostris et me qui ...
2757. Praesta dne his famulis tuis dignum ...
2758. Ds qui humani generis ...
2759. O. s. ds confitentibus his famulis tuis ...
2760. O. et m. ds qui peccatorum ...
2761. Dne s. p. o. ae. ds respice propitius ...
2762. O. ds qui b. petro apostolo suo ceterisque ...

617. **Ordo 17** (A, I 818-820; V, I 293-294)

2763. Adest o venerabilis pontifex tempus acceptum ... succurrit.
2764. Redintegra in eis apostolice pontifex quidquid ... auctore gratuletur.
2765. Adesto dne supplicationibus nostris et me qui ...

2766. Ds infinitae misericordiae ...
2767. Ds sub cujus oculis omne cor trepidat ...
2768. O. et m. ds qui peccatorum indulgentiam ...
2769. Dnus jesus christus qui dignatus es dicere ... sancti nominis tui.
2770. Absolutionem et remissionem omnium peccatorum ... hic in aeternum.

618. Ordo 18 (A, I 820-821; V, I 294)

CONFESSIO PECCATORUM

2771. Confiteor tibi dne rex caeli et terrae quia peccavi ... recognosco.
2772. Confiteor tibi dne rex caeli et terrae et tibi frater ... delictorum.
2773. Dne j. c. fili dei vivi qui regnas cum patre ... saecula saeculorum.

619. Ordo 19 (A, I 821-823; V, I 294-295)

FERIA QUARTA IN CAPITE JEJUNII

2774. O. s. ds parce ...
2775. O. s. ds qui ninivitis ...
2776. Ds qui non mortem ...
2777. O. s. ds qui omnium misereris ... accipere gloriam.
2778. O. s. ds qui primo homini ... mereamur aeternam.
2779. Ds qui humiliatione flecteris ...
2780. Memento fili quia pulvis es ... vitam aeternam.
2781. Adesto dne supplicationibus nostris et me qui etiam ...
2782. Exaudi dne supplicum preces ...
2783. Praeveniat hos famulos ...
2784. Adesto dne supplicationibus nostris nec sit ...
2785. Praesta qs dne his famulis et famulabus tuis veniam ... consequendo.
2786. Dne ds noster qui offensione nostra non vinceris ...
2787. Da nobis dne ut sicut publicani precibus ... gloriae mancipentur.
2788. Absolutionem et remissionem omnium peccatorum ... in nomine patris.

620. Ordo 20 (A, I 824-826; V, I 295-296)

OFFICIUM EORUM QUI PECCATA CONFITENTUR

2789. Benedictus deus noster perpetuo nunc ... omnis gloria.
2790. Dne j. c. fili dei vivi pastor et agnus ... in saecula saeculorum.
2791. Ds salvator noster qui per prophetam nathan ... saecula saeculorum.
2792. Frater ut quid ad deum et ad me ... copula inquinatus?
2793. Fili mi spiritualis abjectus sum et humilis ... et in futuro.
2794. Ds qui davidi propria peccata confitenti ... vade in pace.
2795. Dne ds noster qui petro et meretrici ... in saecula saeculorum.

CAPUT VII

De ritibus ad sacramentum extremae unctionis spectantibus

ARTICULUS IV

IN QUO VARII AD UNGENDOS INFIRMOS ORDINES REFERUNTUR

621. **Ordo 1** (A, I 841-845; V, I 301-303)

2796. Pax huic domui et omnibus ... regredientibus.
2797. O. s. ds qs immensam pietatem tuam ut ... referat actionem.
2798. Praesta dne qs per hanc creaturam aspersionis ... saecula saeculorum.
2799. Dne ds qui per apostolum tuum jacobum ... salvator mundi.
2800. Ut quid nos vocasti frater ... peccaminum abolitionem.
2801. Oremus fratres dilectissimi dnum nostrum j. c. confessionem.
2802. Dne qui juste irasceris et clementer ignoscis ... propitius averte.
2803. Unguo te oleo sanctificato in nomine ... merearis sanitatem.
2804. Unguo oculos tuos de oleo ... unctione expietur.
2805. Succurre dne infirmo huic et medica ... referat actionem.
2806. Ungo has aures sacrati olei liquore ... spiritalis evacuet.
2807. Ungo has nares de oleo sacrato ... mundet medicatio.
2808. Ungo labia ista consecrati olei ... expietur hac unctione.
2809. Ungo collum tuum de oleo sancto ... spiritus sancti.
2810. Ungo has scapulas sive medium scapularum ... juvaminis repellere.
2811. Ungo pectora tua de oleo sancto ... aereas catervas.
2812. Ungo has manus de oleo consecrato ... unctionem evacuetur.
2813. Ungo hos pedes de oleo benedicto ... aboleat unctio.
2814. Ungo te oleo sanctificato in nomine patris ... superare catervas.
2815. In nomine patris et filii ... sit tibi haec olei ... spiritus sancti.
2816. Dne ds salvator noster qui es vera salus ... restituat in salutem.
2817. Per istam unctionem et per ministerium ... sit semper tecum.
2818. Sana quoque ds omnium medicator ... optata remissio.
2819. Da nobis dne ut sicut publicani precibus ... famulatui mancipetur.
2820. Propitietur dnus cunctis iniquitatibus ... in saecula saeculorum.
2821. Ds qui famulo tuo ezechiae ... erigat ad salutem.
2822. Respice dne famulum tuum in infirmitate ... medicina salvatum.
2823. Ds qui facturae tuae pio semper ... praesta medicinam.
2824. Virtutum caelestium ds qui ab humanis ... sanitate benedicat.
2825. Dne s. p. o. ae. ds qui fragilitatem ... perfecta reparetur.

622. **Ordo 2** (A, 845-847; V, I 303)

2826. Pax huic domui et omnibus ... in nomine dni.
2827. Benedic dne domum istam et omnes ... caelum et terram.
2828. In sudore vultus tui vesceris ... in pulverem reverteris.

2829. Ungo te in nomine patris et filii ... remittantur tibi.
2830. Corpus et sanguis dni sit tibi remissio ... in vitam aeternam.

623. Ordo 3 (A, I 847-851; V, I 303-305)

ORDO AD VISITANDUM INFIRMUM

2831. Pax huic domui ...
2832. Dne ds qui per apostolum tuum ...
2833. Dominum j. c. cum omni supplicatione rogemus ...
2834. Succurre dne infirmo isti N. et medica ... referat actiones.
2835. Ds qui famulo tuo ezechiae ter quinos annos ...
2836. Respice dne famulum tuum in infirmitate sui corporis ...
2837. Ds qui humano generi et salutis remedium ...
2838. Virtutum caelestium ds qui ab humanis corporibus ...
2839. Dne s. p. o. ae. ds ...
2840. Quid me vocas frater ... custodiam.
2841. Deum omnipotentem et misericordem qui non vult mortem ... remaneant.
2842. Ds justorum gloria misericordia peccatorum ... praemia per-venire.
2843. Dne ds o. sempiterne qui peccatorum ... pietatis absolvat.
2844. Vis dimittere his qui in te peccaverunt ... peccata vestra?
2845. Dne s. p. o. ae. ds creator et conservator humani ... gratuletur.
2846. Da nobis dne ut sicut publicani precibus ... gloriae mancipetur.
2847. O. et m. ds confitenti tibi huic famulo ... pietatis ad veniam.
2848. Respice dne propitius super hunc famulum tuum ...
2849. Misereatur tui o. ds et dimittat tibi ... in vitam aeternam.
2850. Benedicat te ds pater custodiat te jesus christus ...
2851. Benedicat te ds pater sanet te dei filius ...
2852. O. s. ds qui subvenis in periculis ...
2853. Dnus j. c. apud te sit ut te defendat ...
2854. Benedicat te deus caeli ...
2855. Benedicat te ds pater qui in principio ...
2856. Ds pater ds filius ds spiritus sanctus ...
2857. Salvator noster redemptorque omnium ... benedictione perducas.
2858. Exaudi nos dne ds noster et praesta ut ... pane saturetur.
2859. Humili mente caritateque devota ... participationem perducat.
2860. Corpus et sanguis dni nostri j. c. sint tibi ... in aeternum.
2861. Dne s. p. o. ae. ds te fideliter deprecamur ... animae sit salus.
2862. Ds m. ds clemens ...
2863. O. ds qui in nomine unigeniti sui misit ...
2864. Per istam unctionem et dei benedictionem ... sit semper tecum.
2865. In nomine patris et filii et spiritus sancti sit ... corporis.
2866. **In nomine patris et filii et spiritus sancti ungo ... aeternam.**
2867. Ungo oculos tuos de oleo sanctificato ... unctione expietur.
2868. Ungo aures sacrati olei de liquore ... salutaris evacuet.
2869. Ungo has nares de oleo sacrato ... emundet medicatio.

2870. Ungo labia ista consecrati olei medicamento ... expietur hac unctione.
2871. Ungo has manus de oleo consecrato ... unctionem evacuetur.
2872. Ungo hos pedes de oleo benedicto ... aboleat perunctio.
2873. Inungo te de oleo sancto in nomine patris ... merearis sanitatem.
2874. Jesu salvator noster et dne qui es vera salus ...
2875. Propitietur dnus cunctis iniquitatibus ...
2876. Ds qui confitentium tibi corda purificas ...
2877. O. s. ds qui aegritudines animarum ...
2878. Dnum nostrum j. c. cum omni supplicatione ...

624. Ordo 4 (A, I 851-856; V, I 305-307)

INCIPIT ORDO AD VISITANDUM ET INUNGENDUM INFIRMUM

2879. Adesto dne supplicationibus nostris et hanc domum ... habitaculum.
2880. Exaudi nos dne s. p. o. ae. ds ut si qua sunt ... tuae pellantur.
2881. Ds qui famulo tuo ezechiae ter quinos ... erigat ad salutem.
2882. Respice dne famulum tuum infirmitate ... medicina salvatum.
2883. O. et m. ds qs immensam pietatem tuam ... referat actionem.
2884. Dne ds qui per apostolum tuum locutus es ... reparetur officia.
2885. O. s. ds qui per jacobum apostolorum tuum inducere ... operetur.
2886. Dnus loquutus est discipulis ... bene habebunt.
2887. Dnum nostrum j. c. et cum omni supplicatione ... laetificare dignetur.
2888. Succurre dne infirmo isti ... referat actionem.
2889. O. s. ds qui aegritudines et animarum ... reparetur officia.
2890. Sana me dne quoniam conturbata ... eripe animam meam.
2891. Ungo te de oleo sancto in nomine patris et filii ... sanitatem.
2892. In nomine patris et filii et spiritus sancti sit tibi ... corporis.
2893. Dne ds salvator noster qui es vera salus ... optata remissio.
2894. Propitietur dnus iniquitatibus tuis ... saecula saeculorum.
2895. O. s. ds qui subvenis in periculis ... remedia comprehendat.
2896. Ds qui peccatores et scelerum onere ... et veniam.
2897. Ds qui humano generi salutis remedium ... in anima sentiat.
2898. Virtutum caelestium ds qui ab humanis corporibus ... benedicat.
2899. Dne s. p. o. ae. ds qui fragilitatem conditionis ... reparetur.
2900. O. s. ds salus aeterna credentium exaudi ... praesta medicinam.
2901. O. s. ds qui aegritudines et animarum ... reparetur officia.
2902. Dne s. p. o. ae. ds qui benedictionis tuae gratiam ... restituas.
2903. Dnus j. c. apud te sit ut te defendat ... vivit et regnat.
2904. Benedicat te ds pater. Sanet te ... vitam perducat.
2905. Benedicat te ds caeli. Adjuvet te ... regnat deus.
2906. Benedicat te ds pater qui in principio ... spiritu sancto vivit.
2907. Benedicat de ds pater. Custodiat te jesus christus ... peccata tua.
2908. Benedicat te ds pater qui te creavit ... benedicant semper.
2909. Vice sancti petri apostolorum principis ... saecula saeculorum.

2910. Ds m. ds clemens qui secundum multitudinem ...
2911. Majestatem tuam dne supplices deprecamur ...
2912. Majestatem tuam qs dne sancte pater ...
2913. Ds m. ds clemens qui indulgentiam ...

625. **Ordo 5** (A, I 856-858; V, I 307)

INCIPIT ORDO AD VISITANDUM ET INUNGENDUM INFIRMUM

2914. Pax huic domui ...
2915. Ds qui famulo tuo ezechiae ter quinos ...
2916. Respice dne famulum tuum N. in infirmitate ...
2917. O. et m. ds qs immensam pietatem tuam ut ad introitum ...
2918. Ds qui per apostolum tuum loquutus es ...
2919. O. s. ds qui per jacobum apostolum tuum inducere ...
2920. Dnus loquutus est discipulis suis ... bene habebunt.
2921. Dnus jesus christus cum omni supplicatione rogemus ... dignetur.
2922. Succurre dne infirmo N. et medica eum ... referat actionem.
2923. O. s. ds qui aegritudines et animarum ...
2924. Sana me dne quoniam conturbata sunt ossa ... eripe animam.
2925. Unguo te de oleo sancto in nomine patris ... merearis sanitatem.
2926. Dne de salvator noster qui es vera salus ...
2927. Propitietur dnus iniquitatibus tuis ...
2928. In nomine patris et filii et spiritus sancti.
2929. O. s. ds qui subvenis in periculis ...
2930. Ds qui peccatores et scelerum onere ...
2931. Ds qui humano generi salutis remedium ...
2932. Virtutum caelestium ds qui ab humanis ...
2933. Dne s. p. o. ae. ds qui fragilitatem ...
2934. O. s. ds salus aeterna credentium ...
2935. Dne s. p. o. ae. ds qui benedictionis tuae ...
2936. Dnus j. c. apud te sit ...
2937. Benedicat te ds pater ...
2938. Benedicat te ds caeli ...
2939. Benedicat te ds pater qui in principio ...
2940. Benedicat te ds pater ...

626. **Ordo 6** (A, I 858-864; V, I 307-310)

ORATIONES AD VISITANDUM ET INUNGENDUM INFIRMUM

2941. O. s. ds pater et unice fili dei ... ex omni aegritudine.
2942. Exorcizo te creatura salis per deum vivum ...
2943. Immensam clementiam tuam o. ae. ds ...
2944. Exorcizo te creatura aquae in nomine dei ...
2945. De qui ad salutem humani generis maxima ...
2946. Te ergo invoco dne s. p. o. ae. ds ut ... descendat exercitus.
2947. Ds invictae virtutis auctor et insuperabilis ...
2948. Exaudi nos dne s. p. o. ae. ds ...

2949. Adesto dne supplicationibus nostris ...
2950. Exaudi nos dne ...
2951. Ds qui ezechiae famulo tuo ter quinos ...
2952. Dne ds qui per apostolum tuum locutus es ...
2953. Dominum nostrum j. c. cum omni supplicatione ...
2954. O. s. ds qui aegritudines ...
2955. Ungo te oleo sancto in nomine patris ... merearis sanitatem.
2956. Dne ds salvator noster qui es vera salus ...
2957. Propitietur dominus ...
2958. O. s. ds qui subvenis ... apud te sit ut te defendat.

627. **Ordo** 7 (A, I 867-868; V, I 310-311)

ORDO AD VISITANDUM ET UNGENDUM INFIRMUM

2959. Parce dne parce populo tuo ... vivis et regnas.
2960. O. mitissime ds respice propitius preces ... habitaculum inveniatur.
2961. Ds qui inluminas omnem hominem venientem ... diligere valeat.
2962. Dimitte dne peccata nostra et tribue nobis ... clementer exaudias.
2963. Dne ds qui per apostolum tuum locutus es ... reparetur officia.
2964. Oremus dnum nostrum j. c. ut hunc famulum ... confortare dignetur.
2965. Ds m. ds clemens qui secundum multitudinem ... admitte.
2966. Ds justorum gloria et misericordia peccatorum ... praemia pervenire.
2967. Tibi ergo dne supplices preces ... **misericordia reformavit.**
2968. Dne ds salvator noster qui es vera salus ... optata remissio.
2969. Propitietur dnus omnibus inquitatibus tuis ... saecula saeculorum.
2970. O. s. ds qui subvenis in periculis ... remedia comprehendat.
2971. Ds qui peccatores et scelerum onere ... et reconciliationem.
2972. Dnus j. c. apud te sit et te defendat ... ut te benedicat.
2973. Benedicat te ds pater. Sanet te ... vitam perducat.
2974. Benedicat te ds caeli. Adjuvet te ... consolare dignetur.
2975. Benedicat te ds pater qui in principio ... expectant ad judicium.
2976. Benedicat te ds pater. Custodiat te ... omnia peccata tua.
2977. Benedicat te ds pater qui te creavit. Benedicat ... veniat super te.

629. **Ordo** 8 (A, I 867-868; V, I 311)

ORATIONES AD VISITANDUM INFIRMUM

2978. Ds qui famulo tuo ezechiae ter quinos ...
2979. Respice dne famulum tuum in infirmitate ...
2980. Ds qui facturae tuae pio semper affectu ...
2981. Ds qui humano generi et salutis remedium ...
2982. Virtutum caelestium ds qui ab humanis ...

2983. Dne s. p. o. ae. ds ...
2984. Ds o. pater dni nostri j. c. in virtute spiritus ... deprecationem.

629. Ordo 9 (A, I 868; V, I 311)

ORDO AD VISITANDUM INFIRMUM

2985. Ds qui famulo tuo ezechiae ter quinos ...
2986. Respice dne famulum tuum in infirmitate ...
2987. Ds qui facturae tuae pio semper affectu ...
2988. Ds qui humano generi et salutis remedium ...
2989. Virtutum caelestium ds qui ab hominis corporibus ...
2990. Dne s. p. ae. ds qui fragilitatem ...
2991. Ungo te oleo sanctificato in nomine dni ... superare catervas.
2992. Ds m. ds clemens qui secundum multitudinem ...
2993. Majestatem tuam dne supplices deprecamur ut huic famulo ...
2994. Majestatem tuam dne sancte pater ...

630. Ordo 10 (A, I 868-869; V, I 311-312)

ORDO AD VISITANDUM INFIRMUM

2995. Pax huic domui ...
2996. Ds qui famulo tuo ezechiae ter quinos ...
2997. Respice dne famulum tuum in infirmitate ...
2998. Benedic dne domum istam ...
2999. Praesta dne per hujus creaturae aspersionem ...
3000. Exaudi nos dne ds noster et praesta ...
3001. Benedic dne ds o. ...
3002. Exaudi dne preces nostras ...
3003. Adesto dne supplicationibus ...
3004. Dne ds noster qui offensione nostra ...
3005. Adsit qs ...
3006. Da qs dne ...
3007. In nomine patris et filii et spiritus sancti sit tibi ... aeternam.
3008. Dne ds salvator ...
3009. Dne ds redemptor ...
3010. Ds qui humano generi et salutis remedium ...
3011. Virtutum caelestium ds qui ab humanis ...
3012. Propitietur dnus cunctis iniquitatibus ...
3013. Ds m. ds clemens ...
3014. Majestatem tuam dne ...
3015. Dne s. p. o. ae. ds te fideliter deprecamur ... animae sit salus.
3016. Dnus j. c. apud te sit ut te defendat ...
3017. Benedicat te ds pater sanet te ds filius ...
3018. Benedicat te ds pater qui in principio ...
3019. Benedicat te ds pater custodiat ...

631. **Ordo 11** (A, I 870-880; V, I 312-316)

ORDO AD VISITANDUM INFIRMUM

3020. Ds qui famulo tuo ezechiae ter quinos ...
3021. Respice dne famulum tuum N. in infirmitate ...
3022. Ds qui facturae tuae pio semper dominaris affectu ...
3023. Ds qui humano generi et salutis remedium ...
3024. Virtutum caelestium ds qui ab humanis ...
3025. Dne s. p. o. ae. ds qui fragilitatem ...
3026. Adesto dne supplicationibus nostris et qui me etiam ...
3027. Praesta qs dne huic famulo tuo paenitentiae ....
3028. Ds humani generis benignissime conditor ...

ORDO AD UNGUENDUM INFIRMUM

3029. Dne ds o. propitius esto mihi peccatori ... sauciamenta.
3030. Adsit qs dne huic famulo tuo inspiratio ... satisfactione compescat.
3031. Da qs dne huic famulo tuo continuam ... praeveniat et sequatur.
3032. Dne ds noster qui peccatis nostris offenderis ... perfecta vivis.
3033. Exauditor omnium ds exaudi nostrorum fletuum ... consoleris.
3034. Emitte dne salutare tuum infirmitatibus ... adversantium vitiorum.
3035. Persolve miserationes tuas dne nobis ... caelesti componi.
3036. Exorabilis dne intende orationem supplicum ... misericordiae sublevetur.
3037. Intendant qs dne pietatis tuae aures ... misericordias tuas.
3038. Ds cujus indulgentia omnis homo indiget ... miseratione salvetur.
3039. Ds infinitae misericordiae veritatisque ... benedictione laetetur.
3040. Adesto dne precibus nostris quibus misericordiae ... vitam aeternam.
3041. Parce dne parce populo tuo ... irascaris ei.
3042. Dne ds qui per apostolum tuum loquutus es ...
3043. Oramus te dne j. c. ut per sanctum angelum tuum ...
3044. Ds m. ds clemens qui multitudinem indulgentiarum ...
3045. Deprecamur clementiam tuam o. ds ut huic famulo ... valeat superare.
3046. Dne j. c. fili dei vivi qui vivificae ... benedicere et praedicare.
3047. Sancti spiritus gratia qs o. ds operetur ... illustrationem.
3048. In nomine patris et filii et spiritus sancti sit tibi haec unctio ... ipso adjuvante.
3049. Penetralium cordis inspector ds ... valeat virtutis.
3050. Aurem benignitatis tuae precibus nostris ... effici mereatur.
3051. Humilitatis glorificae rector ds qui brachio ... effici mereatur.
3052. Odor vitae christe jesu qui noxii nidoris ... deleatur miseratione.
3053. Liberator animarum ds cujus eloquia ... diebus vitae suae.
3054. O. ds qui scapulis assumti hominis ... evasisse gravedinem.
3055. Ds ae. qui in sapientia fecisti omnia ... dirigatur remuneratione.
3056. Dirigantur qs dne pedes famuli tui ... feliciter pervenire.

3057. Dnus jesus loquutus est discipulis ... bene habebunt.
3058. Miserere mihi dne quoniam infirmus ... sunt ossa mea.
3059. Custodi me dne ut pupillam oculi ... protege me.
3060. Mittat tibi auxilium de sancto et de sion tueatur te.
3061. Cor contritum et humiliatum ... miserere mei ds.
3062. Intret oratio mea dne in conspectu tuo ... mortuos liber.
3063. Succurre dne infirmo isti et medica ... referat actionem.
3064. O. et mitissime ds respice propitius preces ... inveniatur.
3065. Ds qui illuminas omnem hominem venientem ... diligere valeat.
3066. Dimitte dne peccata nostra et tribue nobis ... clementer exaudias.
3067. Precamur dne clementiam tuae majestatis ... gloriae reformetur.
3068. Ds m. ds clemens qui secundum multitudinem ... sacramentum admitte.
3069. Majestatem tuam dne supplices deprecamur ... mereatur introire.
3070. Praeveniat hunc famulum tuum qs dne ... indulgentia deleantur.
3071. Adesto dne supplicationibus nostris nec sit ... valeat adhaerere.
3072. Dne j. c. qui es salvatio et redemtio nostra ... salvator mundi.
3073. Respice super hunc famulum tuum o. clementissime ds ... deleantur.
3074. Propitietur dnus cunctis iniquitatibus tuis ... desiderium tuum.
3075. Ds qui humani generis et salutis remedium ... in anima sentiat.
3076. Dne j. c. qui ex voluntate patris cooperante ... glorietur tecum.
3077. O. s. ds qui subvenis in periculis laborantibus ... percipiat praemium.
3078. Dne s. p. o. ae. ds qui benedictionis tuae ... prosperitate restituas.
3079. Benedicat te ds pater qui in principio ... venturum judicem.
3080. Benedicat te ds caeli pater ingenitus ... qui in trinitate.
3081. Benedicat te ds pater sanet te dei filius ... tribuit gloriam.
3082. Implorantes clementiam ineffabilis pietatis dei ... omnibus sanctis.

MISSA PRO INFIRMO

3083. Virtutum omnium ds qui ab humanis corporibus ... tribue medicinam.
3084. O. s. ds qui subvenis in periculis ... remedia comprehendat.
3085. Ds in cujus libro sunt vocabula notata mortalium ... sanitatem.
3086. Dne qui publicani precibus et oratione ... adesto dne.
3087. Oblationes in angustia pro peccatis ... magnificabis me.
3088. Hanc igitur oblationem dne famuli tui N. ... pietatis adipiscatur.
3089. Succurre dne infirmo huic et medica ... referat actionem.
3090. Muneribus divinis perceptis qs dne devotionem ... sion tuearis eum.
3091. O. s. ds qui ideo delinquentibus occasionem ... jussionibus pareat.

632. **Ordo 12** (A, I 880-883; V, I 316-317)

INCIPIT ORDO AD INFIRMUM VISITANDUM

3092. Introeat dne domum hanc sub nostrae humilitatis ...
3093. Oremus dnum nostrum j. c. et eum omni supplicatione ... dignetur.
3094. Ds miserator ds clemens ...
3095. Propitietur dnus omnibus iniquitatibus tuis ...
3096. Virtutum caelestium ds qui ab humanis corporibus ...
3097. Dimitte dne peccata nostra et tribue ...
3098. Ds qui humano generi et salutis remedium ...
3099. Majestatem tuam qs dne sancte pater ...
3100. Ds qui facturae tuae pio semper affectu ...
3101. Oremus et deprecemur ...
3102. Dne sancte pater ...
3103. Majestatem tuam qs dne sancte pater ...
3104. Respice qs ...
3105. O. s. ds qui per jacobum apostolum tuum ... invisibiliter operetur.
3106. Dne ds qui per apostolum tuum loquutus es ...
3107. Per istam unctionem et suam piissimam ... quidquid peccasti per visum (... per gustum ... per odoratum ... per tactum ... per incessum ... per ardorem libidinis).
3108. In nomine patris et filii et spiritus sancti sit tibi haec unctio ... spiritus sancti.
3109. Ungo oculos tuos de oleo sanctificato ... unctione expietur.
3110. Ungo te de oleo sancto in nomine patris ... merearis sanitatem.
3111. Ungo has aures sacrati olei liquore ... spiritualis evacuet.
3112. Ungo has nares de oleo sacro ... emaculet medicatio.
3113. Ungo labia ista consecrati olei ... expurgetur hac unctione.
3114. Ungo collum tuum de oleo sancto ... spiritus sancti.
3115. Ungo guttur tuum de oleo exorcizato ... vivit et regnat.
3116. Ungo has scapulas sive medium locum ... juvaminis expellere.
3117. Ungo pectus tuum de oleo sancto ... aereas catervas.
3118. Ungo has manus de oleo sancto ... unctionem evacuetur.
3119. Ungo hos pedes de oleo benedicto ... aboleatur perunctione.
3120. Dne j. qui es salvatio et redemtio nostra ...
3121. Dne s. p. o. ae. ds qui fragilitatem conditionis ...
3122. Dnus j. c. apud te sit ... qui te creavit.
3123. Vice s. petri apostolorum principis cui ... peccatorum tuorum.
3124. Dne s. p. o. ae. ds te fideliter deprecamur ... animae sit salus.

633. **Ordo 13** (A, I 883-893; V, I 317-321)

INCIPIT ORDO DE INFIRMI VISITATIONE ET PERVENTIONE ATQUE SANCTA EI ADHIBENDA COMMUNIONE IPSIUS ETIAM MIGRATIONE AC RECOMMENDATIONE

3125. Pax huic domui ... egredientibus.

3126. Benedic dne domum istam et omnes ... caelum et terram.
3127. Exaudi nos dne s. p. ae. ds et mittere ... in hoc habitaculo.
3128. Adesto dne supplicationibus nostris et hanc domum ... habitaculum.
3129. Ego peccator confiteor omnipotenti deo patri ... vobis hominibus.
3130. Intercedente s. maria cum omnibus sanctis ... spiritus sanctus.
3131. O. mitissime ds respice propitius ad preces ... habitaculum inveniatur.
3132. Ds qui illuminas omnem hominem venientem ... diligere valeat.
3133. Dimitte dne peccata nostra et tribue nobis ... clementer exaudias.
3134. Ds qui famulo tuo ezechiae ter quinos ... erigat ad salutem.
3135. Respice dne famulum tuum in infirmitate ... medicina salvatum.
3136. O. ds qui per os b. jacobi apostoli tui hunc ministerium ... in mente.
3137. Ds qui confitentium tibi corda purificas ... sustineat detrimentum.
3138. Dne s. p. universitatis auctor o. ae. ds qui ... plasmate rogamus.
3139. Ds qui b. petrum misisti ad tabitam famulam ... medela subveniat.
3140. Dnus j. c. apud te sit ut te defendat ... te benedicat qui cum patre.
3141. Dnus noster j. c. cui omnia possibilia ... totum tibi indulgemus.
3142. In ea auctoritate et potestate fidentes ... cum omnibus sanctis.
3143. In ministerio et potestate ligandi atque solvendi ... vivit et regnat.
3144. Exaudi dne supplicum preces et confitentium ... miserationis absolvat.
3145. Praeveniat hunc famulum tuum as dne ... indulgentia deleantur.
3146. O. s. ds confitenti tibi huic famulo ... pietatis ad veniam.
3147. O. ds qui dixit qui me confessus fuerit ... in regno dei.
3148. Intercedente pro nobis beata et gloriosa semper ... malo dignetur.
3149. Sicut a dno nostro j. c. didicimus ... peccatorum tuorum indultor.
3150. Commendamus tibi dne hunc famulum tuum ... perducas aeternam.
3151. Benedicat te ds pater qui te creavit ... aeternam concedat.
3152. O. s. ds qui subvenis ...
3153. Dne s. p. o. ae. ds qui benedictionis tuae ...

INCIPIT ORDO QUOMODO UNGENDUS SIT INFIRMUS

3154. O. et m. ds qs immensam pietatem tuam ...
3155. O. et m. ds qui sacerdotum ministerio ...
3156. Ego peccator confiteor omnipotenti deo ... dnum deum nostrum.
3157. Misereatur tibi o. ds et dimittat tibi ... ad vitam aeternam.

3158. O. s. ds qui subvenis in periculis et necessitate ... comprehendat.
3159. Dne ds qui apostolum tuum locutus es dicens ... salvator mundi.
3160. In nomine patris et filii et spiritus sancti ... peccatorum tuorum.
3161. Sana dne omnes languores nostros ... vitam nostram alleluia.
3162. Sana me dne quoniam turbata sunt ossa mea ... eripe animam meam.
3163. Dnus locutus est discipulis suis accipite ... bene habebunt.
3164. Jesu salvator et dne qui es vera salus ... salvator mundi.
3165. Respice super hunc famulum tuum omnipotentissime ... pellantur.
3166. Propitietur dnus cunctis iniquitatibus tuis sanet ... vivit et regnat.
3167. Ds qui humano generi et salutis remedium ... in anima sentiat.
3168. Corpus dni nostri j. c. sanguine suo ... in vitam aeternam.
3169. Dnus jesus loquutus est discipulis suis in nomine ... bene habebunt.
3170. Miserere mei dne quoniam infirmus sum ... ossa mea.
3171. Custodi me dne ut pupillam oculi ... protege me.
3172. Mittat tibi dominus ...
3173. Sana me dne quoniam conturbata sunt ...
3174. Sana dne infirmum istum et medica ...
3175. Cor contritum et humiliatum ne despicias ...
3176. Intret oratio mea dne in conspectu tuo ...
3177. Corpus dni nostri j. c. conservet animam tuam in vitam.
3178. Dne j. c. fili dei vivi ex voluntate ... in perpetuum separari.
3179. In nomine s. trinitatis visitet te angelus salutis.
3180. Suscipe piissime ds in sinu abrahae ... miserationis ad veniam.
3181. Propitiare dne supplicationibus nostris pro anima ... digneris.
3182. Prosit dne qs animae famuli tui N. divini ... consortium.

634. Ordo 14 (A, I 893-897; V, I 321-322)

ORDO AD VISITANDUM ET UNGENDUM INFIRMUM

3183. Parce dne parce famulo tuo ... irascaris ei.
3184. O. mitissime ds respice propitius preces nostras ...
3185. Ds qui inluminas omnem hominem ...
3186. Dimitte dne peccata nostra et tribue nobis ...
3187. Dne ds qui per apostolum tuum loquutus es...
3188. Oremus dnum nostrum j. c. et cum omni ...
3189. Ds m. ds clemens qui secundum multitudinem ...
3190. Ds justorum gloria et misericordia peccatorum ...
3191. Miserere mihi dne quoniam infirmus sum ...
3192. Custodi me dne ut pupillam oculi ...
3193. Mittat tibi auxilium de sancto ...
3194. Dne puer meus ...
3195. Dnus jesus loquutus est discipulis suis in nomine ...
3196. Cor contritum et humiliatum ne despicias ...
3197. Intret oratio mea dne in conspectu ...

3198. Succurre dne infirmo isti et medica ...
3199. Vivo ego ...
3200. Dne non sum dignus ...
3201. Dixit jesus centurioni ...
3202. Unguo te oleo sanctificato in nomine patris ... superare catervas.
3203. In nomine patris et filii et spiritus sancti sit tibi ... spiritus.
3204. Ungo te oleo sancto invocata ... spiritus sancti.
3205. Ungo oculos tuos de oleo sanctificato ... unctione expietur.
3206. Ungo aures has sacri olei liquore ... spiritalis evacuet.
3207. Ungo has nares de oleo sacro ... emaculet medicatio.
3208. Ungo labia ista consecrati olei medicamento ... expurgetur hac
unctione.
3209. Ungo has manus de oleo consecrato ... unctionem evacuetur.
3210. Ungo hos pedes de oleo benedicto ... sacra perunctio.
3211. Dnus j. c. qui dixit discipulis suis ... ad regnum caelorum.
3212. Salvator noster redemptorque omnium qui non ... salvator
mundi.
3213. Absolutionem et remissionem omnium peccatorum ... jesu christo.
3214. O. et m. ds qs immensam pietatem tuam ...
3215. Dne ds qui per apostolum tuum loquutus es.
3216. O. s. ds qui per jacobum apostolum tuum ...
3217. Oremus dnum nostrum jesum christum ...
3218. O. s. ds qui aegritudines animarum ...
3219. Ungo te de oleo sancto in nomine patris ... merearis sanitatem.
3220. In nomine dei patris omnipotentis ... ad sanitatem corporis.
3221. Hoc enim facimus in quinque sensus ... medicina dei sanetur.
3222. Dne ds salvator noster qui es vera salus ...
3223. Propitietur dnus omnibus iniquitatibus ...
3224. O. s. ds qui subvenis in periculis ...
3225. Ds qui peccatores et scelerum ...
3226. Dnus j. c. apud te sit ut te defendat ...
3227. Benedicat te ds pater ... Sanet ...
3228. Benedicat te ds caeli ...
3229. Benedicat te ds pater qui in principio ...
3230. Benedicat te ds pater custodiat te ...
3231. Benedicat te ds pater qui te creavit ...
3232. Majestatem tuam qs dne sancte pater ...
3233. Ds m. ds clemens ...

635. **Ordo 15** (A, I 897-907; V, I 322-326)

3234. Pax huic domui et omnibus habitantibus in ea.
3235. Benedic dne domum istam ... caelum et terram.
3236. O. et m. ds qs immensam clementiam ... referat actionem.
3237. Parce dne parce famulo tuo ... in aeternum irascaris ei.
3238. Dimitte dne peccata nostra et tribue nobis ... clementer exaudias.

3239. Ds qui facturae tuae pio dominaris affectu ... praesta medicinam.
3240. Ds qui b. petrum apostolum misisti ... medela subveniat.
3241. Ds qui famulo tuo exechiae ter quinos ... erigat ad salutem.
3242. Ds sub cujus nutibus vitae nostrae ... recuperatione laetemur.
3243. Respice dne famulum tuum N. in infirmitate ... medicina salvatum.
3244. Virtutum caelestium ds qui ab humanis ... sanitate benedicat.
3245. O. s. ds qui aegritudines animarum ... referat actionem.
3246. O. ds miserere supplici famulo tuo ... prosit ad veniam.
3247. Dne s. p. o. ae. ds qui fragilitatem conditionis ... reparetur.
3248. Respice dne propitius super hunc famulum tuum ... nomini sancto tuo.
3249. O. s. ds salus aeterna credentium exaudi me ... delictis suis.
3250. O. s. ds qui subvenis in periculis et necessitate ... comprehendat.
3251. Ds qui humano generi et salutis remedium ... in anima sentiat.
3252. Ds infirmitatis humanae singulare praesidium ... mereatur.
3253. Sanet te ds pater o. qui te creavit in carne ... eripiat te christus.
3254. Sanet te ds pater sanet te ds filius ... filiis suis sit super te.
3255. Fiant merita et orationes eorum ... diebus vitae suae.
3256. Benedicat tibi dnus custodiat te christus ... christi servetur.
3257. Benedicat te ds caeli adjuvet te christus ... unitate trinitatis.
3258. Benedicat te ds pater qui te creavit ... super te veniat.

MISSA PRO INFIRMIS

3259. O. s. ds salus aeterna credentium ...
3260. Ds sub cujus nutibus vitae nostrae ...
3261. Ds infirmitatis humanae singulare ...
3262. Dne s. p. o. ae. ds qui benedictionis tuae ... restituas.
3263. Dne s. p. o. ae. ds qui es via veritas ... nostri jesu christi.
3264. Sancta trinitas et inseparabilis unitas ... aeternam custodiat.

ORDO AD UNGUENDUM INFIRMUM

3265. Dne ds qui per apostolum tuum locutus es ... reparetur officia.
3266. Sana dne infirmum istum ... animam ejus a morte.
3267. Oremus dnum nostrum j. c. et cum omni ... confortareque dignetur.
3268. Dnus locutus est discipulis suis ... bene habebunt.
3269. Ds qui non vis mortem peccatoris sed ut ... gratiam concede.
3270. Succurre dne infirmo isti et medicare ... referat actiones.
3271. Oremus dnum nostrum j. c. pro fratre nostro ... det et salutem.
3272. Ds qui humano generi salutis remedium ... in anima sentiat.
3273. Adesto dne qs humilitatis nostrae obsequiis ... in aeternum persolvat.
3274. Unguo caput tuum oleo sanctificato ... aereas catervas.
3275. Unguo oculos tuos in nomine ... unctione expietur.
3276. Unguo aures has sacrati olei liquore ... spiritalis evacuet.

3277. Unguo has nares oleo sancto in nomine ... emaculet medicatio.
3278. Unguo labia ista consecrati olei medicamento ... hac unctione.
3279. In nomine patris et filii et spiritus sancti sit tibi haec unctio ... inimicorum spiritalium.
3280. Inunguo te in gutture de oleo sancto ... merearis sanitatem.
3281. Unguo pectus tuum de oleo sanctificato ... aereas catervas.
3282. Unguo locum cordis oleo divinitus ... pereat continet.
3283. Unguo has scapulas sive medium locum ... juvaminis repellere.
3284. Unguo has manus oleo sacrato ... unctionem evacuetur.
3285. Unguo hos pedes oleo benedicto ... aboleat perunctio.
3286. Inunguo te de oleo sancto in nomine ... merearis sanitatem.
3287. Unguo te de oleo sancto invocata ... spiritus sancti.
3288. Inunguo te in nomine patris et filii et spiritus sancti oleo sancto ... vitam aeternam.
3289. Dne ds salvator noster qui es vera salus ... salvator mundi.
3290. Corpus et sanguis dni nostri j. c. custodiat ... in vitam aeternam.
3291. Pax et communicatio corporis ... in vitam aeternam.
3292. Dne j. c. redemptor et salvator noster ... vitam aeternam.
3293. Dne s. p. universitatis auctor o. ae. ds ... plasmate rogamus.
3294. Ds qui peccatores et scelerum onere ... remissionis ad veniam.
3295. O. s. ds criminum absolutor et indultor ... impleatur effectu.
3296. Supplices ergo poscimus tuam clementiam ... peccatores justificare.
3297. Dnus j. c. qui dignatus est discipulis suis dicere ... contractis.
3298. Et sicut peccata totius mundi sua ... peccatorum remissionem.
3299. Devotionem quoque tuam deinceps ... sine fine possidere.
3300. Adjuvante eodem dno nostro j. c. qui nos fecit ... sui nominis.
3301. Ds qui mundum in peccati fovea ... affluentia conferantur.
3302. O. s. ds conditor humani generis qui ... corporis defendat.
3303. Ds qui confitentium tibi corda ... obtineant detrimentum.
3304. Dne s. p. caeli et terrae protege ... filium ancillae tuae.
3305. Dnus sit tibi adjutor et protector ... feliciter obtinere.
3306. Ds qui famulo tuo N. dedisti fidei ... mereatur consortium.
3307. Famulum tuum qs dne ab omnibus absolve ... destituatur auxilio.
3308. Cuncta famuli tui per hanc oblationem ... aeterna tribuatur.

636. Ordo 16 (A, I 907-910; A, I 326-327)

ORDO AD VISITANDUM INFIRMUM

3309. Pax huic domui ...
3310. Benedic dne domum istam ... caelum et terram.
3311. Ds qui famulo tuo ezechiae ter quinos ...
3312. Respice dne famulum tuum in infirmitate ...
3313. Exorcizo te creatura salis ....
3314. Immensam clementiam tuam o. ae. ds humiliter ...
3315. Exorcizo te creatura aquae in nomine dei ...
3316. Ds qui ad salutem humani generis maxima ...

3317. Fiat haec commixtio salis et aquae pariter ... spiritus sancti.
3318. Ds invictae virtutis auctor ...
3319. Exaudi nos dne s. p. o. ae. ds ...
3320. Benedic dne ds o. locum istum ...
3321. Exaudi dne preces nostras et tibi confitentium ...
3322. Praeveniat hunc famulum tuum ...
3323. Adesto dne supplicationibus nostris ...
3324. O. ds criminum ablutor et peccaminum indultor ...
3325. Supplices ergo poscimus clementiam tuam ut huic famulo ...
3326. Dne ds noster qui offensione nostra non vinceris ...
3327. Da nobis dne ut sicut publicani precibus ...
3328. In nomine patris et filii et spiritus sancti sit tibi ... in vitam aeternam.
3329. In nomine patris et filii et spiritus sancti accipe sanitatem ...
3330. In nomine patris ... ungo aures tuas sacrati olei ... spiritalis evacuet.
3331. In nomine patris ... ungo oculos tuos de oleo ... unctione expietur.
3332. In nomine patris ... ungo hos nares de oleo ... emaculet medicatio.
3333. In nomine patris ... ungo labia consecrati olei ... hac unctione.
3334. Dnus j. c. apud te sit ut te defendat ... ut te benedicat.
3335. In nomine patris ... ungo pectus tuum de oleo sancto ... aereas catervas.
3336. In nomine patris ... in unoquoque loco ungo has scapulas ... repellere.
3337. In nomine patris ... ungo has manus de oleo consecrato ... evacuetur.
3338. In nomine patris ... accipe sanitatem animae et corporis.
3339. In nomine dni nostri j. c. surge et ambula ... aboleat unctio.
3340. Unxi te oleo sanctificato sicut unxit ... superare catervas.
3341. Jesu salvator et dne qui es vera salus et medicina ...
3342. Dns ds noster qui per apostolum tuum locutus es ...
3343. Ds qui peccatores et scelerum onere curvos ...
3344. Adesto dne qs humilitatis nostrae obsequiis ...
3345. Benedicat te ds pater qui te creavit ... aeternam concedat.
3346. Exaudi nos o. ae. ds ...
3347. Benedicat te ds pater sanet te dei filius ... vitam te perducat.
3348. Benedicat te ds caeli adjuvet te christus ...
3349. Corpus dni nostri j. c. sanguine suo tinctum ... in vitam aeternam.
3350. Dne ds noster exaudi nos pro hoc famulo tuo ... ei sit tutela.
3351. Dne s. p. te fideliter deprecamur ... animae sit salus.
3352. O. s. ds qui subvenis in periculis ...
3353. Benedicat te ds pater custodiat jesus ... universa delicta tua.
3354. Propitietur dnus cunctis iniquitatibus tuis ... in trinitate perfecta.

637. **Ordo 17** (A, I 910-918; V, I 327-330)

ORDO AD VISITANDUM INFIRMUM ET INUNGENDUM

3355. Pax huic domui ...
3356. Benedic dne domum istam et omnes habitantes ... pax tecum frater.
3357. O. et m. ds qui secundum immensam pietatem tuam ... referat actionem.
3358. Credis in dnum patrem et filium ... omnia munda sunt vobis.
3359. Habes fidem confessam et peccata ... trinitatem custodire? Volo.
3360. Pater et filius et spiritus sanctus qui est vera ... suorum fidelium.
3361. Indulgentiam et absolutionem et veniam ... misericors dnus.
3362. Sana me dne quoniam conturbata sunt ... eripe animam meam.
3363. Erat quidem regulus filius ... sanaret filium ejus.
3364. Ds descende ut sanes filium meum ... filius tuus vivit.
3365. Cor contritum et humiliatum ne despicias ... miserere mei deus.
3366. Dne puer meus jacet paralyticus ... veniam et curabo eum.
3367. Dne non sum dignus ut intres ... sanabitur puer meus.
3368. Cum sol occidisset omnes qui habebant ... ad jesum et curabantur.
3369. Ds qui famulo tuo ezechiae ter quinos ... erigat ad salutem.
3370. Respice dne famulum tuum in infirmitate ... medicina salvatam.
3371. Ds qui facturae tuae pio semper ... praesta medicinam.
3372. Ds qui humano generi salutis remedium ... in anima sentiat.
3373. Virtutum caelestium ds qui ab humanis corporibus ... sanitate benedicat.
3374. Dne s. p. o. ae. ds qui benedictionis tuae gratiam ... restituas.
3375. Propitietur dnus cunctis iniquitatibus tuis ... vivit et regnat.
3376. Ds m. ds clemens qui secundum multitudinem ... admitte.
3377. Dne s. p. o. ae. ds qui benedictionis tuae gratiam ... restituas.
3378. O. ds criminum absolutor et indultor peccaminum ... vivis et regnas.
3379. Dnus jesus apud te sit ...
3380. Benedicat tibi ds pater sanet te dei filius ...
3381. Benedicat te ds caeli ...
3382. Benedicat tibi ds pater qui in principio cuncta creavit ...
3383. Benedicat tibi ds pater custodiat te jesus ... universa delicta tua.
3384. Dne ds qui per apostolum tuum locutus es ...
3385. Dnus locutus est discipulis ... bene habebunt.
3386. Oremus dnum nostrum j. c. et cum omni supplicatione ... dignetur.
3387. Succurre dne infirmo isti et medicare ... referat actionem.
3388. Ds qui humano generi ...
3389. Sana dne infirmum istum cujus ossa ... et sana eum.
3390. O. s. ds qui subvenis in periculis ... remedia comprehendat.
3391. Unguo caput tuum oleo sanctificato ... superare catervas.
3392. Unguo oculos tuos de oleo sanctificato ... unctionem expietur.
3393. Unguo aures has sacrati olei liquore ... spiritalis evacuet.

3394. Unguo has nares sacri olei liquore ... emaculet medicatio.
3395. Ungo labia ista sacrati olei medicamento ... expurgetur hac unctione.
3396. Unguo has scapulas sive medium locum ... juvaminis repelleret.
3397. Unguo has manus oleo sacrato ... unctionem evacuetur.
3398. Unguo hos pedes oleo benedicto ... aboleat perunctio.
3399. Unguo pectus tuum de oleo sancto ... aereas catervas.
3400. Inunxi te de oleo sancto sicut unxit ... spiritus sancti.
3401. Inunxi te in nomine patris ... oleo sancto ... vitam aeternam.
3402. Inunxi te in nomine patris ... quatenus per hujus ... merearis sanitatem.
3403. In nomine patris ... sit tibi unctio haec ... ad vitam aeternam.
3404. Adesto qs dne humilitatis nostrae obsequiis ... in aeternum persolvat.
3405. Dne ds salvator noster qui es vera salus et medicina ... remissio.
3406. Ds qui peccatores et scelerum onere ... remissionis ad veniam.
3407. Dnus j. c. qui dignatus est discipulis suis dicere ... nominis sui.
3408. Da nobis dne ut sicut publicani precibus ... gratia mancipetur.
3409. Praeveniat hunc famulum tuum qs dne ... indulgentia tua depellantur.
3410. Adesto dne supplicationibus nostris nec desit ... valeat adhaerere.

638. Ordo 18 (A, I 918-919; V, I 330)
ORDO AD VISITANDUM INFIRMUM

3411. Pax huic domui ...
3412. Benedic dne domum istam ...
3413. Ds qui famulo tuo ezechiae ter quinos ...
3414. Respice dne famulum tuum N. in infirmitate corporis ...
3415. Ds qui facturae tuae pio semper dominaris affectu ...
3416. Propitietur dnus cunctis iniquitatibus tuis ... det tibi pacem.
3417. Benedicat te deus pater. Custodiat te ... omnia peccata tua.
3418. Sanet te ds pater qui te creavit sanet te ... justorum perducant.
3419. O. ds qui b. petro apostolo tuo ceterisque ... spiritus sancti.
3420. Per istam sacri olei unctionem et dei benedictionem ... per visum.
3421. Per istam sacri olei unctionem et dei benedictionem ... optata remissio;
3422. Ds qui peccatorum et scelerum oppressos ... ad reconciliationem.

639. Ordo 19 (A, I 920-923; V, I 330-332)
ORDO AD VISITANDUM INFIRMUM

3423. Ds indulgentiae ds pietatis et misericordiae ... mereatur percipere.
3424. O. et m. ds qui peccatoribus et pietatis ... misericordiae consequatur.

3425. Pax huic domui ...
3426. Ds qui famulo tuo ezechiae ter quinos ... erigas ad salutem.
3427. Respice dne famulum tuum ...
3428. Sana dne infirmum ...
3429. Ds qui per apostolum jacobum ...
3430. Succurre dne infirmo huic ...
3431. Dne s. p. o. ae. ds qui fragilitatem ...
3432. Sanat te jesus christus ...
3433. Ds qui humano generi ...
3434. Dnus locutus est ...
3535. O. s. ds qui aegritudines animarum depellis ... reparetur officia.
3436. Dne libera animam meam a labiis iniquis ...
3437. Propitietur dnus cunctis iniquitatibus tuis ... desiderium tuum.
3438. Unguo te N. oleo sancto in nomine patris ... merearis sanitatem.
3439. Unguo oculos tuos de oleo sanctificato ut ... unctione expietur.
3440. Unguo aures has sacrati olei liquore ... spiritalis evacuet.
3441. Unguo has nares de oleo sacrato ut ... emundet medicatio.
3442. Unguo labia ista consecrati olei ... expietur hac unctione.
3443. Unguo te de oleo sancto in nomine patris ... samuel david.
3444. Unguo has scapulas sive medium scapularum ... juvaminis re-
     pellere.
3445. Unguo pectora tua oleo sancto ut ... aereas catervas.
3446. Unguo has manus oleo consecrato ut ... unctionem evacuetur.
3447. Unguo hos pedes oleo benedicto ... aboleat perunctio.
3448. Unguo te oleo sanctificato in nomine patris ... superare catervas.
3449. In nomine patris ... sit tibi haec olei unctio ... ad salutem.
3450. Sana quoque ds omnium medicator ... exoptata remissio.
3451. Corpus dni nostri j. c. custodiat animam tuam ... suscitari ad
     vitam.
3452. Dne s. p. o. ae. ds te fideliter deprecamur ... animae sit salus.
3453. O. ds qui subvenis in periculis et necessitatibus ... comprehen-
     dat.
3454. Ds qui peccatores et scelerum onere ... ad reconciliationem et
     veniam.
3455. Dnus noster j. c. apud te sit ... in hoc saeculo et in futuro.

640. **Ordo 20** (A, I 923-925; V, I 332)

INCIPIT ORDO AD VISITANDUM INFIRMUM

3456. Pax huic domui ...
3457. Benedic dne domum istam et omnes ...
3458. Introeat dne domum hanc sub nostrae humilitatis ...
3459. Exaudi nos dne s. p. o. ae. ds et mittere digneris ...
3460. In nomine patris ... sit tibi haec unctio ... immundorum spi-
     rituum.
3461. Operare creatura olei in nomine patris o... spiritus sancti.
3462. Unguo oculos tuos de oleo sanctificato ... unctione expietur.
3463. Unguo aures tuas sacrati olei liquore ... spiritalis evacuet.
3464. Unguo has nares de oleo sacro ... emaculet medicatio.

3465. Ungo labia ista consecrati olei ... expietur hac unctione ...
3466. Unguo collum tuum de oleo sancto ... spiritus sancti.
3467. Unguo guttur tuum de oleo exorcizato ... saecula saeculorum.
3468. Unguo has scapulas sive medium locum ... juvaminis expellere.
3469. Unguo pectus tuum de oleo sancto ... aereas catervas.
3470. Unguo has manus de oleo sancto ... unctionem evacuetur.
3471. Unguo hos pedes de oleo benedicto ... aboleatur perunctione.
3472. Per istam unctionem et dei benedictionem ... sit semper tecum.
3473. Dne j. c. qui es salvatio et redemtio nostra ...
3474. Dnus j. c. apud te sit ut te defendat ...
3475. Benedicat te ds pater sanet ...
3476. Benedicat te ds caeli ...
3477. Benedicat ds pater qui in principio ...
3478. Benedicat te ds pater custodiat te ...
3479. Benedicat te ds pater qui te creavit ...
3480. Vice sancti petri apostolorum principis ... omnium peccatorum tuorum.

641. Ordo 21 (A, I 925-926; V, I 332-333)

ORDO COMPENDIOSUS ET CONSEQUENS AD UNGENDUM

3481. In nomine patris ... ungo hanc frontem tuam ... per ejus clementiam.
3482. Benedicat te dnus corpus tuum corde ... trinitas sancta.
3483. Ungo has aures de oleo sancto in nomine ... superare catervas.
3484. Benedicat te ds caeli adjuvet te ... adjuvet et conservet.
3485. Ungo oculos tuos de oleo sanctificato ... unctione expietur.
3486. In nomine patris ... sit tibi unctio olei ... immundorum spirituum.
3487. Ungo has nares oleo sacro ... unctio vel medicatio.
3488. In nomine patris ... sit tibi haec unctio olei ... diebus vitae tuae.
3489. Ungo labia ista consecrati olei ... expurgetur hac unctione.
3490. Benedicat dnus cor et corpus tuum ... dnus jesus christus.
3491. Ungo pectus tuum de oleo sancto ... mentis et corporis.
3492. Benedictio illa in te descendat ... super te corroboret.
3493. Ungo hos scapulas sive in medio scapularum ... juvaminis impellere.
3494. Virtus christi altissimi et benedictio ... regni caelestis.
3495. Ungo has manus oleo sanctificato ut quidquid ... aboleat unctio.
3496. In nomine patris ... accipe sanitatem mentis et corporis.
3497. Haec tibi unctio per istud signum ... sempiternam salutem.
3498. Benedicat te ds pater qui te creavit ... in te fusus est.
3499. Remissionem et indulgentiam omnium peccatorum ... aeternam concedat.
3500. In nomine patris ... accipe sanitatem mentis et corporis.
3501. Concede nobis dne famulis tuis ut orantes cum fiducia dicamus.
3502. Libera nos dne ab omni malo ... author omnium bonorum.

642. **Ordo 22** (A, I 927-931; V, I 333-335)

ORDO AD VISITANDUM INFIRMUM

3503. Pax huic domui ...
3504. Signum salutis pone ... angelum percutientem.
3505. Exaudi dne s. p. o. ae. ds ...
3506. O. et m. ds qs immensam clementiam ...
3507. Ds qui b. petrum apostolum tuum misisti ...
3508. Ds qui famulo tuo ezechiae ter quinos ...
3509. Respice dne famulum tuum infirmitatis ...
3510. Ds qui facturae tuae pio semper affectu ...
3511. Ds qui humano generi et salutis remedium ...
3512. Virtutum caelestium ds qui ab humanis ...
3513. Dne s. p. o. ae. ds ...
3514. Respice dne propitius super hunc famulum tuum ...
3515. Benedicat te ds pater qui te creavit ...
3516. Sanet te ds pater ...

ORDO AD VISITANDUM ET UNGENDUM INFIRMUM

3517. Benedic dne domum istam et omnes ... caelum et terram.
3518. Signum salutis ...
3519. O. s. ds qui immensam clementiam tuam ...
3520. Parce dne parce famulo tuo ... irascaris ei.
3521. O. mitissime ds respice propitius preces nostras ... inveniatur.
3522. Dimitte dne peccata nostra et tribue ... clementer exaudias.
3523. Credis in patrem et filium ...? Credo.
3524. Ds m. ds clemens qui secundum multitudinem ...
3525. Dne ds qui per apostolum tuum locutus es ...
3526. Sana dne infirmum istum cujus ossa ... anima ejus a morte.
3527. Dnus locutus est discipulis suis ... bene habebunt.
3528. Ds qui famulo tuo ezechiae ter quinos ...
3529. Cor contritum et humiliatum deus non despicias.
3530. Respice dne famulum tuum N. in infirmitate ...
3531. Succurre dne infirmo isti in praesenti ... referat actionem.
3532. Adesto dne supplicationibus nostris nec sit ... valeat adhaerere.
3533. Respice dne propitius super hunc famulum tuum ... lectum doloris ejus.
3534. Adesto qs dne humilitatis nostrae obsequiis ... in aeternum absolvat.
3535. In nomine patris et filii et spiritus sancti accipe sanitatem.
3536. Inunguo te oleo sanctificato in nomine patris ... saecula saeculorum.
3537. Unguo caput tuum oleo sanctificato ... superare catervas.
3538. Unguo oculos tuos de oleo sanctificato ... unctione expietur.
3539. Unguo aures has sacrati olei ... spiritalis evacuet.
3540. Unguo has nares oleo sacro ... emaculet medicatio.
3541. Unguo labia ista consecrati olei ... expurgetur hac unctione.
3542. Unguo pectus tuum de oleo sancto ... aereas catervas.

3543. In nomine patris ... immundorum spirituum.
3544. Unguo te de oleo sancto ... spiritus sancti.
3545. Unguo has scapulas sive in medium locum ... juvaminis repellere.
3546. Unguo te de oleo sancto in nomine ... merearis sanitatem.
3547. Unguo has manus oleo sanctificato ... unctionem evacuetur.
3548. Unguo hos pedes oleo benedicto ... aboleat perunctio.
3549. Haec tibi unctio per signum ... fiat ad sanitatem.
3550. Dne j. c. qui es salvatio et redemtio ...
3551. Propitietur dnus cunctis iniquitatibus tuis ...
3552. Ds qui facturae tuae pio dominaris affectu ...
3553. Virtutum caelestium ds qui ab humanis ...
3554. O. s. ds qui subvenis in periculis ...
3555. Ds cujus perspectio ...
3556. Dne ds salvator noster qui es salus ...
3557. In nomine patris ... sit tibi perunctio ... ad vitam aeternam.
3558. Benedicat te ds pater sanet te ds filius ... vitam te perducat.
3559. Benedictio dei patris et filii et spiritus sancti descendat super te.
3560. Ds qui confitentium tibi corda purificas ...

643. Ordo 23 (A, I 931-933; V, I 335-336)

INCIPIT ORDO VISITATIONIS INFIRMORUM

3561. Pax huic domui ...
3562. Benedic dne domum istam ...
3563. Sana dne infirmum istum ...
3564. Erat quidam regulus ...
3565. Dne puer meus jacet ...
3566. Cor contritum ...
3567. Dne descende ...
3568. Dne non sum dignus ...
3569. Cum sol autem occidisset ...
3570. O. et m. ds qs immensam ...
3571. Ds qui famulo tuo ezechiae ter quinos ...
3572. Respice dne famulum tuum infirmitate ...
3573. Virtutum caelestium ds qui ab humanis corporibus ...
3574. Respice dne super hunc famulum tuum et ei opem ferre ...
3575. Ds qui humano generi et salutis remedium ...
3576. Ds qui facturae tuae pio dominaris affectu ...
3577. Sanet te ds pater qui te creavit in carne ...
3578. Exaudi dne supplicum preces ...
3579. Praeveniat hunc famulum tuum ...
3580. Adesto dne supplicationibus nostris nec sit ab hoc famulo tuo ...
3581. Dne ds noster qui offensione nostra non vinceris ...
3582. Praesta dne qs huic famulo tuo dignum ... viam consequendo.
3583. O. ds qui b. petro apostolo tuo ceterisque ... maneat super te semper.

ORDO AD UNGENDUM INFIRMUM

3584. Ds qui per apostolum tuum locutus es ...
3585. Sana dne infirmum istum ...
3586. Oremus dnum nostrum j. c. et cum omni supplicatione ... dignetur.
3587. Dnus loquutus est discipulis suis ...
3588. Ds qui non vis mortem peccatoris sed ut ... gratiam concede.
3589. Succurre dne infirmo isti ...
3590. Oremus dnum nostrum j. c. pro infirmo nostro ...
3591. Adesto qs dne humilitatis nostrae obsequiis ...
3592. Dne ds salvator noster qui es vera salus ...
3593. Ungo oculos tuos de oleo sanctificato ... unctione expietur.
3594. Ungo aures hujus sacrati olei liquore ... spiritualis evacuet.
3595. Ungo has nares de oleo hoc ... emundet medicatio.
3596. Ungo labia ista consecrati olei ... unctione expurgetur.
3597. Ungo has manus de hoc consecrato oleo ... liquaminis evacuetur.
3598. Per istam unctionem et suam misericordiam ... per cogitatum.
3599. Per istam unctionem et suam misericordiam ... per ardorem libidinis.
3600. Ungo hos pedes de hujus sacri olei ... unctio aboleat.
3601. Dne s. p. o. ae. ds qui benedictionis tuae gratia ...
3602. Ds qui peccatores et scelerum onere ...
3603. Dnus j. c. apud te sit ut te defendat ... vivit et regnat.
3604. Benedicat te ds pater custodiat te j. c. ... universa delicta.
3605. Liberet te dnus ab omni malo ... in saecula saeculorum.
3606. Benedictio dei patris omnipotentis et filii ... ad vitam aeternam.
3607. Dne s. p. o. ae. ds te suppliciter deprecamur ... quam corporis.

644. **Ordo 24** (A, I 934-939; V, I 336-338)

VISITATIO INFIRMI

3608. Pax domui ...
3609. Benedic dne domum istam et omnes ... ecce quam bonum.
3610. Exaudi nos dne s. p. o. ae. ds et mittere dignare ...
3611. Adesto dne supplicationibus nostris et hanc domum ... habitaculum.
3612. Sana me dne ... eripe animam meam.
3613. Delictum meum cognitum ... non abscondi.
3614. Ne derelinquas dne ds meus ne discedas a me.
3615. Cor contritum et humiliatum ... miserere mei ds.
3616. Vivo ego dicit dnus ... convertatur et vivat.
3617. Apud dnum misericordia et copiosa apud eum redemtio.
3618. Non intres in judicium cum servo tuo ... omnis vivens.
3619. Ds qui humano generi et salutis remedium ... in animo sentiat.
3620. Virtutum caelestium ds qui ab humanis ... sanitate benedicat.
3621. Dne s. p. o. ae. ds qui fragilitatem ... perfecta reparetur.
3622. Da nobis dne ut sicut publicani ... gloria mancipetur.

3623. Dne s. p. o. ae. ds qui benedictionis tuae ... restituas.
3624. Ds m. ds clemens qui secundum multitudinem ... reconciliationis admitte.
3625. Ineffabilem pietatem tuam dne supplices deprecamur ... introire.
3626. Majestatem tuam qs dne s. p. o. ae. ds qui non mortem ... semper.
3627. Clementissime et misericordissime ds qui multitudine ... salvandum.
3628. Respice dne qs super hunc famulum tuum N. ... nomini tuo sancto.
3629. Oremus dnum nostrum j. c. et cum omni supplicatione ... dignetur.
3630. O. s. ds qui subvenis in periculis ... remedia comprehendat.
3631. Benedicat te ds pater qui in principio ... expectant ad judicium.
3632. Dnus j. c. qui dixit discipulis suis ... ad regna caelorum.
3633. Absolvimus te vice b. petri apostolorum ... vivit et regnat.
3634. Humili mente caritate devota ... participationem perducat.
3635. Dne s. p. o. ae. ds te fideliter deprecamur ... animae sit salus.
3636. Corpus et sanguis dni nostri j. c. sit tibi ... saecula saeculorum.
3637. Accipe viaticum corporis et sanguinis ... in novissimo die.
3638. Quem refecisti dne caelesti mysterio corporis ... percipere mereatur.

INCIPIT ORDO QUALITER INUNCTIO INFIRMI AGATUR

3639. Dne ds qui per apostolum tuum loquutus es ... reparetur officia.
3640. Oremus dnum nostrum j. c. et cum omni supplicatione ... dignetur.
3641. In nomine patris ... sit tibi haec unctio ... immundos spiritus.
3642. Operare creatura olei in nomine patris ... spiritus sancti.
3643. Unguo oculos tuos de oleo sanctificato ... unctione expietur.
3644. Unguo te de oleo sancto in nomine ... merearis sanitatem.
3645. Unguo has aures sacrati olei liquore ... spiritualis evacuet.
3646. Unguo has nares de oleo sacro ... emaculet medicatio.
3647. Unguo labia ista consecrati olei ... expurgetur hac unctione.
3648. Unguo collum tuum de oleo sancto in nomine patris ... spiritus sancti.
3649. Unguo guttur tuum de oleo exorcizato ... vivit et regnat.
3650. Unguo has scapulas sive medium locum ... juvaminis expellere.
3651. Unguo pectus tuum oleo sancti ... aereas catervas.
3652. Unguo has manus oleo sancto ... unctionem evacuetur.
3653. Unguo hos pedes de oleo benedicto ... aboleatur perunctione.
3654. Dne j. c. qui es vera salvatio et redemptio ... vivis et regnas.

645. **Ordo 25** (A, I 939-946; V, I 338-340)

INCIPIT QUALITER INFIRMORUM AGATUR INUNCTIO

3655. Pax huic domui ...
3656. Benedic dne domum istam et omnes ... caelum et terram.

3657. Introeat dne domum hanc sub nostrae ... in saecula saeculorum.
3658. Exaudi nos dne s. p. o. ae. ds et mittere ... in hoc habitaculo.
3659. Sana me dne quoniam conturbata sunt ... eripe animam meam.
3660. Dimitte nobis peccata nostra et tribue ... clementer exaudias.
3661. Delictum meum cognitum ... non abscondi.
3662. Propitietur dnus cunctis iniquitatibus ... saecula saeculorum.
3663. Ne derelinquas me dnus ds meus ... ne in furore tuo.
3664. Da veniam dne famulo tuo et clementer ... miseratione correctum.
3665. Iteratis precibus dne supplices deprecamur ... interesse conventibus.
3666. Cor contritum et humiliatum ne despicias ... miserere mei deus.
3667. Majestatem tuam dne supplices deprecamur ut ... introire mereatur.
3668. Succurre dne infirmo isti et medica ... referat actionem.
3669. Oremus et deprecemur dnum nostrum j. c. uti ... custodire dignetur.
3670. Vivo ego dicit dnus nolo ... convertatur et vivat.
3671. Dne s. p. o. ae. ds qui benedictionis ... prosperitate restituas.
3672. Non intres in judicium cum servo tuo ... omnis vivens.
3673. Majestatem tuam qs dne s. p. o. ae. ds qui non mortem ... semper.
3674. Oremus dnum nostrum j. c. fratres et cum omni ... confortare dignetur.
3675. Ds m. ds clemens qui secundum multitudinem ... reconciliationis admitte.
3676. O. s. ds qui per beatum jacobum apostolum ... invisibiliter operetur.
3677. Dne ds qui apostolum tuum locutus es ... reparetur officia.
3678. Respice qs dne super hunc famulum tuum opemque ... nomini sancto tuo.
3679. Ds qui peccatores et scelerum onere ... remissionis ad veniam.
3680. Per istam sanctam unctionem et suam ... per visum deliquisti.
3681. Per istam sanctam unctionem et suam ... per auditum peccasti.
3682. Dne j. c. qui es salvatio et redemtio ... qui vivis et regnas.
3683. Dne s. p. o. ae. ds qui fragilitatem ... perfecta reparetur.
3684. Dnus j. c. super te sit ut te defendat ... ut te benedicat.
3685. Benedicat te ds pater. Sanet te dei filius ... vitam te perducat.
3686. Benedicat te ds caeli. Adjuvet te ... conservare dignetur.
3687. Benedicat te ds pater qui in principio ... expectant ad judicium.
3688. Benedicat te ds pater. Custodiat te jesus ... universa delicta tua.
3689. Benedicat te ds pater qui te creavit ... et maneant tecum.
3690. O. s. ds qui bnedixisti omnem creaturam ... permaneat in aeternum.
3691. Ecce mysterium redemptionis nostrae et tuae ... vitam aeternam? Credo.
3692. Ecce vultum salvatoris qui te sui ... recognosce te culpabilem.
3693. Dnus j. c. qui dixit discipulis suis ... ad regna caelorum.
3694. Accipe frater viaticum corporis et sanguinis ... vivos et mortuos.

3695. Dne s. p. o. ae. ds te fideliter deprecamur ... remedium sempiternum.

646. Ordo 26 (A, I 946-949; A, I 340-341)

ORDO AD VISITANDUM VEL UNGENDUM INFIRMUM

3696. Benedic domum istam ...
3697. Introeat dne domum hanc sub nostrae humilitatis ingressu ...
3698. O. et m. ds qs immensam pietatem tuam ...
3699. Dnus loquutus est discipulis suis in nomine ... bene habebunt.
3700. In nomine patris ... sit tibi haec unctio ... spiritus sancti.
3701. Ungo oculos tuos de oleo sanctificato ... unctione expietur.
3702. Ungo te oleo sancto in nomine patris ... merearis sanitatem.
3703. Ungo has aures sacrati olei liquore ... spiritualis evacuet.
3704. Ungo has nares oleo sacro in nomine ... evacuet medicatio.
3705. Ungo labia ista consecrati olei medicamento ... hac unctione.
3706. Ungo collum tuum de oleo sancto ... spiritus sancti.
3707. Ungo guttur tuum de oleo exorcizato ... vivit et regnat.
3708. Ungo has scapulas sive medium locum ... juvaminis expellere.
3709. Ungo pectus tuum de oleo sancto ... aereas catervas.
3710. Ungo has manus de oleo sancto ... unctionem evacuetur.
3711. Ungo hos pedes de oleo benedicto ... aboletur perunctione.
3712. Iteratis precibus dilectissimi nobis ... interesse conventibus.
3713. Dne ds salvator noster qui es vera salus et medicina ...
3714. Dne s. p. o. ae. ds qui fragilitatem ...
3715. Dnus noster j. c. apud te sit ut te defendat ...
3716. O. s. ds qui benedixisti omnem creaturam ...
3717. Credis in deum patrem omnipotentem ... vitam aeternam? Credo.
3718. Ecce frater mysterium redemptionis nostrae adora ... redemptorem.
3719. Accipe frater viaticum corporis ... saeculum per ignem.
3720. Dne s. p. o. ae. ds te fideliter deprecamur ... remedium sempiternum.
3721. Ds noster j. c. qui dixit discipulis suis ... ad regna caelorum.

647. Ordo 27 (A, I 949-950; V, I 341-342)

ORDO AD VISITANDUM INFIRMUM

3722. Pax huic domui ...
3723. Benedic domum istam ...
3724. O. et m. ds qui sacerdotibus tuis prae ... pacis ingressus.
3725. Sana dne animam meam quia peccavi tibi.
3726. O. et m. ds qs immensam pietatem tuam ut per ... referat actionem.
3727. Exaudi dne preces nostras et tibi confitentis ... absolvat.
3728. Dnus j. c. qui dixit discipulis suis ... spiritu sancto.
3729. Corpus et sanguis dni nostri j. c. prosit animae ... vitam aeternam.

3730. Propitietur dnus cunctis iniquitatibus tuis ... in saecula saeculorum.
3731. O. s. ds qui per b. apostolum ...
3732. In nomine patris ... ungo te oleo sacro ... peccatorum remissionem.
3733. Per istam unctionem et suam piissimam ... deliquisti per visum.
3734. Per istam unctionem ... deliquisti per auditum.
3735. Per istam unctionem ... deliquisti per odoratum.
3736. Per istam unctionem ... deliquisti per locutionem illicitam.
3737. Per istam unctionem ... deliquisti per gustum.
3738. Per istam unctionem ... deliquisti per ardorem libidinis.
3739. Per istam unctionem ... per tactum.
3740. Per istam unctionem ... per incessum pedum.
3741. Ds miserator ds clemens ...
3742. O. ds criminum ablutor et indultor peccaminum.

648. **Ordo 28** (A, I 950-953; V, I 342-343)

INCIPIT ORDO AD VISITANDUM INFIRMUM

3743. Pax huic domui ...
3744. Benedic dne domum istam ...
3745. Ds qui famulo tuo ter quinos annos ...
3746. Ds qui humano generi et salutis remedium ...
3747. Dne s. p. o. ae. ds qui fragilitatem ...
3748. Parce dne parce famulo tuo quem redemisti ... vivis et regnas.
3749. O. mitissime ds respice propitius ad preces nostras ...
3750. Ds qui illuminas omnem hominem venientem ...
3751. Dimitte dne peccata nostra et tribue nobis ...

INCIPIUNT ORATIONES ET PRECES SUPER POENITENTEM ET CONFITENTEM PECCATA SUA

3752. Exaudi dne preces nostras et confitentium ...
3753. Praeveniat hunc famulum tuum qs dne ...
3754. Dnus noster j. c. cui omnia possibilia sunt ... tibi indulgemus.
3755. Qui in ea auctoritate et potestate confidentes ... cum omnibus sanctis.
3756. Ds o. salvator et redemptor humani generis ... ante faciem illius.
3757. Ds qui per apostolum locutus es infirmatur ...
3758. Sana dne infirmum istum etc. Dne ...
3759. Oremus dnum nostrum j. c. et cum omni ... confortare dignetur.
3760. Dnus locutus est discipulis suis ...
3761. Ds qui famulo tuo ezechiae ter quinos annos ...
3762. Cor contritum ...
3763. Respice dne famulum tuum N. in infirmitate ...
3764. Succurre infirmo isti ...
3765. Ds qui facturae tuae pio semper dominaris ...
3766. Vivo ego dicit dnus ...
3767. Adesto dne supplicationibus nostris nec sit ab hoc famulo ...

3768. Ungo oculos tuos de oleo sanctificato ... unctione expietur.
3769. Ungo aures tuas de hoc sacrati olei liquore ... spirituali evacuetur.
3770. Ungo has nares de oleo sacro ... emundet medicatio.
3771. Ungo labia ista consecrati olei ... expurgetur hac unctione.
3772. Ungo has manus de oleo sacrato ... unctionem evacuetur.
3773. Ungo te de oleo sacrato ... superare catervas.
3774. In nomine patris ... sit tibi haec unctio ... immundorum spirituum.
3775. Ungo pectus tuum oleo sanctificato ... adversas catervas.
3776. Ungo has scapulas sive medium ... juvaminis expellere.
3777. Per istam unctionem et suam piissimam ... ardorem libidinis.
3778. Ungo hos pedes de oleo benedicto ... aboleat perunctio.
3779. Ungo te de oleo sancto in nomine patris ... merearis sanitatem.
3780. Dne ds salvator noster qui es vera salus ...
3781. Sana quoque qs omnium medicator ejus febrium ...
3782. Propitietur dnus cunctis iniquitatibus ...
3783. Dne s. p. o. ae. ds te fideliter deprecamur ...
3784. O. s. ds qui subvenis in periculis ...
3785. Dnus j. c. apud te sit ut te defendat ...
3786. Benedicat te ds pater. Sanet te ...

649. Ordo 29 (A, I 953-954; V, I 343)

INCIPIT ORDO AD VISITANDOS INFIRMOS

3787. Pax huic domui ...
3788. Absolutionem et remissionem omnium peccatorum ... misericors dnus.

HIC INCIPIT UNCTIO

3789. In nomine patris ... quia cinis es et in cinerem reverteris.
3790. Per istam unctionem et suam piissimam ...
       quidquid peccasti

3791.	»	»	per auditum.
3792.	»	»	per adoratum.
3793.	»	»	per gustum.
3794.	»	»	per tactum.
3795.	»	»	per gressum.
3796.	»	»	per ardorem libidinis.

3797. In nomine patris ... sit tibi haec olei unctio ... spiritum.
3798. Corpus dni nostri j. c. prosit tibi ad salutem ... vitam aeternam.
3799. Dne s. p. o. ae. ds te fideliter deprecamur ...
3800. Propitietur dnus cunctis iniquitatibus ...
3801. Dnus j. c. apud te sit ut te defendat ...
3802. Benedicat te ds qui in principio ...
3803. Benedicat te ds pater ...
3804. Dnus noster j. c. qui dixit discipulis ... ad regna caelorum.

650. **Ordo 30** (A, I 954-957; V, I 343-344)

INCIPIT ORDO AD VISITANDUM INFIRMUM VIDELICET AD
UNGENDUM EUM

3805. Pax huic domui et omnibus habitatinbus in ea.
3806. Intret in cospectu tuo oratio mea.
3807. Credis ea quae sunt fidei christianae ... ecclesia esse vera ?
Credo.
3808. Laetaris quod in fide christi moraris ? Laetor.
3809. Cognoscis te in hoc mundo ... praecepta fecisti ? Doleo.
3810. Habes voluntatem emendandi si spatium vivendi haberes ?
Habeo.
3811. Credis quod propter te mortuus est dnus ... non tuis meritis ?
Credo.
3812. Agis ei gratias de hoc ex bono corde ? Ago.
3813. Indulges his qui tibi aliquod nocumentum ... restitui ? Volo.
3814. Esto ergo frater securus ... animarum consolatio.
3815. Ungo caput tuum de oleo sanctificato ... superare catervas.
3816. Ungo oculos tuos de oleo sanctificato ... unctionem expietur.
3817. Ungo aures corporis tui ut per has ... in vitam aeternam.
3818. Ungo has nares de oleo consecrato ... medicatio evacuet.
3819. Ungo labia ista consecrati olei ... expietur hac unctione.
3820. Ungo has scapulas de oleo sanctificato ... repellere possis.
3821. Ungo has manus de oleo benedicto ... unctionem vacuetur.
3822. Ungo hos pedes ex oleo consecrato ... aboleat unctio.
3823. In nomine patris ... sit tibi unctio olei ... immundorum spirituum.
3824. Inunxi te de oleo in nomine patris ... ut non lateat ... sanitatem.
3825. Ds qui peccatores et scelerum onera ... prosit ad veniam.
3826. Benedictio patris omnipotentis et filii ... maneat semper.

651. **Ordo 31** (A, I 957-959; V, I 344-345)

RITUS ADMINISTRANDI AEGROTIS SACRAMENTUM EXTREMAE UNCTIONIS

3827. O. et m. ds qs immensam pietatem tuam ...
3828. O. et m. ds qui sacerdotibus tuis prae ... pacis ingressus.
3829. Parce dne parce famulo tuo ... in aeternum irasceris ei.
3830. Ds qui famulo tuo ezechiae ter quinos annos ...
3831. Respice dne famulum tuum in infirmitate sui corporis ...
3832. Ds qui creaturae tuae ...
3833. Ds qui humano generi et salutis remedium ...
3834. Virtutum caelestium ds qui ab humanis corporibus ...
3835. Propitietur dnus omnibus iniquitatibus ...
3836. Exaudi dne preces nostras et tibi confitentium ...
3837. Praeveniat hunc famulum tuum qs dne ...
3838. Adesto dne supplicationibus nostris ...
3839. O. s. ds miserere supplici ...
3840. Ds humani generis benignissime conditor ...

3841. O. s. ds qui per beatum apostolum tuum jacobum ...
3842. In nomine patris ... prosit tibi haec unctio ... in vitam ac-
ternam.
3843. In nomine patris et filii et spiritus sancti.
3844. Accipe sanitatem.
3845. Per istam unctionem ... deliquisti per visum.
3846. Per istam unctionem ... deliquisti per auditum.
3847. Per istam unctionem ... deliquisti per olfactum.
3848. Per istam unctionem ... deliquisti per gustum et illicitum sermonem.
3849. Ungo pectus tuum de oleo sancto ... adeptum esse gaudeas.
3850. Per istam unctionem ... deliquisti per tactum.
3851. Per istam unctionem ... deliquisti per incessum.
3852. In nomine patris ... sit tibi unctio olei sanctificati ... spiritum.
3853. Benedicat te ds pater sanet te ... saecula saeculorum.
3854. Benedicat te ds pater qui in principio ... venturum ad judicium.
3855. Benedictio dei patris omnipotentis ... maneat semper.
3856. Benedicat et custodiat te divina majestas pater ... spiritus
sanctus.

652. **Ordo 32** (A, I 959-968; V, I 345-348)

PRECES DICENDAE IN VISITATIONE INFIRMORUM

3857. Pax huic domui ...
3858. Dne s. p. o. ae. ds qui fragilitatem ...
3859. Benedictio dei omnipotentis patris ... maneat semper.

ALIAE PRECES

3860. Pax huic domui ...
3861. Respice dne famulum tuum in infirmitate sui corporis ...

ALIAE PRECES

3862. Pax huic domui ...
3863. Virtutum caelestium ds qui ab humanis corporibus ...

ORDO MINISTRANDI EUCHARISTIAE SACRAMENTUM INFIRMIS

3864. Pax huic domui ...
3865. Ds infirmitatis humanae singulare praesidium ...
3866. In nomine patris et filii et spiritus sancti.
3867. Confiteor ...
3868. Dnus noster j. c. qui dixit discipulis suis ... ad regna caelorum.
3869. Ecce agnus dei ...
3870. Dne non sum dignus ...
3871. Corpus dni nostri j. c. custodiat ... in vitam aeternam.
3872. Accipe frater (soror) viaticum corporis ... in vitam aeternam.
3873. Dne s. p. o. ae. ds te humiliter ...
3874. Ds qui nobis sub sacramento mirabili ...

3875. Benedicat vos o. ds pater et filius et spiritus sanctus.

ORDO MINISTRANDI SACRAMENTUM EXTREMAE UNCTIONIS

3876. Pax huic domui ...
3877. Ds qui benedixisti vestigia apostolorum ... pace custodiat.
3878. Propitius sit nobis o. et m. ds ... et benedicat nos.
3879. Pax et benedictio dei omnipotentis patris ... habitantes in ea.
3880. In nomine patris et filii et spiritus sancti.
3881. Confiteor deo omnipotenti ...
3882. Sanctum ac venerabile nomen gloriae tuae ... ad regnum tuum caeleste.
3883. Per istam unctionem et suam piissimam ... per visum deliquisti.
3884. Per istam unctionem ... per auditum deliquisti.
3885. Per istam unctionem ... per olfactum deliquisti.
3886. Per istam unctionem ... per gustum et locutionem deliquisti.
3887. Per istam unctionem ... per tactum deliquisti.
3888. Per istam unctionem ... per gressum deliquisti.
3889. Per istam unctionem ... per lumborum delectationem deliquisti.
3890. Dne ds qui per beatum apostolum tuum jacobum ...
3891. Respice dne famulum tuum in infirmitate ...
3892. Ds qui facturae tuae pio semper dominaris affectu ...
3893. O. s. ds salus aeterna credentium ...
3894. Ds qui beatum petrum apostolum misisti ad tabitam ...
3895. Ds infirmitatis humanae singulare praesidium ...
3896. Pax et benedictio dei omnipotentis ... et maneat semper.

653. **Ordo 33** (A, I 968-982; V, I 349-355)

OFFICIUM SANCTI OLEI DECANTATUM A SEPTEM SACERDOTIBUS
CONGREGATIS IN ECCLESIA AUT IN DOMO

3897. Oleo misericordiae dne qui exhilaras ... ad te recurrunt.
3898. Tua misericordia dne tota plena est terra ... nobis concedi.
3899. Unctionem tuam sacram o benigne ... per lignum tuum miserere.
3900. O sola pura quae pacis pelago ditata es ... incessanter te magnificet.
3901. Qui solus mirandus es et erga fideles ... caelitus praebe.
3902. Qui quondam olivae ramum ad diluvii ... hunc infirmum.
3903. Divina lucis lampade ... ad te nunc recurrentem.
3904. Respice clementer mater factoris omnium ... languentis hujus solve.
3905. Ut divinus fluvius misericordiae ... tuam gratiam expetimus.
3906. Medice et auxiliator in doloribus ... virtutem tuam glorificet.
3907. O Salvator qui velut unguentum incorruptum ... cicatrices perungit.
3908. Jucunditate signi misericordiae tuae ... adversariis redde.

3909. Qui sacerdotes divino numine ... misericordia hunc aegrotum.
3910. Deipara perpetua virgo ... recurrit aegrotus.
3911. O bone qui misericordiae es abyssus ... aegrotat ceu pius.
3912. Animas nostras christe et corpora ... cunctos sana.
3913. Qui inexplicabili affectu meretricis ... hujus famuli tui.
3914. Pura celebranda super omnes ... famulum tuum serva.
3915. Qui tuis verbis o benigne ... salva ut humanus.
3916. Virulentorum appulsus daemonum ... protectione eum circumvalla.
3917. Manum tuam de alto praebe ... famulo tuo impartire.
3918. In dei tui domo oliva fructifera ... ope hunc aegrotum.
3919. Misericordiae fons existens ... gratiam praebe.
3920. Tu qui in misericordia et in compassione ... salutem praebe.
3921. Dum olei unctione cunctorum ... christe domine.
3922. Gladius est adversus daemones ... fideliter te laudamus.
3923. Tu quae pugillo cuncta continentem ... interpella precamur.
3924. Miserere omnium salvator secundum magnam ... clementer invise.
3925. Misericordiae fluentis christe ... gloriam reddat.
3926. Superni symbolum effluxus domini domino.
3927. Praeclaram velut coronam ... celebranda domina.
3928. Annue caelitus misericors cunctis ... praebe o benigne.
3929. Videamus optime salvator laetantes ... typice a te exhibitum.
3930. Compatere miserere salvator libera ... medelam praebens.
3931. Laudibus et orationibus servorum ... protectione recurrit.
3932. Benigno respice oculo bone ... uncturi convenimus.
3933. Dedisti gratiam tuam per apostolos ... dignum domine.
3934. Respice incomprehense de caelo ... affectu te laudet.
3935. Olei tui unctione et sacerdotum ... miserator et pius.
3936. Te purissimum: regis palatium ... laudibus extollam.
3937. Christe qui solus ad opem ferendam ... sole benigne.
3938. In pace dominum precemur ... sanctissimae illibatae.
3939. Dne qui in misericordia et miserationibus ... saecula saeculorum.
3940. Christe qui solus ad opem ferendam ... sole benigne.
3941. Oculis animae captus ad te ... facile reconciliaris.
3942. Animam meam dne omni peccatorum genere ... christe medelam.
3943. Ut domini discipulus suscepisti ... animae nostrae salventur.
3944. Verbum patris unigenitus filius ... apostole te colimus.
3945. In unguentis sancte sacerdos ... gratiae mystes.
3946. Magnum te invenit in periculum ... misericordiam elargiatur.
3947. Trophaeis praeclare sancte et mediator ... animabus nostris donet.
3948. Sancti pretio non conducti ... gratis elargiamini.
3949. Magnitudinem tuam quis enarrare ... amicus christi.
3950. Intercessio fervens munimen ... velociter praebes.
3951. Adhuc rogamus pro misericordia vita ... et tibi gloriam.

3952. Principii successionibusque expers ... perficiendum perfice.
3953. Tu enim dne magnus es et mirabilis ... et sancto spiritui.
3954. Pater sancte animarum et corporum medice ... et omnium sanctorum.
3955. Quia tu es fons sanitatum ... in saecula saeculorum.
3956. Deus magnus et excelsus qui ab omni ... nomen tuum glorificatur.
3957. Tuum est enim misereri et salvare ... in saecula saeculorum.
3958. O. dne rex sancte qui corripis ... voluntatem tuam exsequentem.
3959. Tuum est enim misereri et salvare ... in saecula saeculorum.
3960. Bone et humane pie et valde misericors dne ... digna opera.
3961. Tuum est enim misereri et salvare ... in saecula saeculorum.
3962. Dne ds noster qui corripis et iterum sanas ... in saecula saeculorum.
3963. Gratias tibi agimus dne ds noster ... in saecula saeculorum.
3964. Dominator dne ds noster animarum medice ... in saecula saeculorum.
3965. Rex sancte benigne et misericors ... in saecula saeculorum.
3966. Benedictum regnum patris ... spiritus sancti.
3967. Precamur te dne ut stillet hoc oleum ... in saecula saeculorum.
3968. Respice dne de sancto habitaculo tuo ... gloriam rependimus.
3969. Dne o. qui castigas et omnem aegritudinem ... vitae suae adimpleat.
3970. Dne ds noster solus bonus et humanus ... exequi largire.
3971. Benedictus es dne o. pater dni nostri j. c. ... nomen tuum glorificet.

CAPUT VIII

De ritibus ad sacramentum ordinis spectantibus

ARTICULUS XI

IN QUO VARII AD CONFERENDOS ORDINES SACROS ORDINES REFERUNTUR

665. **Ordo 1** (A, II 86-88; V, II 30-31)

QUOMODO IN SANCTA ROMANA ECCLESIA ACOLYTHI ORDINENTUR

3972. Intercedente beata et gloriosa semperque ... protegat te dnus.
3973. Oremus dil. deum patrem omnipotentem et super hunc... perducat.

666. **Ordo 2** (A, II 89-103; V, II 31-36)

ORDINATIO EPISCOPI

3974. Oremus dil. nobis ut huic viro N. ... tribuat largitatem.

3975. Adesto supplicationibus nostris o. ds et quod humilitatis ... actu.
3976. Propitiare dne supplicationibus nostris et inclinato ... effunde virtutem.
3977. Exaudi dne supplicum preces ut quod nostro ... virtute firmetur.
3978. Ds honorum omnium ds omnium dignitatum ... possit esse devotus.
3979. Unguentur manus istae et sanctificentur ... in saecula saeculorum.
3980. Unguentur manus istae et consecrentur ... spiritus sancti.
3981. Unguatur et consecretur caput tuum ... spiritus sancti.
3982. Accipe baculum pastoralis officii ... misericordiae reminiscens.
3983. Accipe annulum pontificalis honoris ut sis ... munitus.
3984. Ds honorum omnium ds omnium dignitatum ... plebem universam.
3985. O. p. s. ds ae. tu omnem ordinem ... honore appareat.
3986. Dne j. c. tu praeelegisti apostolos tuos ... inlaesam conservet.
3987. Populus te honoret adjuvet te dnus ... in saecula saeculorum.
3988. Spiritus sanctus septiformis veniat super te ... in saecula saeculorum.
3989. Haec hostia dne qs emundet nostra delicta ... mentesque sanctificet.
3990. Suscipe dne qs munera quae tibi offerimus ... dona custodi.
3991. Hanc igitur ... pro famulo tuo N. quem ad episcopatum ... exequatur.
3992. Ds qui populis indulgendo consolaris ... regimen disciplinae.
3993. Ut de profectu sanctarum ovium ... simul in aeternum.
3994. Et quidem dierum nostrorum numeros ... praetende et conserva.
3995. Collatis quoque in nos per gratiam ... tibi esse placabilem.
3996. Atque in eum affectum dirige cor plebis ... cura pastoris.
3997. Ille vos benedicat de caelis ... venire in terris.
3998. Haec nos communio dne purget a crimine ... faciat esse consortes.
3999. Plenum qs dne in nobis remedium tuae miserationis ... fovere digneris.

INCIPIT ORDO DE SACRIS ORDINIBUS QUALITER IN ROMANA ECCLESIA PRESBYTERI DIACONI SUBDIACONI VEL CETERI ORDINES CLERICORUM BENEDICENDI SUNT

4000. Auxiliante dno et salvatore nostro j. c. elegimus ... communionis suae.

ORDINATIO OSTIARII

4001. Sic age quasi redditurus deo rationem ... clavibus recluduntur.
4002. Deum patrem omnipotentem suppliciter deprecamur ... saecula saeculorum.
4003. Dne s. p. o. ae. ds benedicere digneris ... habere mercedis.

ORDINATIO LECTORIS

4004. Accipe et esto verbi dei relator ... augeat tibi gratiam.
4005. Oremus dil. deum patrem omnip. ut super hunc ... operibus impleat.
4006. Dne s. p. o. ae. ds benedicere digneris famulum ... ecclesiae consulat.

ORDINATIO EXORCISTAE

4007. Accipe et commenda memoriae et habeto ... catechumenum.
4008. Deum p. o. sup. depr. ut hunc famulum suum ... operibus impleat.
4009. Dne s. p. o. ae. ds benedicere digneris hunc ... virtute confirmatus.

ORDINATIO ACOLITHI

4010. O. s. ds fons lucis et origo bonitatis ... pervenire mereatur.
4011. Dne s. p. o. ae. ds qui per jesum christum ... in eo confirma.

(AD ORDINANDUM SUBDIACONUM)

4012. Vide cujus mysterium tibi tradetur ... placere possis.

ORDINATIO SUBDIACONI

4013. Oremus dnum et deum nostrum ut super servum ... spiritus sancti.
4014. Dne s. p. o. ae. ds benedicere digneris hunc famulum ... consequatur.

INCIPIT BENEDICTIO AD STOLAS VEL PLANETAS QUANDO LEVITAE SEU PRESBYTERI ORDINANDI SUNT AUT ORDINATI QUIDEM ESSE REPERIUNTUR

4015. Ds invictae virtutis triumphator ... saecula saeculorum.

INCIPIUNT ORATIONES AD VESTIMENTA SACERDOTALIA SEU LEVITICA

4016. O. s. ds qui per moysen famulum tuum pontificalia ... salvator mundi.
4017. Ds o. bonarum virtutum dator ... consequi mereantur..
4018. In nomine sanctae trinitatis et unicae ... saecula saeculorum.

AD ORDINANDUM DIACONUM

4019. Accipe istud volumen evangelii ... opere adimple.
4020. Oremus dil. .... quem in sacrum ordinem diaconatus ... christo qui cum eo.
4021. Exaudi dne preces nostras et super hunc famulum ... exemplum videre.
4022. Adesto qs dne o. ds honorum dator ... potiora mereatur.
4023. Commune votum communis oratio ... sanctificationis eluceat.
4024. Dne s. spei fidei gratiae ... instructus complaceat.

4025. Consecrentur manus istae qs dne et ... sanctificata sint.

AD ORDINANDOS PRESBYTEROS

4026. Stola justitiae circumdet dnus ... dnus mentem tuam.
4027. Oremus dil. deum... famulum tuum quem ad presbyterii ... jesu christo.
4028. Exaudi nos qs dne ds salutaris noster et super hunc ... prosequaris.
4029. Dne s. p. o. ae. ds honorum auctor et distributor ... consequatur.
4030. Sit nobis communis oratio ut is qui ... deprehendatur obtineat.
4031. Ds sanctificationum omnium auctor cujus vero ... plenus persolvat.
4032. Induat te dnus vestimentum salutis ... super caput tuum.
4033. Benedictio dei patris ... descendat super te et sis ... honor et gloria.
4034. Benedictio ... descendat super te et hac sacerdotali ... et gloria.
4035. Benedic dne et sanctifica has manus sacerdotis ... vivis et regnas.
4036. Consecrentur manus istae qs dne ... sit sanctificatum.
4037. Unguatur et consecretur caput tuum ... spiritus sancti.

ITEM ORATIONES AD MISSAM PRO IPSIS IN DIE ORDINATIONIS VEL CONSECRATIONIS EORUM

4038. Exaudi dne supplicum preces et devoto ... exhibeamus officiis.
4039. Tuis semper dne qs operare mysteriis ... mentibus offeramus.
4040. Qui rationabilem creaturam ne temporalibus ... obruta superetur.
4041. Hanc igitur ... pro famulis tuis quos ad presbyterii ... dona custodi.
4042. Hos quos reficis dne sacramentis ... capiamus et motibus.
4043. Da qs dne populis christianis et quod ... diligere quod frequentant.

IN ORDINATIONE PRESBYTERI

4044. Ds qui digne tibi servientium nos imitari ... consortia obtinere.
4045. Aufer a nobis dne spiritum superbiae ... sint semper accepta.
4046. VD. Qui dissimulatis peccatis humanae ... gubernatione perducis.
4047. Corporis sacri et pretiosi sanguinis repleti ... muniendo custodias.

MISSA IN ORDINATIONE DIACONI

4048. Ad preces nostras qs dne propitiatus intende ... conspicuus.
4049. Suscipe dne hostiae levitae tui N. quibus ... propinquare consortes.
4050. Praesta qs dne ut nostrae gaudeamus ... paschalis obsequio.

667. **Ordo 3** (A, II 104-116; V, II 37-41)

ORDO DE SACRIS ORDINIBUS

ORDINATIO OSTIARII

4051. Sic age quasi redditurus deo rationem ... clavibus recluduntur.

4052. Deum p. o. suppl. depr. ut hunc famulum tuum ... spiritus sancti.

4053. Dne s. p. o. ae. ds benedicere digneris hunc ... habere mercedis.

ORDINATIO LECTORIS

4054. Accipe et esto verbi dei relator ... augeat tibi gratiam.

4055. Oremus dil. deum. p. o. ut super hunc famulum ... operibus impleat.

4056. Dne s. p. o. ae. ds benedicere digneris famulum ... ecclesiae conluceat.

ORDINATIO EXORCISTAE

4057. Accipe et commenda memoriae ... baptizatum vel caticuminum.

4058. Deum p. o. suppl. deprec. ut hunc famulum ... spiritus sancti.

4059. Dne s. p. o. ae. ds benedicere digneris hunc famulum ... confirmatus.

ORDINATIO ACOLYTI

4060. O. s. ds fons lucis et origo bonitatis ... pervenire mereatur.

4061. Dne s. p. o. ae. ds qui per j. c. filium tuum ... virtute confirma.

ORDINATIO SUBDIACONI

4062. Vide cujus ministerium tibi traditur ... placere possis.

4063. Oremus deum ac dnum nostrum ut super servum ... ds per omnia.

4064. Dne s. p. o. ae. ds benedicere digneris famulum ... gratiam consequatur.

ORDO QUALITER IN ROMANA ECCLESIA PRESBYTERI ET DIACONI ORDINANDI SUNT
ORDO QUALITER ORDINANDUM ROMAE

4065. Postulat sancta mater ecclesia catholica ... jesu christo.

4066. Eligimus in ordinem diaconi sive presbyteri ... sit communionis suae.

PRAEFATIO AD ORDINANDUM DIACONUM

4067. In nomine sanctae trinitatis et unicae ... saecula saeculorum.

4068. Accipe istud volumen evangelii ... opere adimple.

4069. Oremus dil. deum patrem omnip. ut super hunc famulum ... cum eo vivit.

4070. Exaudi dne preces nostras et super hunc famulum ... exemplum praebere.

4071. Dne ds o. preces nostras clementer exaudi ... electione justifices.
4072. Adesto qs o. ds bonorum dator et ordinum ... potiora mereatur.
4073. Commune votum permaneat ... sanctificationis eluceat.
4074. Dne s. spei fidei gratiae ... instructus polleat.
4075. Consecrentur manus istae qs dne et sanctificentur ... sanctificata sint.

AD ORDINANDUM PRESBYTERUM

4076. Oremus dil. deum p. omnip. et super hunc famulum ... exequatur auxilio.
4077. Exaudi nos qs dne ds noster et super hunc famulum ... prosequaris.
4078. Stola justitiae circumdet dnus ... dnus mentem tuam.
4079. Dne s. p. o. ae. ds honorum auctor et distributor ... consequatur.
4080. Consecrentur manus istae qs dne de oleo sancto ... permaneant.
4081. Ungatur et consecretur caput tuum ... spiritus sancti.
4082. Per haec indumenta stolam et casulam ... valeas repromissa.
4083. Benedictio dei patris ... descendat super te ... saecula saeculorum.
4084. Sit nobis fr. communis oratio ... deprehendatur obtineat.
4085. Ds sanctificationum omnium auctor ... spiritus sancti.

ORDINATIO EPISCOPI

4086. Oremus dil. nobis ut huic viro ... tribuat largitatem.
4087. Adesto supplicationibus nostris o. ds ut quod humilitatis ... effectu.
4088. Propitiare dne supplicationibus nostris et inclinato ... virtutem.
4089. Ds honorum omnium ds omnium dignitatum ... possit esse devotus.
4090. Ungatur et consecretur caput tuum caelesti ... spiritus sancti.
4091. Pater sancte o. ds qui per dnum nostrum j. c. ab initio ... in regnum.
4092. O. sanctus septiformis veniat super te ... in saecula saeculorum.
4093. Unguantur manus istae et sanctificentur ... in saecula saeculorum.
4094. Gubernaculus nostrae et rector ... recta regantur.
4095. Accipe baculum pastoralis officii ... misericordiae reminiscens.
4096. Accipe ergo annulum discretionis et honoris ... qui cum patre.

ORATIO AD PONTIFICEM ORDINANDUM QUAE ADDI DEBEAT IN CONSECRATIONE CUJUS INITIUM EST

4097. Ds honorum ds omnium dignitatum quae gloriae ... poscebant.
4098. Et idcirco huic famulo tuo N. quem apostolicae ... plebem universam.
4099. O. pater s. ds ae. tu omnem ordinem dignatus es ... honore appareat.

4100. Dne j. c. tu praeelegisti apostolos tuos ... saecula saeculorum.
4101. Populus te honoret adjuvet te dnus ... in saecula saeculorum.
4102. Ds o. pater qui non propriis suffragantibus ... gubernare concede.
4103. Ds innocentiae restitutor et amator dirige ... percipere mereatur.
4104. Dne s. p. o. ae. ds rex regum et dnus dominantium ... concedas.

668. **Ordo 4** (A, II 116-124; V, II 41-44)

INCIPIT ORDO DE SACRIS ORDINIBUS BENEDICENDIS

ORDO OSTIARII

4105. Deum patrem omnip. suppliciter deprecamur ... nomen dni.
4106. Dne s. p. o. ae. ds benedicere digneris hunc famulum ... mercedis.

ORDO LECTORIS

4107. Accipe et esto verbi dei relator ... dei ministraverint.
4108. Eligunt te fratres tui ut sis lector ... augeat tibi gratiam.
4109. Dne s. p. o. ae. ds benedicere digneris hunc famulum ... ecclesiae.

ORDO EXORCISTAE

4110. Accipe et commenda memoriae et habeto ... sive catichumenum.
4111. Deum p. omnip. suppl. deprec. ut hunc famulum ... eorum multiformi.
4112. Dne s. p. o. ae. ds benedicere digneris famulum ... virtute confirmatus.

ORDO ACOLYTHI

4113. Dne s. p. o. ae. ds qui per j. c. filium ... virtute confirma.

ORDO AD SUBDIACONUM

4114. Vide cujus ministerium tibi traditur ... placere possis.
4115. Oremus deum et dnum nostrum ut super servum ... regnat deus.
4116. Dne s. p. o. ae. ds benedicere digneris famulum ... consequatur.

ORDO DIACONI

4117. Oremus dil. deum patrem omnip. super hos famulos ... dona conservet.
4118. Dne ds o. preces nostras clementer exaudi ut ... electione sanctifices.
4119. Adesto qs dne o. ds honorum dator ordinum distributor ... mereatur.
4120. Commune votum communis oratio ... sanctificationis eluceat.

4121. Dne s. spei fidei gratiae ... instructus complaceat.

ORDO PRESBYTERI

4122. Quoniam dil. fr. rectores navem ... publica profiteri.
4123. Oremus dil. deum patrem omnip. ut super hunc famulum ... jesu christo.
4124. Exaudi nos qs dne ds noster et super hunc famulum ... prosequaris.
4125. Dne s. p. o. ae. ds honorum auctor et distributor ... praemia consequatur.
4126. Sit nobis qs fr. communis oratio ... deprehendatur obtineat.
4127. Ds sanctificationum omnium auctor cujus vera ... plenus persolvat.
4128. Benedictio dei patris ... descendat super te ... in saecula saeculorum.
4129. Consecrentur manus istae qs dne et quaecumque ... sanctificentur.

ORDO EPISCOPI

4130. Servanda est dil. fr. in excessu sacerdotum ... dicite dignum est.
4131. Oremus dil. nobis ut his viris ad utilitatem ... tribuat largitatem.
4132. Exaudi dne supplicum preces ut quod nostro ... virtute firmetur.
4133. Propitiare dne supplic. nostris et inclinatio ... effunde virtutem.
4134. Ds honorum omnium ds omnium dignitatum ... possint esse devoti.
4135. Unguantur manus istae de oleo sanctificato ... rogamus et exoramus.

669. Ordo 5 (A, II 125-131; V, II 45-47)

INCIPIT ORDO DE SACRIS ORDINIBUS BENEDICENDIS

4136. Vide quod ore cantas ... operibus probes.

ORDO QUALITER IN ROMANA ECCLESIA PRESBYTERI DIACONI SUBDIACONI ORDINANDI SUNT

4137. Auxiliante dno deo et salvatore ... communionis suae.
4138. Accipite et videte cujus ministerium vobis traditur ... possitis.

ORDINATIO SUBDIACONI

4139. Oremus deum ac dnum nostrum ut super servum ...
4140. Dne s. p. o. ae. ds benedicere digneris ...

ORDINATIO DIACONI

4141. Oremus dil. deum patrem omnip. et super hunc famulum tuum ...

4142. Exaudi dne preces nostras ...
4143. Dne ds o. preces nostras clementer exaudi ... electione justifices.
4144. Adesto qs o. ds honorum dator ...
4145. Commune votum permaneat communis oratio ...
4146. Dne sancte spei fidei gratiae ...
4147. Ds invictae virtutis triumphator ... in saecula saeculorum.
4148. In nomine sanctae trinitatis et unicae ... in saecula saeculorum.

ORDINATIO PRESBYTERORUM

4149. Oremus dil. deum patrem omnip. ...
4150. Exaudi dne preces nostras ...
4151. Dne s. p. o. ae. ds honorum auctor et distributor ...
4152. Benedic dne et sanctifica has manus sacerdotis ... vivis et regnas.
4153. Consecrentur manus istae qs dne de oleo sancto ... permaneant.
4154. Ungatur et consecretur caput tuum ... spiritus sancti.
4155. Benedictio dei patris ... descendat super te ... honor et gloria.
4156. Sit vobis communis oratio fr. ut hic qui ... deprehendatur obtineat.
4157. Ds sanctificationum omnium auctor cujus ... largiente qui vivis.

ORDINATIO EPISCOPI

4158. Oremus dil. nobis ut huic viro ... tribuat largitatem.
4159. Adesto supplicationibus nostris ...
4160. Propitiare ...
4161. Ds honorum omnium ds omnium dignitatum ... possit esse devotus.
4162. Ungantur manus illae et sanctificentur ... in saecula saeculorum.
4163. Ungatur et consecretur caput tuum ... spiritus sancti.
4164. Accipe baculum pastoralis officii ... misericordiae reminiscens.
4165. Accipe anulum pontificalis honoris ut sis fidei integritate munitus.
4166. Ds honorum omnium ds omnium dignitatum ... plebem universam.
4167. O. pater sancte ds aeterne ...
4168. Dne j. c. tu praeelegisti ...
4169. Populus te honoret ...

670. **Ordo 6** (A, II 131-138; V, II 47-50)

INCIPIT ORDO VEL EXAMINATIO IN ORDINATIONE EPISCOPI

4170. Antiqua sanctorum patrum institutio ... in omni bono.
4171. Credis secundum intelligentiam tuam ... frater in christo?

QUALITER ORDINETUR EPISCOPUS IN ROMA

4172. Adesto suppl. nostris o. ds et quod humilitatis ... impleatur effectu.

4173. Propitiare dne suppl. nostris et inclinato ... effunde virtutem.
4174. VD. Honorum omnium ds omnium dignitatum ... possit esse devotus.
4175. Haec hostia dne qs emundet nostra delicta ... mentesque sanctificet.
4176. Hanc igitur ... pro famulo tuo N. quem ad episcopatus ... exsequatur.
4177. Haec nos communio dne purget a crimine ... facias esse consortes.
4178. Vide ut quod ore cantas ... operibus probes.

ORDINATIO OSTIARII

4179. Deum p. omnip. suppl. depr. ut hos famulos suos N. ... jesu christo.
4180. Dne s. p. o. ae. ds benedicere digneris hos famulos ... habere mercedis.
4181. Sic agite quasi reddituri deo rationem ... clavibus recluduntur.

ORDINATIO LECTORUM

4182. Oremus dil. deum p. omnip. super hos famulos ... operibus impleant.
4183. Dne s. p. o. ae. ds benedicere digneris hos famulos ... ecclesiae.
4184. Accipite et estote verbi dei relatores ... dei manifestaverint.

ORDINATIO EXORCISTARUM

4185. Deum p. omnip. suppl. depr. ut hos famulos suos ... jesu christo.
4186. Dne s. p. o. ae. ds benedicere digneris famulos ... confirmati.
4187. Accipite et commendate memoriae ... sive catichuminum.

ORDINATIO ACOLYTHORUM

4188. Deum p. omnip. suppl. depr. ut hos famulos tuos ... moribus praebeant.
4189. Dne s. p. o. ae. ds qui ad moysen et aaron locutus es ... ecclesia tua.

ORDINATIO SUBDIACONORUM

4190. Oremus deum ac dnum nostrum ut per servos ... jesu christo.
4191. Dne s. p. o. ae. ds benedicere digneris hos famulos ... consequantur.
4192. Videte cujus ministerium vobis traditur ... placere possitis.

ORDINATIO DIACONI

4193. Oremus dil. deum p. omnip. ut super hos famulos suos ... jesu christo.
4194. Exaudi dne preces nostras et super hos famulos ... exemplum praebere.
4195. Adesto qs o. ds bonorum dator ordinum distributor ... mereantur.

4196. Accipite potestatem legendi in ecclesia dei ... in nomine dni.

ORDINATIO PRESBYTERI

4197. Oremus dil. deum patrem omnip. ut super hos famulos ... jesu christo.

4198. Exaudi nos qs dne ds noster et super hos famulos ... prosequaris.

4199. Dne s. p. o. ae. ds honorum auctor et distributor ... consequantur.

4200. Consecrare et sanctificare digneris ... et sanctificentur.

4201. Accipite potestatem offerre sacrificium ... in nomine dni.

671. **Ordo 7** (A, II 138-141; V, II 50-51)

INCIPIT ORDO QUALITER IN ROMANA ECCLESIA SACRI ORDINES FIUNT

4202. Deum p. omnip. deprecemur suppliciter ut ...

4203. Sic agite quasi reddituri rationem ... clavibus recluduntur.

4204. Per hoc ostium traditur vobis ministerium ... rejiciendi indignos.

4205. Dne s. p. o. ae. ds benedicere ...

4206. Accipite et estote verbi dei relatores ... dei ministraverint.

4207. Oremus dil. nobis deum p. omnip. ut super hos famulos .... impleant.

4208. Dne s. p. o. ae. ds benedicere ...

4209. Deum p. omnip. supplices deprecemur ut hos famulos suos ...

4210. Accipite et commendate memoriae ... sive catechumenum.

4211. Dne s. p. o. ae. ds benedicere ...

4212. Accipite hoc gestatorium luminis ... fideliter invenire.

4213. Deum p. omnip. fr. charissimi ...

4214. Dne s. p. o. ae. ds ...

4215. O. s. ds fons et origo lucis et origo bonitatis ...

4216. Videte cujus ministerium vobis traditur et ideo ...

4217. Dne s. p. o. ae. ds benedicere digneris hos famulos ...

4218. Investione harum manipularum subnixe te ... perenniter gaudere.

4219. Isti promovendi sunt ad ordinem diaconatus ... testes ejus N. et **N.**

4220. Isti promovendi sunt ad ordinem presbyteri ... testes ejus N. et **N.**

4221. Postulat sancta mater ecclesia catholica ... ad hujus onus officii.

4222. Auxiliante dno et salvatore nostro j. c. ... memor sit communionis suae.

4223. Oremus fr. char. ut ds o. gratiam spiritus ... ministrent.

4224. Oremus dil. deum p. omnip. ut super hos famulos suos quos ...

4225. Exaudi dne preces nostras ...

4226. Adesto qs o. ds honorum dator ...

4227. Per hoc signum tibi diaconatus officium ... existere merearis.

4228. Accipe potestatem legendi evangelium ... in nomine dni.
4229. Commune votum communis oratio ...
4230. Justus est? Justus ... justum munere.
4231. Vis presbyterii gradum in nomine dni ... ministerium tuum? Volo.
4232. Qui ordinandi estis presbyteri offerre ... undique redundare.
4233. Oremus dil. deum patrem omnip. ...
4234. Exaudi nos qs ds ...
4235. Bonorum auctor et distributor omnium dignitatum ...
4236. Accipe jugum dni ... onus ejus leve.
4237. Accipe vestem sacerdotalem ... opus perfectum.
4238. Sit nobis fr. communis oratio ...
4239. Ds sanctificationum omnium auctor ...
4240. Consecrare et sanctificare digneris dne manus ... jesu christi.
4141. Accipe potestatem offerre sacrificium deo ... in nomine dni.
4242. Benedictio dei patris ... descendant super nos ... saecula saeculorum.
4243. Ds qui de diversis ordinibus ...

672. **Ordo 8** (A, II 142-150; V, II 51-54)

INCIPIT ORDO ROMANUS AD CLERICUM FACIENDUM

4244. Ds cujus providentia omnis creatura incrementis ... aeternae.
4245. Sicut ros hermon qui descendit in sion ... super te benedictio.
4246. O. s. ds benedic hunc famulum tuum N. qui tibi ... perveniat.

DENUNCIATIO MENSIS PRIMI QUARTI SEPTIMI ET DECIMI

4247. Annua nobis est dil. jejuniorum celebranda ... pariter et futuris.

ORDO QUALITER IN ROMANA ECCLESIA SACRI ORDINES FIUNT

4248. Postulat haec sancta mater ecclesia ... a vestra paternitate.
4249. Vide ut natura scientia et moribus ... de nostro multiplicetur.
4250. Quantum ad humanum spectat examen ... volente possunt.
4251. Videte ut quod ore cantatis ... operibus probetis.

ORDINATIO OSTIARIORUM

4252. Ostiarium oportet percutere cymbalum ... ei qui praedicat.
4253. Sic agite quasi reddituri deo rationem ... clavibus recluduntur.
4254. Deum p. omnip. fr. car. ...
4255. Dne s. p. o. ae. ds ...

ORDINATIO LECTORUM

4256. Lectorem oportet legere ei qui praedicat ... fructus novos.
4257. Accipite et estote verbi dei relatores ... bene administraverint.
4258. Oremus dil. ...
4259. Dne s. p. o. ae. ds ...

ORDINATIO EXORCISTARUM

4260. Exorcistam oportet abjicere daemones ... ministerio effundere.
4261. Accipite et commendate memoriae ... sive catechumenos.
4262. Deum p. omnipotentem.
4263. Dne s. p. o. ae. ds ...

ORDINATIO ACOLYTHORUM

4264. Accipite ceroferarium cum cereo ... luminaria mancipari.
4265. Accipite urceolum ad suggerendum vinum ... sanguinis christi.
4266. Deum patrem ...
4267. Dne s. p. o. ae. ds qui per jesum ...
4268. Dne s. p. o. ae. ds qui ad moysen et aaron ...

ORDINATIO SUBDIACONORUM

4269. Subdiaconum oportet praeparare aquam ... ministrare diacono.
4270. Videte cujus vobis ministerium traditur ... placere possitis.
4271. Oremus dnum ac deum nostrum ...

ORDINATIO DIACONORUM

4272. Diaconum oportet ministrare ad altare et baptizare.
4273. Oremus dil. deum patrem omnipotentem ...
4274. Exaudi dne preces nostras ...
4275. O. ds honorum dator ordinum distributor ...
4276. Ds invictae virtutis triumphator et omnium rerum creator ...
4277. Accipe stolam tuam imple ministerium ... spiritu sancto in gloria.
4278. Accipite potestatem legendi evangelium ... quam pro defunctis.
4279. Dne sanctae fidei spei et gratiae ...

ORDINATIO PRESBYTERI

4280. Est dignus? ... justum manere.
4281. Vis presbyterii gradum ... perducere dignetur.
4282. Oremus dil. deum p. omnipotentem ...
4283. Exaudi nos qs dne ds noster ...
4284. Adesto qs dne o. honorum auctor et distributor ...
4285. Accipe jugum dni ... opus ejus leve.
4286. Stola innocentiae induat te dnus ... opus perfectum.
4287. Induere vestibus praeclaris ... benedictio data.
4288. Ds sanctificationum omnium auctor cujus vera consecratio ...
4289. Consecrare et sanctificare digneris dne manus ... jesu christi.
4290. Accipite potestatem offerre sacrificium ... in nomine dni.
4291. Benedictio dei patris ... descendat super vos ... honor et gloria.
4292. Exaudi dne supplicum preces et devoto ... exhibeamus officium.
4293. Tuis dne qs operare mysteriis ut haec tibi ... munera offeramus.
4294. Dignos vos faciat suo sacerdotio ... quod ipse praestare.
4295. Quos tuis dne reficies sacramentis ... capiamus et moribus.
4296. Da qs dne populis christianis ... diligere quod frequentant.

ORDO QUALITER EPISCOPUS IN ROMANA ECCLESIA ORDINETUR

4297. Adesto supplic. nostris o. ds ut quod humilitatis ... effectu.
4298. Antiqua sanctorum patrum institutio docet ...
4299. Vis beato petro ...
4300. O. s. ds qui es initium et finis ...
4301. Immensam clementiam tuam rogamus o. et piissime ...
4302. Ds bonorum omnium auctor et largitor ...
4303. Adesto dne supplicationibus nostris ...
4304. Oremus dilectissimi ...
4305. Propitiare ...
4306. VD. Honor omnium dignitatum quae gloriae tuae sacratis ...
4307. Unguatur et consecretur caput tuum ... spiritus sancti.
4308. Unguantur manus istae de oleo sanctificato ...
4309. Ds et pater dni nostri j. c. ...
4310. Creator et conservator ...
4311. Accipe anulum discretionis et honoris ...
4312. Accipe anulum pontificalis honoris ...
4313. Ds sine quo nihil potest benedici ...
4314. Accipe baculum pastoralis officii ...
4315. Accipe baculum sacri regiminis ...
4316. Memor sponsionis et desponsionis ecclesiasticae ... ne oblivi-
      scaris illius.
4317. Suscipe dne munera quae tibi offerimus ... dona custodias.
4318. Haec hostia dne qs emundet nostra delicta ... sanctificet.
4319. Hanc igitur ... pro famulo tuo N. quem ad episcopatus ... exse-
      quatur.
4320. Benedicat te dnus custodiens te ... potiri mereantur.
4321. Ds qui populis tuis indulgendo consulis ...
4322. Plenum qs dne nobis remedium ...
4323. Ds qui populis tuis ...
4324. Hostias tibi dne laudis exsolvo ... propitius exsequaris.
4325. Ds qui hodierna die vice apostolica ... supernorum.
4326. Tui dne perceptione sacramenti ... liberemur insidiis.

674. Ordo 10 (A, II 153-174; V, II 55-63)

INCIPIT ORDO IN CONSECRATIONE EPISCOPI

4327. Valeat dnus noster archiepiscopus ... tuam habuero gratiam.
4328. Fratres et coepiscopi petitionem ... percipiat exoramus.
4329. Quia fratres legitur in canonibus ... laudamus et eligimus.
4330. Quia frater omnium vota in te conveniunt ... jussisti dne.
4331. Antiqua sanctorum institutio docet ... ordinationis apponunt.
4332. Eadem divina auctoritate et praecepto ... et misericors? Volo.
4333. Haec omnia et cetera bona ... in omni bonitate.
4334. Credis secundum intelligentiam .. dnum omnipotentem? Credo.
4335. Haec tibi fides augeatur a dno ... frater in christo.
4336. Eia frater professionem a te volumus habere ... te facturum.

4337. Ego ille N. sanctae N. ecclesiae nunc ... officium missae.
4338. Elegit te dnus sibi in sacerdotem ... exaudiat te dnus.
4339. Adesto suppl. nostris o. ds et quod humilitatis ... impleatur effectu.
4340. Propitiare dne suppl. nostris et inclinato ... effunde virtutem.
4341. Haec hostia qs dne emundet nostra delicta ... mentesque sanctificet.
4242. VD. Honor omnium dignitatum quae gloriae ... possit esse devotus.
4343. Hanc igitur obl. serv. nostrae ... pro famulo tuo N. ... consequatur.
4344. Ungantur manus istae de oleo sanctificato ... te rogamus exaudias.
4345. Ds et pater dni nostri j. c. qui te ad pontificalem ... ad salutem.
4346. O. et m. ds qui ineffabili bonitate ... immaculatum conservet.
4347. Accipe baculum sacri regiminis signum ... virtus et imperium.
4348. Accipe baculum pastoralis officii signum ... misericordiae recorderis.
4349. Ds totius creaturae principium et finis ... constanter evincat.
4350. Accipe anulum discretionis et honoris ... in saecula saeculorum.
4351. Haec nos communio dne purget a crimine ... faciat esse consortes.
4352. Accipe evangelium et vade praedica ... augere gratiam.
4353. Ds fidelium pastor et rector me famulum tuum ... haereditatem.
4354. Ds qui digne servientium nos imitari ... consortia obtinere.
4355. Aufer a nobis dne spiritum superbiae ... sint semper accepta.
4356. Aeterne ds qui dissimulatis humanae fragilitatis ... perducas.
4357. Hanc igitur ... quam tibi offerimus in die ordinationis ... operatus es in me.
4358. Corporis sacri et praetiosi sanguinis repleti libamine ... muniendo custodias.

AD CONFIRMATIONEM

4359. O. s. ds qui regenerare dignatus es hunc famulum ... aeternam.
4360. Confirmo et consigno te signo sanctae crucis ... spiritus sancti.
4361. Signat te ds fidei in nomine patris ... in consignatione fidei.
4362. Ds qui apostolis tuis sanctum dedisti spiritum ... perficiat.
4363. Ecce sic benedicetur omnis homo ... in saecula saeculorum.

INCIPIUNT ORDINATIONES EPISCOPI

4364. Actiones qs dne aspirando praeveni ... per te coepta finiatur.

INCIPIT ORDO DE SACRIS ORDINIBUS BENEDICENDIS
ORDINATIO OSTIARII

4365. Sic age quasi redditurus deo ... clavibus recluduntur.
4366. Deum patrem omnip. fr. car. suppliciter deprecemur ...
4367. Dne s. p. o. ae. ds ...

ORDINATIO LECTORIS

4368. Accipe et esto verbi dei relator ... dei ministraverint.
4369. Eligunt te fratres tui ut sis lector ... augeat tibi gratiam.
4370. Oremus dil. deum patrem omnip. ...
4371. Dne s. p. o. ae. ds benedicere dignare hunc famulum ... consulat.

ORDINATIO EXORCISTAE

4372. Accipe et commenda memoriae et habeto ... sive catechumenum.
4373. Deum patrem omnip. fr. car. ...
4374. Dne s. p. o. ae. ds benedicere dignare hunc famulum ... confirmatus.

ORDINATIO ACOLYTI

4375. Accipe ceroferarium cum cereo ... luminaria mancipari.
4376. Accipe urceolum ad suggerendum vinum ... sanguinis christi.
4377. Deum patrem omnip. fr. car. ...
4378. Dne s. p. o. ae. ds qui ad moysen ...
4379. O. s. ds fons luminis ...

ORDINATIO SUBDIACONI

4380. Vide cujus mysterium tibi traditur ... placere possis.
4381. Oremus deum et dnum nostrum fr. car. ...
4382. Dne s. p. o. ae. ds benedicere dignare ...
4383. Tunica jocunditatis et indumento laetitiae induat te dnus.
4384. Accipe mapulam imple ministerium ... augeat tibi gratiam.
4385. Ds invictae virtutis triumphator ...

ORDINATIO DIACONI

4386. Oremus dil. deum patrem omnip. ...
4387. O. ds honorum dator ordinumque distributor ...
4388. Per hoc signum tibi diaconatus officium ... existere merearis.
4389. Exaudi dne preces nostras et super hunc famulum ... exemplum praebere.
4390. Dne sanctae spei fidei gratiae et profectuum munerator ...
4391. Induat te dnus novum hominem ... sanctitate veritatis.

INCIPIT ORDINATIO PRESBYTERI

4392. Exaudi nos qs dne ds noster et super hunc famulum ... in unitate ejusdem.
4393. Oremus dil. deum patrem omnip. ut super hunc famulum ... auxilio.
4394. Dne s. p. o. ae. ds honorum auctor ...
4395. Adesto qs o. ds. ...
4396. Accipe jugum dni ... onus ejus leve.
4397. Stola innocentiae induat te dnus.
4398. Ds sanctificationum omnium auctor cujus vera consecratio ...

4399. Consecrare et sanctificare digneris dne manus istas ... jesu christi.
4400. Accipite potestatem offerre sacrificium deo ... dni nostri j. c.
4401. Benedictio dei patris ... descendat super te ... honor et gloria.

675. **Ordo 11** (A, II 174-184; V, II 63-66)

INCIPIT ORDO DE SACRIS ORDINIBUS BENEDICENDIS

4402. Vide ut quod ore cantas ... operibus probes.

INCIPIT PRIMUS GRADUS ORDINATIO OSTIARII

4403. Sic age quasi redditurus deo rationem ... clavibus recluduntur.
4404. Deum p. omnip. suppl. depr. ut hunc famulum ... ds in unitate.
4405. Dne s. p. o. ae. ds benedicere digneris hunc famulum ... mercedis.

SECUNDUS GRADUS ORDINATIO LECTORIS

4406. Accipe et esto verbi dei relator ... augeat tibi gratiam.
4407. Oremus dil. deum. p. omnip. ut super hos famulos ... operibus impleant.
4408. Dne s. p. o. ae. ds benedicere digneris hunc famulum ... consulat.

TERTIUS GRADUS ORDINATIO EXORCISTAE

4409. Accipe et commenda memoriae et habeto ... sive caticumenum.
4410. Deum p. omn. suppl. depr. ut hunc famulum suum ... eorum multiformi.
4411. Dne s. p. o. ae. ds benedicere digneris hunc famulum ... confirmatus.

QUARTUS GRADUS

4412. Accipite ceroferarium cum cereo ... luminaria mancipari.
4413. Accipite et urceolum ad suggerendum ... sanguinis christi.
4414. Deum p. omnip. suppl. depr. ut hos famulos ... moribus praebeant.
4415. O. s. ds fons lucis et origo bonitatis ... pervenire mereatur.
4416. Dne qui in hunc mundum lumen claritatis misisti ... virtute confirma.

ORDO QUALITER PRESBYTERI DIACONI SUBDIACONI ORDINANDI SUNT

4417. Auxiliante dno deo et salvatore ... memor sit communionis suae.

ORDINATIO SUBDIACONI

4418. Vide cujus ministerium tibi traditur ... placere possis deo.
4419. Oremus deum et dnum nostrum ut super servum ... praemia consequatur.
4420. Dne s. p. o. ae. ds benedicere digneris famulum ... consequatur.

QUINTUS GRADUS ORDINATIO DIACONI

4421. Oremus dil. deum p. omnip. ut super hunc famulum ... perducat.
4422. Exaudi dne praeces nostras et super hunc famulum ... praebere.
4423. Dne ds o. preces nostras clementer exaudi ut ... electione justifices.
4424. Adesto qs o. ds bonorum dator ordinum distributor ... potiora mereatur.
4425. Ds invictae virtutis triumphator et omnium ... saecula saeculorum.
4426. In nomine sanctae trinitatis et unicae ... in saecula saeculorum.
4427. Accipe istud volumen evangelii ... opere adimple.
4428. Consecrentur manus istae qs dne et sanctificentur ... sancticata sint.
4429. Commune votum permaneat communis oratio ... eluceat.
4430. Dne sanctae spei fidei gratiae ... instructus polleat.

SEXTUS GRADUS ORDINATIO PRESBYTERI

4431. Oremus dil. d. p. omnip. ut super hunc famulum ... exsequatur auxilium.
4432. Exaudi nos qs dne ds noster et super hunc famulum ... prosequaris.
4433. Dne s. p. o. ae. ds honorum auctor et distributor ... consequatur.
4434. Benedic dne et sanctifica has manus sacerdotis ... vivis et regnas.
4435. Consecrentur manus istae qs dne de oleo sancto ... permaneant.
4436. Unguatur et consecretur caput tuum ... spiritus sancti.
4437. Benedictio dei patris ... descendat super te ... honor et gloria.
4438. Sit nobis fr. communis oratio ut hic ... deprehendatur obtineat.
4439. Ds sanctificationum omnium auctor cujus vera ... plenus appareat.

INCIPIT ORDINATIO EPISCOPI SEPTIMUS GRADUS INCIPIT

4440. Oremus dil. nobis ut huic viro N. ... tribuat largitatem.
4441. Adesto suppl. nostris o. ds ut quod humilitatis ... impleatur effectus.
4442. Propitiare dne suppl. nostris et inclinato ... effunde virtutem.
4443. Ds honorum omnium ds omnium dignitatum ... possit esse devotus.
4444. Pater s. o. ds qui per dnum nostrum j. c. ab initio ... in regnum.
4445. Spiritus sanctus septiformis veniat super te ... saecula saeculorum.
4446. Unguantur manus istae et sanctificentur et in te ... saecula saeculorum.
4447. Ungatur et consecretur caput tuum ... spiritus sancti.

4448. Tu baculus nostrae et rector ... recta regantur.
4449. Accipe baculum pastoralis officii ... misericordiae reminiscens.
4450. Accipe baculum sacri regiminis ... regnat in unitate.
4451. Accipe ergo anulum discretionis et honoris ... qui cum patre.
4452. Ds honorum omnium ds omnium dignitatum ... universam ascendat.
4453. Omnipotens p. s. ds ae. tu omnem ordinem dignatus es ... honore appareat.

676. Ordo 12 (A, II 184-188; V, II 66-68)

INCIPIT ORDINATIO EPISCOPI

4454. VD. Ds bonorum omnium ds omnium dignitatum ... possit esse devotus.
4455. Hanc igitur ... famulo tuo N. quem ad episcopatus ordinem ... consequatur.
4456. Ungantur manus istae de oleo sanctificato ... rogamus exaudias.
4457. Ds et pater dni j. c. qui te ad pontificalem ... proficiat ad salutem.
4458. Accipe baculum ...
4459. Accipe baculum ...
4460. Accipe anulum discretionis ...
4461. Accipe evangelium et vade ... in saecula saeculorum.

ORATIO AD CAPILLATURAM

4462. O. s. ds respice propitius super hunc famulum tuum ... pervenire consortium.

ORATIO AD CLERICUM FACIENDUM

4463. Oremus dil. fr. dnum. j. c. pro hoc famulo ... gratiae concedat.
4464. Adesto dne suppl. nostris et hunc famulum tuum ... mereatur aeternam.
4465. Oremus dil. deum p. omnip. ut huic famulo suo ... saecula saeculorum.
4466. Accipe N. personam s. petri apostoli ... in saecula saeculorum.
4467. O. s. ds propitiare peccatis nostris et da ut ... mereatur in corde.
4468. Praesta qs o. ds huic famulo tuo cujus hodie ... custodiat.
4469. Ds cujus spiritu creatura omnis incrementa ... gaudeat et aeternae.
4470. Ds qui ecclesiam tuam novo semper foetu ... mereatur aeternam.

677. Ordo 13 (A, II 188-192; V, II 68-69)

4471. Vide quod ore cantas ... operibus probes.

ORDINATIO OSTIARIORUM

4472. Ostiarium oportet percutere cymbalum ... aperire ei qui praedicat.
4473. Sic age quasi redditurus deo rationem ... clavibus recluduntur.
4474. Deum p. omnip. ... ad invocandum nomen dni.
4475. Dne s. p. o. ae. ds ...

ORDINATIO LECTORUM

4476. Lectorem oportet legere ... fructus novos.
4477. Elegerunt vos fratres vestri ut sitis lectores ... augeat vobis gratiam.
4478. Accipite et estote verbi dei relatores ... dei administraverunt.
4479. Oremus dil. deum patrem omnip. ...
4480. Dne s. p. o. ae. ds benedicere dignare hos famulos tuos .... monstrare intelligibilia.

ORDINATIO EXORCISTARUM

4481. Exorcistam oportet abjicere daemones ... in ministerio fundere.
4482. Accipite et commendate memoriae et habetote ... sive catechumenum.
4483. Deum patrem omnip. ...
4484. Dne s. p. o. ae. ds ...

ORDINATIO ACOLYTHORUM

4485. Acolythi est accendere luminaria ... christi administrare.
4486. Accipite ceroferarium cum cereo ... luminaria mancipari.
4487. Accipite et urceolum ad suggerendum vinum ... sanguinis christi.

ORDINATIO SUBDIACONI

4488. Subdiaconi est praeparare aquam ... ministrare diacono.
4489. Videte cujus ministerium vobis traditur ... placere possitis.
4490. Invectione horum manipulorum subnixe te ... perenniter gaudere.
4491. Induat vos dnus vestimento salutis et tunica justitiae.

ORDINATIO DIACONI

4492. Commune votum communis oratio ...
4493. Oremus dil. deum omnipotentem ...
4494. Exaudi dne ...
4495. VD. Honorum dator ordinumque distributor ...
4496. Accipe stolam tuam imple ... augeat tibi gratiam.
4497. Accipe potestatem legendi evangelium ... in nomine dni.
4498. Dne sanctae spei fidei gratiae ...

ORDINATIO PRESBYTERI

4499. Justus est? justus est ... justum manere.
4500. Vis presbyterii gradum in nomine ... adjuvet et sancti ejus.

4501. Qui ordinandi estis presbyteri offerre ... undique redundare.
4502. Oremus dil. deum patrem omnipotentem ...
4503. Accipe jugum dni ... onus ejus leve.
4504. Stola innocentiae induat te deus.
4505. Accipe vestem sacerdotalem per quam ... opus perfectum.
4506. Sit nobis fr. communis oratio ut hi qui ... deprehendantur obtineant.
4507. Ds sanctificationum omnium auctor ...
4508. Consecrare et sanctificare digneris dne manus istas ... jesu christi.
4509. Accipe potestatem offerre sacrificium deo ... in nomine dni.
4510. Benedictio dei patris ... descendat super vos ... saecula saeculorum.
4511. Hanc igitur ... famulis tuis quos ad presbyterii ... dono custodi.
4512. Dignos vos efficiat suo sacerdotio ... praestare dignetur.
4513. Quos tuis dne reficis sacramentis ... capiamus et moribus.

678. Ordo 14 (A, II 192-205; V, II 69-74)

IN NOMINE DOMINI. INCIPIT ORDO DE SEPTEM ECCLESIASTICIS GRADIBUS

4514. Adesto dne suppl. nostris et hunc famulum ... mereatur aeternam.
4515. O. s. ds propitiare peccatis nostris ...
4516. Praesta qs o. ds ut hic famulus tuus ... in sempiternum custodias.
4517. Ds cujus providentia omnis creatura incrementis ... gaudeat et futurae.
4518. Videte ut quod ore cantatis ... operibus probetis.

ORDINATIO OSTIARII

4519. Sic age quasi redditurus deo ... clavibus recluduntur.
4520. Deum p. omnip. fr. carissimi ...
4521. Dne s. p. o. ae. ds ...

ORDINATIO LECTORIS

4522. Accipe et esto verbi dei relator ... ministraverint ab initio.
4523. Eligunt te fratres tui ut sis lector ... perfectionis aeternae.
4524. Oremus dil. deum p. omnipotentem ...
4525. Dne s. p. o. benedicere ...

ORDINATIO EXORCISTAE

4526. Accipe et commenda memoriae et habeto ...
4527. Deum p. omnip. fr. car. supplices deprecemur ...
4528. Dne s. p. o. ae. ds benedicere dignare ...

ORDINATIO ACOLYTI

4529. Accipe ceroferarium cum cereo ... luminaria mancipari.

4530. Accipe urceolum ad fundendum vinum ... sanguinis christi.
4531. Deum p. omnip. fr. carissimi ...
4532. Dne s. p. o. ae. ds ...
4533. Dne s. p. o. ae. ds qui ad moysen ...
4534. O. s. ds fons lucis et origo bonitatis ...

ORDINATIO SUBDIACONI

4535. Vide cujus ministerium tibi traditur ... placere possis.
4536. Oremus deum et dnum nostrum fr. carissimi ...
4537. Dne s. p. o. ae. ds benedicere ...
4538. In nomine patris et filii et spiritus sancti.

ORDO QUALITER IN ROMANA ECCLESIA DIACONI PRESBYTERI ELIGENDI SUNT

4539. Postulat mater ecclesia catholica ... memor sit conditionis suae.
4540. Commune votum communis oratio ... sanctificationis eluceant.
4541. Oremus dil. deum p. omnipotentem ...
4542. Adesto qs o. ds honorum dator ordinumque distributor ...
4543. Accipe stolam candidam de manu dni ... acquirere justam.
4544. Accipe potestatem legendi evangelium ... in nomine dni.
4545. Exaudi dne preces nostras et super hunc famulum ... exemplum praebere.

ORDINATIO PRESBYTERI

4546. Oremus dil. deum p. omnipotentem ...
4547. Exaudi nos qs dne ...
4548. VD. Ds honorum auctor et distributor omnium dignitatum ...
4549. Accipe jugum dni ... onus ejus leve.
4550. Stola innocentiae induat te dnus.
4551. Ds sanctificationum omnium auctor cujus vera consummatio ...
4552. Consecrare et sanctificare digneris dne manus istas ... jesu christi.
4553. Accipe potestatem offerre sacrificium deo ... in nomine dni.
4554. Ad honorem dni nostri j. c. et sanctorum ... cum clero et populo.
4555. Benedictio dei patris ... descendat super vos ... saecula saeculorum.

INCIPIT ORDO AD VOCANDUM ET EXAMINANDUM SEU CONSECRANDUM ELECTUM IN EPISCOPUM JUXTA MOREM ROMANAE ECCLESIAE

4556. Adesto dne suppl. nostris o. ds ...
4557. Oremus dil. nobis ut huic viro utilitati ... tribuat largitatem.
4558. Propitiare dne ...
4559. VD. Honor omnium dignitatum ...
4560. Ungatur et consecretur caput tuum ... spiritus sancti.
4561. Ds et pater dni nostri j. c. ...
4562. Accipe baculum pastoralis officii ... censuram non deserens.
4563. Accipe anulum fidei scilicet signaculum ... illibate custodias.

4564. Accipe evangelium et vade praedica ... gratiam suam.
4565. Suscipe dne munera quae tibi offerimus ... dona custodias.
4566. Plenum qs dne in nobis remedium ... placere valeamus.

INCIPIT ORDO QUALITER ROMANUS PONTIFEX APUD BASILICAM B. PETRI APOSTOLI DEBEAT ORDINARI

4567. Adesto dne suppl. nostris o. ds ut quod humilitatis ... effectu.
4568. Propitiare dne suppl. nostris et inclinato ... infunde virtutem.

ITEM BENEDICTIO PAPAE DE EPISCOPO FACTO

4569. Ds qui adesse non dedignaris ... apicem pervenire.
4570. Supplicationibus nostris o. ds effectum consuetae ... roboretur.
4571. Ds qui apostolum tuum petrum inter ceteros ... vicem recipiat.

679. Ordo 15 (A, II 206-213; V, II 74-77)

ORDO QUALITER IN ROMANA ECCLESIA SACRI ORDINES FIANT

4572. Videte ut quod ore cantatis ... operibus probetis.

ORDO OSTIARIORUM

4573. Sic agite quasi reddituri rationem ... clavibus recluduntur.
4574. Deum p. omnip. fr. car. suppliciter ...
4575. Dne s. p. o. ae. ds benedicere dignare famulos ... ostiariorum.

ORDO LECTORUM

4576. Elegerunt vos fratres vestri ut sitis lectores ... vobis gratiam.
4577. Accipite et estote verbi dei relatores ... dei ministraverint.
4578. Oremus dil. dni patrem omnip. ut super hos famulos suos ...
4579. Dne s. p. o. ae. ds benedicere dignare ...

ORDO EXORCISTARUM

4580. Accipite et commendate memoriae ... sive catechumenum.
4581. Deum p. omnip. fr. car. supplices deprecemur ...
4582. Dne s. p. o. ae. ds benedicere dignare ...

ORDO ACOLYTHORUM

4583. Accipite ceroferarium cum cereo ... luminaria mancipari.
4584. Accipite urceolum ad suggerendum vinum ... sanguinis christi.
4585. Deum p. omnip. fr. car. suppliciter deprecemur ...
4586. Dne s. p. o. ae. ds qui ad moysen ...
4587. Dne s. p. o. ae. ds qui jesum christum filium tuum in hunc mundum.
4588. Accende dne mentes eorum.
4589. O. s. ds fons lucis ...

ORDINATIO SUBDIACONORUM

4590. Videte cujus ministerium vobis traditur ... placere possitis.
4591. Oremus deum ac dnum nostrum fr. car. ut super hos servos ...

4592. Dne s. p. o. ae. ds benedicere digneris ...

ORDO DIACONORUM

4593. Oremus dil. deum p. omnip. ut super hos famulos suos ...
4594. Dne ds o. preces nostras clementer exaudi ...
4595. Exaudi dne preces nostras et super hos famulos ...
4596. Adesto qs o. ds honorum dator et ordinum distributor ...
4597. Accipe stolam tuam imple ministerium ... augeat tibi gratiam.
4598. Accipe potestatem evangelium legendi ... in nomine dni.
4599. Commune votum communis prosequatur oratio ...
4600. Dne sanctae spei fidei gratiae ...

ORDO PRESBYTERORUM

4601. Oremus dil. deum p. omnipotentem ...
4602. Exaudi nos ds salutaris noster et super hos famulos tuos ...
4603. VD. Honorum auctor et distributor omnium dignitatum ...
4604. Accipe jugum dni ... onus ejus leve.
4605. Stola innocentiae induat te deus.
4606. Sit nobis qs fr. communis oratio ut hi qui in adjutorium ...
4607. Ds sanctificationum omnium auctor cujus vera ...
4608. Benedictio patris et filii et spiritus sancti ...
4609. Consecrentur manus istae qs dne et sanctificentur per ...
4610. Accipe potestatem offerre sacrificium deo ... in nomine dni.
4611. Benedicat vos o. ds et mentes vestras ...
4612. Devotionem nostram dnus dignanter intendat ...

ORDINATIO EPISCOPI

4613. Oremus dil. nobis ut huic viro utilitati ... tribuat largitatem.
4614. Propitiare dne suppl. nostris et inclinato ... effunde virtutem.
4615. VD. Honorum omnium ds omnium dignitatum ...
4616. Ungatur et consecretur caput tuum ... spiritus sancti.
4617. Ungantur manus istae de oleo sanctificato ... te rogamus exoremus.
4618. Ds et pater dni nostri j. c. qui te ad pontificatus ... ad salutem.
4619. Accipe baculum pastoralis officii ... censuram non deserens.
4620. Accipe anulum fidei scilicet signaculum ... illibate custodias.
4621. Haec hostia qs dne emundet nostra delicta ... mentesque sanctificet.
4622. Hanc igitur ... famulo tuo N. quem ad episcopatus ... consequatur.
4623. Haec nos communio dne purget a crimine et caelestis ... esse consortes.

681. Ordo 16 (A, II 213-228; V, II 77-82)

4624. Videte ut quod ore cantatis ... operibus comprobetis.
4625. Oremus dil. fr. dnum nostrum j. c. his famulis suis ...
4626. Adesto suppl. nostris et hos famulos tuos benedicere ...
4627. O. s. ds propitiare peccatis nostris et ab omni servitute ...

4628. Praesta qs o. ds his famulis tuis quorum hodie comam ...
4629. Ostiarium oportet percutere cymbalum ... librum ei qui praedicat.
4630. Accipite has claves sic agite ... clavibus recluduntur.
4631. Deum p. omnip. fr. car. suppliciter deprecemur ... saeculorum
per ignem.
4632. Lectorem oportet legere ea quae praedicat ... fructus novos.
4633. Accipite et estote verbi dei relatores ... administraverint ab
initio.
4634. Eligunt vos fratres vestri ut sitis lectores ... jesu dno nostro.
4635. Oremus dil. nobis deum p. omnipotentem ...
4636. Dne s. p. o. ae. ds ...
4637. Exorcistam oportet abjicere daemones ... debet effundere.
4638. Accipite et commendate memoriae et habetote ... sive catechumenum.
4639. Oremus deum p. omnipotentem ...
4640. Dne s. p. ae. ds ...
4641. Acolytum oportet ceroferarium ferre ... ad eucharistiam ministrare.
4642. Accipite ceroferarium cum cereo ... luminaria mancipari.
4643. Accipite urceolum ad fundendum vinum ... in nomine dni.
4644. Oremus deum p. omnip. fr. carissimi ...
4645. Ds qui tribus pueris ...
4646. Subdiaconum oportet praeparare aquam ... ministrare diacono.
4647. Accipite patenam et calicem ... spiritus sancti.
4648. Videte cujus mysterium vobis traditur ... placere possitis.
4649. Oremus deum ac dnum nostrum fr. carissimi ...
4650. Dne s. p. o. ae. ds benedicere dignare ...
4651. In nomine patris ... accipe manipulum ... in nomine dni.
4652. Investione harum manipularum subnixe te ... perenniter gaudere.
4653. Induat te dnus vestimento salutis ... in nomine dni.
4654. Diaconum oportet sacerdotibus assistere ... verbum dei.
4655. Spiritus sanctus superveniet in te ... in nomine dni.
4656. Commune votum communis oratio prosequatur ...
4657. Exaudi qs dne preces nostras et super hos famulos tuos ...
4658. VD. Bonorum dator ordinum distributor ...
4659. Accipe stolam tuam imple ministerium tuum ... gratiam suam.
4660. Induat te dnus novum hominem ... in nomine dni.
4661. Induat te dnus vestimentos salutis ... circumdabit te.
4662. Accipe potestatem legendi evangelium ... in nomine dni.
4663. Exaudi dne preces nostras et super hos famulos tuos ...
4664. Dne sanctae spei fidei gratiae et profectum munerator ...
4665. Sacerdotem oportet offerre benedicere ... praedicare et baptizare.
4666. Sunt digni? ... perducere dignetur.
4667. Spiritus sanctus superveniet in te ... sine peccato custodiat te.

4668. Oremus dil. deum patrem ...
4669. Exaudi nos dne ds noster ...
4670. VD. Bonorum auctor et distributor omnium dignitatum ...
4671. Accipe jugum dni ... in nomine dni.
4672. Ds aeternae lucis inventor ... ubique tuearis.
4673. In nomine sanctae trinitatis accipe vestem ... in nomine dni.
4674. Sit nobis fr. communis oratio ... deprehendantur obtineant.
4675. Ds sanctificationum omnium auctor ...
4676. Consecrare et sanctificare digneris dne manus ... jesu christi.
4677. Ds et pater dni nostri j. c. qui vos hodierna die ... confirmet.
4678. Accipe potestatem offerre sacrificium deo ... in nomine dni.
4679. Ds cui omnis potestas et dignitas famulatus ... placere conten-
      dant.
4680. Presbyterorum ordo sive sacerdotum ... laudabiliter deservire.
4681. Benedictio dei patris ... descendat super vos ut sitis ... honor
      et gloria.
4682. O. ds sua vos clementia benedicat ... maneat super vos.
4683. Quia res quam tractaturi estis satis perciculosa ... praesumatis.

ORDO AD FACIENDUM CLERICUM SIVE AD CONFERENDAM PRIMAM TONSURAM

4684. Videte ut quod ore canetis ...
4685. Oremus dilectissimi fratres ...
4686. O. s. ds propitiare peccatis nostris ...
4687. Praesta qs o. ds ut hi famuli tui ...
4688. In nomine patris et filii et spiritus sancti benedicti sitis.

ORDO AD FACIENDUM ACOLYTHUM PER SE ET SINE ALIIS ORDINIBUS

4689. Ostiarium oportet percutere cymbalum ...
4690. Benedicat vos divina majestas ... spiritus sanctus.

ORDO AD CONSECRANDUM EPISCOPUM

4691. Antiqua patrum institutio docet ...
4692. Haec omnia et cetera bona tribuat ... in omni bono.
4693. Episcopum oportet judicare interpretari ... offerre et baptizare.
4694. Ds cui omne cor patet ...
4695. Adesto supplic. nostris o. ds ut quod humilitatis ... effectu.
4696. Oremus dil. nobis ut huic viro utilitati ... tribuat largitatem.
4697. Propitiare dne ...
4698. VD. Honor omnium dignitatum ...
4699. Ungatur et consecretur caput tuum ... spiritus sancti.
4700. Ungantur manus istae de oleo sanctificato ... in nomine dni.
4701. Consecrare et sanctificare dignare dne ds manus istae ... in
      nomine dni.
4702. Ds et pater dni nostri j. c. qui te ad pontificatus ... in nomine
      dni.
4703. Immensam clementiam tuam o. et piissime ds ... et conse-
      crentur.

4704. Accipe anulum fidei tuae ...
4705. Accipe baculum pastoralis officii ...
4706. Pono signum in capite tuo ... in nomine dni.
4707. Accipe evangelium sanctum ...
4708. Haec oblatio dne ...
4709. Suscipe dne munera ...
4710. Benedicat te dnus in ordine episcopali ...
4711. Sacrificium salutis nostrae ...

683. Ordo 17 (A, II 228-250; V, II 82-90)

ORDO SEPTEM ECCLESIASTICORUM GRADUUM ET IN GRADIBUS ORDINANDI SED ANTE OMNIA CLERICUM FACIENDI

4712. Oremus dil. dnum nostrum j. c. pro his famulis suis ...
4713. Adesto dne supplic. nostris et hos famulos ... mereantur aeternam.
4714. O. s. ds propitiare peccatis nostris et ab omni servitute ...
4715. Praesta qs o. ds ut hi famuli tui N. quorum hodie ... in sempiternum.
4716. Ds cujus providentia omnis creatura incrementis ... et futurae.

DE OFFICIO CANTORIS SIVE PSALMISTAE

4717. Videte ut quod cantatis ore ... opere comprobetis.

SEQUITUR DE OFFICIO OSTIARII

4718. Ostiarium oportet percutere cymbalum ... ei qui praedicat.
4719. Sic agite quasi reddituri deo rationem ... clavibus recluduntur.
4720. Deum p. omnip. fr. car. suppliciter deprecemur ... jesu christi.
4721. Dne s. p. o. ae. ds benedicere dignare hos famulos ... mercedis.

DE OFFICIO LECTORIS

4722. Lectorem oportet legere ea quae praedicat ... fructus novos.
4723. Accipe et esto verbi dei relator ... ministraverunt ab initio.
4724. Eligunt vos fratres vestri ut sitis lectores ... aeternae.
4725. Oremus dil. deum omnip. ut super hos famulos ... operibus impleant.
4726. Dne s. p. o. ae. ds benedicere dignare hos famulos ... consulant.

DE OFFICIO EXORCISTAE

4727. Exorcistam oportet abjicere daemones ... ministerio fundere.
4728. Accipite et commendate memoriae et habetote ... catechumenos.
4729. Deum p. omnip. fr. car. supplices deprecemur ... dominum nostrum.
4730. Dne s. p. o. ae. ds benedicere dignare hos famulos ... confirmati.

DE OFFICIO ACOLYTHI

4731. Acolythus oportet ceroferarium ferre ... eucharistiam ministrare.

4732. Accipite ceroferarium cum cereo ... luminaria mancipari.
4733. Deum p. omnip. suppl. depr. ut hos famulos tuos ... regnat deus.
4734. Dne s. p. o. ae. ds qui per jesum christum ... ecclesia deserviant.
4735. Dne s. p. o. ae. ds qui ad moysen et aaron locutus ... ecclesia tua.
4736. O s. ds fons lucis et origo bonitatis ... pervenire mereantur.

DE OFFICIO SUBDIACONI

4737. Subdiaconum oportet praeparare aquam ... ministrare diacono.
4738. Videte cujus ministerium vobis traditur ... placere possitis.
4739. Oremus deum ac dnum nostrum ut super servos suos ... consequantur.
4740. Dne s. p. o. ae. ds benedicere dignare hos famulos ... consequantur.

ORDO QUALITER IN ROMANA ECCLESIA DIACONI ET PRESBYTERI ELIGENDI SUNT

4741. Diaconum oportet ministrare ad altare ... praedicare.
4742. Auxiliante dno deo et salvatore nostro ... conditionis suae.
4743. Commune votum communis oratio prosequatur ...
4744. Oremus dil. dni patrem omnip. super hunc famulum tuum ...
4745. Adesto qs o. ds bonorum dator ordinumque distributor ...
4746. Emitte in eum qs spiritum sanctum ...
4747. Accipe stolam candidam de manu dni ... acquirere justam.
4748. Accipe potestatem legendi evangelium ... in nomine dni.
4749. Exaudi dne preces nostras et super hunc famulum tuum ...
4750. Induat vos dnus vestimento salutis ... jesu dno nostro.
4751. Sacerdotem oportet offerre benedicere ... et baptizare.
4752. Commune votum communis oratio ...
4753. Oremus dil. deum patrem omnip. ut super hos famulos ... auxilio.
4754. Exaudi nos qs dne ds noster et super hos famulos ... prosequaris.
4755. VD. Honorum dator et distributor omnium dignitatum ...
4756. Accipe jugum dni jugum enim ... onus ejus leve.
4757. Stola innocentiae induat te dnus ... opus perfectum.
4758. Ds sanctificationum omnium auctor cujus vera ...
4759. Consecrare et sanctificare dignare dne manus ... jesu christi.
4760. Accipe potestatem offerendi sacrificium deo ... in nomine dni.
4761. Benedictio dei patris ... descendat super te ... in saecula saeculorum.
4762. Ad honorem dni nostri j. c. et beatorum apostolorum ... populo suo.

INCIPIT ORDO ROMANUS AD VOCANDUM SEU EXAMINANDUM VEL ETIAM CONSECRANDUM ELECTUM EPISCOPUM. QUOD SI FUERIT ELECTUS DE CURIA ROMANA NON EXAMINABITUR PRAEROGATIVA ROMANAE ECCLESIAE

4763. Antiqua sanctorum patrum institutio ... frater in christo.
4764. Adesto suppl. nostris o. ds ut quod humilitatis ... effectu.
4765. Episcopum oportet judicare interpretari ... offerre et baptizare.
4766. Oremus dil. nobis ut huic viro utilitati ... tribuat largitatem.
4767. Propitiare dne supplic. nostris et inclinato ... effunde virtutem.
4768. VD. Honor omnium dignitatum quae gloriae tuae ... possit esse devotus.
4769. Ds et pater dni nostri j. c. qui te ad pontificatus ... salutem.
4770. Accipe baculum pastoralis officii et sis ... censuram non deserens.
4771. Accipe anulum fidei scilicet signaculum ... illibate custodias.
4772. Accipe evangelium et vade praedica ... augere tibi gratiam tuam.
4773. Suscipe dne munera quae tibi offerimus ... dona custodias.
4774. Hanc igitur ... offerimus etiam pro famulo tuo ... consequatur.
4775. Plenum qs dne in nobis remedium ... placere valeamus.

INCIPIT ORDO QUALITER ROMANUS PONTIFEX APUD BASILICAM BEATI PETRI APOSTOLI DEBEAT ORDINARI

4776. Propitiare dne supplic. nostris et inclinato ... effunde virtutem.
4777. VD. Honor omnium dignitatum ...
4778. Accipe anulum fidei scilicet signaculum ... illibate custodias.
4779. Accipe evangelium et vade praedica ... augere gratiam suam.
4780. Accipe pallium plenitudinem scilicet pontificalis ... ecclesiae.
4781. Ds qui adesse non dedignaris ubicumque ... apicem pervenisse.
4782. Supplicationibus nostris o. ds effectum ... soliditate roboretur.
4783. Ds qui apostolum tuum petrum inter ceteros ... vicem recipiat.

684. Ordo 18 (A, II 250-262; V, II 90-95)

AD CONSECRATIONEM ET ORDINATIONEM ELECTI IN EPISCOPUM CONFIRMATI HOC MODO PROCEDATUR

4784. Antiqua sanctorum patrum institutio ... in omni bono.
4785. Credis secundum intelligentiam et capacitatem ... emanavit? Credo.
4786. Adesto supplicationibus ...
4787. Episcopum oportet judicare interpretari ... offerre et baptizare.
4788. Oremus dil. nobis ut huic viro N. ad utilitatem ... largitatem.
4789. Accipe spiritum sanctum ...
4790. Propitiare dne ...
4791. VD. Honorum ....
4792. Pater sancte o. ds qui per dnum j. c. ab initio ... in regnum.
4793. Spiritus sanctus septiformis veniat super te ... in saecula saeculorum.

4794. Ungantur manus istae et sanctificentur ... in saecula saeculorum.
4795. Ds et pater dni nostri j. c. qui te ad pontificatus ... ad salutem.
4796. Sustentator imbecillitatis ...
4797. O. et m. ds qui ineffabili bonitate ... immaculatum conservet.
4798. Accipe baculum sacri regiminis signum ... virtus et imperium.
4799. Accipe baculum pastoralis officii ... minime recorderis.
4800. Ds totius creaturae principium et finis ... constanter evincat.
4801. Creator et conservator humani generis ...
4802. Accipe anulum discretionis ...
4803. Accipe anulum fidei ...
4804. Populus te honoret adjuvet de dnus ... in saecula saeculorum.
4805. O. s. ds qui distinctis ordinibus omnem ... vivit et regnat.
4806. Dne o. p. s. ds ae. qui omnem ordinem ... honore appareat.
4807. Dne j. c. tu praeelegisti apostolos tuos ... illaesam conservet.
4808. Suscipe dne munera ...
4809. Hanc igitur ...
4810. Ds ad quem respicit sacerdotum solertia ... grex medelam.
4811. Dne ds pater o. cujus praeclara bonitas ...
4812. Imponimus dne capiti hujus antistitis ...
4813. Plenum nobis qs dne ...
4814. Omnipotens creator ...
4816. Deum omnium fidelium pastor ...
4817. Benedicat vos o. ds pater et filius et spiritus sanctus.
4818. Ego N. talis ecclesiae vocatus episcopus ...
4819. Accipe pallium sumptum de corpore b. petri ... consecrandi episcopos.

685. Ordo 19 (A, II 263-277; V, II 95-100)
ORDO FIERI SOLITUS IN ORDINATIONE LECTORIS ET CANTORIS
4819. Dne ds o. elige servum tuum hunc ... nunc et semper.

ORDO IN PROMOTIONE CANTORIS
4820. Dominator dne o. pater dni et dei et salvatoris ... sanctissimo et bono.
4821. Tondetur servus dei N. in nomine patris ... nunc et semper.
4822. Dominator dne j. c. te rogamus et te precamur ... perseveret.

OFFICIUM IN LECTOREM
4823. Dnus benedicat te in lectorem ... nunc et semper.
4824. Benedictus es dne patrum nostrorum ... spiritualem impertire.
4825. Dne ds noster o. elige servum tuum hunc ... nunc et semper.
4826. Fili lectoris officium primum est ... in saecula saeculorum.
4827. Benedictus dnus ecce servus dei N. factus est lector ...

RITUS OBSERVANDUS IN ORDINATIONE SUBDIACONI
4828. Dne ds noster qui per unum et eumdem spiritum ... saecula saeculorum.

RITUS FACIENDUS IN ORDINATIONE DIACONI

4829. Divina gratia quae semper infirma curat ... sanctissimi spiritus.
4830. Dne ds noster qui in praesentia tua ... in saecula saeculorum.
4831. In pace dominum precemur ... succurre salve ...
4832. Ds salvator noster qui incorrupta tua voce ... in saecula saeculorum.

IDEM ORDO EX ALIIS CODICIBUS MSS.

4833. Divina gratia quae semper infirma curat ... sanctissimi spiritus.
4834. Dne ds noster qui in praescientia tua ...
4835. In pace dominum precemur ... suscipe salva miserere ...

IDEM ORDO EX ALIO CODICE
IN ORDINATIONE DIACONI

4836. Divina gratia ...
4837. Dne ds noster ...
4838. In pace dominum precemur ...

RITUS IN ORDINATIONE PRESBYTERI SERVANDUS

4839. Divina gratia quae semper infirma curat ... spiritus gratia.
4840. Ds qui principio et fine carens ... in saecula saeculorum.
4841. In pace dominum precemur ... sanctissimae illibatae.
4842. Ds in virtute magnus intellectu investigabilis ... nomen tuum.
4843. Accipe depositum istud et custodi ... cum a te repetetur.

IDEM ORDO EX ALIIS CODICIBUS
ORDO FIERI SOLITUS IN ORDINATIONE PRESBYTERI

4844. Divina gratia ...
4845. Ds sine principio ...
4846. In pace ...

IDEM ORDO EX ALIO CODICE
IN ORDINATIONE PRESBYTERI

4847. Ds sine principio ...
4848. In pace dominum ...

RITUS IN ORDINATIONE EPISCOPI SERVANDUS

4849. Divina gratia quae semper infirma curat ... sanctissimi spiritus.
4850. Dominator dne ds noster qui per celeberrimum ... est regnum.
4851. In pace dominum precemur ... sanctissimae illibatae.
4852. Dne ds noster qui humana natura deitatis tuae ... salvare deus.

IDEM ORDO EX ALIO CODICE
EPISCOPI ORDINATIO

4853. Divina gratia ...
4854. Dominator dne ...
4855. In pace dominum precemur ...
4856. Dne ds noster ...

IDEM ORDO EX ALIIS CODICIBUS
ORDO IN CONSECRATIONE EPISCOPI SERVANDUS

4857. Gratia sancti spiritus tecum sit.
4858. Gratia sancti spiritus tecum sit illuminans ... diebus vitae suae.
4859. Gratia sancti spiritus per meam mediocritatem ... civitatis N.
4860. Accipe baculum ut coram te christi ... in officio contineat.
4861. Suffragiis et approbatione deo ... gratia spiritus sancti.
4862. In nomine patris et filii et spiritus ... in saecula saeculorum.
4863. Dominator dne ds noster ...

686. Ordo 20 (A, II 277-301; V, II 100-108)

RITUS ORDINATIONIS PSALTAE

4864. Pater sancte et sanctitatis donator ... sanctitate donavit.
4865. Dnus qui in monte sinaï locutus est ... interetis in paradisum.
4866. Stemus omnes in oratione et offeramus ... et supplicemus.
4867. Stemus omnes in oratione et supplicemus ... da ei dne.
4868. Super volam manuum filii aedificata ... sacerdotes obsignantur.

RITUS IMPOSITIONIS MANUUM SUPER LECTORE QUEM DEI GRATIA VOCAT

4869. Stemus pulchre et convenienter in oratione ... consecratur.
4870. Iterum atque iterum perpetuo ... kyrie eleison.
4871. Dnus est qui hominibus terrenis ... docueris me praecepta tua.
4872. Stemus omnes in oratione coram deo ... exclamemus omnes.
4873. Superbia et humilitas simul incedebant ... superbi humiliabuntur.

RITUS ORDINATIONIS SUBDIACONI

4874. Iterum atque iterum perpetuo et omni tempore ... mihi concede.
4875. Sanctam et laudandam et benedictam ... dno supplicemus.
4876. Offerimus sanctitati vestrae o dne pater ... kyrie eleison.
4877. Stemus omnes in oratione coram eo qui novit ... secundum gratiam tuam.
4878. Convivium magnum et excelsum ... quae te deprecatur.
4879. Stemus omnes in oratione coram deo misericorde ... offeramus trinitati.

RITUS ORDINATIONIS DIACONI

4880. Stemus pulchre et convenienter in precibus ... manibus consecratur.
4881. Iterum atque iterum perpetuo et omni tempore ... dno supplicemus.
4882. Bona accepit ministerium nostrum ... offeramus trinitati.
4883. Offerimus sanctitati tuae o pater noster ... pater sancte dei.
4884. Stemus omnes in orationibus coram deo ... offert nomini tuo.
4885. Ministri ecclesiae contremiscite ... seraph applicuit.
4886. Stemus omnes in oratione coram deo ... indulgentia te exoret.

4887. Praeclare fecit dnus simeonem ... nec vincent eam.
4888. Super fundamentum veritatis petrum et paulum ... velut trium-phans.
4889. Stemus pulchre stemus in timore ... **kyrie eleison.**

RITUS ORDINATIONIS ARCHIDIACONI

4890. Stemus omnes in oratione coram eo ... offeramus **trinitati.**

RITUS ORDINATIONIS PRESBYTERI

4891. Stemus omnes pulchre in oratione.
4892. Iterum atque iterum continuo ... kyrie eleison.
4893. Offerimus sanctitati tuae o pater sancte ... kyrie eleison.
4894. Stemus omnes in oratione coram eo qui novit ... trinitatis emit-tamus.
4895. Ipse est qui elegit in medio ecclesiae ... kyrie eleison.
4896. Ascendit moyses in montem sinaï et vidit ... ad nos appro-pinquat.

RITUS ORDINATIONIS ARCHIPRESBYTERI

4897. Super volam manuum filii aedificata est ... **sacerdotes** consi-gnentur.
4898. Stemus pulchre in oratione.
4899. Stemus omnes in oratione coram deo ... exclamemus **ad** tri-nitatem.
4900. Offerimus sanctitati tuae o pater sancte ... kyrie eleison.
4901. Stemus omnes in oratione et oremus eum ... oremus **et prece-**mur.
4902. Stemus omnes in oratione et offeramus ... offeramus **trinitati.**
4903. Tu ille es qui elegit sibi in medio ... kyrie eleison.

RITUS ORDINATIONIS CHOREPISCOPI

4904. Stemus pulchre in oratione ...
4905. Iterum atque iterum continuo ... kyrie eleison.
4906. Stemus omnes in oratione coram deo misericorde ... offera-mus trinitati.
4907. Super volam manuum filii ecclesia aedificata ... et **oblectetur.**

RITUS ORDINATIONIS EPISCOPI

4908. Stemus pulchre in oratione ...
4909. Cum acceperunt apostoli in caenaculo spiritum ... pontificum et pastorum.
4910. Offerimus sanctitati tuae o pater noster sancte ... kyrie eleison.
4911. Benedictus est ille qui dedit sacerdotium ... in omnibus eccle-siis.
4912. Tibi laus deus dne terrae et caeli ... cum gaudio **egredietur.**
4913. Tu ille es qui elegit sibi in medio ecclesiae ... **qui bona** ope-rantur.
4914. Parce nobis secundum misericordiam tuam ... **kyrie eleison.**

ORDO QUO CONSECRATUR PATRIARCHA

4915. Quia dnus est spes nostra ... participes socii tui.
4916. Dilecti postquam praecepit jesus apostolis ... non marcescit.
4917. Gratia divina quae infirma sanat ... kyrie eleison.
4918. Stemus pulchre omnes in oratione ... dnum rogemus.
4919. Virgam fortitudinis mittet tibi dnus ex sion ... inimicis tuis.
4920. Stemus pulchre omnes ante eum qui in personis ... laudatur.
4921. Ille est cui cum timore et tremore ... voluntatis tuae consistunt.
4922. Tu qui cum patre senex es et cum spiritu ... scientiae adducat.
4923. Pro securitate et concordia totius mundi ... kyrie eleison.

687. Ordo 21 (A, II 301-317; V, II 108-114)

ORDO QUO MANUS LECTORIBUS IMPONUNTUR

4924. Dne noster adjuva nos ... ad rem hanc perficiendam.
4925. Virtus tua dne et ds noster perficiat ... donator dne omnium.
4926. Gratia dni nostri j. c. quae omni tempore ... redemptionem.
4927. Sanctifica hos servos tuos dne ds noster ... adorationem referimus.

ORDO QUO SUBDIACONUS ORDINATUR

4928. Aspice in hos servos tuos dne ds fortis ... adorationem referimus.

RITUS ORDINATIONIS DIACONI

4929. Purus et diligens puros dne ...
4930. Effunde lumen tuum purificans ... spiritus sanctus.
4931. Auxilium dne desiderandum misericordiae ... dne omnium.
4932. Christe qui dignus es cui homines inserviant ... dne omnium.
4933. Doce me dne viam mandatorum tuorum ... ministerium tuum.
4934. Tibi christe ministro domus sanctae ... dne omnium.
4935. Jesu dne caelestis qui statuit seipsum ministrum ... corde tranquillo.
4936. Christus dnus noster in bonitate ... sanctitatis tuae laudetis.
4937. Cum exercitu domus stephani et cohorte ... justo et athanasio.
4938. In multitudine dne in luce ... atque in fide.
4939. Gratiam spiritus sancti quam accepit ... vim habentibus.
4940. Christe qui apostolis sanctis spiritum ... in populo tuo sancto.
4041. In diuturnitate desiderium ejus ... intra altare tuum.
4942. Dnus qui laudatur in propinquis suis ... donum tuum acceperunt.
4943. Tibi mare magnum et immensum ... dne eorum.
4944. Ds noster bone et rex noster qui misericordiae ... referimus.
4945. Dne ds fortis omnipotens ... adorationem: referimus.
4946. Separatus est sanctificatus est ... spiritus sancti.
4947. Proximus est dnus christe ... donum tuum susceperunt.
4948. Non in manibus vestris prosperant ... te invocamus dne noster.

4949. Christus qui te obtulit in ministerium suum ... justitiae in saecula.

ORDINATIO SACERDOTUM

4950. Virtus tua dne ds noster et perficiat ... dne omnium.
4951. Venite accedamus ad sacerdotium ... dat saporem.
4952. Stola dne sacerdotii veteris et novi ... dne omnium.
4953. Oleo sanctitatis dne unge hos servos tuos ... dne omnium.
4954. Beatus ille dne in splendore ... in futuro saeculo.
4955. Christe sacerdos veritatis cujus sacerdotium ... non finitur.
4956. Ambulent de virtute ... labores eorum imple.
4957. Sors ad eos qui te adorant ... quaestum faciendi.
4958. Effunde dne ds noster gratiam tuam super hos ... dne omnium.
4959. Parcendo parce bona fecit ... gratiae tuae adorantibus te.
4960. Spiritus sanctus paraclitus qui descendit ... capita te adorantium.
4961. Quam multae misericordiae tuae ds ... per gratiam tuam sanctifica.
4962. Mysteria sunt disposita ... qui omnia sanctificat.
4963. Inunda dne ubertatem gratiae tuae ... dne omnium.
4964. Gratia dni nostri j. c. quae omni tempore ... redemptionem vitae nostrae.
4965. Ds noster bone et rex noster plene misericordiae ... referimus.
4966. Dne ds fortis et omnipotens factor caeli ... adorationem referimus.
4967. Separatus est sanctificatus est perfectus est ... spiritus sancti.
4968. Proximus est dnus tu es ille ... dona tua acceperunt.
4969. Non in manibus nostris prosperant viae nostrae ... invocamus.
4970. Laus sit deo et super nos misericordiae ... orate pro me in caritate.

ORDINATIO EPISCOPORUM

4971. Laus rivulis effusis gratiae tuae ... dne omnium pater.
4972. Illa gratia et illud donum ... in terra et in caelo.
4973. Tibi thesaurus abundans auxiliorum ... dne omnium.
4974. Te munerum dator et ad largitiones pronus ... dne omnium.
4975. Qui benedixit discipulis suis in bethania ... ovium gregis tui.
4976. Christe qui petro dedisti claves ... gregi tuo administret.
4977. Sit manus tua dextera ... cum decore et gloria.
4978. Redemptor noster filio jonae mandavit ... gradum gradui.
4979. Spiritus sanctus qui in ecclesia constituit ... supra laudem.
4980. In sacerdotio domus simeonis ... ovibus gregis tui.
4981. Redemptor noster qui simeonis dedisti claves ... ad gloriam tuam.
4982. O qui misertus est et vocavit servum suum ... et ei opitulare.
4983. Inhabitationem quam dextera tua segregavit ... oves gregis tui.
4984. Pastor magne gregis jesus spes ... majestatis tuae voluntatem.
4985. Corona honoris pulchritudinis tuae ... aemulus et zelator.

4986. Christus magnus pastorum qui per sanguinem ... vitam beatam.
4987. Pulchritudo tua ceteris pulchritudinibus ... fructumque ferat.
4988. Effunde dne rorem gratiae tuae et pluvias ... dne omnium pater.
4889. Gratia dni nostri j. c. quae omni tempore ... nunc et semper.
4990. Ds noster bone et liberalis ... misericordia unigeniti tui.
4991. Tollite in altum mentes et intellectum ... segregatus est.
4992. Ds dnus ab aeterno occultorum cognitor ... confessio et adoratio.
4993. Separatus est sanctificatus est perfectus est ... in saecula.

688. Ordo 22 (A, I 317-322; V, II 114-116)

ORDO CHIROTONIAE DIACONORUM

4994. Gratia dni nostri j. c. quae omni tempore supplet ... kyrie el.
4995. Veniat spiritus sanctus et habitet ... dne omnium laus tibi.
4996. Ordinatus est in ecclesia dei ... saeculi saeculorum.
4997. In laudem et honorem et decorem ... ecclesiae sanctae dei.

ORDO CHIROTONIAE PRESBYTERORUM

4998. Graita dni nostri j. c. quae omni tempore perficit ... kyrie el.
4999. Ordinatus est in ecclesia sancta dei ... saeculi saeculorum.
5000. Suscepimus gratiam tuam dne noster omnipotens ...
5001. Ad laudem et honorem et decorem ... ecclesiae sanctae dei.

ORDINATIO EPISCOPORUM METROPOLITARUM ET PATRIARCHARUM

5002. Gratia divina quae infirma sanat ... spiritus sancti.

689. Ordo 23 (A, II 322-334; V, II 116-120)

LIBER RITUUM CONSECRATIONIS SIVE ORDINATIONIS AD SACERDOTIUM TANTUM
ORDINATIO ANAGNOSTAE SIVE LECTORIS

5003. Supplices te rogamus et obsecramus ... spiritus sancte.
5004. O deus dives in donis tuis qui benignum ... spiritu sancto.
5005. Ds magnus amator hominum qui tenes ... spiritus sancte.
5006. O dne ds cujus filius o. tu qui praecessisti ... jesus christus.
5007. O fili haec est prima mentio ordinatorum ... laus datori intellectus.

ORDINATIO SUBDIACONI

5008. Dne ds virtutum qui duxisti et fecisti ... spiritu sancto.
5009. Gratia complente defectus nostros venit ad me ... in verbis nostris.
5010. Quaeso o dne pone eum dignum vocatione ... spiritu sancto.
5011. O dne ds o. qui purificasti in tabernaculo ... justitiae in jucunditate.

5012. Respice o dne ds supra ministerium nostrum ... spiritus sancte.
5013. Vocamus te in ecclesiam dei sanctam.
5014. Hic subdiaconus in ecclesia sancta dei.
5015. Vocamus te subdiaconum in ecclesia N. ... et spiritus sancti.
5016. Gratias agimus tibi o rex noster omnip. per omnia ...
5017. Gloria et honor nomini sancto tuo ... ecclesiam sanctam.
5018. Sint ipsi virtutes diaconi ne imponatur ... laus deo semper.
5019. O fili cum jam supra te collatus sit gradus ... in saecula saeculorum.

DE ORDINATIONE DIACONI

5020. O dne ds virtutum qui induxisti me ... spiritu sancto.
5021. Gratia dni nostri j. c. perficiens nostrum defectum ... spiritus sancti.
5022. Quaeso o dne pone eum consortem vocationis ... usque in saeculum.
5023. O dne ds o. verus sine falsitate ... jesum christum ille qui tecum.
5024. Respice o dne super nos et super ministerium ... spiritus sancte.
5025. Vocamus te in ecclesiam dei sanctam.
5026. Diaconus est in ecclesia sancta ... ecclesia dei.
5027. Ordinamus N. diaconum supra altare ... spiritus sancti.
5028. Gratias tibi agimus o dne o. per omnia ... j. c. ille qui tecum.
5029. Gloria et honor sanctae trinitati coaequali patri ... ecclesiae dei.
5030. Scias o fili benedicte hunc gradum ... amen amen amen.
5031. Diaconus constitutus est supra ecclesiam dei sanctam.

ORDINATIO SACERDOTIS

5032. O dne ds qui venire nos fecisti in sortem ... spiritu sancto.
5033. Gratia dni j. c. qui perfecit defectum nostrum ... spiritus sancti.
5034. Quaeso dne ds pone eum dignum vocatione ... spiritus sancti.
5035. O dne ds o. qui omnia creasti in verbo tuo ... procedit a te.
5036. Quaeso dne exaudi nos in iis quae supplices ... jesum christum qui ...
5037. Respice o dne supra nos et supra ministerium ... spiritus sancte.
5038. Vocamus te in ecclesiam dei sanctam.
5039. Sacerdos est altaris sancti ... ecclesia dei.
5040. Vocamus te N. sacerdotem altaris sancti ... spiritus sancti.
5041. Gloria et honor trinitati sanctae ... ecclesiae dei sanctae.
5042. Gratias tibi agimus o dne ds o. propter omnia ... jesu christi.
5043. Nota tibi sit o frater mensura doni ... laus deo semper.
5044. Dignus est N. ut sit sacerdos in ecclesia ... in pace dei.

CONSECRATIO PRAELATI

5045. O dne ds virtutum qui nos venire fecisti ... spiritu sancto.

5046. Gratia dni nostri j. c. defectus nostros complens ... spiritus sancti.
5047. Respice o dne super nos et super ministerium ... omni tempore.
5049. Vocamus te N. abigumenum in ecclesia sancta dei.
5050. Abigumenus supra altare mundum ... inest dei.
5051. Abigumenus in altari sancto praesentamus ... ecclesiam dei.
5052. Gratias tibi agimus o. propter omnem gloriam ... jesu christi.
5053. Notam tibi facio o frater mensuram hujus ordinis ... in gaudium dni tui.

PRAESENTATIO ARCHIDIACONI

5054. O dne ds magnus in donis tuis ... absque omni contrarietate.
5055. Tu nunc etiam o dne amator hominum accipe preces ... dignis ea.
5056. Nunc o rex noster supplices deprecamur bonitatem ... jesus christus.

CAPUT IX

De ritibus ad sacramentum matrimonii pertinentibus

ARTICULUS V

IN QUO VARII AD BENEDICENDAS NUPTIAS ORDINES REFERUNTUR

691. Ordo 1 (A, II 353-355; V, II 127)

INCIPIT ACTIO NUPTIALIS

5057. Adesto dne suppl. nostris et institutis ... te auxiliante servetur.
5058. Qs o. ds instituta providentiae tuae ... pace custodi.
5059. Adesto dne suppl. nostris et hanc oblationem ... gratia compleatur.
5060. Qui foedera nuptiarum blando ... perducat augmentum.
5061. Hanc igitur oblationem famulorum tuorum illorum ... benignus annorum.
5062. Hanc igitur oblationem dne famulorum ... diebus vitae suae.
5063. Ds qui mundi crescentis exordio ... mutua copulentur.
5064. Pater mundi conditor nascentium genitor ... regna perveniat.
5065. Dne s. p. o. ae. ds iteratis precibus te supplices ... pervenerunt.
5066. Exaudi nos dne s. p. o. ae. ds ut quod nostro ... impleatur.

692. Ordo 2 (A, II 355-356; V, II 127-128)

INCIPIT ORDO AD SPONSUM ET SPONSAM BENEDICENDAM

5067. Creator et conservator humani generis dator ... super hunc anulum.

5068. Benedic dne anulum istud ut in ejus figura pudicitiam custodiant.
5069. Benedicat et custodiat vos ds pater ostendatque ... vitam aeternam.
5070. Ds abraham ds isaac ds jacob ipse vos conjungat ... in vobis.
5071. Benedic dne de caelis hanc conventionem ... in longitudinem dierum.
5072. Ds abraham ds isaac ds jacob benedic adolescentes ... vivit et regnat.

693. Ordo 3 (A, II 356-359; V, II 128-129)

BENEDICTIO SUPER SPONSUM ET SPONSAM

5073. Creator et conservator humani generis dator ... super hunc anulum.
5074. Benedic dne hunc anulum quem nos in tuo sancto ... dierum.
5075. Ds abraham ds isaac ds jacob custodiat vos ... in saecula saeculorum.
5076. Benedicat vos ds pater custodiat vos jesus ... in saecula saeculorum.
5077. Ds abraham ds isaac ds jacob benedic adolescentes ... vivit et regnat.
5078. Respice dne et benedic de caelis conventionem ... longitudinem dierum.
5079. Respice dne propitius super hunc famulum tuum ... regna perveniant.
5080. O. ds qui primos parentes nostros adam et evam ... conjungat.
5081. Benedicat vos dnus omni benedictione ... placere valeatis.
5082. O. s. ds qui dedisti famulis tuis ...
5083. Exaudi nos o. et m. ds ut quod nostro ... potius impleatur.
5084. Sanctifica qs dne ds trinitas ...
5085. Adesto dne supplic. nostris et hanc oblationem ... benignus assume.
5086. VD. Qui cum unigenito ...
5087. Propitiare dne supplic. nostris et institutis ... servetur.
5088. Ds qui potestate virtutis tuae de nihilo cuncta ... regna perveniat.
5089. Ds o. instituta providentiae tuae ... pace custodias.
5090. Benedic dne istum panem et hunc potum ... salvator mundi.
5091. Benedic dne thalamum istum et omnes habitantes ... in longitudinem dierum.
5092. Benedicat ds corpora et animas vestras ... isaac et jacob.
5093. Manus dni sit super vos mittatque ... diebus vitae vestrae.

694. Ordo 4 (A, II 360-363; V, II 129-130)

5094. In nomine patris et filii et spiritus sancti.
5095. Benedic dne anulum hunc quem in tuo nomine ... in longitudinem dierum.

5096. Creator et conservator humani generis dator ... super hunc anulum.
5097. De isto anulo te sponso et de isto auro ... dote doto.
5098. Ds abraham ds isaac ds jacob ipse conjungat vos ... vivit et regnat.
5099. Respice dne de caelo sancto tuo super hanc ... in longitudinem dierum.
5100. Ds abraham ds isaac ds jacob benedic adolescentes ... unigenitum.
5101. Benedicere dne hunc famulum et hanc famulam ... valeant adhaerere.
5102. O. ds qui primos parentes nostros adam et aevam ... conjungat.
5103. Benedicat et custodiat vos ds pater ostendatque ... saecula saeculorum.
5104. Benedicti sitis vos semper a dno caeli ... in saecula saeculorum.
5105. Exaudi nos o. et m. ds ut quod nostro ministratur ... impleatur.
5106. Suscipe qs dne pro sacra connubii lege ... esto dispensator.
5107. VD. Qui foedera nuptiarum blando concordiae ... dominationibus.
5108. Hanc igitur oblationem famulorum ... placatus accipias.
5109. Propitiare dne supplic. nostris et institutis ... auxiliante servetur.
5110. Ds qui potestate virtutis tuae de nihilo ... perveniat senectutem.
5111. Benedictio patris o. et filii et spiritus sancti super vos descendat.
5112. Qs o. ds instituta providentiae tuae pio amore ... pace custodias.
5113. Dne s. p. o. te supplices exoramus ut conjunctionem ... meruerunt.
5114. Benedic dne hunc potum et hoc vasculum ... mereatur in caelis.
5115. Ds humilium visitator qui nos fraterna ... qui in eo habitant.
5116. Benedic dne thalamum hunc et omnes habitantes ... in longitudinem dierum.
5117. Benedicat vos pater et filius ... unus est in nomine.

695. **Ordo 5** (A, II 363-365; V, II 130-131)

DE BENEDICTIONE NUBENTIUM

5118. Benedic dne arras istas quas hodie ... possidere mereantur.
5119. Dne ds o. qui in similitudinem connubii isaac cum rebecca ...
5120. Exaudi nos o. et m. ds qui nostro ministratur ... impleatur.
5121. Suscipe qs dne pro sacra connubii lege ... operis esto dispositor.
5122. In nomine patris et filii et spiritus sancti.
5123. Propitiare dne ...
5124. Ds qui potestate virtutis tuae ...
5125. Qs o. ds instituta providentiae tuae ...

5126. Dne s. p. o. ae. ds iteratis precibus ...

5127. Benedicat vobis dnus o. oris nostri eloquio ... saecula saeculorum.

5128. In nomine patris ... ds abraham ds isaac ... benedictionem suam in vobis.

5129. In nomine patris ... ambulate in pace.

5130. Ds cujus benedictione plena constituunt quae in tui nominis ...

696. Ordo 6 (A, II 365-366; V, II 131-132)

INCIPIT OFFICIUM IN BENEDICTIONE SPONSI ET SPONSAE ANTE PORTAS ECCLESIAE

5131. Creator et conservator humani generis ... ad aeternam salutem.

5132. In nomine patris et filii et spiritus sancti.

5133. Ds abraham ds isaac ds jacob ipse vos conjungat ... in vobis.

5134. Respice dne super hanc conjunctionem et ... in longitudinem dierum.

3135. Propitiare dne ...

5136. Ds qui potestate virtutis tuae de nihilo cuncta fecisti ...

OFFICIUM IN BENEDICTIONE SPONSI ET SPONSAE INTRA THALAMUM A SACERDOTE FACIENDA ISTA DICENDO

5137. Ds abraham ds isaac ds jacob ipse conjungat vos ... in vobis.

5138. Benedic dne adolescentes istos sicut ... in longitudinem dierum.

5139. Benedicat vos ds pater custodiat vos ... in saecula saeculorum.

5140. Benedictio dei o. patris et filii et spiritus sancti ... maneat semper.

697. Ordo 7 (A, II 367-369; V, II 132-133)

AD SPONSALIA FACIENDA ORDO EST TALIS

5141. Creator et conservator generis humani ... ad aeternam salutem.

5142. Ds abraham ds isaac ds pacob sit vobiscum ... in vobis.

5143. Benedicat vos ds pater custodiat vos ... in saecula saeculorum.

5144. Ds abraham ds isaac ds jacob benedic adolescentes ... sancti deus.

5145. Benedic dne de caelis hanc conventionem ... in longitudinem dierum.

5146. Respice dne super hunc famulum tuum et famulam ... perveniant.

5147. Benedicat vos ds omni benedictione caelesti ... placere valeatis.

5148. Propitiare dne ...

5149. Ds qui potestate virtutis tuae ...

5150. Benedic dne creaturam istam panis et vini ... ad tutelam percipiat.

5151. Benedic dne thalamum istum et omnes ... in longitudinem dierum.

5152. Benedicat ds corpora vestra et animas vestras ... vitae vestrae.

5253. Benedic dne hunc potum et hoc vasculum ... salvator mundi.

698. Ordo 8 (A, II 369-372; V, II 133)

INCIPIT ORDO AD SPONSAM BENEDICENDAM

5154. Manda ds virtuti tuae confirma hoc ... probati sunt argento.
5155. Creator et conservator humani generis ... ad aeternam salutem.
5156. Ds abraham ds isaac ds jacob ipse vos conjungat ... in vobis.
5157. Respice dne super hanc generationem ut ... in longitudinem dierum.
5158. In nomine patris et filii et spiritus sancti.
5159. Exaudi nos omnipotens ...
5160. Suscipe ...
5161. VD. Qui foedera nuptiarum blando ... perducat augmentum.
5162. Propitiare ...
5163. Ds qui potestate virtutis tuae ...
5164. Proficiat nobis ad salutem corporis ... trinitatis confessio.
5165. Qs o. ds instituta ...
5166. Accipe eam in nomine patris et filii ... benedictionem suam in vobis.
5167. Adesto dne suppl. nostris et hanc domum serenis ... fiat habitaculum.
5168. Ds abraham ds isaac ds jacob benedicat adolescentes ... fidelium.
5169. Ds cuius benedictione plena sunt omnia ... sufficienter assistat.
5170. Benedictio quam deus super isaac ... cordibus vestris.

699. Ordo 9 (A, II 372-374; V, II 133-134)

ORDO SPONSALIUM

5171. Benedic dne anulum hunc quem nos ... in longitudinem dierum.
5172. Creator et conservator humani generis ... aeternae salutis.
5173. In nomine patris et filii et spiritus sancti.
5174. Ds abraham ds isaac ds jacob sit vobiscum ... in vobis.
5175. Benedicat et custodiat vos jesus christus ... vitam aeternam.
5176. Respice dne de caelo sancto tuo super hanc ... eos perfunde.
5177. Respice dne de caelo sancto tuo super hanc ... in longitudinem dierum.
5178. Ds abraham ds isaac ds jacob benedic adolescentulos ... unigenitum.
5179. Coenam suae familae benedicat rex gloriae ... spiritus sancti.
5180. Exaudi nos dne s. p. o. ae. ds et mittere digneris ... in hoc habitaculo.

700. Ordo 10 (A, II 374-376; V, II 134-135)

5181. Creator et conservator ...
5182. Ds abraham ds isaac ds jacob sit vobiscum ... in vobis.

5183. Respice dne super hanc conventionem ...
5184. In nomine patris et filii et spiritus sancti.
5185. O. s. ds qui dedisti famulis ...
5186. Exaudi nos o. et m. ds ut quod nostro ...
5187. Sanctifica qs dne per invocationem ...
5188. Suscipe qs dne pro sancta ...
5189. Propitiare dne ...
5190. VD. Qui potestate virtutis ...
5191. Proficiat nobis ad salutem ...
5192. Qs o. ds instituta ...
5193. Benedic dne creaturam istam panis qui benedixisti quinque panes ...
5194. Potum servorum suorum benedicat ... spiritus sancti.
5195. In nomine patris et filii et spiritus sancti.
5196. Benedic dne thalamum hunc ...
5197. Benedic dne adolescentulos istos sicut benedixisti ...
5198. Benedictio dei o. patris ... maneat semper vobiscum.

701. Ordo 11 (A, II 376-378; V, II 135-136)

ORDO AD MATRIMONIUM CONTRAHENDUM PER VERBA DE FUTURO

5199. Et ego affido vos in nomine patris et filii et spiritus sancti.

AD MATRIMONIUM CONTRAHENDUM PER VERBA DE PRAESENTI

5200. In nomine patris et filii et spiritus sancti.
5201. Propitiare ...
5202. Ds qui potestate virtutis ...
5203. Respice dne ...
5204. Benedicat vos pater et filius et spiritus sanctus ... saeculorum.
5205. Largitor donorum benedicat panem ... spiritus sancti.

DE MULIERIBUS POST PARTUM PURIFICANDIS

5206. Benedic dne hanc creaturam panis ...

702. Ordo 12 (A, II 378-382; V, II 136-137)

MODUS ADMINISTRANDI MATRIMONII SACRAMENTUM

5207. Affido vos in nomine patris et filii et spiritus sancti.
5208. Benedic dne has arrhas quas hodie tradet famulus tuus.
5209. Ds abraham ds isaac ds jacob ipse conjungat vos ... in vobis.
5210. Respice dne super hanc conventionem ... spiritus sancti.
5211. Creator et conservator humani generis ... spiritus sancti.
5212. In nomine patris et filii et spiritus sancti.
5213. Desponso vos in nomine patris et filii et spiritus sancti.
5214. Ds abraham ds isaac ...
5215. Respice dne super hanc ...
5216. Benedic dne thalamum et omnes habitantes ... in longitudine dierum.

5217. Respice dne de caelo sancto tuo ...
5218. Benedicat vos pater ... qui trinus est ... saecula saeculorum.
5219. Dnus largitor bonorum benedicat istum panem et vinum ...

DE MULIERIBUS POST PARTUM PURIFICANDIS

5220. Benedic dne hanc creaturam panis ... spiritus sancti.

703. Ordo 13 (A, II 382-384; V, II 137-138)

DE MATRIMONIO CONTRAHENDO

5221. Sit dne ds nostris obsequiis tua praesens gratia ... spiritus sancti.
5222. Desponso vos in facie ecclesiae.

704. Ordo 14 (A, II 384-387; V, II 138-139)

RITUS ET FORMA CELEBRANDI SOLEMNITER SPONSALIA

5223. Venisti huc ex libera tua voluntate ... hic manu tenes?
5224. Ergo tu hic in mea ac astantium ... hic manu tenes?
5225. Ego igitur tamquam publicus ecclesiae dei minister ... tales decretum.

RITUS AC FORMA SOLEMNITER CELEBRANDI SACRAMENTUM MATRIMONII

5226. In nomine patris et filii et spiritus sancti inchoetur mysterium.
5227. Ego do fidem meam matrimonialem ... omnes sancti ejus.
5228. Ds abraham ds isaac ds jacob ds qui protoplastos ... spiritus sancti.

705. Ordo 15 (A, II 387-390; V, II 139-140)

ORDO CELEBRANDI MATRIMONIUM

5229. Vis accipere et jam nunc accipis ... volo et accipio.
5230. Ego authoritate sanctae matris ecclesiae ... spiritus sancti.
5231. Per aquae benedictae aspersionem ... gratiam et benedictionem.
5232. Benedic qs dne anulum hunc ...
5233. In nomine patris et filii et spiritus sancti.
5334. Respice qs dne hanc conjunctionem ...
5235. Ds qui potestate virtutis tuae de nihilo cuncta fecisti.
5236. Ds abraham ds isaac ds jacob sit vobiscum ...
5237. Pax et benedictio dei omnip. patris ... maneat semper.

706. Ordo 16 (A, II 390-402; V, II 140-144)

ORDO SERVARI SOLITUS IN SPONSALIBUS CELEBRANDIS

5238. Ds ae. qui divisa a se invicem in unitate ... deducens illos.
5239. Quia misericors et hominum amator ... in saecula saeculorum.
5240. Dne ds noster qui ex gentibus ecclesiam ... in pace et concordia.

5141. Tibi enim convenit omnis gloria honor ... in saecula saeculorum.
5242. Subarrhatur servus dei N. propter ancillam ... saecula saeculorum.
5243. Dne ds noster qui cum puero patriarchae abraham ... omnibus diebus eorum.
5244. Quia tu benedicis et sanctificas omnia ... in saecula saeculorum.

OFFICIUM CORONATIONIS NUPTIARUM

5245. Ds illibate et omnis creaturae opifex qui ... conducunt postulate.
5246. Quia ds misericordiae miserationum ... in saecula saeculorum.
5247. Benedictus es dne ds noster mysticarum ... in saecula saeculorum.
5248. Ds sancte qui e pulvere hominem formasti ... prolis fruitionem.
5249. Quia tua est potentia et tuum est regnum ... in saecula saeculorum.
5250. Coronatur servus dei N. propter ancillam ... spiritus sancti.
5251. Dne ds noster gloria et honore corona illos.
5252. Dicamus omnes ex tota anima ... salute visitatione.
5253. Quia misericors et benignus deus existis ... in saecula saeculorum.
5254. Dne ds noster qui in tua salutari ... in saecula saeculorum.
5255. Et concede nos dne cum fiducia ... patrem et dicere.
5256. Quia tuum est regnum et gloria patris ... in saecula saeculorum.
5257. Ds qui cuncta tua virtute condidisti qui orbem ... benedictione.
5258. Quia benedictum est nomen tuum ... in saecula saeculorum.
5259. Magnificare sponse sicut abraham et sicut isaac ... praecepta dei.
5260. Et tu sponsa magnificare sicut sara et laetare ... deo complacuit.
5261. Dne ds noster qui in cana galilaeae advenisti ... in saecula saeculorum.
5262. Pater et filius et spiritus sanctus sanctissima ... omnium sanctorum.
5263. Christus verus deus noster qui per adventum ... et salvet nos.

ORATIO CUM SOLVUNTUR CORONAE OCTAVA DIE

5264. Dne ds noster qui anni coronae benedixisti ... in saecula saeculorum.
5265. Pacta firmantes nos servi tui dne ... in saecula saeculorum.

OFFICIUM IN BIGAMOS

5266. Ds ae. qui divisa a se invicem in unitate ... deducens illos.
5267. Dne ds noster qui ex gentibus ecclesiam ... in saecula saeculorum.

5268. Subarrhatur servus dei N. propter ancillam ... sancti spiritus.
5269. Dne ds noster qui omnibus provides ... in saecula saeculorum.
5270. Dne j. c. verbum dei qui in pretiosa ... in saecula saeculorum.
5271. Ds sancte qui e pulvere hominem formasti ... prolis fruitionem.
5272. Quia tua est potentia et tuum est regnum ... in saecula saeculorum.
5273. Coronatur servus dei N. propter ancillam ... spiritus sancti.
5274. Dne ds noster gloria et honore coronasti illos.
5275. Quia misericors et benignus deus existis ... in saecula saeculorum.
5276. Dne ds noster qui in salutari tua dispensatione ... concede.
5277. Tu enim es deus noster ds miserandi et salvandi ... saecula saeculorum.
5278. Ds qui cuncta tua virtute fecisti qui orbem ... spirituali benedictione.
5279. Quia benedictum est nomen tuum ... in saecula saeculorum.
5280. Magnificare sponse sicut abraham ... dei mandata.
5281. Et tu sponsa magnificare sicut sara ... deo placitum est.
5282. Dne ds noster qui in cana galilaeae advenisti ... saeculorum.
5283. Pater et filius et spiritus sanctus sanctissima ... sanctorum.
5284. Christus verus deus noster qui per adventum in cana ... salvet nos.

LIBER SECUNDUS

DE SACRIS BENEDICTIONIBUS

CAPUT I

De benedictione seu ordinatione abbatum et abbatissarum

709. Ordo 2 (A, II 410-425; V, II 146-152)

ORDO AD ORDINANDUM ABBATEM VEL ABBATISSAM

5285. Exaudi nos qs o. ds et famulum tuum N. quem ad regimen ... placeamus.
5286. Ds cui omnis potestas et dignitas est ... placere contendat.
5287. In nomine dni nostri j. c. accipe baculum ... pastori pastorum.
5288. Cunctorum institutor ds qui per moysen famulum tuum ...
5289. O. s. ds affluentem illum spiritum tuae benedictionis ...

710. Ordo 3 (A, II 426-429; V, II 152-153)

ORDO AD FACIENDUM DECANUM CANONICORUM

5290. Ds qui corda ...
5291. Adesto supplic. nostris o. ds et quod ... impleatur effectu.
5292. Benedic dne hunc famulum tuum N. quem ad regimen ... praestare digneris.
5293. Accipe gregis dominici paternam providentiam ... jesu christo.
5294. Sta et retine locum a deo ... augeat tibi gratiam.

INCIPIT E ORDINATIONE ABBATIS MONACHORUM

5295. Carissime fr. quia gratia dei et electio ... volo.
5296. Ego ille N. nunc ordinandus abbas ... propria manu firmo.
5297. Baltheo verae castitatis et gratia ... gloria in saecula.
5298. Concede qs o. ds ut famulum tuum N. quem hodie ... placeamus.
5299. O. ae. ds fons et origo honorum te suppliciter deprecamur ...
5300. Exaudi dne preces nostras et super hunc famulum ... valeat praebere.
5301. Cunctorum institutor ds ...
5302. Ds cui omnis potestas et dignitas famulatur ... placere contendat.
5303. Omnium dne fons bonorum ...
5304. Accipe baculum pastoralem et animarum ... redditurus es rationem.

5305. Accipe gregis dominici paternam providentiam.

ORDO AD BENEDICENDAM ABBATISSAM

5306. Exaudi dne preces nostras et super hanc famulam tuam ...
5307. Dne ds o. qui sororem moysi mariam ...

711. **Ordo 4** (A, II 429-432; V, II 153-155)

ORDO ELECTIONIS VEL CONSECRATIONIS ABBATIS

5308. Dei omnip. judicio actum est ... s. benedictus jubet.
5309. Exaudi nos qs dne o. ds et famulum tuum N. ... electione placeamus.
5310. Ds cui omnis potestas et dignitas est ... placere contendat.
5311. In nomine dei nostri j. c. accipe baculum pastoralem ... pastorem.
5312. Sit dnus ds tuus benedictus cui complacuit ... non te deserat.
5313. Cunctorum institutor ds qui per moysen ...
5314. O. s. ds affluentem spiritum tuae benedictionis ...

ORDO AD ABBATEM CANONICORUM VEL MONACHORUM FACIENDUM

5315. O. s. ds qui facis mirabilia solus praetende super famulum tuum ...
5316. Carissime fr. quia gratia dei et electio ... volo.
5317. Ego N. nunc ordinandus abbas canonicorum ... manu confirmo.
5318. Benedic dne hunc famulum tuum N. quem ad regimen animarum ...
5319. Accipe gregis dominici paternam providentiam ... haereditatis pascua.
5320. Accipe baculum pastoralis officii ut sic ... censuram non deserens.
5321. Accipe potestatem regendi hanc ecclesiam ... exterius pertinent.
5322. Sta in justitia et sanctitate ... augeat tibi gratiam.
5323. Exaudi dne preces nostras et super hunc famulum ... exemplum praebere.

712. **Ordo 5** (A, II 433-435; V, II 155)

BENEDICTIO VEL ORDINATIO ABBATIS QUOMODO EPISCOPUS EUM DEBEAT ORDINARE

5324. Adest electus noster ad benedictionem ... ad ordinem accedere.
5325. Vis tuum propositum et s. benedicti regulam ... servare ea valeas.
5326. Concede qs o. ds affectui nostro ...
5327. Dne ds o. exaudi preces nostras ...
5328. Exaudi dne preces nostras quas in conspectu tuae majestatis ...
5329. Accipe regulam a sanctis patribus vobis traditam ... permiserit.

5330. Accipe baculum pastoralem quem perferas ... severitatis et correctionis.

ELECTIO ABBATIS CANONICORUM

5331. Adesto supplicationibus nostris ...
5332. Benedic dne hunc famulum tuum N. quem ad regimen animarum. ...
5333. Accipe gregis dominici paternam providentiam ... qui cum patre.
5334. Accipe virgam pastoralis sollicitudinis ... in gaudium dni tui.

IN ORDINATIONE ABBATISSAE

5335. Exaudi preces nostras et super hanc famulam tuam ...
5336. Omnipotentiam tuam dne humiliter imploramus ...
5337. VD. Adesto precibus nostris adesto votis ...
5338. Accipe regulam sanctae conversationis ... saecula saeculorum.
5339. Accipe baculum pastoralitatis quem perferas ... et correctionis.
5340. Dne ds o. qui sororem moysi mariam ...

713. **Ordo 6** (A, II 435-441; V, II 156-158)

ORDINATIO ABBATIS

5341. Ecclesiae nostrae fr. car. pater electus ... ad ordinem accedere.
5342. Concede qs o. ds affectui nostro ... electione placeamus.
5343. Vis s. benedicti regulam custodire ... volo.
5344. Ego ille N. nunc ordinandus abbas ... propria manu firmo.
5345. Cunctorum bonorum institutor deus qui per moysen famulum ...
5346. VD. Respice qs super hunc famulum tuum ... coronam accipiat.
5347. O. s. ds affluentem spiritum benedictionis famulo tuo ...
5348. Ds omnium fidelium pastor et rector ...
5349. Baltheo verae castitatis et gratia ... in saecula saeculorum.
5350. Omnium creaturarum dominator dne qui inter ... conferatur palma.
5351. O. piissime et misericordissime dne ds noster ... feliciter donandus.
5352. Exaudi dne qs preces nostras quas in conspectu ... daturum esse in caelis.
5353. Accipe regulam a sanctis patribus nobis traditam ... permiserit.
5354. Te omnipotens et piissime deprecamur ...
5355. Ds sine quo nihili potest benedici ... ubertate repleatur.
5356. O. et m. ds qui ineffabili bonitate votis ... immaculatum conservet.
5357. Accipe baculum pastoralitatis quem perferas ... et correptionis.
5358. Ds cui omnis potestas et dignitas famulatur ... placere contendat.
5359. Sta et retine locum a deo tibi delegatum ... saecula saeculorum.

5360. Omnium dne fons bonorum justorumque provectuum ...
5361. Ds aeternae lucis inventor ...

MISSA PRO ABBATE

5362. Concede qs dne famulo tuo abbati ... pastore percipiat.
5363. Munera nostra qs dne suscipe placatus ... ubique protege.
5364. Benedicat te deus caeli adjuvet te christus ... super vos descendat.
5365. Haec nos communio purget a crimine ... pietate conservet.

714. **Ordo 7** (A, II 441-442; V, II 158)

ORDO AD ABBATEM BENEDICENDUM VEL ABBATISSAM

5366. Actiones nostras qs dne aspirando praeveni ... coepta finiatur.
5367. Concede qs o. ds ut famulum tuum N. quem ad regimen ... eligimus.
5368. Cunctorum bonorum institutor ds qui per moysen ...
5369. O. s. ds affluentem spiritum tuae benedictionis ...
5370. Accipe regulam a sanctis patribus nobis traditam ... permiserit.
5371. Te o. et piissime deprecamur dne ...
5372. Accipe baculum pastoralitatis quem perferas ... et correctionis.
5373. Ds cui omnis dignitas et potestas famulantur ...
5374. Dne ds o. qui sororem moysi mariam ...
5375. Omnium dne fons bonorum justorumque ... operibus comprobare.

715. **Ordo 8** (A, II 442-445; V, II 158-159)

DE ORDINATIONE REGULARIS ABBATIS QUALITER PER ORDINEM REGULARIS ORDINANDUS EST ABBAS

5376. O. s. ds qui facis mirabilia solus ...
5377. Actiones nostras ...
5378. Concede qs o. ds ut famulum tuum N. quem ... electione placeamus.
5379. Cunctorum bonorum institutor ds qui moysen famulum tuum ...
5380. Aeterne ds omnium fons bonorum te suppliciter deprecamur ...
5381. Suscipiat te largiente hodie dne in bono opere ...
5382. Omnium fons bonorum justorumque remunerator profectuum ...
5383. Accipe baculum pastoralis officii ut sis in corrigendis ... memor eris.
5384. Ds cui omnis potestas et dignitas famulatur ...
5385. Accipe gregis dominici paternam providentiam ... jesu christo.
5386. Accipe regulam a sanctis patribus traditam ... permiserit.
5387. Te o. ac piissime deprecamur dne hunc famulum tuum ...
5388. Sta in justitiae sanctitate et retine ... augeat tibi gratiam.
5389. Exaudi dne preces nostras et super hunc famulum tuum ...

ORDO AD ABBATISSAM FACIENDAM

5390. Concede qs o. ds affectui nostro ...
5391. Cunctorum bonorum institutor ...
5392. Aeterne ds omnium fons et origo bonorum ...
5393. Suscipiat te largiente hodie dne in bono opere ...
5394. Ds cui omnis potestas et dignitas famulatur ...
5395. Omnium dne fons bonorum justorumque profectuum ...
5396. Accipe regulam ...
5397. Sta in justitia et sanctitate ...
5398. Concede qs o. ds famulae tuae abbatissae ...
5399. Famulam tuam dne tuae custodia muniat pietatis ...
5400. Ds cui omnis potestas et dignitas famulatur ...

716. **Ordo 9** (A, II 445-448; V, 159-160)

ORDO AD BENEDICENDUM ABBATEM

5401. Qs o. ds famulum tuum quem ad regimen ... electione placeat.
5402. Vis propositum tuum et s. benedicti ... conservare eas valeas.
5403. Concede qs dne huic famulo tuo electo ut praedicando ...
5404. Cunctorum bonorum institutor ds ...
5405. VD. Affluentem spiritum tuae benedictionis ... abbas instituitur.
5406. Ds omnium fidelium pastor et rector ...
5407. Accipe regulam a ss. patribus nobis traditam ...
5408. Accipe baculum pastoralitatis ...
5409. Accipe anulum fidei signaculum ...
5410. Accipe frater car. veteris et novi testamenti ... spiritus sancti.
5411. Ds aeternae lucis inventor ...
5412. Munera nostra qs dne suscipe placatus ... misericorditer protege.
5513. Benedicat te ds caeli adjuvet te christus ... maneat semper.
5414. Haec nos communio dne purget a crimine ... pietate conservet.

717. **Ordo 10** (A, II 448-451; V, II 160-161)

MODUS ET FORMA ELIGENDI ABBATEM

5415. O. s. ds miserere famulo tuo N. et dirige eum. ... virtute perficiat.

CAPUT II

De benedictione monachorum

718. **Ordo 1** (A, II 352-455; V, II 162-163)

INCIPIT PROBATIO NOVITIORUM

5416. Praesta qs dne huic famulo tuo renuntianti saecularibus pompis ...

5417. Tu famulum tuum qs dne bonis moribus ... beneficia promereri.
5418. Ds qui famulum tuum a saeculi vanitate conversum ... pertingat.
5419. Da qs dne famulo tuo N. indulgentiam ... accipere mereatur.
5420. Ds bonarum virtutum dator et omnium ... defendi mereatur.
5421. Ds qui vestimentum salutare et indumentum ... percipere mereatur.
5422. Ds qui renuntiantibus saeculo mansionem paras ... sentiatur in opere.
5423. Accipe vestem indue sanctitatis decorem ... christi perferas.
5424. Clementissime dominator dne tuam invocamus ... a saeculo conversum ...
5425. O. et m. ds sanctae religionis origo omnisque ... pervenire mereatur.

720. **Ordo 2** (A, II 455-456; V, II 163)

INCIPIT BENEDICTIO MONACHORUM

5426. Ds qui vestimentum salutare et indumentum ... percipere mereatur.
5427. Ds bonarum virtutum dator et omnium benedictionum ... defendi mereatur.
5428. Promitto deo ego N. et sanctis ejus in quorum ... in die judicii.
5429. Suscipe qs dne hunc famulum tuum ad te ... feliciter muneratur.
5430. Famulum tuum dne qs tuae custodia muniat ... inlaesum custodiat.
5431. Ds qui renunciantibus saeculo mansionem ... sentiatur in opere.

721. **Ordo 3** (A, II 456-457; V, II 163-164)

OBLATIO PUERI

5432. Adesto dne suppl. nostris et hunc famulum ... mereatur aeternam.

AD BENEDICENDUM MONACHUM

5433. Ds indulgentiae pater ...
5434. Ds qui per coaeternum filium tuum ...
5435. Dne j. c. qui es via ...
5436. Sancte spiritus ...
5437. Dne j. c. qui regimen ...
5438. Exuat te dnus veterem hominem cum actibus suis.
5439. Induat te dnus novum hominem ... sanctitate veritatis.
5440. Ds m. ds clemens cui cuncta bona placent ... valeat consortium.

722. Ordo 4 (A, II 457-458; V, II 164)

5441. Sancti spiritus ...
5442. Exuat te dnus ...

723. Ordo 5 (A, II 458-460; V, II 164-165)

BENEDICTIO VESTIMENTORUM MONACHORUM

5443. Dne ds virtutum bonorum dator et omnium benedictionum largitor.
5444. Dne j. c. qui regimen nostrae mortalitatis ...

ORDO QUALITER CONSECRARI DEBET QUIS NOVITER VENIENS AD MONASTERIUM

5445. Ds castorum corporum benignus habitator ... donante valeat.
5446. Ds indulgentiae pater qui severitatem tuae dilectionis ...
5447. Ds qui per coaeternum filium tuum ...
5448. Dne j. c. qui es via sine qua nemo venit ad patrem ...
5449. Exuat te dnus veterem hominem cum actibus et moribus suis.
5450. Induat te dnus novum hominem ... sanctitate veritatis.
5451. Adesto dne suppl. nostris et hunc famulum tuum ... mereatur aeternam.
5452. Te invocamus dne s. p. o. ae. ds super hunc famulum tuum ... spiritus sancti.
5453. Praesta dne famulo tuo renuncianti saecularibus ... gaudeat evasisse.
5454. Sancte spiritus qui te dnum ac deum revelare mortalibus ...
5455. Ds qui renunciantibus saeculo mansionem ... sentiatur in opere.

724. Ordo 6 (A, II 461-462; V, II 165)

ORDO AD MONACHUM FACIENDUM ET CORONAM BENEDICENDAM

5456. Oremus dil. fr. dnum nostrum j. c. pro hoc famulo suo ...
5457. Praesta qs o. ds huic famulo tuo N. cujus hodie capitis comam ...
5458. Exue veterem hominem cum actibus suis et indue ...
5459. Adesto dne suppl. nostris et hunc famulum tuum benedicere ...

ORDO QUALITER ABBAS DEBEAT MONACHOS FACERE PROFESSOS

5460. Ego frater N. promitto stabilitatem ...
5461. Ds qui famulum tuum a saeculi vanitate ...
5462. Ds indulgentiae pater qui severitatem tuae districtionis ...
5463. Dne j. c. qui es via sine qua nemo venit ad patrem ...
5464. Ds qui per coaternum filium tuum cuncta creasti ...
5465. Ds aeternorum bonorum fidelissime promissor ...
5466. Praesta dne qs huic famulo tuo renuntianti saecularibus pompis ...
5467. Ds bonarum virtutum dator et omnium benedictionum largus

infusor ...

5468. Dne j. c. qui tegumen nostrae mortalitatis induere ...
5469. Indue novum hominem qui secundum deum ... sanctitate veritatis.
5470. Ds qui renunciantibus saeculo mansionem paras ...
5471. Adesto dne suppl. nostris et hunc famulum tuum ...

725. **Ordo 7** (A, II 462-463; V, II 166)

DE PROFESSIONE NOVITIORUM

5472. O. s. ds miserere huic famulo tuo et dirige eum ...
5473. Ds qui non vis mortem peccatoris sed poenitentiam ...
5474. Adesto dne suppl. nostris et hunc famulum tuum ...
5475. Ego frater talis offerens trado ... renuncio propriis.
5476. Quamvis per gratiam baptismi fratres unum simus ... repromissa percipere.

726. **Ordo 8** (A, II 463-464; V, II 166)

5477. Ego frater N. promitto stabilitatem meam ... dni N. abbatis.
5478. Ds indulgentiae pater ...
5479. Ds qui per coaeternum ...
5480. Dne j. c. qui es via ...
5481. Sancte spiritus qui te deum ...
5482. Ds misericors ...

MISSA PRO MONACHIS

5483. O. s. ds qui arctam et angustam jussisti ... largire perpetua.
5484. Munera qs dne famuli tui N. diganter suscipe ... potenter eripe.
5485. Haec nos qs dne divini sacramenti perceptio ... clementer eruat.

729. **Ordo 10** (A, II 468-469; V, II 168)

QUOMODO FIT MONACHUS AD SUCCURRENDUM

5486. Oremus fr. car. dnum nostrum j. c. pro hoc famulo ... gloriae accendat.
5487. Praesta qs o. ds huic famulo tuo cujus hodie capitis ... custodiat.
5488. Ds immense et ineffabilis pietate pater misericordiae ... gaudere.

CAPUT III

De benedictione reclusorum

732. **Ordo 2** (A, II 498-499; V, II 178)

AD RECLUSUM FACIENDUM

5489. Pie dne qui attriti cordis gemitum ... benevolentiae coronari.
5490. Rege hunc famulum tuum dne suavibus ... gloriae repleatur.
5491. Defende hunc famulum tuum a castris ... contemplatione suscipere.
5492. Vultus nostri salutare mirificum dne ... tabernaculum colloceris.
5493. Anxietatum nostrarum misericordissime consolator ... aeterna.
5494. Tabernaculorum caelestium ae. ds dispone qs ... lapsu peccati.
5493. Anxietatum nostrarum misericordissime consolator ... merear aeterna.
5495. Multiplica dne virtutem tuam in anima hujus ... sine fine gaudeat.
5496. Beata spes fidelium tuorum et in terra viventium ... introduci.
5497. Benedic dne ds o. locum istum ut sit in eo ... habitatorem in eo.
5498. Exaudi nos dne s. p. o. ds ae. et mittere ... in hoc habitaculo.
5499. Consolatio dulcissima ds famulum tuum ... mereatur repausare.

CAPUT IV

De benedictione canonicorum regularium

733. Ordo 1 (A, II 499-502; V, II 179)

ORDO AD CANONICUM REGULAREM BENEDICENDUM

5500. Ds qui apostolis tuis sanctum dedisti spiritum ... largiaris et praemium.
5501. Ego frater N. regulam a sancti patribus ... praecepta canonum.
5502. Fac qs hos famulos tuos toto semper ad te corde ... gratulari.
5503. Clementissime dominator dne tuam invocamus ... clementer impertias.
5504. VD. Aeterne ds totius sanctae religionis origo ... tibi deserviant.
5505. Suscipe qs dne preces nostras s. p. o. ae. ds ... mereantur.
5506. Indue hos famulos tuos dne vestimento salutis ... saecula saeculorum.

734. Ordo 2 (A, II 502-504; V, II 179-180)

QUALITER CANONICI RECIPIANTUR

5507. Exuat te ds veterem hominem cum actibus suis ... sanctitate veritatis.
5508. O. s. ds immensam clementiam tuam suppliciter ... mereatur aeternam.
5509. Ds qui non mortem peccatoris sed poenitentiam ... percipiat.
5510. Ds qui nos a saeculi vanitate conversos ... promittere pertingamus.
5511. Ds qui renunciantibus saeculo mansionem ... sentiatur in opere.
5512. Ego frater N. offerens trado me ipsum deo ... canonice elegerit.
5513. Omnes quamvis per gratiam baptismi fratres simus ... percipere.

735. **Ordo 3** (A, II 504-506; V, II 180-181)

DE MODO ET ORDINE PROFESSIONIS PRAEMONSTRATENSIUM

5514. Dne j. c. qui tegumen nostrae mortalitatis ... induere mereatur.
5515. Exuat te dnus veterem hominem cum actibus suis.
5516. Induat te ds novum hominem ... sanctitate veritatis.
5517. Ds indulgentiarum pater qui severitatem ... spiritus exequaris.
5518. Ds qui non mortem peccatoris sed per poenitentiam ... donante percipiat.
5519. Ds amator castitatis et auctor qui beatum joannem ... deum mansorem.
5520. Ds qui nos a saeculi vanitate conversos ... promittere pertingamus.
5521. Ds qui renunciantibus saeculo mansionem ... sentiatur in opere.
5522. Ego frater N. offerens trado meipsum ecclesiae ... canonice elegerit.
5523. Omnes quamvis gratiam baptismi fratres unum simus ... percipere.

736. **Ordo 4** (A. II 506-508; V, II 181-182)

AD SOCIETATEM DANDAM

5524. Suscipiat te dnus noster i. c. in consortio ... incolumes.
5525. Damus tibi societatem nostram et participationem orationum nostrarum.
5526. Ds qui nobis in famulis tuis praesentiae tuae ... augeatur.
5527. Ds humilium visitator qui nos fraterna ... sentiamus adventum.
5528. Dne ds patrum nostrorum qui dixisti ... regnas deus.
5529. O. s. ds ne famulum tuum pro quo speciali ... placere mereatur.
5530. Suscipiat pietas tua dne as humilitatis nostrae ... mereatur.
5531. O. s. ds respice propitius ad preces nostras ... feliciter introire.

CAPUT V

De benedictione seu receptione canonicorum saecular!orum

737. **Ordo 1** (A, II 508-511); V, II 182-183)

5532. Nos admittimus te in canonicum et fratrem nostrum.
5533. Et tradimus tibi regularis observantiae ... volumine contentam.
5534. Ds omnium bonorum principium et finis ... bravium comprehendat.

740. **Ordo 3** (A, II 516-517; V, II 184-185)

5535. Suscipiat vos ds in numero fidelium ... conjungere dignetur.

CAPUT VI

De consecratione seu benedictione solemni virginum

742. **Ordo 1** (A, II 526-530; V, II 188-189)

BENEDIC VIRGINEM MONIALIS

5536. Benedicat te conditor caeli et terrae ds ... sanctificare dignetur.
5537. Benedicat te ds pater ... omni benedictione spirituali ... saeculorum.
5538. Effunde dne caelestem benedictionem ... regni caelestis.
5539. Ds aeternorum bonorum fidelissime promissor ... regni caelestis.
5540. Ds bonarum virtutum dator et omnium ... sanctificare digneris.
5541. Accipe puella vel vidua pallium quod perferas ... et infernorum.
5542. O. s. ds adjuva quas virginitatis et viduitatis ... accipiant.
5543. Te invocamus dne s. p. ae. ds super has famulas tuas ... j. christum.
5544. Ds castorum corporum benignus inhabitator ... castitate permaneat.
5545. Consolare dne hanc familiam tuam viduitatis ... sanctitatis.
5546. Ds castitatis amator et continentiae conservator ... percipiat.
5547. Famulas tuas dne tuae custodia muniat ... inlaesum custodiant.

ORATIO AD MISSAM

5548. O. ds fidelium rector animarum ... tuere custodia.
5549. Respice dne propitius propter hanc famulam ... gubernante custodiat.
5550. Tu dne gratia tua perveni et adjuva ... tibi sint placita.
5551. Hanc igitur oblationem famularum tuarum ... qs dne placatus.
5552. Muneris divini perceptio qs dne semper ... externa depellat.

743. **Ordo 2** (A, II 530-531; V, II 189-190)

5553. Ds bonarum virtutum dator ...
5554. Ds qui vestimentum salutare et indumentum ... te protegente custodiat.
5555. Benedicat te conditor caeli et terrae ... accipere digna sis.
5556. Benedicat te ds p. et filius et spiritus sanctus ... spirituali.
5557. O. s. ds adjuva quam virginitatis ... virginitatis accipiat.
5558. Te invocamus dne s. p. o. ae. ds ...
5559. Ds castorum corporum benignus inhabitator ....
5560. Accipe puella pallium quod perferas ... terrestrium et infernorum.
5561. Effunde dne benedictionem caelestem super hanc ... sub dextera tua.
5562. Protege eam protectione tua divina ... hic et in perpetuum.

744. **Ordo 3** (A, II 531-532; V, II 190)

DE SACRIS VIRGINIBUS CONSECRANDIS

5563. Accipe puella pallium quod perferas ... jesu christi.
5564. Ds qui vestimentum salutare ...
5565. Ds bonorum dator ...
5566. Respice dne propitius hanc famulam tuam ...
5567. Ds castorum corporum benignus inhabitator et incorruptarum ...

745. **Ordo 4** (A, II 532-534; V, II 190-191)

CONSECRATIO SACRARUM VIRGINUM

5568. Ds aeternorum bonorum fidelissime promissor ...
5569. Dne ds virtutum dator et omnium benedictionum largus ...
5570. Exaudi dne preces nostras et has vestes quas famulae tuae ...
5571. Caput omnium fidelium ds et totius corporis salvator ...
5572. Respice dne propitius ...
5573. VD. Castorum corporum benignus inhabitator ...
5574. Accipe velum sacrum puella quod perferas ... in saecula saeculorum.
5575. Famulas tuas ...
5576. Da qs o. ds ut hae famulae tuae ...
5577. Ds plasmator corporum afflator animarum ...
5587. Accipe anulum fidei signaculum spiritus sancti ... servieris.
5579. Accipe signum christi in capite ut uxor ... in perpetuum coroneris.
5580. Benedicat vos conditor caeli ut in ...

746. **Ordo 5** (A, II 534-537; V, II 191-192)

ORDO AD CONSECRANDAM SACRAM VIRGINEM

5581. Ds aeternorum bonorum fidelissime promissor ...
5582. Dne ds bonarum dator virtutum ...
5583. Exaudi o. ds preces nostras et hanc vestem quam famula tua ...
5584. Suppliciter te rogamus ...
5585. Caput omnium fidelium ds ...
5586. Respice dne super hanc famulam tuam N. ... protegente custodiat.
5587. VD. Castorum corporum benignus habitator ...
5588. Te invocamus dne s. p. o. ae. ds ...
5589. Benedicat te ds pater et ... benedictione spirituali ... jesu
christi.
5590. Accipe velum sacrum puella quod perferas ... in saecula saeculorum.
5591. Famulam tuam dne tuae custodia muniat pietatis ...
5592. Da qs o. ds ut haec famula tua quae pro spe retributionis ...
5593. Ds plasmator corporum afflator animarum ...

5594. Accipe anulum fidei signaculum spiritus sancti ... coroneris.
5595. Accipe signum christi in capite ut uxor ... in perpetuum coroneris.
5596. Benedicat te conditor caeli et terrae ...
5597. Vide quomodo ipso deo sacratam ... jesu christi.
5598. Da qs ancillae tuae quam virginitatis ... mereatur in finem.
5599. Oblatis hostiis dne qs praesenti famulae tuae ... mereatur intrare.
5600. Hanc igitur oblationem ... pro famula tua ... occurrere mereatur.
5601. Dne ds ae. qui utrumque sexum de interitu ... propitiante mereatur.
5602. Ds qui habitaculum tuum in corde pudico ... consolatione percipiat.

747. **Ordo 6** (A, II 537-538; V, II 192-193)

CONSECRATIO VIRGINIS QUAE IN DIEBUS SOLEMNIBUS FACIENDA EST

5603. Ds aeternorum bonorum fidelissime promissor ...
5604. Dne ds bonarum virtutum dator ...
5605. Accipe puella pallium quod perferas ... terrestrium et infernorum.
5606. Accipe virgo christi velamen virginitatis ... spiritus sancti.
5607. Respice dne propitius super hanc famulam tuam ... custodiat.
5608. Ds castorum corporum ...
5609. Te invocamus dne s. p. o. ae. ds super hanc famulam ... saeculorum.

748. **Ordo 7** (A, II 538-539; V, II 193)

ORDO CONSECRANDARUM VIRGINUM

5610. Ds aeternorum bonorum fidelissime promissor ...
5611. Caput omnium fidelium ds ...
5612. Respice dne propitius ...
5613. Aeterne ds castorum corporum benignus habitator ...
5614. Te invocamus dne s. p. o. ae. ds ...
5615. Accipe sacrum velum puella quod perferas ...
5616. Da qs o. ds ut hae famulae tuae ...
5617. Spiritus sancti gratia illuminet cor tuum et mentem tuam ...
5618. Ds plasmator corporum afflator animarum ...
5619. Benedicat vos conditor caeli et terrae ds ...

749. **Ordo 8** (A, II 540-541; V, II 193-194)

5620. Reverende pater postulat sancta ... jesu christo desponsare.
5621. Vultis in sancto virginitatis proposito ... volumus.
5622. Ds aeternorum bonorum ...
5623. Dne ds ...

5624. Exaudi qs ...
5625. Suppliciter te dne ...
5626. Caput omnium fidelium ds ...
5627. Creator et conservator humani generis ...
5628. Benedic dne ornamenta ista ...
5629. Respice dne ...
5630. VD. Aeterne ds. Castorum corporum benignus inhabitator ...
5631. Accipe virgo velamen sacrum quod perferas ...
5632. Famulas tuas dne ...
5633. Accipe anulum fidei ...
5634. Benedicat te ds conditor caeli ...
5635. Accipe signum christi in capite tuo ...
5636. Da qs o. ds ut hae famulae ...
5637. Te invocamus sancte pater ...
5638. Ds plasmator corporum ...

750. Ordo 9 (A, II 541-543; V, II 194)

ORDO AD VIRGINES VELANDAS

5639. Da qs dne famulabus tuis quas virginitatis ... mereantur ad finem.
5640. Ds aeternorum fidelissime promissor ...
5641. Dne ds bonarum dator virtutum ...
5642. Exaudi qs o. ds preces nostras et has vestes ...
5643. Suppliciter te dne rogamus ut super haec vela ...
5644. Respice dne super has famulas tuas ...
5645. VD. Aeterne ds. Castorum corporum benignus inhabitator ...
5646. Te invocamus dne s. p. o. ae. ds super has famulas tuas ...
5647. Accipe velum sacrum puella quod perferas ... in saecula saeculorum.
5648. Accipe signum christi in capite tuo ... in perpetuum coroneris.
5649. Accipe anulum fidei signaculum ... feliciter glorieris.
5650. Da qs o. ds ut hae famulae tuae ...
5651. Benedicat vos ds pater ... benedictione spirituali ... jesu christi.
5652. Oblatis hostiis qs dne praesentibus famulabus tuis ...
5653. Ds qui habitaculum tuum in corde pudico fundasti ...

751. Ordo 10 (A, II 543-546; V, II 194-195)

INCIPIT OFFICIUM IN CONSECRATIONE VIRGINUM

5654. Ds aeternorum bonorum fidelissime promissor ...
5655. Respice dne super has famulas tuas ...
5656. Da qs famulabus tuis ...
5657. Famulas tuas qs dne muniat tuae custodia pietatis ...
5658. VD. Castorum inhabitator et incorruptarum amator animarum ...
5659. Ds bonarum virtutum dator ...
5660. Accipe velamen sacrum quo cognoscaris ... perducat aeternam.

5661. Da qs o. ds ut hae famulae tuae quae pro spe retributionis ...
5662. Ds plasmator corporum afflator animarum ...
5663. Creator et consecrator humani generis dator ... ad aeternam salutem.
5664. Desponso te jesu christo filio summi patris ... in saecula saeculorum.
5665. Accipe signum christi in capite ut uxor ... in perpetuum coroneris.
5666. Oblatis hostiis dne qs praesentibus famulabus ...
5667. O. ds intercedentibus virginibus suis ... valeatis ingredi.
5668. Respice dne famularum tuarum debitam servitutem ... pietate confidunt.

752. Ordo 11 (A, II 546-548; V, II 195-196)

INCIPIT ORDO QUALITER SACRAE VIRGINES BENEDICANTUR

5669. Ds qui vestimentum salutare et indumentum ... te protegente custodiat.
5670. Ds bonarum virtutum dator et omnium benedictionum ... digneris.
5671. Ds plasmator corporum afflator animarum qui nullam ...
5672. Respice dne propitius ...
5673. VD. Castorum benignus ...
5674. Famulas tuas ...
5675. Accipe velamen quo cognoscaris mundum ... perducat aeternam.
5676. Despondeo te j. c. filio summi patris ... vivit et regnat.
5677. Te invocamus dne s. p. o. ae. ds super hanc famulam tuam ... in finem.

753. Ordo 12 (A, II 548-551; V, II 196-197)

CONSECRATIO SACRARUM VIRGINUM

5678. Ds aeternorum bonorum fidelissime promissor certissime persolutor ...
5679. Dne ds bonarum virtutum dator et omnium benedictionum largus ...
5680. Exaudi dne preces nostras et has vestes quibus famulae tuae ...
5681. Caput omnium fidelium ds et totius corporis salvator ...
5682. Respice dne propitius famulas tuas ...
5683. VD. Castorum corporum benignus habitator et incorruptarum ....
5684. Accipe velamen sacrum puella quod perferas ... in saecula saeculorum.
5685. Famulas tuas dne tuae custodia muniat pietatis ...
5686. Da qs o. ds ut hae famulae tuae ...
5687. Ds plasmator corporum et afflator animarum ...
5688. Creator et conservator humani generis ...

5689. Desponso te j. c. filio summi patris qui te ... malo defendat.
5690. Accipe anulum castitatis et sanctitatis ... in saecula saeculorum.
5691. Accipe signum christi in capite ... in perpetuum coroneris.
5692. Benedicat vos conditor caeli et terrae ds pater omnip. ...
5693. Da qs dne famulabus tuis quae virginitatis ... mereantur ad finem.
5694. Oblatis hostiis qs dne praecantibus famulabus tuis ... introire.
5695. O. dnus intercedentibus virginibus suis vos dignetur ... maneat semper.
5696. Respice dne famularum tuarum debitam servitutem ... pietate confidunt.

754. **Ordo 13** (A, II 551-552; V, II 197-198)

ORDO AD BENEDICENDAS MONIALES CARTUSIANAS

5697. Da qs o. ds ut hae famulae tuae quae pro spe ...
5698. Expecta dnum viriliter age ... sustine dnum.
5699. Tolle jugum dni super te ... humiles corde.
5700. Abnega temetipsam et tolle crucem ... sequere dnus.
5701. Te invocamus dne ...

CAPUT VII

De benedictione viduarum et diaconissarum

755. **Ordo 1** (A, II 556-557; V, II 199)

BENEDICTIO VESTIUM VIRGINIS VEL VIDUAE

5702. Ds qui vestimentum salutare et indumentum ... protegente custodias.
5703. Ds bonarum virtutum dator et omnium ... sanctificare digneris.
5704. Visibilium et invisibilium rerum creator ds ... salvator mundi.
5705. Inlumina qs oculos majestatis tuae ad benedicendum ... mereatur.
5706. Accipe viduae pallium quod perferas ... terrestrium et infernorum.
5707. Ds qui annam filiam phanuelis ... spiritum commovisti.
5708. Consolare dne ...
5709. Da qs o. ds ut haec famula tua quae pro spe ... gloriae pervenire.

756. **Ordo 2** (A, II 557; V, II 199-200)

BENEDICTIO VIDUARUM QUAE FUERUNT CASTITATEM PROFESSAE

5710. Consolare dne hanc famulam tuam ...
5711. Da qs dne ut haec famula tua quae spe retributionis ...

5712. VD. Qui famulo tuo abrahae semen in quo ... desiderio adimplere.

757. Ordo 3 (A, II 558-559; V, II 200)

BENEDICTIO VIDUAE QUAE FUERIT CASTITATEM PROFESSA

5713. Visibilium et invisibilium creator ...
5714. Aperi qs oculos majestatis tuae ...
5715. Incorruptum aeternitatis deum ...
5716. Consolare dne hanc famulam tuam ....
5717. Da qs dne ut haec famula tua quae pro spe retributionis ...
5718. Dne j. c. omnium ds ...
5719. Confirma hoc deus quod operatus es in vidua ...
5720. Dne ds virtutum caelestium ...

MISSA IN BENEDICTIONE VIDUAE

5721. Ds castitatis amator et continentiae conservator ...
5722. Respice dne propitius ad hostiam servitutis ... gubernante custodiat.
5723. Respice dne famulae tuae tibi debitam servitutem ... confidit.
5724. Purificent nos qs dne sacramenta quae sumsimus ... glorietur.
5725. Ds sanctus o. qui per unigeniti filii tui ... in saecula saeculorum.
5726. Dominator dne qui neque feminas seipsas ... accipiat mercedem.

CAPUT VIII

De benedictione puerorum seu puellarum religiosum habitum ex devotione suscipientium

759. Ordo 1 (A, II 560-562; V, II 201)

AD INDUENDUM PUERUM SIVE PUELLAM HABITUM PRO VOTO SEU DEVOTIONE

5727. Dne j. c. qui pro salute suscipiens humanam naturam ... et corporis.
5728. Eripiat dnus de corde tuo saeculi pompas ... baptismum susciperes.
5729. Immittat in te dnus sanctum religionis amorem ... bonorum desiderio.
5730. Praecingat te dnus zona justitiae ut ... mandata sua.
5731. Dne j. c. lux vera de vero lumine qs ... corporeque deserviat.
5732. Confirma hoc deus in hoc puero (in hac puella) quod operare coepisti.
5733. Benedicat vos divina majestas pater et filius et spiritus sanctus.

AD EXUENDUM PUERUM VEL PUELLAM POST ANNUM

5734. Dne s. p. o. ae. ds a quo descendit omne bonum ... semper oboediat.

5735. Suscipe s. p. o. ae ds vota precesque ... semper maneamus.
5736. Benedicat vos divina majestas pater et filius et spiritus sanctus.

CAPUT IX

De solemni benedictione imperatorum

762. **Ordo 3** (A, II 577-578; V, II 206)

BENEDICTIO AD ORDINANDUM IMPERATOREM
SECUNDUM OCCIDENTALES

5737. Exaudi dne preces nostras et famulum tuum N. ad regendum ... constituat.
5738. Prospice o. ds serenis obtutibus hunc gloriosum ... mereatur.
5739. Per eum cui est honor et gloria per infinita saecula saeculorum.
5740. Accipe gladium per manus episcoporum ... aequitatis exerceas.
5741. Accipe coronam a dno deo tibi praedestinatam ... derelinquas.

763. **Ordo 4** (A, II 579-584; V, II 207-209)

AD CORONANDUM SEU CONSECRANDUM
REGEM ALEMANIAE SIC PROCEDITUR

5742. O. s. ds qui famulum tuum N. regni fastigio ...
5743. Dne salvum fac regem et exaudi nos in die qua invocaverimus te.
5744. Ds qui scis humanum genus nulla virtute ...
5745. O. s. ds caelestium terrestrium ...
5746. Ds qui unigenitum tuum gentibus stella duce revelasti ...
5747. Ds qui miro ordine angelorum universa disponis ...
5748. Vis sanctam fidem a catholicis viris traditam ... et sancti ejus.
5749. Vultis tali principi ac rectori vos subjicere ... quasi praecellenti?
5750. Benedic dne hunc regem nostrum N. qui regna omnium moderaris ...
5751. Ds qui ineffabilis auctor mundi conditor generis humani ...
5752. Ungo te in regem de oleo sanctificato ... spiritus sancti.
5753. Ungantur manus istae de oleo sanctificato ... in saecula saeculorum.
5754. Prospice o. ds serenis obtutibus gloriosum regem N. ...
5755. Spiritus sancti gratia humilitatis nostrae officio ...
5756. Ds qui es justorum gloria et misericordia peccatorum ...
5757. VD. Creator omnium imperator angelorum ...
5758. Ds dei filius j. c. dnus noster qui a patre ...
5759. Accipe gladium per manus episcoporum ...
5760. Accingere gladio super femur tuum potentissime ...
5761. Accipe regiae dignitatis anulum ...
5762. Accipe virgam virtutis ...
5763. Accipe coronam regni ...

5764. Profiteor et promitto coram deo et angelis ... et decorem.
5765. Sta retine a modo locum regium quem non jure ... in saecula saeculorum.
5766. O. s. ds fons et origo totius bonitatis qui feminei sexus ...
5767. Ds qui solus habes immortalitatem lucemque habitas ...
5768. Spiritus sancti gratia humilitatis nostrae officio ...
5769. Ecclesae tuae qs dne dona propitius intuere ...
5770. Concede qs o. ds his salutaribus sacrificiis ...
5771. Benedicat te dnus custodiatque et sicut te voluit ...
5772. Praesta qs o. ds ut quod solemni ...
5773. Haec dne salutaris sacrificii perceptio famuli tui maculas diluat ...

765. Ordo 5 (A, II 584-589; V, II 209-211)

INCIPIT ORDO AD CONSECRANDUM REGEM

5774. O. s. ds qui famulum tuum henricum regni fastigio ...
5775. Ds qui scis humanum genus ...
5776. O. s. ds caelestium terrestrium ...
5777. Vultis sanctae dei ecclesias ac rectores ... esse acturum.
5778. A vobis perdonare petimus ut unicuique ... exhibere debet.
5779. O. s. ds creator et gubernator caeli et terrae ...
5780. Accipe regiae dignitatis anulum ... glorieris in aeternitate.
5781. Ds cujus omnis potestas et dignitas ...
5782. Accipe gladium per manus episcoporum ...
5783. Ds qui providentia ...
5784. Accipe coronam regni quae licet ...
5785. Ds perpetuitatis lux virtutum cunctorum ...
5786. Accipe sceptrum regiae ...
5787. Omnium dne fons bonorum ...
5788. Accipe virgam virtutis et aequitatis ...
5789. Extendat o. dnus dextram suae benedictionis ... meritis.
5790. Victoriosum te atque triumphatorem de invisibilibus ... perducat.
5791. Benedic dne hunc regem nostrum qui regna ... reperiatur merito.
5792. Honorifica eum prae cunctis regibus gentium ... aequitatis singularis.
5793. Praesta ei prolixitatem vitae per tempora ... jucunditate et justitia.
5794. Accipe pomum aureum quod significat ... spiritus sancti.

ORDO AD BENEDICENDAM REGINAM

5795. O. s. ds fonc et origo totius bonitatis ...
5796. Ds qui solus habes immortalitatem ...
5797. In nomine patris et filii et spiritus sancti prosit ... aeternam.
5798. Sancti spiritus gratia humilitatis nostrae officio ...
5799. Accipe anulum fidei signaculum sanctae trinitatis ...

5800. Omnium fons bonorum dne ...
5801. Accipe coronam gloriae ...
5802. Officio indignitatis nostrae ...
5803. O. s. ds affluentem spiritum ...
5804. Ds qui miro ordine universa disponis ...
5805. O. s. ds qui de plebe tua regni fastigio famulum tuum ...
5806. Concede qs o. ds his sacrificiis ...
5807. VD. Qui es auctor totius bonitatis regum consecrator ...
5808. Benedicat tibi dnus custodiatque et sicut voluit ...
5809. Haec dne salutaris sacrificii perceptio famuli tui H. peccatorum ...

766. Ordo 6 (A, II 589-591; V, II 211-212)

AD BENEDICENDUM ROMAE IMPERATOREM

5810. Ds cujus in manu corda sunt regum ...
5811. Ds inenarrabilis auctor mundi ... in pace victorem.
5812. Dne ds o. cujus omnis potestas ...
5813. Deus dei filius j. c. dnus noster qui a patre ... spiritus sancti.
5814. Accipe gladium imperialem ad vindictam ... spiritus sancti.
5815. Accingere gladio tuo super femur tuum ... spiritus sancti.
5816. Accipe sceptrum regni virgam videlicet ... spiritus sancti.
5817. Accipe signum gloriae in nomine patris ... coronam percipias.

MISSA PRO IMPERATORE

5818. Ds regnorum omnium et christiani ... munere potens.
5819. Suscipe dne preces et hostias pro salute ... romana libertas.
5820. Ds qui ad praedicandum aeterni regis evangelium ... bellorum.

767. Ordo 7 (A, II 591-593; V, II 212)

ORDO AD BENEDICENDUM IMPERATOREM QUANDO CORONAM ACCIPIT

5821. In nomine christi promitto spondeo ... scire meum et posse.
5822. Ds in cujus manu corda sunt regum inclina ad preces ...
5823. Ds inenarrabilis auctor conditor humani generis ...
5824. Dne ds o. cujus est omnis potestas et dignitas ...
5825. Deus dei filius j. c. dnus noster qui ex patre ...
5826. Accipe signum gloriae in nomine patris ... coronam percipias.
5827. Accipe gladium desuper b. petri corpore sumptum.
5828. Accipe diadema regni coronam imperii ... spiritus sancti.
5829. Prospice qs o. ds serenis obtutibus ...
5830. Benedic dne hunc principem nostrum ...
5831. Ds pater aeternae gloriae sit adjutor tuus ...

IN BENEDICTIONE REGINAE VEL IMPERATRICIS

5832. O. s. ds fons et origo totius bonitatis ...
5833. Ds qui solus habes immortalitatem ...
5834. Spiritus sancti gratia nostrae humilitatis officio ...

CAPUT X

De solemni regum benedictione

770. **Ordo 1** (A, II 596-599; V, II 214-215)

AD REGEM BENEDICENDUM ET INUNGENDUM
MISSA PRO REGIBUS IN DIE BENEDICTIONIS EJUS

5835. Ds regnorum omnium et christiani maxime protector ... sint potestates.
5836. Te invocamus dne p. o. ae. ds ...
5837. Ds qui populis tuis ...
5838. In diebus ejus oratur omnibus aequitas ...
5839. Ds electorum fortitudo ...
5840. Benedic dne hunc praesulem principem ... in pace victoriosus.
5841. O. det tibi ds de rore caeli ... portatae sint super te.
5842. Benedic dne fortitudinem regis principis ... in sempiternum fiat.
5843. Ds perpetuitatis auctor dux virtutum omnium ... protegas et defendas.
5844. Suscipe dne preces et munera ecclesiae tuae ... christiana libertas.
5845. VD. Aeterne ds. Qui providentia tua ecclesia ... pugnante frangatur.
5846. Hanc igitur oblationem dne famuli tui N. ... augeatur et regno.
5847. Ds qui ad praedicandum aeterni regis evangelium ... tempestate bellorum.
5848. O. s. ds nostri regni defende regem ... fortiores universis.
5849. Rectitudo regis est noviter ordinati et in solium ... omni tempore.
5850. Aliud est ut rapacitates et omnes iniquitates ... interdicat.
5851. Tertium est ut in omnibus judiciis aequitatem ... misericors deus.

772. **Ordo 3** (A, II 601-602; V, II 216)

ORATIONES AD REGEM BENEDICENDUM

5852. Ds cui omnis potestas et dignitas famulatur ... placere contendat.
5853. Omnium dne fons bonorum justorumque provectuum ... comprobare.
5854. Benedic dne super hunc principem qui regem regum ... in regno.
5855. Ds inenarrabilis auctor mundi conditor generis humani ... victores.
5856. Spiritum sanctificationis qs dne hludowico regi ... gaudia consequatur.

773. **Ordo 4** (A, II 603-604; V, II 216)

ORATIO AD REGEM BENEDICENDUM

5857. Dne ds p. o. hunc famulum tuum N. ... jugiter laudetur.
5858. Ds bonorum omnium dator ds omnium dignitatum ... saecula saeculorum.
5859. Actiones nostras qs dne ...
5860. A vobis perdonari et promitti nobis petimus ... consilio et auxilio.
5861. Prospice o. ds serenis obtutibus hunc gloriosum ... munificentiae.

774. **Ordo 5** (A, II 604-610; V, 216-219)

AD BENEDICENDUM REGEM FRANCORUM

5862. A vobis perdonari petimus ... exhibere debet.
5863. Promitto vobis et perdono quia unicuique ... exhibere debet.
5864. Te invocamus dne s. p. o. ae. ds ut hunc famulum ... regere mereatur.
5865. Ds qui populis tuis virtute consulis ... valeat pervenire.
5866. In diebus ejus oriatur omnibus aequitas ... commercia consequatur.
5867. O. s. ds creator et gubernator caeli et terrae ... ejusdem spiritus.
5868. Ds electorum fortitudo et humilium celsitudo ... habere facias.
5869. Ds dei filius christus dnus noster qui a patre ... regnare merearis.
5870. Accipe anulum signaculum videlicet sanctae fidei ... connecti.
5871. Ds cujus est omnis potestas et dignitas ... placere contendat.
5872. Accipe hunc gladium cum dei benedictione ... in saecula saeculorum.
5873. Ds qui providentia tua caelestia simul et terrena ... conteratur.
5874. Coronet te ds corona gloriae atque justitiae ... in saecula saeculorum.
5875. Ds perpetuitatis dux virtutum cunctorum hostium ... devotione famuletur.
5876. Accipe sceptrum regiae majestatis insigne ... in saecula saeculorum.
5877. Omnium dne fons bonorum cunctorumque ... glorietur in regno.
5878. Accipe virgam virtutis atque aequitatis ... dominum nostrum.
5879. Extendat o. ds dextram suae benedictionis ... tribuat esse consortes.
5880. Benedic dne hunc praesulem principem ... obtinere pacificum.
5881. Sta et retine a modo locum quem hucusque ... spiritu sancto.
5882. Rectitudo regis est noviter ordinati ... misericors deus.

AD REGINAM BENEDICENDAM

5883. Adesto dne suppl. nostris et quod humilitatis ... impleatur effectu.

5884. In nomine patris ... prosit tibi haec unctio ... confirmationem aeternam.
5885. O. s. ds affluentem spiritum tuae benedictionis ... separetur indigna.
5886. Accipe fidei signaculum sanctae trinitatis ... veritatis advocare.
5887. Ds cujus est omnis potestas et dignitas ... placere contendat.
5888. Accipe coronam gloriae honorem ... exultatione coroneris.
5889. Omnium dne fons bonorum et cunctorum ... corrobora gloriam.

776. **Ordo 6** (A, II 198-209; V, II 219-223)

AD BENEDICENDUM REGEM FRANCORUM
ORDO AD CONSECRANDUM ET CORONANDUM REGEM

5890. O. s. ds qui famulum tuum N. regni fastigio ... tramite non recedat.
5891. Ds qui scis humanum genus nulla sua virtute ... valeat et prodesse.
5892. O. s. ds caelestium terrestriumque moderator ... pervenire mereatur.
5893. A vobis perdonari cupimus ... conservetis et defendatis.
5894. Promitto vobis quod vobis et ecclesiis ... exhibere debet.
5895. Haec tria populo christiano et mihi subdito ... praecipiam.
5896. Vis fidem sanctam a catholicis ... acturum esse promitto.
5897. Benedic dne hunc regem nostrum N. qui regna ... glorietur in regno.
5898. Ds inenarrabilis auctor mundi conditor ... in pace victores.
5899. Ungo te in regem de oleo sanctificato ... spiritus sancti.
5900. Christe perunge hunc regem in regimen.
5901. Unde unxisti sacerdotes reges prophetas ... saecula saeculorum.
5902. Ds dei filius dnus noster j. c. qui a patre oleo ... regnare merearis.
5903. Ungantur manus istae de oleo sanctificato ... praestare dignetur.
5904. Prospice o. ds serenis obtutibus hunc gloriosum ... habitare mereatur.
5905. Ds qui es justorum gloria et misericordia ... gaudia mereatur.
5906. VD. Creator et gubernator caeli et terrae ... spiritus sancti perunge.
5907. Accipe gladium per manus episcoporum licet ... merearis regnare.
5908. Accipe regiae dignitatis anulum et per hunc ... saecula saeculorum.
5909. Ds cujus est omnis potestas ac dignitas ... placere contendat.
5910. Accipe virgam virtutis atque aequitatis ... vivit et regnat.
5911. Accipe coronam regni quae licet ... spiritus sancti.
5912. Benedicat tibi dnus custodiat et te ... potiri mereatur.
5913. Sta et retine locum a modo quem hucusque ... plebis constituat.
5914. In hoc regni solio te confirmet ... regnat deus.
5915. Profiteor coram deo et angelis a modo ... nostrorum praestare.

5916. Ds qui miro ordine universa disponis ... placere praevaleat.
5917. Concede qs o. ds salutaribus sacrificiis ... reddatur acceptus.
5918. O. ds qui te populi sui voluit esse rectorem ... gaudere mereatur.
5919. Haec dne salutaris sacrificii perceptio ... dispensatione redemptus.

ALIA MISSA

5920. Ds cujus regnum est omnium saeculorum ... regna praecellat.
5921. Sacrificiis dne placatus oblatis ... clementer indulge.
5922. Ds qui diligentibus te facis cuncta prodesse ... tentatione mutari.

BENEDICTIO REGINAE

5923. Adesto dne supplic. nostris et quod humilitatis ... impleatur effectu.
5924. O. s. ds fons et origo totius bonitatis feminei ... saecula saeculorum.
5925. Ds qui solus habes immortalitatem lucemque ... corde perficiat.
5926. Spiritus sancti gratia humilitatis nostrae officio ...
5927. Accipe coronam regalis excellentiae ... deo patre.
5928. Ds tuorum corona fidelium qui quos ad regnum ... percipere mereatur.
5929. Ds qui scis ...
5930. O. s. ds ...
5931. Adesto dne supplic. nostris ...
5932. Ungo te in reginam ...
5933. Christe perunge ...
5934. Ds dei filius ...
5935. Accipe regiae dignitatis anulum ...
5936. Ds cujus ...
5937. Accipe virgam virtutis ...
5938. Officio indignitatis ...
5939. Ds tuorum corona ...

777. Ordo 7 (A, II 622-634; V, II 223-227)

ORDO AD CONSECRANDUM ET CORONANDUM REGEM FRANCIAE

5940. A vobis perdonari petimus ut unicuique ... ecclesiae sibi commissae.
5941. Promitto vobis et perdono quod unicuique ... exhibere debet.
5942. Haec populo christiano et mihi subdito ... exterminare studebo.
5943. Accipe gladium cum dei benedictione ... saecula saeculorum.
5944. Ds qui providentia tua caelestia simul ... penitus conteratur.
5945. Te invocamus s. p. o. ae. ds ut hunc famulum ... regere mereatur.
5946. Ds qui populis tuis virtute consulis ... valeat pervenire.
5947. In diebus ejus oriatur omnis aequitas ... commercia consequatur.
5948. O. s. ds gubernator caeli et terrae conditor ... perunge.

5949. Unguo te ĺn regem de oleo sanctificato in nomine ... spiritus sancti.
5950. Christe perunge hunc regem in regimen ... saecula saeculorum.
5951. Ds electorum fortitudo et humilium celsitudo ... habere facias.
5952. Ds dei filius dnus noster j. c. qui a patre ... regnare merearis.
5953. Accipe anulum signaculum videlicet fidei .. perseverabilitati connecti.
5954. Ds cujus est omnis potestas et dignitas ... placere contendat.
5955. Accipe sceptrum regiae potestatis insigne ... in saecula saeculorum.
5956. Omnium dne fons bonorum cunctorumque ds institutor ... in regno.
5957. Accipe virgam virtutis atque aequitatis ... dnum nostrum.
5958. Coronet te ds corona gloriae atque justitiae ... in saecula saeculorum.
5959. Ds perpetuitatis dux virtutum cunctorum ... jugiter famuletur.
5960. Extendat o. ds dextram suae benedictionis ... tribuat consortem.
5961. Benedic dne hunc praeelectum principem ... obtinere pacificum.
5962. Sta et retine a modo statum quem huc ... dominus dominantium.
5963. O. ds det tibi de rore caeli et de pinguedine ... confortatae sunt super te.
5964. Benedic dne fortitudinem principis et opera ... in sempiternum fiat.

ORDO AD REGINAM BENEDICENDAM

5965. Adesto dne supplic. nostris et quod humilitatis ... impleatur effectu.
5966. In nomine patris ... prosit tibi haec unctio ... confirmationem aeternam.
5967. O. s. ds affluentem spiritum tuae benedictionis ... separetur indigna.
5968. Accipe anulum fidei signaculum sanctae trinitatis ... advocare.
5969. Ds cujus est omnis potestas et dignitas ... placere contendat.
5970. Accipe coronam gloriae honorem ... exultatione coroneris.
5971. Omnium dne fons bonorum dator provectuum ... corrobora gloriam.
5972. Inclina dne aurem tuam ad preces nostrae ... acquisisse laetetur.
5973. Benedicat tibi dnus custodiensque te ... potiri mereantur.

778. Ordo 8 (A, II 634-636; V, II 227-228)

ORDO AD REGEM BENEDICENDUM

5974. Profiteor coram deo et angelis ejus ... fidelium nostrorum praestare.
5975. O. s. ds creator omnium imperator angelorum rex regum ...
5976. Ds dei filius j. c. dnus noster qui a patre ...
5977. Accipe igitur coronam regni quae licet ... sine fine glorieris.

5978. Accipe virgam virtutis atque veritatis qua intelligas ...
5979. Sta et retine locum a modo tibi a deo delegatum ...
5980. Ds qui victrices moysi manus in oratione firmasti ...
5981. Ds inenarrabilis auctor mundi conditor generis humani ...

DE BENEDICENDA REGINA

5982. O. s. ds hanc famulam tuam caelesti benedictione sanctifica ...
5983. Ds honorum cunctorum auctor ac distributor ...
5984. Ds pater gloriae sit tibi adjutor et o. benedicat tibi ...
5985. Accipe coronam gloriae regni ut scias ...
5986. Accipe virgam virtutis et aequitatis ...

779. **Ordo 9** (A, II 636-638; V, II 228-229)

ORDO AD BENEDICENDUM REGEM

5987. O. s. ds qui famulum tuum N. regni fastigio ...
5988. Ds qui scis genus humanum ...
5989. O. ds caelestium ...
5990. Ego N. in nomine christi promitto ... scire meum et posse.
5991. Omnis anima potestatibus sublimioribus ... regi quasi prae-
       cellenti.
5992. Benedic dne hunc regem nostrum ...
5993. Ds inenarrabilis auctor mundi conditor ...
5994. Exaudi qs dne preces nostras et hunc gladium ...
5995. Accinge hunc gladium cum benedictione dei ... vivit et regnat.
5996. Accipe regiae dignitatis anuulum et ... in saecula saeculorum.
5997. Accipe virgam virtutis atque aequitatis ...
5998. Ds qui providentia tua caelestia ... penitus conteratur.
5999. O. s. ds qui es cunctorum benedictio et triumphantium for-
       titudo ...
6000. Accipe coronam regni quae licet ab indignis ...
6001. Benedicat tibi dnus custodiatque ...
6002. Ego albertus profiteor et promitto coram deo ... observare juro.
6003. O. s. ds creator omnium imperator angelorum ... vita salusque.
6004. Praetende qs dne huic famulo tuo dexteram ... assequi mereatur.
6005. Actiones nostras qs dne aspirando praeveni ... coepta finiatur.
6006. Ds dei filius j. c. dnus noster qui a patre ... saecula saeculorum.
6007. Ds regnorum omnium et christiani maxime protector ... sit
       potens.
6008. Accipe gladium desuper beati petri corpus sumtum ... saecula
       saeculorum.
6009. Accipe coronam regni quae licet ab indignis ... saecula saecu-
       lorum.
6010. Sta et retine animo locum a deo tibi delegatum ... saecula sae-
       culorum.
6011. Ds qui victrices moysi manus in oratione ... timere condiscat.
6012. Ds inenarrabilis auctor mundi conditor ... in pace victores.

6013. Suscipe dne preces et hostias ecclesiae tuae ... christiana libertas.

6014. Ds qui ad praedicandum aeterni regni evangelium ... bellorum.

CAPUT XI

De benedictione principum et ducum

785. Ordo 1 (A, II 663-665; V, II 238-239)

ORDO AD BENEDICENDUM DUCEM

6015. O. s. ds caelestium terrestriumque moderator ... te donante perveniat.

6016. Adsit officiis nostris dne tuae virtutis operatio ... fultus praesidio.

6017. Accipe dignitatis anulum et per hunc ... honor et gloria.

6018. O. s. ds qui famulum tuum ducatus honore ... tramite non recedat.

6019. Accipe virgam virtutis atque aequitatis ... habeas iniquitatem.

6020. Ds qui scis genus humanum nulle virtute posse ... prodesse praevaleat.

6021. Accipe gladium in defensionem sanctae dei ecclesiae ... cum deo patre.

6022. Ds qui miro ordine universa disponis ... placere praevaleat.

6023. Concede qs o. ds his sacrificiis salutaribus ... reddatur acceptus.

6024. Benedicat tibi dnus custodiat te ... gaudere mereatur.

6025. Ds qui diligentibus te facis cuncta prodesse ... tentatione mutari.

6026. Ds a quo omnis potestas in caelo et in terra ... in saecula saeculorum.

6027. Ds qui es salus omnium salvum fac servum ... fidem pervententium.

6028. Ds qui illuminas omnem hominem venientem ... justa decernat.

786. Ordo 2 (A, II 665-666; V, II 239)

ORATIONES INFRA SCRIPTAE PRO DUCE RECIPIENDO

6029. Qs o. ds ut famulus tuus franciscus dux noster ... valeat pervenire.

6030. Ds regnorum omnium christiani maxime protector ... munere sit potens.

6031. Benedic dne qs hunc ducem nostrum ... dilatatus in grege.

6032. Ds pater aeternae gloriae sit adjutor tuus ... conferat et praemium.

SUPER PRAETORE

6033. Ds cui omnis potestas et dignitas famulatur ... placere valeat.

CAPUT XII

De benedictione novi militis

788. DUM QUIS JUVENIS CUPIT SE IN PRIMIS ACCINGI GLADIO
(A, II 667; V, II 239)

6034. Ds custos et in te sperantium protector ... tutelam proficiat.
6035. Ds qui trinos gradus hominum post lapsum ... potenter defendat.

789. DE BENEDICTIONE NOVI MILITIS (A, II 667-668; V, II 239-240)

6036. Exaudi qs dne preces nostras et hunc ensem ...
6037. Benedic dne s. p. o. ae. ds per invocationem ...
6038. Benedictus dnus ds meus qui docet manus meas ad proelium.
6039. Dne s. p. o. ae. ds qui cuncta solus ordinas ...
6040. Accipe gladium istum in nomine patris et filii ...
6041. Accingere gladio tuo super femur potentissime ...
6042. Esto miles pacificus strenuus fidelis et deo devotus.
6043. Exciteris a sommo malitiae et vigila ... fama laudabili.
6044. O. s. ds hunc famulum tuum N. ...

CAPUT XIII

De benedictione et dedicatione ecclesiarum

793. **Ordo 1** (A, II 681-687; V, II 244-246)

DENUNCIATIO CUM RELIQUIAE PONENDI SUNT MARTYRUM

6045. Dil. fr. inter cetera virtutum solemnia ... non negetis.

ORDO AD ECCLESIAM DEDICANDO

6046. Magnificare dne ds noster in sanctis tuis ... haereditate lauderis.
6047. Ds qui ad salutem humani generis maxima quaeque sacramenta ...
6048. Exorcizo te creatura aquae in nomine dei ... habitet in domo hac.
6049. Exaudi nos dne s. p. o. ae. ds et mittere dignare ... famuli tui illi.
6050. Benedic dne has aquas ad usus humani generis ... convalescat.
6051. Gratias tibi in nomine tuo o. ds noster qui mittere ... jaculam inimici.
6052. Exorcizo te creatura salis per deum vivum et verum ... vivos et mortuos.
6053. Praesta dne tuum salubrem remedium ... proficiat sanitatem.
6054. Exorcizo te creatura salis et aquae in nomine dni ... qui venturus.
6055. Creator et conservator humani generis dator gratiae ... altaris percipiat.
6056. Ds qui loca nomini tuo dicata sanctificas ... sentiatur.

6057. Ds sanctificationum o. dominator cujus pietas ... perseverent.
6058. Dei patris omnipotentis misericordiam ... exauditor adsistat.
6059. Ds o. in cujus honore altare sub invocatione ... postulata concedas.
6060. Dne ds o. sicut ab initio hominibus utilia ... nostri jesu christi.
6061. Dignare dne ds o. rex regum et dnus dominantium ... constare credimus.
6062. Consecramus et sanctificamus hanc patinam ... spiritu sancto.
6063. Consecrare et sanctificare digneris dne patinam ... jesu dno nostro.
6064. Oremus dil. fr. ut dnus deus noster calicem ... favoris accommodet.
6065. Dignare dne calicem istum in usum ministerii ... atque sanctificatum.
6066. Oremus fr. car. ut ds o. hoc ministerium ... orantibus nobis.
6067. O. ds trinitas inseparabilis manibus nostris ... gratia perficiatur.
6068. Singulare illud repropitiatorum quam se in altare ... in tabulas.
6069. Ds o. universarum rerum rationabilis artifex ... fidei sit honor.
6070. Dne s. p. o. ae. ds clemens et propitius preces ... concedat aeterna.
6071. VD. Aeterne ds. Qui post offendicula lapsus ... sanctificator appare.
6072. Benedic dne hanc aquam benedictione caelesti ...
6073. Ds qui per moysen legiferum ...
6074. O. s. ds qui ante arcam foederis per clangorem tubarum ...
6075. O. dominator christe ...
6076. Benedic dne hanc crucem tuam per quam eripuisti mundum ...
6077. Rogamus te dne s. p. o. ae. ds ...
6078. O. s. ds cujus sanctum et terribile nomen ...
6079. Da qs clementissime pater in quo vivimus ... videre mereamur.

MISSA DEDICATIONIS

6080. Ds qui sacrandorum tibi auctor es munerum ... in omnibus mereantur.
6081. O. s. ds qui gregalium differentias hostiarum ... substantiam.
6082. VD. Qui cum ubique sis totus et universa ... obtineatur effectus.
6083. Hanc igitur oblationem famuli tui vel famulae ... diesque nostros.
6084. Copiosa beneficia qs dne christianus populus ... redemptoris inveniat.

794. Ordo 2 (A, II 687-695; V, II 246-250)

ORATIO QUALITER DOMUS DEI CONSECRANDA EST

6085. Dil. fr. inter cetera virtutum solemnia ... ea die non negetis.

ORDO QUOMODO ECCLESIAM DEBEAT DEDICARE

6086. Actiones nostras qs ...

6087. Domum tuam qs dne clementer ingredere ... habitatione praeclara.
6088. Pax huic domui et omnibus habitantibus in ea ...
6089. Ds qui invisibiliter omnia contines ...
6090. Tabernaculum hoc ingredere qs o. s. ds ut famulos ... easque
dignare.
6091. Magnificare ...
6092. Exorcizo te creatura salis in nomine ... saeculum per ignem.
6093. Exorcizo te creatura salis per deum vivum ...
6094. Immensam clementiam tuam ...
6095. Ds qui ad salutem humani generis maxima quaeque ...
6096. O. s. ds parce metuentibus propitiare ... tutelam percipiant.
6097. Ds invictae virtutis auctor et insuperabilis imperii rex ...
6098. Ds creator et conservator humani generis ... altaris proficiat.
6099. Dne s. pater clemens cujus nec initium ... innocentiae sacrificium.
6100. Exsurgat deus et nostri famulatus ... benedictionis augmentum.
6101. Fundamenta templi hujus sapientiae suae ... erat supra petram.
6102. Ds sanctificator o. dominator cujus pietas sine fine sentitur ...
6103. Ds qui loca nomini tuo dicata ...
6104. VD. Adesto precibus nostris adesto sacramentis ...
6105. Ds o. in cujus honore sub invocatione tui nominis ...
6106. VD. Ut propensiori cura et attentiori famulatu ...
6107. Confirma hoc deus quod operatus es in nobis a templo ...
6108. Majestatem tuam dne humiliter imploramus ut altare hoc ...
6109. Dne ds o. sicut ab initio hominibus utilia ... creasti ...
6110. Dignare dne ds o. rex regum et dnus ... consecres et consum-
mes ...
6111. Clementissime dne cujus inenarrabilis virtus ...
6112. Benedic o. ds pater dni nostri j. c. pannum ... jesu christi.
6113. Ds qui pro generis humani salvatione verbum ... rore perfusa.
6114. Ds qui digne tibi servientium nos imitari ... benignus perficiat.
6114* Aufer a nobis qs dne iniquitates nostras ... mentibus introire.
6115. Ingredere benedicte dne praeparata est habitatio sedis tuae.
6116. Domum tuam qs dne clementer ingredere et ... habitatio praeclara.
6117. In nomine patris et filii et spiritus sancti.
6118. Singulare istud repropitiatorium quod se in ara crucis ... in
tabulis.
6119. Ds qui ex omni coaptione sanctorum aeternum tibi condis habitaculum ...
6120. Ds o. universarum rerum rationabilis artifex ... fidei sit honore.
6121. Omnipotentem deum et dnum nostrum votis ... suscipiat con-
secratam.
6122. Descendat qs dne ds noster spiritus sanctus tuus ... dignanter
emundet.
6123. Consecramus et sanctificamus hanc patenam ...
6124. Oremus dil. fratres ...

6125. Dignare dne ds noster calicem istum ...
6126. Oremus dil. fr. car. ut ds o. hoc ministerium ... orantibus nobis.
6127. O. ds trinitas inseparabilis manibus nostris opem ... perficiatur.
6128. Ds qui invisibiliter ...
6129. Ds qui sacrandorum ...
6130. O. s. ds altare nomini tuo dedicatum ...
6131. VD. Per christum dnum nostrum. Per quem te supplices depre-
      camur ...
6132. Qs o. ds ut hoc in loco ...
6133. Copiosa beneficia qs dne ...

795. Ordo 3 (A, II 695-709; V, II 250-255)

ORDO QUALITER DOMUS DEI CONSECRANDA EST

6134. Actiones nostras ...
6135. Ds qui nos pastores in populo vocare ... oculis esse valeamus.
6136. Praeveniat nos qs dne misericordia ...
6137. Ascendant ad te dne preces nostrae et ab ecclesia ... nequitiam.
6138. Ds caeli terraeque dominator auxilium nobis ... benignus im-
      pende.
6139. Actiones nostras ...
6140. Domum tuam qs dne clementer ingredere ...
6141. Ds qui invisibiliter omnia contines ...
6142. Tabernaculum hoc ingredere ...
6143. Magnificare dne ds noster ...
6144. Exorcizo te creatura salis ...
6145. Immensam clementiam tuam ...
6146. Exorcizo te creatura aquae in nomine dei patris ...
6147. Ds qui ad salutem humani generis ...
6148. O. s. ds parce metuentibus ...
6149. Ds invictae virtutis auctor ...
6150. Ds creator et conservator ...
6151. Dne ds rex universarum caelestium ... consecrata permaneat.
6152. Pateant ad hoc altare aures misericordiae tuae ... placita po-
      stulare.
6153. Hic benedictionem tuam dne populus fidelis ... jugitur inveniat.
6154. Solus et ineffabilis supernorum rex dne ds auxiliare ... consor-
      tium.
6155. Adjutor altissime ds et protector caelestis ... mereantur aeterna.
6156. Ds qui jacob famulo tuo praeelecto ascendentes ... in imis ver-
      santur.
6157. Benedic dne domum istam quam aedificavi nomini tuo ... die
      ac nocte.
6158. Ds qui loca nomini tuo dicata sanctificas ... misericordiae sen-
      tiatur.
6159. Ds sanctificationum o. dominator ...
6160. VD. Adesto precibus nostris adesto sacramentis ...
6161. Dne s. p. o. ae. ds creator caeli et terrae ... sacerdotum offeratur.

6162. Singulare illud repropitiatorium ...
6163. Ds o. universarum rerum rationalis artifex ...
6164. Deum universitatis artificem et immensae molis ... inhabitante possideat.
6165. Ds qui sanctificandum primogenitum tibi populum ... efficiatur aeterna.
6166. Sanctificetur hoc templum per istam unctionem ... spiritus sancti.
6167. O. s. ds effunde super hunc locum gratiam ... obtineatur effectus.
6168. Ds qui de vivis et electis lapidibus ...
6169. Dne s. pater clemens cujus nec initium nec finis ...
6170. Dei patris omnip. misericordiam ... deprecamur ut haec altaria ...
6171. Ds o. in cujus honore altaria haec sub invocatione ...
6172. VD. Ut propensiori cura et adtentiori famulatu ...
6173. Majestatem tuam dne imploramus humiliter ...
6174. Dne ds o. qui ab initio hominibus utilia et necessaria creasti ...
6175. Dignare dne ds o. rex regum ...
6176. O. s. ds qui per moysen famulum tuum ...
6177. Dne ds p. o. rex magnificus triumphator ... percipere mereantur.
6178. Ds o. bonarum virtutum dator et benedictionum largus infusor ...
6179. Clementissime dne ...
6180. Ds qui pro generis humani salvatione verbum ... rore perfusa.
6181. Ds qui tibi digne servientium nos imitari ... benignus perficiat.
6182. Consecramus et sanctificamus hanc patenam ...
6183. Consecrare et sanctificare digneris ...
6184. Ds o. universarum rerum rationabilia artifex ... aeternam mereamur.
6185. Ds qui per typicum pascha et escis agni ... percipere aeternam.
6186. Oramus te dne ds noster ut calicem istum ...
6187. Ds qui accepto et distributo pane vetus ... mereantur aeterna.
6188. Oremus dil. fr. ut dnus noster calicem istum ...
6189. Dignare dne ds noster calicem istum ...
6190. Oremus dil. et fr. car. ut deus o. hoc ministerium ... orantibus nobis.
6191. Ds qui sacra scriptura testante tribus diebus ... destituantur auxilio.
6192. Ds ad cujus sepulchrum cum aromatibus ... angelorum ac persolvant.
6193. Dne ds o. cui adsistunt exercitus angelorum ... antiqui serpentis.
6194. Veniat ergo o. ds super hoc incensum ... majestatis adsistat.
6195. Exorcizo te immunde spiritus omne phantasma ... saeculum per ignem.
6196. Aeternam ac justissimam pietatem tuam deprecamur ... redoleat suavitate.
6197. Benedic dne hanc crucem tuam per quem eripuisti mundum ...
6198. Rogamus te dne s. p. ae. ds ...
6199. O. s. ds qui per lignum perdito mundo ... virtute caelesti.

6200. O. ae. ds pater dni nostri j. c. tu conditor caeli ... tecum vivit.
6201. Ds gloriae excelsae ...
6202. Radiet hic unigeniti filii tui splendor ... saecula saeculorum.
6203. Consecrare et sanctificare digneris dne ds o. hanc crucem ... dno nostro.
6204. Sanctifica qs dne crucem istam quam dignatus es ... christe qui vivis.
6205. Ds cui cunctae oboediunt creaturae et omnia ... sempiternum infundas.
6206. Benedic dne hoc signum benedictione caelesti ...
6207. Ds qui per moysen legiferum ...
6208. Vox super aquas ds majestatis intonuit dnus super aquas multas ...
6209. O. s. ds qui ante arcam ...
6210. O. s. ds dominator christe ...
6211. O. ds hoc baptisterium caelesti visitatione ... munere consequantur.
6212. Multiplica dne benedictionem tuam et spiritus ... ascribi mereantur.
6213. O. s. ds fons omnium virtutum et plenitudo ... sine fine laetentur.
6214. Ds qui es totius orbis conditor ...
6215. Dne p. o. trina majestas ...
6216. Dne ds pastor aeternae gloriae ...
6217. O. ds qui es custos animarum ...
6218. Adesto qs dne officio nostro hunc locum ... praemia consequantur.

ORDO QUOMODO IN SANCTA ROMANA ECCLESIA RELIQUIAE CONDANTUR

6219. Aufer a nobis ...
6220. Ds qui omni loco dominationis tuae ...
6221. Domum tuam qs dne clementer ingredere ...
6222. Ds qui invisibiliter omnia continet ...
6223. Benedic dne domum istam.
6224. Tabernaculum hoc ingredere qs o. sempiterne ... eos dignare.
6225. In nomine patris et filii et spiritus sancti. Pax tibi.
6226. Ds qui ex omni coaptione ...
6227. Descendat qs dne ds noster spiritus ...
6228. Via sanctorum omnium j. c. ...
6229. Confirma hoc deus ...
6230. O. et m. ds qui sacerdotum ministerio ad tibi serviendum ...
6231. Tibi sancta dei genitrix virgo maris vel tibi ... gubernare dignetur.
6232. Ds qui invisibiliter omnia contines ...
6233. Ds qui sacrandorum tibi auctor es munerum ...
6234. Dne ds in simplicitate ...
6235. O. s. ds altare nomini tuo ...

796. **Ordo 4** (A, II 709-721; V, II 255-259)

ORDO QUALITER DOMUS DEI CONSECRANDA EST

6236. Actiones nostras qs dne ...
6237. Ds qui apostolorum tuorum praedicationibus ... perficiamus.
6238. Praeveniat nos qs dne misericordia tua ... propitiationis anticipet.
6239. Ascendant ad te dne preces nostrae ... repelle nequitiam.
6240. Ds caeli terraeque dominator auxilium ... benignus impende.
6241. Domum tuam qs dne clementer ingredere ... habitatio praeclara.
6242. Pax huic domui et omnibus habitantibus in ea ... regredentibus alleluia.
6243. Benedic dne domum istam quam aedificavi ... solio gloriae tuae.
6244. Ds qui invisibiliter omnia contines ...
6245. Tabernaculum hoc ingredere ...
6246. Magnificare dne ...
6247. Exorcizo te creatura aquae ...
6248. Ds qui ad salutem ...
6249. O. s. ds parce ...
6250. Ds invictae virtutis auctor ...
6251. Ds creator et conservator ...
6252. Dne ds rex universarum caelestium ...
6253. In nomine patris et filii et spiritus sancti.
6254. Pateant ad hoc altare ...
6255. Hic benedictionem ...
6256. Solus et ineffabilis ...
6257. Adjutor altissime deus ...
6258. Ds qui jacob famulo tuo praeelecto ...
6259. Ds qui loca nomini tuo dicata ...
6260. Ds sanctificationum omnipotens dominator ...
6261. VD. Adesto precibus nostris adesto sacramentis ...
6262. Dne s. p. o. ae. ds creator caeli et terrae ...
6263. Ds qui ad sacrificandum ...
6264. Ds universarum rerum rationabilis artifex ... dignum honore.
6265. Ds p. o. misericordiam tuam suppliciter deprecamur ... assistas.
6266. Ds o. in cujus honore haec altaria ...
6267. VD. Ut propensori cura et adtentiori famulatu ...
6268. Majestatem tuam dne humiliter imploramus ...
6269. Dne ds o. qui ab initio hominibus utilia ...
6270. Digne dne ds o. qui per moysen famulum tuum ...
6271. Dne ds p. o. rex magnificus ...
6272. Ds o. bonarum virtutum dator et omnium benedictionum largus ...
6273. Clementissime dne cujus inenarrabilis virtus ...
6374. Ds qui pro generis humani salvatione verbum caro factum est ...
6275. Ds qui digne tibi servientium nos imitari desideras ...
6276. Consecramus et sanctificamus hanc patenam ...
6277. Ds qui post typicum pascha ...

6278. Oramus te dne ds noster ut calicem istum ...
6279. Dignare dne ds noster calicem istum in usum ... sanctificatum.
6280. Ds qui accepto et distributo pane vetus determinans pascha ...
6281. Ds qui sacra scriptura testante tribus diebus ...
6282. O. ds trinitas inseparabilis manibus nostris ... sanctificetur.
6283. Ds ad cujus sepulcrum cum aromatibus ...
6284. Ds qui diversa ad tabernaculum foederis ... percipere sempiterna.
6285. Ds qui in omni loco tuae dominationis ... supplicat mereatur.
6286. Ds qui ex omni coaptione ...
6287. Descendat qs dne ds noster ...
6288. Tibi sancta dei genitrix virgo maria vel tibi sancte ...
6289. Ds qui ecclesiam tuam sponsam vocare ... pervenire mereatur.
6290. Ds qui sacrandorum tibi auctor es munerum ... auxilium sentiatur.
6291. O. s. ds altare nomini tuo dicatum ... obtineatur effectus.
6292. VD. Unde nos quoque te supplices deprecamur ... perpetuam consequatur.
6293. Qs o. ds ut hoc in loco quem nomini tuo ... pietatis accommodes.
6294. Ds qui ecclesiae tuae in sanctis montibus ... interventione secura.
6295. O. s. ds qui legalium differentias hostiarum ... procurent substantiam.
6296. Sanctificationem domus tuae dne suppliciter ... sorte participes.
6297. Ds qui sacrandorum tibi auctor es munerum ... mereantur atque custodem.
6298. Ds qui loca nomini tuo dicata sanctificas ... praeparetur officio.
6299. Votorum nostrorum munus qs dne propitiatus ... cumulatorem exaudias.
6300. Sanctificati dne salutari mysterio qs ... patrocinio gubernari.
6301. Inclina dne aurem tuam ad me et exaudi me ... sit semper vobiscum.
6302. Benedicat et custodiat vos o. ds domumque ... pervenire mereamini.

797. Ordo 5 (A, II 721-725; V, II 259-260)

ORDO AD BENEDICENDAM ECCLESIAM

6303. Aufer a nobis ...
6304. Fac nos ...
6305. Exorcizo te creatura salis per deum vivum ...
6306. Exorcizo te creatura aquae ...
6307. Ds qui ad salutem ...
6308. Benedictio dei omnipotentis patris ... super hanc aquam.
6309. Ds qui invictae virtutis auctor ...
6310. Exaudi nos dne ...
6311. Praesta dne per hanc creaturam ...
6312. O. s. ds qui per filium tuum angularem ...

6313. Magnificare ...
6314. Exorcizo te creatura salis in nomine dni nostri j. c. ...
6315. Dne ds o. benedic ...
6316. Exorcizo te creatura aquae in nomine dei patris ...
6317. Ds qui ad salutem humani generis ...
6318. Exorcizo te creatura aquae per deum vivum ...
6319. Deum omnipotentem fr. car. ...
6320. O. s. ds creator ...
6321. Ds qui loca ...
6322. Ds qui sanctificationum ...
6323. VD. Aeterne ds. Adesto ...
6324. Sanctificetur hoc templum in nominis patris ... pax tibi.
6325. Qs o. ds honore ...
6326. VD. Qui post offendicula ...
6327. Qs o. ds universarum ...
6328. VD. Aeterne ds ut propensiori cura ...
6329. Dne s. p. o. ae. ds clemens ...
6330. Majestatem tuam ...
6331. Lapidem quoque ...
6332. Habitator sanctarum mentium ...
6333. Deum omnipotentem fr. car. ...
6334. Ds qui sacrandorum ...
6335. Domum tuam qs ...
6336. In nomine patris et filii et spiritus sancti. Pax tibi.
6337. Ds qui ex omni coaptatione ...
6338. Descendat ...
6339. O. s. ds altare hoc ...
6340. O. ds trinitas ...
6341. O. et m. ds qui ab initio ...
6342. Dne ds o. qui ab initio ...
6343. Dne ds o. rex regum ...
6344. Dne ds o. rex et magnificus ...
6345. Ds qui invisibiliter ...

798. Ordo 6 (A, II 725-728; V, II 260-262)

ORDINATIO ECCLESIAE

6346. Aufer a nobis ...
6347. Fac nos dne ...
6348. O. ds qui sacerdotibus ...
6349. Magnificare dne ds ...
6350. Exorcizo te creatura salis in nomine ... saeculum per ignem.
6351. Dne ds o. benedic hanc creaturam salis ... proficiat sanitatem.
6352. Exorcizo te creatura aquae in nomine dei patris ... solum deum.
6353. Ds qui ad salutem humani generis ...
6354. Exorcizo te creatura aquae ...
6355. Deum omnipotentem fr. car. ...
6356. O. s. ds qui es creator ...

6357. Ds qui loca nomini tuo dicanda ...

6358. Ds sanctificationum ...

6359. Sanctificetur hoc templum in nomine patris et filii et spiritus sancti.

6360. Ds o. in cujus honore ...

6361. Supplices tibi dne ds pater o. preces effundimus ... legem in tabulis.

6362. Ds o. universarum rerum ...

6363. Dne s. p. o. ae. ds clemens et propitius ...

6364. VD. Qui post offendicula ...

6365. Dne ds o. sicut ab initio hominibus ...

6366. O. s. ds benedic linteamen istud ... jesu christi.

6367. Dignare ds o. rex regnum ...

6368. Domum tuam qs dne clementer ingredere ...

6369. Ds qui in omni loco dominationis ...

6370. In nomine patris et filii et spiritus sancti. Pax tibi.

6371. In nomine patris et ... pax tibi.

6372. Ds qui ex omni coaptione ...

6373. Descendat qs dne ds noster spiritus sanctus ... corda purificet.

799. **Ordo 7** (A, II 728-733; V, II 262-263)

ORDO AD ECCLESIAM DEDICANDAM

6374. Actiones nostras ...

6375. Magnificare ...

6376. Discede immunde spiritus ...

6377. Sanctificare per verbum dei ...

6378. Dne s. p. o. statutor ...

6379. Exorcizo te creatura salis ...

6380. Virtutis tuae invictam fortitudinem ...

6381. Aeterne o. ds qui nobis a te conditam ...

6382. Creator et conservator humani generis ...

6383. Ds qui loca nomini tuo dicata sanctificas ...

6384. Ds sanctificationum o. dominator ...

6385. Singulare illud propitiatorium quod se ... scripsisti in tabulis.

6386. Confirmo et consecro te in nomine patris ... in saecula saeculorum.

6387. Omnipotentiam tuam dne supplices imploramus ... exauditor assistas.

6388. O. s. ds altare hoc quod nomini tuo ... obtineatur effectus.

6389. Consecrare et sanctificare dignare dne lapidem ... tribuat sempiternam.

6390. Descendat qs dne ds noster spiritus ... dignanter emundet.

6391. Dne s. p. o. qui post offendicula lapsus ... sanctificator appare.

6392. Dei patris omnipotentis misericordiam ...

6393. Ds o. in cujus honore ...

6394. Consecramus et sanctificamus hanc patenam ad confringendum ...

6395. Consecrare et sanctificare digneris ...
6396. Dne ds o. qui per moysen famulum tuum ...
6397. Oremus dil. fr. ut dnus deus noster ...
6398. Dignare dne calicem istum in usum ministerii ...
6399. Oremus fr. dil. ut deus o. hoc mysterii ...
6400. Ds qui moysi famulo tuo ...
6401. O. ds trinitas inseparabilis ...
6402. O. et m. ds qui ab initio utilia ...
6403. O. s. ds a quo omnia immunda purgantur ...
6404. Ds cujus verbo et potentia facta ...
6405. Exaudi nos dne qs ut haec linteamina ...
6406. Dne ds o. qui ab initio hominibus ...
6407. Aufer a nobis ...
6408. Fac nos dne ...
6409. Domum tuam qs dne ...
6410. Ds qui ex omni coaptatione ...
6411. Dirigatur oratio mea qs dne sicut incensum ...

800. Ordo 8 (A, II 733-747; V, II 263-268)

ORDO ECCLESIAE CONSECRANDAE

6411* O. et m. ds qui sacerdotibus tuis ... pacis ingressus.
6412. In nomine patris et filii et spiritus sancti.
6413. Copiosa beneficia qs dne hic populus ... redemptionis inveniat.
6414. Magnificare dne ds noster in sanctis tuis ... haereditate lauderis.
6415. Exorcizo te creatura aquae in nomine ... spiritu sancto.
6416. Sanctificare per verbum dei unda caelestis ... protegat atque defendat.
6417. Dne s. p. o. ds statutor et conditor elementorum ... procul recedant.
6418. Ds qui ad salutem humani generis maxima quaeque sacramenta ...
6419. Exorcizo te creatura salis in nomine ... saeculorum per ignem.
6420. Aeterne o. ds qui nobis a te conditam ... mansura consistat.
6421. Creator et conservator humani generis ... altaris proficiat.
6422. Deum patrem omnipotentem fr. car. in cujus domo ... vivos et mortuos.
6423. Ds qui loca nomini tuo dicata sanctificas ... misericordiae sentiatur.
6424. Ds sanctificationum omnium dominator ... catholica perseverent.
6425. VD. Aeterne ds. Qui cum in manufactis ipse ... gloriosi existant.
6426. Dnum nostrum fr. car. votis exultantibus deprecemur ... consecutam.
6427. Dei patris omnipotentis misericordiam dil. fr. deprecemur ... occurrat.
6428. Ds in cujus honore hoc altare sub invocatione ... postulata concedas.

6429. VD. Aeterne ds. Qui ad sacrificandum primogenitum ... praemia sempiterna.
6430. Ds individua trinitas et unita majestas ... favente perveniat.
6431. Ds cujus verbo et potentia facta sunt ... perpetuum regnum.
6432. O. s. ds a quo omnia immunda mundantur ... sanctificata.
6433. O. et m. ds qui ab initio utilia et necessaria ... pareant famulantibus.
6434. Exaudi nos qs o. ds et haec linteamina ... jesu christi.
6435. Consecramus et sanctificamus in nomine patris ... omniumque salute.
6436. Consecrare et sanctificare digneris dne patenam ... domino nostro.
6437. Supplices te dne j. c. deprecamur clementiam tuam ... deputetur.
6438. O. ds trinitas inseparabilis manibus nostris ... gratia efficiatur.
6439. Oremus dil. fr. ut dnus deus noster calicem hunc ... favoris accommodet.
6440. Ds qui moysi famulo tuo in monte oreb servanda ... ministeriis consecretur.
6441. Benedic dne hanc crucem tuam per quam eripuisti mundum ...
6442. Rogamus te dne s. p. o. ae. ds ...
6443. Benedic dne hanc aquam benedictione caelesti ...
6444. Ds qui per moysen legiferum tubas argenteas ...
6445. O. s. ds qui ante arcam foederis ...
6446. O. dominator christe qui secundum assumtionem carnis ...
6447. Ds caeli terraeque dominator a cujus facie ... pervenire mereantur.
6448. Aufer a nobis dne iniquitates nostras ... mentibus introire.
6449. Fac nos dne sanctorum tuorum auxilio ... incessanter habere.
6450. Ds qui in omni loco tuae dedicationis assistis ... gaudeat mereatur.
6451. Domum tuam qs dne clementer ingredere ... habitatio praeclara.
6452. Ds qui per legis historiam desideria ... donetur effectus.
6453. Ds qui de omni coaptione sanctorum ... semper adjuvemur.
6454. Ds qui sacrandorum tibi auctor es munerum ... auxilium sentiatur.
6455. Descendat qs dne ds noster spiritus sanctus ... dignanter circumdet.

801. **Ordo 9** (A, II 747-757; V, II 268-272)

ORDO IN DEDICATIONE ECCLESIAE SICUT ANTIQUITUS APOSTOLICA DOCUIT TRADITIO ET QUOMODO ROMANA GERIT ECCLESIA

6456. Pax huic domui ... crux christi triumphat.
6457. Magnificare dne ds noster in sanctis tuis ... haereditate lauderis.
6458. Ds qui ad salutem humani generis maxima ... impugnationibus defensa.

6459. Exorcizo te creatura aquae in nomine dei ... habitet in domo hac.
6460. Exorcizo te creatura salis in nomine patris ... filii ejus qui venturus.
6461. Creator et conservator humani generis dator ... altaris proficiat.
6462. Ds qui loca nomini tuo dicata sanctificas ... sentiatur.
6463. VD. Ds sanctificationum o. dominator cujus pietas ... perseverent.
6464. Confirmo te et consecro te in nomine patris ... auxiliante qui vivit.
6465. Consecrare et sanctificare dignare dne hoc altare ... concedat aeternam.
6466. O. s. ds altare hoc quod nomini tuo ... obtineat effectus.
6467. Dei patris omnipotentis misericordiam dil. fr. adsistat.
6468. Ds o. in cujus honore altare hoc sub invocatione ... concedas.
6469. Per quem supplices te deprecamur ut ... perpetuam consequatur.
6470. O. et m. ds qui ab initio utilia ... aptentur famulatibus.
6471. Dne ds o. qui sicut ab initio hominibus utilia ... jesu christi.
6472. Clementissime dne cujus inenarrabilis virtus ... sanctificetur.
6473. Dignare dne ds o. rex regum et dnus dominantium ... constare credimus.
6474. Consecramus et sanctificamus hanc patenam ... nostra salute.
6475. Consecrare et sanctificare digneris dne patenam ... dno nostro.
6476. Dignare dne ds noster calicem istum in usum ... sanctificatum.
6477. Oremus dil. fr. ut dnus ds noster calicem ... favoris accumulet.
6478. O. s. ds trinitas inseparabilis manibus nostris ... spiritus perficiatur.
6479. Aufer a nobis dne qs iniquitates nostras ... mentibus introire.
6480. Domum tuam dne qs clementer ingredere ... habitatione praeclara.
6481. Ds qui altaria nomini tuo dicata sanctificas ... pietatis obtineat.
6482. In nomine patris et filii ... pax tibi.
6483. Ds qui ex omni coaptione sanctorum aeternam ... meritis adjuvemur.
6484. In nomine patris et filii ... pax tibi.
6485. Descendat qs dne ds noster spiritus ... dignanter emundet.
5486. O. s. ds altare nomini tuo dedicatum ... obtineatur effectum.
6487. Singulare illud propitiatorium qɪ ɔd se in altari ... in tabulis.
6488. Ds o. universarum rerum rationabilis artifex ... fidei sit honori.
6489. Discede immunde spiritus ab omnibus quibus ... saeculum per ignem.
6490. Sanctificare per verbum dei unda caelestis ... protegat atque defendat.
6491. Dne ds pater o. statutor et conditor ... procul recedant.
6492. Exorcizo te creatura salis ...
6493. Virtutis tuae invictam fortitudinem ... desiderantibus praestet.
6494. Aeterne o. ds qui nobis a te conditam ... mansura consistat.
6495. Creator et conservator humani generis dator ... altaris proficiant.

802. **Ordo 10** (A, II 757-762; V, II 272-273)

ORDO AD BENEDICENDAM ECCLESIAM

6496. Exorcizo te creatura salis ...
6497. Immensam clementiam tuam ...
6498. Exorcizo te creatura aquae in nomine dei ... qui venturus est.
6499. Ds qui ad salutem ...
6500. Commixtio salis et aquae pariter ... salutare sacramentum.
6501. Ds invictae virtutis ...
6502. O. s. ds ...
6503. O. s. ds qui sacerdotibus ...
6504. Magnificare dne ...
6505. Exorcizo te creatura salis ...
6506. Dne ds o. benedic hanc creaturam salis ...
6507. Exorcizo te creatura aquae ...
6508. O. s. ds parce metuentibus ...
6509. Exorcizo te creatura aquae ...
6510. Deum omnipotentem fr. car. ...
6511. O. s. ds creator et conservator humani generis ...
6512. VD. Ds sanctificationum ...
6513. Ds qui in omni loco dominationis tuae ...
6514. Ds qui ex omni coaptione ...
6515. Consecretur et sanctificetur qs dne altare ... nostram benedictionem.
6516. Sanctificetur hoc templum in nomine patris ... pax tibi.
6517. Dei patris omnipotentis misericordiam deprecemur ...
6518. Qs o. ds in cujus honore hoc altare consecramus ...
6519. Supplices tibi dne ds pater o. preces ...
6520. Dne ds o. sicut ab initio homini utilia et necessaria ...
6521. Ds o. universarum rerum rationabilis artifex ...
6522. Dne s. p. o. ae. ds clemens et propitius ...
6523. VD. Qui post offendicula lapsus primi hominis ...
6524. Dignare dne ds o. rex regum ...
6525. Dne ds pater o. rex et magnificus triumphator ...
6526. Majestatem tuam dne humiliter imploramus ...
6527. Deum omnipotentem fr. dil. votis exultantibus ...
6528. Descendat qs dne ds noster ...
6529. O. s. ds altare hoc nomini tuo dedicatum ...
6430. O. et m. ds qui ab initio utilia et necessaria ...
6531. Aufer a nobis qs dne ...
6532. Fac nos dne sanctorum tuorum ...
6533. Domum tuam qs dne ...

803. **Ordo 11** (A, II 762-768; V, II 274-276)

ORDO AD BENEDICENDAM ECCLESIAM

6434. Omnes sancti tui qs dne ...
6535. Exorcizo te creatura salis ...

6536. Immensam clementiam tuam ...
6537. Exorcizo te creatura aquae ...
6538. Ds qui ad salutem humani generis ...
6539. In nomine patris et filii ... commixtio salis et aquae.
6540. Ds invictae virtutis auctor ...
6541. O. s. ds qui in omni loco dominationis tuae totus assistis ...
6542. O. s. ds qui per filium tuum lapidem angularem ...
6543. O. et m. ds qui sacerdotibus tuis ...
6544. Magnificare dne qui sacerdotibus tuis ...
6545. Exorcizo te creatura salis ...
6546. Dne ds pater o. benedic hanc creaturam salis ...
6547. Exorcizo te creatura aquae ...
6548. Dne ds pater o. statutor omnium elementorum ...
6549. O. s. ds parce metuentibus ...
6550. Haec commixtio salis et cineris ... spiritus sancti.
6551. Ds invictae virtutis auctor ...
6552. Fiat commixtio vini et aquae ...
6553. Deum omnipotentem fr. car. ...
6554. O. s. ds creator et conservator humani generis ...
6555. Sanctificetur hoc altare in nomine patris ... spiritus sancti.
6556. Deum omnipotentem fr. dil. nobis votis exultantibus ...
6557. Ds qui loca nomini tuo dicanda ...
6558. Ds sanctificationum o. dominator ...
6559. VD. Adesto precibus nostris adesto sacramentis ...
6560. Aufer a nobis qs dne ... mentibus introire.
6561. Fac nos dne sanctorum tuorum ...
6562. Domum tuam qs dne clementer ingredere ...
6563. Consecretur hoc sepulchrum in nomine patris et filii et spiritus sancti.
6564. Ds qui in omni loco dominationis ...
6565. In nomine patris et filii et spiritus sancti. Pax tibi.
6566. Ds qui ex omni coaptione sanctorum ...
6567. Consecrare et sanctificare dignare dne ds lapidem ... benedictionem.
6568. Sanctificetur hoc templum in nomine patris et filii et spiritus sancti.
6569. Dei patris omnipotentis misericordiam ...
6570. Qs o. ds in cujus honore altare hoc ...
6571. VD. Ut propensiori cura et attentioni famulatu ...
6572. Majestatem tuam dne humiliter imploramus ...
6573. Dne ds o. qui ab initio hominibus utilia ...
6574. Exaudi dne preces nostras et haec linteamina ...
6575. Descendat qs dne ds noster spiritus tuus ... corda purificet.
6576. O. s. ds altare hoc nomini tuo dicatum ...
6577. Benedicat et custodiat vos o. dnus domumque hanc ...

CAPUT XV

De reconciliatione ecclesiae violatae

806. **Ordo 1** (A, II 794-795; V, II 285)

AD RECONCILIANDAM BASILICAM

6578. Deum indultorem criminum deum sordium ... reconciliata et sacrata.
6579. Ds cujus bonitas nec principium nec finem habet ... suffragia.

MISSA IN RECONCILIATIONE ECCLESIAE

6580. Ds qui dixisti domus mea domus orationis ... benigne perficias.
6581. Haec hostia qs dne et locum istum ... reddat acceptos.
6582. Percipientes dne munera salutis aeternae ... semper assistant.
6583. O. ds universa a vobis et ab hoc templo ... efficiamini coheredes.

807. **Ordo 2** (A, II 795-796; V, II 285)

RECONCILIATIO LOCI SACRI

6584. Aufer a nobis dne iniquitates nostras ... mentibus accedere.
6585. Deum indultorem criminum ...
6586. Ds cujus bonitas nec principium ...
6587. Ds qui in sanctis habitans supernae ... sempiterna laetentur.

808. **Ordo 3** (A, II 796; V, II 285-286)

RECONCILIATIO ECCLESIAE VIOLATAE

6588. O. s. ds qui sacerdotibus tuis prae ceteris ...
6589. Aufer a nobis qs dne omnes iniquitates ... mentibus accedere.
6590. Ds qui peccati veteris ...
6591. Deum indultorem criminum ...
6592. Ds qui in omni loco ...
6593. Ds qui ecclesiam tuam de omnibus finibus ...

809. **Ordo 4** (A, II 797-798; V, II 286)

RECONCILIATIO VIOLATAE ECCLESIAE

6594. O. et m. ds qui sacerdotibus tuis prae ... pacis ingressum.
6595. Aufer a nobis qs dne omnes iniquitates ... mentibus accedere.
6596. Ds qui peccati veteris hereditariam mortem ...
6597. Deum indultorem criminum deum sordium ... corrupta purgare.
6598. Ds cujus bonitas ut non habuit principium ... obtinuisse suffragia.
6599. Ds qui omni loco dominationis tuae ...
6600. Ds qui ecclesiam tuam sanctam de omnibus mundi finibus ...

810. Ordo 5 (A, II 798-800; V, II 286-287)

IN RECONCILIATIONE ALTARIS VEL SACRI LOCI SEU CIMITERII

6601. O. et m. ds qui sacerdotibus tuis ...
6602. Aufer a nobis dne qs ...
6603. Ds qui peccati veteris ...
6604. Quatenus consecrata sis aqua sancta ... qui venturus est.
6605. Deum indultorem criminum ...
6606. Ds cujus bonitas nec principium nec finem habet ... suffragia.
6607. Ds qui in sanctis habitans supernae ... sempiterna laetentur.
6608. Benedictio dei patris omnipotentis ingeniti filii ... in saecula saeculorum.
6609. Ds qui ecclesiam tuam sanctam de omnibus mundi ...
6610. Ds cujus bonitas sicut non habuit principium ...

811. Ordo 6 (A, II 800-802; V, II 287)

ORDO AD RECONSECRANDAM ECCLESIAM

6611. Ds qui ineffabili observantia sacramenti ...
6612. Actiones nostras ...
6613. Domum tuam qs dne clementer ingredere ...
6614. Magnificare dne ds noster ...
6615. Ds qui loca nomini tuo dicata ...
6616. Sanctificetur et consecretur hoc templum ... spiritus sancti.
6617. Ds sanctificationum o. dominator ...
6618. VD. Adesto precibus nostris adesto sacramentis ...
6619. Benedicat nos divina majestas una deitas ... spiritus sanctus.

ORDO AD RECONCILIANDAM ECCLESIAM ET CIMITERIUM SIMUL

6620. O. s. ds qui sacerdotibus tuis tantum ...
6621. Aufer a nobis qs dne ...
6622. Deum indultorem criminum ...
6623. VD. Aeterne ds. Cujus bonitas immensa ut non habuit principium ...
6624. Ds qui in omni loco dominationis tuae ...
6625. Ds qui ecclesiam tuam sanctam de omnibus finibus mundi ...
6626. Benedicat nos divina majestas une deitas pater ... spiritus sanctus.

CAPUT XVI

De benedictione altaris

812. Ordo 1 (A, II 803-804; V, II 288)

CONSECRATIO ALTARIS

6627. Creator et conservator humani generis dator ... altaris proficiat.

6628. Dei patris omnipotentis misericordiam dil. fr. ... adsistat.
6629. Ds o. in cujus honorem altarium ... postulata concedis.

813. Ordo 2 (A, II 804-807; V, II 288-289)

ORDO DE CONSECRATIONE ALTARIS PER SE

6630. Exorcizo te creatura salis in nomine dni j. c. ...
6631. Dne ds pater o. benedic hanc creaturam ... perficiat sanitatem.
6632. Exorcizo te creatura aquae in nomine dei patris ...
6633. Dne s. p. o. statutor omnium elementorum ... procul recedant.
6634. O. s. ds parce metuentibus propitiare supplicantibus ...
6635. Haec commixtio salis et cineris cum aqua ... spiritus sancti.
6636. Ds invictae virtutis auctor et insuperabilis imperii rex ...
6637. Ds o. qui in chana galilaeae ex aqua vinum fecisti ... salvator mundi.
6638. Fiat commixtio aquae et vini ad consecrationem ... spiritus sancti.
6639. O. s. ds creator et conservator humani generis ... altaris proficiat.
6640. Sanctificetur hoc altare in nomine patris ... memoria sanctorum.
6641. Ds qui in omni loco dominationis tuae dedicator ...
6642. Ds qui ex omni coaptione sanctorum aeternum ...
6643. Consecretur et sanctificetur hoc altare in nomine ... offerentur.
6644. Dei patris omnipotentis misericordiam deprecemur ...
6645. Qs o. ds in cujus honore altare hoc consecramus ...
6646. VD. Dne s. p. o. et clemens cujus nec initium ...
6647. Lapidem hunc fr. dil. in quo unguentum sacrae unctionis ...
6648. Dne ds o. qui ab initio hominibus utilia et necessaria ...
6649. Exaudi dne preces nostras pater clementissime ...
6650. Descendat qs dne ds noster ...
6651. O. s. ds altare hoc nomini tuo dedicatum ...
6652. Exaudi dne preces nostras et ad sanctificandum ... effectus.
6653. O. s. ds altare hoc nomini tuo dicatum ... obtineatur effectus.
6654. VD. Ut altare hoc sanctis usibus praeparatum ...
6655. O. ds qui vos hodierna die ad consecrationem ... possidere valeatis.
6656. Descendat qs dne ds noster spiritus sanctus ... corda purificet.

814. Ordo 3 (A, II 808-810; V, II 289-290)

ORDO AD CONSECRANDUM ALTARE SIVE ECCLESIAM

6657. Virtutum caelestium ds ...
6658. Ds qui ineffabilis observantia sacramenti ...
6659. Actiones nostras ...
6660. Exorcizo te creatura salis in nomine dni nostri j. c. ...
6661. Dne ds pater o. benedic hanc creaturam salis ...
6662. Exorcizo te creatura aquae ...
6663. Dne ds pater omnipotens ...

6664. O. s. ds parce metuentibus ...

6665. Haec commixtio salis et cineris cum aqua ... efficiatur sacramentum.

6666. Ds invictae virtutis auctor ...

6667. Dne j. c. qui es vitis ...

6668. Fiat commixtio vini et aquae benedictorum ... spiritus sancti.

6669. Deum omnipotentem fr. car. in cujus domo ...

6670. O. s. ds creator et conservator ...

6671. Sanctificetur hoc altare in nomine patris ... spiritus sancti.

6672. Fac nos dne sanctorum tuorum ...

6673. Consecretur hoc sepulchrum in nomine patris ... et spiritus sancti.

6674. Consecretur hic lapis in nomine patris ... spiritus sancti.

6675. Ds qui omni loco dominationis tuae ...

6676. Consecrare et sanctificare digneris dne lapidem ... benedictionem.

6677. O. s. ds altare istud quod in honore nominis tui ...

6678. Dei patris omnipotentis misericordiam deprecemur ...

6679. Os o. ds in quorum videlicet N. et N. honore ...

6680. VD. Et propensiori cura ...

6681. Dne s. p. o. ae. ds clemens et propitius preces ...

6682. Majestatem tuam dne humiliter imploramus ...

6683. Supplices tibi dne ds pater o. preces effundimus ...

6684. Ds o. universarum rerum rationabilis artifex ...

6685. Descendat qs ...

6686. O. s. ds altare hoc nomini tuo dedicatum ...

6687. Benedictio dei omnipotentis patris et filii ... maneat semper.

CAPUT XVII

De benedictione altaris portatilis

815. Ordo 1 (A, II 812-813; V, II 291)

CONSECRATIO ALTARIS GESTATORII

6688. Consecretur et sanctificetur qs dne hoc altare ... benedictionem.

6689. Dei patris omnip. misericordiam deprecemur ...

6690. Ds o. in cujus honore altare hoc consecramus ... postulata concedas.

6691. Supplices tibi dne ds omnipotens ...

6692. Ds o. universarum rerum rationalis artifex ...

6693. Dne s. p. o. ...

6694. Majestatem tuam dne ...

6695. Deum omnipotentem fratres carissimi ...

6696. Descendat qs dne ds noster spiritus tuus ... corda purificet.

6697. O. s. ds altare hoc nomini tuo dicatum ...

816. **Ordo 2** (A, II 813-815; V, II 291-292)

BENEDICTIO ALTARIS ITINERARII

6698. Deum omnipotentem fr. car. ...
6699. Supplices tibi dne ds p. o. preces effundimus ...
6700. Exaudi nos ds noster ...
6701. Sanctificetur hic lapis in nomine patris ... spiritus sancti.
6702. Ds o. universarum rerum rationalis artifex ...
6703. Consecretur hoc sepulcrum in nomine patris ... et spiritus sancti.
6704. Ds qui altaria nomini tuo dedicanda ...
6705. In nomine patris et filii et spiritus sancti.
6706. Ds qui ex omni coaptione sanctorum ...
6707. Sanctificetur hunc altare in nomine patris ... spiritus sancti.
6708. Lapidem hunc fr. dil. in quo unguentum sacrae unctionis ...
6709. VD. Qui post offendicula lapsus primi hominis ...
6710. O. s. ds altare hoc nomini tuo dicatum ...

817. **Ordo 3** (A, II 815-817; V, II 292-293)

ORDO DE CONSECRATIONE TABULAE

6711. Exorcizo te creatura salis in nomine dni nostri j. c. ...
6712. Dne ds pater o. benedic hanc creaturam salis ... proficiat sanitatem.
6713. Exorcizo te creatura aquae in nomine dei ...
6714. Dne s. p. o. statutor omnium elementorum ...
6715. O. s. ds qui cuncta benedicenda benedicis ... nomine sanctificentur.
6716. Haec commixtio salis et cineris cum aqua ... spiritus sancti.
6717. Ds invictae virtutis auctor et insuperabilis imperii rex ...
6718. Dne j. c. filii dei vivi qui quinque panibus ...
6719. Fiat commixtio aquae et vini ad consecrationem ... spiritus sancti.
6720. O. s. ds creator et conservator generis humani ...
6721. Sanctificetur haec tabula in nomine patris ... spiritus sancti.
6722. Ds qui es visibilium rerum et invisibilium ...
6723. Consecretur et sanctificetur haec tabula ... tibi offerentur.
6724. Consecrare et sanctificare digneris dne hoc altare ... aeternam.
6725. Dei patris omnipotentis misericordiam deprecemur ...
6726. Supplices tibi dne ds pater o. preces effundimus ... legem in tabulis.
6727. VD. Qui post offendicula lapsus primi hominis ...
6728. Ds o. universarum rerum rationalis artifex ...
6729. Descendat qs dne ds noster spiritus tuus ... corda purificet.

818. **Ordo 4** (A, II 817-818; V, II 293)

ORDO AD CONSECRANDUM LAPIDEM ITINERARIUM

6730. Deum omnipotentem fr. dil. votis exultantibus deprecamur ...

6731. Exaudi nos ds salutaris noster et precum nostrarum ...
6732. Consecretur et sanctificetur hoc sepulcrum in nomine ... spiritus sancti.
6733. Consecrare et sanctificare dne lapidem istum ... spiritus sancti.
6734. Ds qui ex omni coaptione sanctorum ... meritis adjuvemur.
6735. Lapidem hunc fr. car. in quo unguentum ...
6736. Supplices tibi ds pater o. preces effundimus ...
6737. VD. Qui post offendicula lapsus ...
6738. Ds o. universarum rerum rationalis artifex ...
6739. In nomine patris et filii et spiritus sancti benedictus sis.

820. CAPUT XVIII (A, II 820-821; V, II 293-294)

De altarium confractione

6740. Laetetur ecclesia tua ds omnium et horum sanctorum ... secura consistat.

821. CAPUT XIX (A, II 821; V, II, 294)

De benedictione ciborii

6741. Oremus fr. dil. deum rectorem et gubernatorem ... sanctificare dignetur.
6742. Sanctificetur hoc umbraculum ... in nomine dni.
6743. O. s. ds qui fideli famulo tuo moysi praecepisti ... saeculorum.

CAPUT XX

De benedictione cimiterii

822. Ordo 1 (A, II 822; V, II 294)

DE CONSECRATIONE CIMITERII

6744. Ds qui es totius orbis conditor et humani generis redemptor ...
6745. Dne s. p. o. trina majestas ...
6746. Dne ds pastor aeternae gloriae ...
6747. O. dnus qui es custos animarum ...
6748. Adesto qs dne officio servitutis ...

823. Ordo 2 (A, II 822-824; V, II 294-295)

IN CONSECRATIONE CIMITERII

6749. Ds qui est totius orbis conditor ...
6750. Exurgat ds ad nostri famulatus obsequium ... benedictionis augmentum.
6751. Dne s. p. ae. ds trina majestas ...

6752. Dne ds pastor aeternae gloriae ...
6753. O. ds qui es custos animarum ...
6754. Adesto qs ds officio nostro hunc locum visitandi ...
6755. Ds qui es judex vivorum sive mortuorum ... saecula saeculorum.
6756. Ds cujus miseratione animae fidelium requiescunt ... laetentur.
6757. Munera dne oblata sanctifica et qui te ipsum ... maculis emundemur.
6758. Copiam qs dne tuae benedictionis populo hic adunato ... coronandi.
6759. Muneribus sacris satiati qs dne ds noster ut plebs ... resurgamus.

824. Ordo 3 (A, II 824-825; V, II 295)

BENEDICTIO CIMITERII

6760. Benedicere digneris o. ds piissime ... habere mereantur.
6761. Ds totius orbis conditor et humani generis redemptor ...
6762. Dne ds pater o. trina majestas ...
6763. Dne ds pater aeternae gloriae lux et honor ...
6764. O. ds qui es custos animarum et tutela salutis ...
6765. Adesto qs dne ds officio nostro hunc locum visitandi ...
6766. Ds qui sacrandorum tibi auctor es munerum ... auxilium sentiatur.

825. Ordo 4 (A, II 825-826; V, II 295-296)

BENEDICTIO CIMITERII

6767. Benedicere digneris o. piissime ... habere mereantur.
6768. Ds qui sacrandorum ...

826. Ordo 5 (A, II 826; V, II 296)

BENEDICTIO CIMITERII

6769. Dne s. p. o. ae. ds locorum omnium sanctificator ...
6770. Ds cujus miseratione animae fidelium requiescunt ...
6771. Praetende dne fidelibus tuis dextram ... postulant assequantur.
6772. Benedicat nos o. ds pater et filius et spiritus sanctus.

827. Ordo 6 (A, II 8261828; V, II 296)

BENEDICTIO CIMITERII

6773. Dne s. p. o. ae. ds fundator omnium creaturarum ... nomini sancto tuo.
6774. Dne ds qui licet caelo et terra non capiaris ... consequatur effectum.
6775. Dne qui es totius orbis conditor ...
6776. Dne ds o. trina majestas ...

6777. Dne ds pastor aeternae gloriae ...
6778. O. ds qui es custos animarum ...
6779. Adesto qs dne officio nostro hunc locum visitandi ...
6780. Ds qui sacrandorum tibi auctor es munerum ...

CAPUT XXI

De benedictione seu baptismo signorum

828. RITUS CONSECRANDI CAMPANAS (A, II 829-831; V, II 297)

6781. Benedic dne aquam istam benedictione caelesti ...
6782. Ds qui per moysen legislatorem tuum ...
6783. Consecretur et sanctificetur tintinnabulum illud ... spiritus sancti.
6784. O. s. ds qui ante arcam foederis dni ...
6785. O. dominator christe quo secundum assumtionem carnis ...

829. BENEDICTIO CAMPANAE (A, II 831; V, II 297-298)

6786. Benedic dne hoc metallum ignitum quod benedicere ... sancti N. vel sanctae N.
6787. Ds qui per sanctum moysen legitimum famulum ... saecula saeculorum.

CAPUT XXII

De benedictione turris

830. ORDO AD TURRIM BENEDICENDAM (A, II 832-833; V, II 298)

6788. Benedic dne hanc turrim in honore ... manuum tuarum.
6789. Ds universitatis conditor et servator ... proficiat sempiternem.
6790. Dne s. pater trina majestas et una deitas ... percipere mereantur.

CAPUT XXIII

De variis aliis benedictionibus

831. ORDO AD BENEDICENDAM CRUCEM (A, II 833-836. V, II 298-299)

6791. Exorcizo te creatura salis quatinus consecrata ... cruce sancta.
6792. Benedic dne hanc crucem per quam redemisti ... salvator mundi.
6793. Rogamus te dne s. p. o. ae. ds ut sancti spiritus ... credentium.
6794. Ds qui beatae crucis patibulum quod prius ... conversa est in salutem.
6795. Ds o. gloriose ds pater benignitatis immensae ... crucifixo percipiat.
6796. Radiet hic qs dne sancte pater unigeniti filii ... saeculorum.

6797. Consecrare et sanctificare digneris dne ds o. hanc crucem .... et regnat.
6798. Sanctifica qs dne crucem istam quam dignatus es ... vivificantur.
6799. Dne j. c. salus immortalis rex angelorum ... salvator mundi.
6800. O. s. ds cujus sanctum et terribile nomen ... postulata percipere.
6801. Benedictio atque sanctificatio omnip. dei patris ... saeculorum.

832. ORDO AD BENEDICENDAM IMAGINEM S. STEPHANI
(A, II 836-387; V, II 299)

6802. In nomine patris et filii et spiritus sancti.
6803. Unctio consecratio et sanctificatio quam huic imagini ... sancti.
6804. O. et ineffabilis ds noster cujus nutu cuncta ... saecula saeculorum.
6805. Et benedictio dei omnip. patris et ... super nos devotos suos.

833. BENEDICTIO EFFIGIEI B. VIRGINIS CATHERINAE
(A, II 837; V, II, 299-300)

6806. O. s. ds cujus dispositione omnia ex nihilo ... perpetua gratulari.

834. Ordo 1 (A, II 838-839; V II 300)

BENEDICTIO SCRINII VEL ARCAE

6807. Actiones nostras qs dne et aspirando ...
6808. Dne ds o. qui moysi famulo tuo in montem ... tueri mereantur.
6809. Dne ds universorum in quo solo caelestium ... mereamur in caelis.
6810. Dominator dne ds universarum caelestium ... consequamur aeterna.

835. Ordo 2 (A, I 839-840; V, II 300)

6811. Quatenus consecrata sis aqua sancta ... in hac capsa.
6812. Actiones nostras qs dne adspirando praeveni ... coepta finiatur.
6813. Dne ds o. qui moysi famulo tuo in montem ...
6814. Dne ds universorum in quo solo caelestium ...
6815. Dominator dne ds universarum caelestium ...
6816. Benedictio dei patris omnip. unigenitique ... semper super illud.

836. ORDO AD BENEDICENDAS SACRAS VESTES (A, II 840-841; V, II 300-301)
BENEDICTIO AMICTUS

6817. O. s. ds copiam tuae benedictionis ... digne celebrare.

BENEDICTIO ALBAE

6818. Ds o. bonarum virtutum dator omnium benedictionum ... acquirunt.

BENEDICTIO CINGULI

6819. Ds qui nobis per sancti tui evangelii ... omnipotenti deo.

BENEDICTIO MANIPULI

6820. Ds virtutum dator cordium mundorum ... omnipotenti deo.

BENEDICTIO STOLAE

6821. Ds qui per filii tui praeconium ... vestem obtineant.

BENEDICTIO TUNICAE

6822. Ds qui per moysen famulum tuum et per aaron ... placere valeat.

BENEDICTIO DALMATICAE

6823. Dne ds o. qui vestimenta pontificibus ... immortalitate vestiri.

BENEDICTIO CASULAE

6824. O. et m. ds et origo sanctificationis pius reparator ... perventu
gaudeat.

837. Ordo 3 (A, II 841-843; V, II 301)

AD BENEDICENDUM BACULUM ET PERAM PEREGRINORUM

6825. Dne j. c. redemtor mundi qui per os beati apostoli ... dextra col-
locari.
6826. O. s. ds humani generis reformator et auctor ... ad propria
remeare.
6827. Accipite has capsellas et hos baculos ... incolumes remeare.
6828. Ds infinitae misericordiae et majestatis immensae ... effectu.
6829. Qs o. ds ut hi famuli tui quos incolumes ... inhaerere mandatis.
6830. Ds qui justificas impium et non vis mortem ... a te separentur.
6831. Benedicat nos o. ds pater et filius et spiritus sanctus.

838-842 (A, II 843-844; V, II 302)

6832. Dne j. c. fili dei vivi qui recto incedenti ... auxilio muniatur.
6833. In nomine dni nostri j. c. accipe hanc sportam ... adipisci custodiam.
6834. Accipe hunc baculum itineris tui ... spiritus sanctus.
6835. Largitor omnium gratiarum dne qui admirabili ... propitius
ubertatem.
6836. Ds cujus notitiam nulla umquam secreta fugiunt ... obnoxius
detegatur.
6837. O. s. ds parce metuentibus et propitiare ... commutatio.
6838. Descendat dne virtus spiritus sancti tui ... implendo concedat.

843. BENEDICTIO RETIUM AD CAPIENDOS PISCES (A, II 844; V, II 302)

6839. Dne ds o. caeli et terrae aquarumque creator ... gratias referamus.

844. BENEDICTIO FURNELLI SEU LAPIDIS COCTORII (A, II 844-845; V, II 302)

6840. O. s. ds effunde benedictionem tuam super hunc ... perfectionem
veniat.

6841. Dne s. p. o. lumen indeficiens et conditor ... pervenire mereamur.

ADDENDA AD LIBRUM II CAPUT IX

845. **Ordo 9** (A, II 845; V, II 302)

QUALITER ROMANUS IMPERATOR DEBEAT CORONARI

6842. In nomine dni nostri j. c. ego rex N. romanorum ... dei evangelia.
6843. Ds in cujus manu corda sunt regum inclina ... omnia praecellat.
6844. Antiqua sanctorum patrum constitutio docet ... in omni bono.
6845. Credis secundum intelligentiam tuam ... in christo fili.
6846. Ds inenarrabilis auctor mundi ...
6847. O. ae. ds fons et origo bonitatis ... saecula saeculorum.
6848. Dne ds o. cujus est omnis potestas et dignitas ... placere contendat.
6849. Ds dei filius j. c. dne noster qui a patre oleo ... spiritus sancti.
6850. Ds qui solus habes immortalitatem lucemque ... corde perficiat.
6851. Sacri unctio olei in pectore reginae spiritus ... nostro jesu
christo.
6852. Accipe anulum signaculum videlicet sanctae fidei ... connectere.
6853. Ds cujus est omnis potestas et dignitas ... placere contendat.
6854. Accipe hunc gladium cum dei benedictione ... nostri jesu christi.
6855. Ds qui providentia tua caelestia simul ... penitus conteratur.
6856. Accipe signum gloriae in nomine patris ... coronam percipias.
6857. Accipe coronam regalis excellentiae ... ingredi merearis.
6858. Accipe sceptrum regiae potestatis insigne ... in saecula saeculorum.
6859. Omnium dne ds fons bonorum cunctorumque ... glorietur in
regno.
6860. Ego N. futurus imperator juro me servaturus romanis ... dei
evangelia.

846. **Ordo 3** (A, II 845; V, II 305)

OFFICIUM IN DUCEM NORMANNORUM CONSTITUENDUM

6861. O. s. ds qui dedisti nobis famulis tuis ... muniamur adversis.
6862. Haec tria populo christiano et mihi subdito ... misericors deus.
6863. Te invocamus dne s. p. o. ae. ds ut hunc famulum ... regere mereatur.
6864. Ds qui populis tuis virtute consulis et amore ... ducatum pervenire.
6865. Accipe anulum signaculum videlicet sanctae fidei ... connectere.
6866. Ds cujus est omnis potestas et dignitas ... placere contendat.
6867. N. confortare et esto esto vir et observa ... confortet te dnus.
6868. Accipe hunc gladium cum dei benedictione ... nostri jesu christi.
6869. Ds qui providentia tua caelestia simul ... protinus conteratur.
6870. Inimicos tuos caritatisque benignitatem ... sempiterna floreat.

6871. Victoriosum te atque triumphatorem de visibilibus ... regnum perducat.

6872. Et qui te voluit super populum suum constituere ... faciat esse consortem.

6873. Benedictio dei omnipotentis patris et filii ... maneat super te semper.

LIBER TERTIUS

DE RITIBUS AD ECCLESIASTICAM DISCIPLINAM SPECTANTIBUS ALIISQUE NONNULLIS

CAPUT I

De conciliorum celebratione

848. **Ordo 2** (A, II 868-871; V, II 309-311)

ORDO QUALITER DEBEAT FIERI CONCILIUM EX TOLOSANA AUCTORITATE

6874. Adsumus dns sancte spiritus adsumus peccati ... praemia sempiterna.

6875. Ecce sanctissimi sacerdotes praemissis ... sollicitudo tepescat.

6876. Nulla est dne humanae conscientiae virtus ... remuneratio sempiterna.

6877. Christus dei filius qui est initium et finis ... repetatis illaesi.

849. **Ordo 3** (A, II 871-873; V, II 311)

ORDO CELEBRANDI CONCILIUM APUD LEMOVICAM URBEM

6878. Actiones nostras qs dne ...

6879. Ds qui apostolis tuis sanctum dedisti spiritum ...

6880. Sancti spiritus dne corda nostra mundet infusio ...

851. **Ordo 5** (A, II 857-877; V, II 312-313)

ORDO QUALITER SYNODUS AB EPISCOPO AGATUR

6881. Adsumus dne ...

6882. Praecibus itaque deo praemissis fraternitatem ... recipere mereamur.

6883. Qui dispersos israel congregat ... gaudeatis in caelo.

6884. Nostrorum tibi dne curvantes genua ... placitae actionis.

6885. Dnus mentis et linguae corporalis ... saecula saeculorum.

6886. Ad te dne interni clamoris vocibus conclamantes ... cum fiducia loqui.

6867. Nulla est dne humanae conscientiae virtus ...

6888. Christus dei filius qui est initium ... repetatis illaesi.

852. **Ordo 6** (A, I 877-880; V, II 313-314)

PRAETITULATIO PRAELIBANDAE SYNODI
QUORUMDAM SANCTORUM PATRUM

6889. Adsumus dne sancte spiritus ...
6890. Nostrorum tibi dne curvantes genua cordium ...
6891. Ad te dne interni clamoris vocibus proclamantes ...
6892. Ecce sanctissimi sacerdotes praemissis deo precibus ... tepescat.
6893. Nulla est dne humanae conscientiae virtus ...
6894. Christus dei filius qui est initium et finis ... concessa repetetis.
6895. Qui dispersos israel congregat ipse vos ... gaudeatis in caelo.
6896. Precibus itaque deo praemissis fraternitatem ... recipere mereamur.
6897. Hesterno die fr. car. in synodo nostra ... nobis concedat qui vivit.
6898. Estote filii pacifici estote humiles estote prudentes ... valeatis.
6899. Canonica instituta et sanctorum patrum exempla ... satisfecerint.

853. **Ordo 7** (A, II 880-881; V, II 314)

DE MODO CELEBRANDAE SYNODI IN ABBATIA S. SALVATORE DE BLAVIA

6900. Ds qui corda fidelium ...

854. **Ordo 8** (A, II 881-884; V, II 314-315)

ORDO QUALITER SYNODUS AGATUR AB EPISCOPO

6901. Adsumus dne ...
6902. Precibus itaque deo praemissis fraternitatem ... recipere mereamur.
6903. Qui dispersos congregat ipse vos ... gaudeatis in caelo.

SECUNDA DIE

6904. Nostrorum tibi dne curvantes genua cordium ...
6905. Dnus mentis et linguae corporalis ... saecula saeculorum.

DIE TERTIA

6906. Ad te dne ...
6907. Nulla est dne humanae conscientiae virtus ...
6908. O. filius qui est initium et finis ... repetatis illaesi.

855. **Ordo 9** (A, II 884-888; V, II 315-317)

ORDO PROVINCIALIS CONCILII SENONENSIS

6909. Adsumus dne sancte spiritus adsumus ...
6910. Ds cui proprium est misereri ...
6911. Ds qui inter apostolicos ...
6912. Fidelium ds omnium ...
6913. Actiones nostras ...

CAPUT II

De depositione seu degradatione et restitutione clericorum

856. **Ordo 1** (A, II 892-983; V, II 318)

AD DEPONENDUM SEU DEGRADANDUM PRESBYTERUM

6914. Depono te et degrado te ... habes et suscepisti.
6915. Auferimus tibi vestem sacerdotalem et te honore ... privamus.
6916. Auferimus tibi calicem istum ... christi consecrabas.
6917. Auferimus vestem diaconalem ... diaconali privamus.
6918. Auferimus vestem subdiaconalem ... subdiaconali privamus.
6919. Auferimus vestes et signa acolythatus ... ordinum privamus.
6920. Auctoritate dei omnip. patris ... misericorditer exhibere.
6921. Auferimus habitum vel vestem religionis ... religionis privamus.

857. **Ordo 2** (A, II 893-894; V, II 318-319)

DEGRADATIO ACTUALIS SEU SOLEMNIS

6922. O juda qui dereliquisti consilium pacis ... concinnavit dolos.
6923. Auferimus a te calicem istum et potestatem ... facere potuisti.
6924. Auferimus tibi vestem sacerdotalem ... rationabiliter privamus.
6925. Stolam candidam de manu dni acceptam ... infeliciter neglexisti.
6926. Hic accipiet maledictionem a dno ... nullatenus consequeris.
6927. Auctoritate dei omnip. patris ... privilegio clericali.

858. **Ordo 1** (A, II 894; V, II 319)

AD GRADUS ECCLESIASTICOS REDDENDOS

6928. Sancta salariensis ecclesia atque episcopalis ... celebrare missam.

859. **Ordo 2** (A, II 894-896; V, II 319)

ORDO AD RECONCILIANDOS SACROS ORDINES

6929. Ds qui in sancto habitas et pia corda non deseris ... absolvat.
6930. In nomine dni ego N. licet peccator ... nostro jesu christo.
6931. Bnedictio dei omnip. patris ... maneat semper.
6932. Ds qui in sanctis habitas ...
6933. In nomine dni ego N. licet peccator ... vasa dni.
6934. In nomine dni ego N. licet peccator ... sanguinis christi.
6935. In nomine dni ego N. quamvis peccator ... praestante dno.

CAPUT III

De clamore pro tribulatione

860. **Ordo 1** (A, II 898-899; V, II 320-321)

CLAMOR PRO TRIBULATIONE

6936. In spiritu humilitatis et in animo contrito ... a praesenti angustia.

861. Ordo 2 (A, II 899-900; V, II 321)

DE UTROQUE CLAMORE ET OFFICIO BASSO

6937. O. s. ds qui solus respicis affectiones hominum ...
6938. Hostium nostrorum ...
6939. In spiritu humilitatis ...

862. Ordo 3 (A, II 900-903; V, II 321-322)

TENOR MALEDICTIONIS FERENDAE IN PERVASORES LATRONES

6940. Auctoritate omnip. dei et beati petri ... pereant in aeternum.

MODUS EXEQUENDI HUJUSMODI MALEDICTIONEM

6941. Domini fratres nullus fidelium aestimet ...
6942. O. ds qui solus respicis afflictionem ... nunc et in perpetuum.
6943. Ne despicias o. ds nos famulos tuos ... succurre placatus.
6944. Ecclesiae tuae qs dne preces placatus admitte ... serviat libertate.
6945. Hostium nostrorum omnium qs dne ... virtute prosterne.
6946. Ds qui nos in tantis periculis constitutos ... te adjuvante vincamus.
6947. Dne j. c. salvator mundi qui locum istum ... quieti valeamus.

CAPUT IV

863. FORMULA I EXCOMMUNICATIONIS (A, II 904-905; V, II 322-323)

6948. Divinitatis suffragio lanaletensis monasterii ... in mediis tenebris.

864. FORMULA II EXCOMMUNICATIONIS (A, II 905-906; V, II 323)

6949. Multae malignitatis factores ... in perpetuum.

865. FORMULA III EXCOMMUNICATIONIS (A, II 906-907; V, II, 323)

6950. In spiritu humilitatis et in animo contrito ... in saecula saeculorum.
6951. Ds qui culpas nostras piis verberibus ... consolatione gaudere.
6952. Ex auctoritate dei patris omnip. et filii ... in saecula saeculorum.

866. FORMULA IV EXCOMMUNICATIONIS (A, II 907-908; V, II 323-324)

6953. Leo episcopus servus servorum dei ... in foetore inferni.

867. FORMULA V EXCOMMUNICATIONIS (A, II 908-910; V, II 324-325)

6954. Noverit caritas vestra fr. car. quod quidam vir ... inficiantur.
6955. Igitur quia monita nostra et crebras ... laesit satisfaciat.

868. FORMULA VI EXCOMMUNICATIONIS (A, II 910-911; V, II 325)

6956. Ex auctoritate dei omnip. patris et filii ... semper comitetur.

869. FORMULA VII EXCOMMUNICATIONIS (A, II 911-912; V, II 325)

6957. Ex auctoritate dei patris et filii ... emendationem venerint.

CAPUT V

De reconciliatione excommunicatorum

870. Ordo 1 (A, II 912-914; V, II 325-326)

QUALITER EPISCOPUS RECONCILIET EXCOMMUNICATOS

6958. Ds immensae clementiae et inaestimabilis ... castigatos et absolutos.
6959. Praesta qs dne huic famulo tuo N. dignum ... reddatur innocuus.
6960. Ds qui peccantium animas non vis perire ... consequi mereamur.
6961. Ds qui proprium est misereri semper et parcere ... pietatis absolvat.
6962. O. s. ds misericordiam tuam his famulis ... misericordiam sentiant.
6963. O. s. ds humani generis benignissime conditor ... reformavit.
6964. Fratres N. absolutionem et remissionem ... hic et in aeternum.
6965. Benedic dne hos poenitentes tua jam pietate ... auxiliante perveniant.
6966. Praesta qs dne huic famulo tuo dignum ... reddatur innocuus.
6967. Deus misericors ds clemens ...

872. Ordo 2 (A, II 915; V, II 326)

EXCOMMUNICATIO

6968. Auctoritate dei omnip. patris et filii ... congruam venerint.
6969. Dnus j. c. qui dixit discipulis suis quaecumque ... ad regna caelorum.
6970. Dnus j. c. qui b. petro apostolo principi ... vitam aeternam.
6971. Absolvimus te vice b. petri aposoli ... peccatis indultor.
6972. Absolutionem tribuat tibi o. et m. dnus ... peccatis tuis.

873. Ordo 3 (A, II 915-916; V, II 326)

6973. Praesta qs o. ds huic famulo tuo dignum ... veniam consequendo.

874. Ordo 4 (A, II 916-917; V, II 327)

FORMA ABSOLUTIONIS AB EXCOMMUNICATIONE

6974. Praesta dne huic famulo tuo digne ... reddatur innoxius.

6975. Auctoritate dei et beatorum apostolorum ... ecclesiasticis sacramentis.
6976. Ds cui proprium est misereri semper ... pietatis absolvat.
6977. Dnus noster j. c. per suam piissimam ... spiritus sancti.

CAPUT VI

875-879. DE RECONCILIATIONE HAERETICORUM (A, II 920-922; V, II 328-329)

6978. O. s. ds pater misericordiarum et deus ... mereatur esse perpetuus.
6979. Ds qui hominem ad imaginem tuam conditum ... communione reddatur.
6980. Ds humani generis conditor et redemptor ... benignitate reputetur.
6981. Sancte p. o. qui famulum tuum ab errore ... timoris dei.
6982. Dne ds o. pater dni nostri j. c. qui dignatus es ... in vitam aeternam.

880. Ordo 1 (A, II 922; V, II 329)

AD RECONCILIANDOS HAERETICOS

6983. Exorcizo te immunde spiritus per deum patrem ... saeculum per ignem.
6984. Ingredere in templum dei vivi quod male ... recepto gratulatur.
6985. Ds qui hominem ad imaginem tuam conditum ... absolvat ut alta ...

881. Ordo 2 (A, II 923-924; V, II 329)

QUOMODO RECIPIENDI SUNT IN SANCTA ECCLESIA QUI AB HAERESIBUS REVERTUNTUR

6986. Dic anathema huic N. et dogmatis ejus ... recte explicaverunt.
6987. Ds servator noster qui vis omnes homines servari ... saecula saeculorum.
6988. Dne ds noster qui dignatus es perfectus ... in saecula saeculorum.

882. Ordo 3 (A, II 924-926; V, II 329-330)

RENUNTIATIO HAERETICORUM ARMENIORUM

6989. Ds salvator noster qui cunctos homines salvari ... majestatis tuae.
6990. Dne ds noster qui perfectum renuntiare servum ... donisque exorna.

CAPUT VII

De variis judiciis seu probationibus ad detegenda occulta seu dubia crimina

885. **Ordo 3** (A, II 931-932; V, II 332)

JUDICIUM AQUAE FRIGIDAE

6991. Adjuro vos homines per patrem ... quis hoc egerit.
6992. Corpus hic et sanguis dni nostri j. c. sit vobis ad probationem hodie.
6993. Adjuro te homo N. per invocationem dni nostri j. c. ... tu es ds noster.
6994. Suppliciter te dne j. c. deprecamur tale ... non est alius.

886. **Ordo 4** (A, II 933; V, II 333)

JUDICIUM AQUAE FRIGIDAE

6995. Adjuro te homo per patrem et filium ... usque in aeternum.

887. **Ordo 5** (A, II 933-937; V, II 333-334)

AD FACIENDUM JUDICIUM

6996. Exaudi dne gemitum populi supplicantis ... consequi mereamur.
6997. Adjuro te homo per spiritum sanctum ... confessus non fueris.
6998. O. s. ds qui superbis resistis ... capiamus subjecti.
6999. Ab omni reatu nos dne sancta quae tractamus ... pravitatis incursu.
7000. VD. Salva nos ex ore leonis ... corda purifica.
7001. Praesta qs o. s. ds ut semper rationabilia ... exequamur et factis.
7002. Adjuro vos omnes qui ad hoc venistis ... male meriti estis.
7003. Accipe haustum aquae benedictae ut fiat tibi ad probationem hodie.
7004. Dne j. c. fac signum tale ut cognoscant ... in saecula saeculorum.

ADJURATIO AQUAE

7005. Adjuro te aqua frigida per patrem ... tradat.
7006. Dne j. c. appareat virtus et magna ... aquae istae intrare.
7077. Ds qui famulo tuo moysi in monte sinai ... malefactores in pala.
7008. Adjuro te aqua frigida in nomine patris ... saecula saeculorum.
7009. Adjuro te homo per patrem et filium ... in saecula saeculorum.

888. **Ordo 6** (A, II 937; V, II 334)

AD FURTUM REPERIENDUM

7010. Tibi dne commendamus animam famuli tui ...

889. **Ordo 7** (A, II 937-938; V, II 334)

MISSA AD FURTUM INVENIENDUM

7011. O. s. ds qui omnia occulta praenoscis ... poscimus manifesta.

7012. Proficiat dne haec oblatio quam tuae supplices ... veniam consequatur.
7013. Haec nos communio dne purget a crimine ... consequi mereatur.
7014. Redemptor animarum ds aeternitatis concede ... morte patiaris.

BENEDICTIO SUPER FURES

7015. Dne ds israel christe agios quod est sanctum ... quia tu es deus.
7016. Ds ostensio fiat super ipsum qui hoc furtum ... omnium sanctorum.

890. Ordo 8 (A, II 938-941; V, II 335-336)

ORDO AD JUDICIUM FACIENDUM

7017. Absolve qs dne delicta famuli tui ... invenire mereatur.
7018. Intercessio sanctorum tuorum dne misericordiae ... valeat obtinere.
7019. O. ae. ds qui non solum peccata dimittis ... authorem agnoscat.
7020. Ds de quo scriptum est quia et justus es ... veritatem proficiat.
7021. Adjuro te N. per patrem et filium et spiritum sanctum ... qui hoc egerit.
7022. Corpus dni nostri j. c. hoc et sanguis ... ad probationem hodie.
7023. Perceptis dne ds noster muneribus sacris ... sententiam declaret.

BENEDICTIO AQUAE

7024. Ds judex justus fortis auctor et amator pacis ... declarare dignetur.
7025. Ds innocentiae restitutor et amator qui auctor ... miserante liberentur.

891. Ordo 9 (A, II 942-946; V, II 336-338)

JUDICIUM PROBATIONIS IN FRIGIDA AQUA

7026. Da qs o. ds sic nos tuam gratiam ... pravitatibus obstinatos.
7027. Praesta qs o. ds ut semper rationabilia ... exequamur et factis.
7028. Ab omni reatu nos dne sancta quae tractamus ... illusionis incursu.
7029. Conspirantes contra tuae plenitudinis firmamentum ... falsitas veritati.
7030. Adjuro te homo per patrem et filium ... quis hoc egerit.
7031. Corpus et sanguis dni nostri j. c. ... judicii dei.
7032. Haec aqua fiat tibi hodie ad probationem veri judicii dei.
7033. Exorcizo te aqua in nomine dni dei patris ... infinita saeculorum.
7034. Ds qui ad salutem humani generis maxima ...
7035. Adjuro te homo per invocationem dni nostri j. c. ... qui venturus.
7036. Adjuro te homo per patrem et filium et spiritum ... judicio praevaleat.

7037. Ds qui maxima sacramenta in aquarum substantia ... cognitio manifesta.

7038. Rogamus te dne j. c. per tuam magnam clementiam ... saecula saeculorum.

BENEDICTIO AQUAE FLUENTIS

7039. Adjuro te creatura aquae in nomine sanctae ... fieri comprobatos.

7040. Ds o. pater dni nostri j. c. cui omnia patent ... magnificeris ab omnibus.

7041. Ds judex justus fortis et patiens ... qui venturus.

7042. Dne ds o. qui baptismum in aqua fieri ... aquae abstrahatur.

892. Ordo 10 (A, II 947-948; V, II 338)

JUDICIUM PROBATIONIS QUOD IN CALIDA AQUA FIERI SOLET

7043. Videte fr. car. christianae religionis officium ... damnabuntur.

7044. Interdico tam tibi quam et omnibus astantibus ... publico judicio.

7045. O. s. ds qui dedisti famulis tuis in confessione ... muniamur adversis.

7046. Ds judex justus fortis et patiens ... qui venturus es.

7047. O. s. ds qui es scrutator occultorum ... qui venturus es.

7048. Ds qui maxima quaeque sacramenta ...

893. Ordo 11 (A, II 948-949; V, II 338-339)

JUDICIUM PROBATIONIS IN FERRO IGNITO

7049. Ds judex justus qui auctor es pacis ... falsitas veritati.

7050. Ds o. ds abraham, ds isaac ds jacob ds omnium bene viventium ... veritatis tuae.

7051. O. s. ds clementissime dominator occultorumque ... judicare vivos.

7052. Benedic dne per potentiae tuae virtutem ... qui venturus es.

894. Ordo 12 (A, II 950; V, II 339)

BENEDICTIO VOMERUM AD DETEGENDUM HOMICIDIUM VEL ADULTERIUM

7053. O. s. ds clementissime dominator ...

7054. Et hos vomeres ignitos ad detegendum ... benedictos calcare.

895. Ordo 13 (A, II 950-951; V, II 339)

JUDICIUM PROBATIONIS IN PANE ET CASEO

7055. Dne j. c. qui es panis vivus de caelo ... esse redactam.

7056. Dne j. c. ayos ayos ayos qui regnas in caelis ... qui venturus.

7057. Obsecro te s. p. o. ae. ds qui caelum terramque ... possint manducare.

7058. Sanctus sanctus sanctus dne ds o. qui liberasti ... qui venturus.
7059. Conjuro te homo per patrem et filium ... sis nobis in adjutorium.

896. **Ordo 14** (A, II 951-953; V, II 339-340)
MISSA AD OMNIA JUDICIA

7060. Adesto dne qs plebi tuae ...
7061. O. s. ds qui superbis resistis ...
7062. Reges nostras ...
7063. Praesta qs ...
7064. Adesto nobis ...
7065. In conspectu tuo dne ...
7066. Ab omni reatu ...
7067. Comprime dne ...
7068. Adsit nobis dne ...
7069. Quos refecisti ...
7070. Dne ds pater o. lumen indeficiens ...
7071. Exorcizo te creatura aquae vel ferri ...
7072. Dne j. c. qui es judex justus fortis ...
7073. Te dne supplices deprecamur qui in cana galilaeae ... redemptorem mundi.
7074. Ds judex justus qui auctor es pacis ... falsitas veritati.
7075. Benedic dne sancte pater per invocationem sanctissimi ...
7076. O. ds suppliciter rogamus ... evacuare digneris.
7077. Benedictio dei patris et filii et spiritus ... verum judicium.
7078. Exaudi qs dne supplicum preces ... benignus et pacem.
7079. Adjuro te o homo (femina) per deum patrem ... aquam manum
tuam.
7080. Liberet te ds judex justus sicut tres pueros ... in te declaretur.
7081. Quod ergo ego pro illa discussione ... dei irritare.

897. **Ordo 15** (A, II 953-955; V, II 340-341)
EXACTUM SUPER PANEM HORDEACEUM DE ALIQUA RE PERDITA

7082. Ds qui ecclesiam tuam et nova semper ... virtutis est operare.
7083. Adesto dne supplic. nostris et me qui etiam ... est operare.
7084. Dne j. c. appareat hic magna virtus tua ... christe famulum
tuum.
7085. Dne ds o. agios agios agios dne s. p. qui es invisibilis ... non
possit.
7086. Exorcizo te maledicte et immundissime draco ... in saecula saeculorum.
7087. Dne ds o. agios agios agios stans in caelis ... judica causam
istam.

898. **Ordo 16** (A, II 955-958; V, II 341-342)
BENEDICTIO AQUAE AD FACIENDUM JUDICIUM

7088. Ds judex justus fortis auctor pacis ... miserante liberentur.

7089. Videte fr. christianae religionis officium ... damnabuntur.
7090. Interdico tam tibi quam et omnibus astantibus ... admissum.
7091. Absolve qs dne delicta famuli tui ... invenire mereamur.
7092. Intercessio qs dne sanctorum misericordiae tuae ... valeant obtinere.
7093. Perceptis dne ds noster sacris muneribus ... sententiam declaret.
7094. Ds judex justus fortis et patiens qui es ... qui venturus es.
7095. O. s. ds qui es salvator occultorum cordium ... evacuare dignetur.
7096. Benedico te creatura aquae ...
7097. O. s. ds te suppliciter rogamus per hujus negotii ...
7098. O. s. ds qui tua judicia ...
7099. Ds qui maxima quaeque sacramenta ...
7100. Adjuro te urceole per patrem et filium et spiritum sanctum ...

899. Ordo 17 (A, II 958-959; V, II 342)

OFFICIUM AD JUDICIUM AQUAE

7101. Absolve qs dne tuorum delicta famulorum ... pervenire mereantur.
7102. Hostiam tibi dne ...
7103. Adjuro te homo per sanctam trinitatem patrem ... quis hoc fecerit.
7104. Corpus et sanguis dni nostri j. c. sit tibi hodie ad probationem.
7105. Per hoc sacrum corpus ...
7106. Haec aqua benedicta sit tibi hodie ad comprobationem.
7107. Conjuro te aqua ... saecula saeculorum.
7108. Adjuro te o homo ... ds noster benedictus.

900. Ordo 18 (A, II 960-963; V, II 342-343)

JUDICIUM AQUAE FRIGIDAE

7109. Adjuro vos homines per patrem et filium ... quis hoc fecerit.
7110. Corpus dni nostri j. c. sit tibi hodie ad comprobationem.
7111. Da qs o. ds nos tuam gratiam promereri ... pravitatibus obstinatos.
7112. Ab omni reatu dne nos sancta ... illusionis incursu.
7113. Conspirantes dne contra tuae plenitudinis ... falsitas veritati.
7114. Ostende nobis dne misericordiam tuam ad examinandum .... remota existat.
7115. Haec aqua fiat tibi hodie ad comprobationem.
7116. Adjuro te aqua in nomine dei nostri omnipotentis ... saecula saeculorum.
7117. Ds qui maxima quaeque sacramenta in aquarum ... cognitio manifesta.
7118. O. ds qui baptismum fieri jussisti ... culpabilis est compellatur.
7119. Dne ds o. qui aquarum substantiam arcanis ... in saecula saeculorum.

7120. Adjuro te N. per invocationem dni nostri j. c. ... tu es ds benedictus.

901. Ordo 19 (A, II 963-965; V, II 343-344)

JUDICIUM FERVENTIS AQUAE SIVE FERRI VEL VOMERUM

7121. Videte fr. christianae religionis officium ... digni sunt morte.
7122. Interdico tam tibi quam omnibus astantibus o homo ... publico.
7123. Dne ds noster p. o. lumen indeficiens exaudi nos ... pervenire mereamur.
7124. Benedic dne s. p. per invocationem sanctissimi ... manifesta fiat.
7125. Ds judex justus fortis et patiens qui auctor ... habere sentiat.
7126. O. s. ds qui es scrutator occultorum cordium ... evacuare dignetur.
7127. Ds judex justus qui auctor pacis es et judicas ... falsitas veritati.
7128. Adjuro te N. per dnum omnipot. qui fecit caelum ... in te declaretur.

902. Ordo 20 (A, II 965-967; V, II 344-345)

BENEDICTIO IGNIS AD JUDICIUM AQUAE CALIDAE

7129. Dne s. p. o. ae. ds qs ut hunc ignem quem ... sanctificare digneris.

BENEDICTIO VEL EXORCISMUS AQUAE CALIDAE

7130. Exorcizo te creatura aquae in nomine patris o. ... saecula saeculorum.
7131. Dne j. c. qui es judex justus fortis et patiens ... incurrat.
7132. Te dne ds o. p. nos indigni et peccatores ... saeculum per ignem.
7133. Deprecor et illuminator dne omnium rerum ... in saecula saeculorum.
7134. Ds judex justus fortis et patiens qui es ... bonitatem tuam manifesta.

BENEDICTIO FERRI CALIDISSIMI

7135. Ds cujus notitiam nulla umquam secreta ... obnoxius detegatur.
7136. Deprecor te illuminator dne ...
7137. Ds judex justus ...

CAPUT VIII

De probatione sanctarum reliquiarum

ORATIO AD PROBANDAS RELIQUIAS

7138. Dne j. c. qui es rex regum et dnus ... in saecula saeculorum.

CAPUT IX

De arreptitiorum seu energumenorum adjurationibus

904. Ordo 1 (A, II 972-975; V, II 347-348)

EXORCISMUS CONTRA DAEMONIUM

7139. Adjuro te creatura aquae in nomine j. c. ... in saecula saeculorum.
7140. Exorcizo te creatura aquae in nomine dei patris ...
7141. Dnus qui ad salutem humani generis maxima quaeque sacramenta ...
7142. Exorcizo te creatura salis ...
7143. Immensam clementiam tuam ...
7144. Ds invictae virtutis auctor ...
7145. Dne s. p. o. ae. ds instaurator et conditor ... habeat commorandi.
7146. Exorcizo te auctor diabolicae potestatis ... aeterno patre.
7147. Dne s. p. o. ae. ds pater dni nostri j. c. qui ... saeculum per ignem.
7148. O. et m. ds pater dni nostri j. c. te supplices ... spiritus sancti.
7149. Non ego impero tibi neque peccata mea ... in futuro saeculo.
7150. O. s. ds qs humili prece divinam clementiam ... tentationis subverti.
7151. O. s. ds a cujus facie caeli destillant ... percepto sequatur.

905. Ordo 2 (A, II 975-979; V, II 348-349)

EXORCISMUS SUPER HOMINEM

7152. Conjuro et obtestor te diabole per nomen ... non praesumas stare.
7153. Exorcizo te immunde spiritus in nomine patris ...
7154. Exorcizo te immunde spiritus per patrem et filium ...
7155. Dne s. p. o. ae. ds osanna in excelsis pater ...
7156. O. et m. ds pater dni nostri j. c. te supplices deprecamur impero ...
7157. Non ego impero tibi neque peccata mea ...
7158. O. s. ds petimus humili prece divinam clementiam ...
7159. O. s. ds a cujus facie caeli distillant ...
7160. Exorcizo te auctor mortis diabole inventor ... inveniatur.
7161. Ds angelorum ds archangelorum ds prophetarum ... nostri jesu christi.
7162. Ds conditor et defensor generis humani ... praebere famulatum.

906. Ordo 3 (A, II 979-994; V, II 349-354)

AD SUCCURRENDUM EI QUI A DAEMONIO VEXATUR

7163. Dne ds o. propitius esto mihi peccatori ... confugit.

7164. Exorcizo te creatura salis per deum creatorem ... qui venturus.
7165. Benedic dne hanc creaturam salis quam ... dolorem patienti.
7166. Praesta qs dne salutare remedium per hanc ... proficiat et animae.
7167. Dne s. p. o. ae. ds benedicere dignare hanc creaturam ... et animae.
7168. Gratias agimus tibi et nomini tuo o. ds qui mittere ... qui venturus.
7169. Exorcizio te creatura aqua per deum vivum ... nomine tuo expurges.
7170. Benedic dne hanc creaturam aquae ut sit remedium ... defensionem mentis.
7171. Benedic dne hanc aquam adversus generis humani ... proficiat ad salutem.
7172. Benedic o. ds has aquas quas adversus humani ... in omnibus convalescat.
7173. Dne s. p. o. ae. ds exaudi preces nostras sicut ... et gratias.
7174. Ds invictae virtutis auctor ...
7175. Ds qui ad salutem humani generis ...
7176. Fiat commixtio et consecratio salis et aquae ... spiritus sancti.
7177. Descendat o. ds benedictio tua super hanc creaturam ... inextinguibilem.
7178. Magnitudinem potentiae tuae interpellamus o. ds ... fugatus abscedat.
7179. Te invocamus dne s. p. o. ae. ds ut hanc creaturam ... auxilium.
7180. Ds qui es medicus salutaris ... mentium sanitatem.
7181. Exi ab eo satana et da locum spiritui sancto paraclito.
7182. Oremus fr. car. pro fratre nostro N. qui ... corroborare dignetur.
7183. Dne s. p. o. ae. ds per impositionem manuum mearum ... vivos et mortuos.
7184. Dne j. c. cui omnia subjecta sunt quem omnis ... intelligant salvatorem.
7185. Ds angelorum ds archangelorum ds prophetarum ... redire jussit.
7186. Audi ergo satana et time victus ... perdere vires.
7187. Illum metue qui in isaac immolatus est ... qui venturus est.
7188. Dne s. p. o. ae. ds osanna in excelsis pater ... sanguinem redemisti.
7189. Adjuro te ergo serpens antique per judicem ... rex judaeorum.
7190. Exi transgressor exi seductor plene omni dolo ... praeparatus.
7191. Sed quid nunc truculente recogitas ... persuasionibus venit.
7192. Adjuro ergo te draco nequissime in nomine agni ... sanctus sanctus.
7193. Imperat tibi verbum patris imperat tibi ... contingere.
7194. Recede ergo nunc adjuratus in nomine ejus ... qui venturus est.
7195. Recede ergo diabole a capite a capillis ... per ignem.
7196. O. s. ds pater dni nostri j. c. supplices ... spiritus sancti.
7197. Repelle dne ab hoc famulo tuo omnem infestationem ... reddat actionem.

7198. Conjuro te et contestor te diabole ... obediunt elementa.
7199. Virtus illius te expellat et exire ... qui venturus est.
7200. Te deprecamur et invocamus ds o. sancta trinitas ... dno nostro.
7201. Ds abraham ds isaac ds jacob ds omnium sanctorum ... integram sanitatem.
7202. Ds conditor et defensor generis humani ... praebere famulatum.
7203. Adjuro te per deum altissimum maledicte ... christum dominum.
7304. Obsecro te dne j. c. ut ejicias omnes languores ... virtus et imperium.
7205. Exorcizo te immunde spiritus in nomine ... praesumas stare.
7206. Ds abraham ds isaac ds jacob ds moysis et aaron ... membrorum ejus.
7207. Conjuro vos spiritus et angeli maligni ... famulum dei.
7208. Ds abraham esto nobis protector ut exeant ... dominus vobiscum est.
7209. O. s. ds petimus supplici prece divinam ... tentationis subverti.
7210. Tribulationum nostrarum optime mitigator ... adgravetur.
7211. Exorcizo te maledicte immunde spiritus draco ... peccata mundi.
7212. Exorcizo te auctor diabolicae potestatis ... locus relinquatur.
7213. Exorcizo te spiritus immunde per deum patrem ... inimice per ignem.
7214. Exorcizo te immunde spiritus exi ab hac creatura ... vitam aeternam.
7215. Nec te latet satana imminere tibi ...
7216. Dne s. p. ae. ds qui peccatorum non vis animas ... spiritus sanctus.
7217. Exorcizo te hostis humani generis in nomine ... per eum qui venturus.
7218. Adjuro te per deum vivum per deum omnip. ... inimice per ignem.
7219. Dne s. p. o. ae. ds pater dni nostri j. c. ... nomen sanctum tuum.
7220. Oramus te dne o. ut spiritus iniquitatis ... nobiscum est.
7221. Ex imperio dei omnip. et j. c. dni nostri passione ... qui venturus est.
7222. Accipe signum crucis christi in manu ... j. c. salvatoris.
7223. Signo caput tuum sicut signavit ds o. ... in futuro saeculo.
7224. Ds qui per unigenitum tuum exclusa ... impugnatione ejus conserva.
7225. Munus nostrae humilitatis pro tuitione famuli ... potestatem exclude.
7226. Caelestis hic panis quem sumsimus dne ... irrisione defendat.
7227. Qs o. ds ut mittere digneris sanctos ... titillare praesumat.
7228. Ds abraham ds isaac ds jacob ds qui moysi ... incursu defendat.
7229. Sanet te ds pater o. qui te creavit sanet te ... jesu christi.
7230. Benedicat te ds caeli adjuvet te christus filius dei ... in trinitate.

907. **Ordo 4** (A, II 994-1003; V, II 355-358)

RITUS ET ORDO CONFICIENDI AQUAM BENEDICTAM

7231. Exaudi nos dne s. p. o. ae. ds et mittere ... in hoc habitaculo.
7232. Exorcizo te creatura salis in nomine dei ... saeculum per ignem.
7233. Rogamus te dne ds noster ut haec creatura salis ... saeculum per ignem.
7234. Te dne s. p. o. ae. ds suppliciter deprecamur ut ... mereatur.
7235. Exorcizo te creatura salis per deum vivum ... saeculum per ignem.
7236. Immensam clementiam tuam o. ae. ds humiliter ... spiritualis nequitiae.
7237. Exorcizo te creatura aquae in nomine dei patris ... saeculum per ignem.
7238. Exorcizo te creatura aquae per deum vivum ... saeculum per ignem.
7239. Ds qui ad salutem humani generis maxima ... saeculum per ignem.
7240. Exorcizo te creatura aquae per deum vivum ... saeculum per ignem.
7241. Dne s. p. o. ae. ds exaudi preces nostras sicut ... laudes et gratias.
7242. Dne s. p. o. ae. ds qui benedixisti quinque panes ... consequendae fiduciam.
7243. Te igitur invocamus dne s. p. o. ae. ds ut hanc ... per ignem.
7244. Commixtio salis et aquae pariter fiat ... spiritus sancti.
7245. Ds invictae virtutis auctor et insuperabilis ... spiritus sancti ds.
7246. Praesta nobis qs dne ds per hanc creaturam salis ... sanitatem.
7247. Rogamus te dne s. p. o. ae. ds ut benedicere ... animi languor.
7248. Te autem adjuro creatura aquae per deum verum ... saeculum per ignem.
7349. O. ae. ds qui ab initio mundi benedicere ... accedere non praesumat.
7250. Dne s. p. o. ae. ds cujus verbo procreata sunt ... spiritus sancti.
7251. Dne ds noster misericordiam tuam supplices ... in saecula saeculorum.
7252. Praesta nobis qs dne ds per hanc creaturam salis ... saeculorum.
7253. VD. Cujus virtuti subdita sunt universa ... hosanna in excelsis.
7254. Exaudi ergo dne preces nostras et concede ut ... conferat sanitatem.
7255. En igitur aqua quae lucis similitudinem habes ... saeculorum.
7256. Ineffabilis clementiae ds qui per sanctum ... nocere praevaleat.
7257. Exorcizo te nequam spiritus auctor diabolicae ... invisibilium creatorem.
7258. En tibi aqua facta est de caelo virtus ... in saecula saeculorum.
7259. Exaudi nos dne s. p. o. ae. ds et mittere digneris ... in hoc habitaculo.
7260. Omnibus qui adfuerunt huic officio ... in corpore sano.

CAPUT X

De separatione leprosorum

908. **Ordo 1** (A, II 1004-1006; V, II 358-359)

AD SEPARANDUM LEPROSUM

7261. O. s. ds salus aeterna ...

909. **Ordo 2** (A, II 1006-1009; V, II 359-360)

MODUS SEPARANDI LEPROSOS A CONSORTIO SANORUM

7262. Ds qui unigeniti tui patientia ... mente tolerare.
7263. O. s. ds ...
7264. Ds sub cujus nutibus vitae nostrae ... virtute laetemur.
7265. Da famulo tuo qs dne in tua fide ... integritate vellatur.
7266. Ds cujus verbo omnia benedicuntur ... corporisque salutem.

910. **Ordo 3** (A, II 1010-1011; V, II 360-361)

MODUS EJICIENDI SEU SEPARANDI LEPROSOS INFIRMOS A SANIS

7267. O. s. ds salus aeterna credentium ...
7268. Defendo tibi numquam intrare in ecclesiis ... nisi tuae conjugi.
7269. Item praecipio tibi si necessitas urget te ... petita in ecclesia.

911. **Ordo 4** (A, II 1012-1013; V, II 361)

MODUS OBSERVARI SOLITUS AD LEPROSOS COMMENDANDOS

7270. O. et m. ds qui justo nobis tamen occulto ... te adjuvante vincamus.
7271. Placare qs dne humilitatis nostrae precibus ... succurre praesidiis.
7272. Repleti cibo potuque spiritualis alimoniae ... amare caelestia.

CAPUT XI

De agendis circa aegrotos in exitu animae laborantes

917. DE BENEDICTIONE ET IMPOSITIONE CILICII (A, II 1023-1024; V, II 365)

7273. O. et m. ds qui peccatoribus pietatis tuae ... consequantur.
7274. Ds indulgentiae ds pietatis et misericordiae ... mereatur delictorum.

CAPUT XV

In quo varii ritus ad juvandos morientes et sepeliendos referuntur

919. **Ordo 1** (A, II 1054-1076; V, II 376-384)

ORDO UNGENDI INFIRMUM

7275. Pax huic domui ...
7276. O. mitissime ds respice propitius preces ... habitaculum inveniatur.
7277. Ds qui inluminas omnem hominem venientem ... diligere valeat.
7278. Dimitte dne peccata nostra et tribue nobis ... clementer exaudias.
7279. Ds m. ds clemens qui secundum multitudinem ... reconciliationis admitte.
7280. Majestatem tuam dne supplices deprecamur ut ... mereatur introire.
7281. Majestatem tuam qs dne s. p. ae. ds qui non mortem ... semper.
7282. Dne ds qui per apostolum tuum locutus es infirmatur ... reparetur officia.
7283. Oremus dnum nostrum j. c. et cum omni supplicatione ... confortare dignetur.
7284. Ds qui famulo tuo ezechiae ter quinos ... erigat ad salutem.
7285. Respice dne famulum tuum in infirmitate ... medicina salvatum.
7286. Adesto dne supplic. nostris nec sit ab hoc famulo ... valeat adhaerere.
7287. Ungo te oleo sanctificato in nomine ... superare catervas.
7288. In nomine patris et ... sit tibi haec unctio olei ... immundorum spirituum.
7289. Ungo te de oleo sancto invocata magni creatoris ... spiritus sancti.
7290. Ungo oculos tuos de oleo sanctificato ... unctione expietur.
7291. Ungo te oleo sancto in nomine patris ... merearis sanitatem.
7292. Ungo aures has sacrati olei liquore ... spiritalis evacuet.
7293. Ungo has nares de oleo sacro ut quicquid noxae ... emaculet medicatio.
7294. Ungo labia ista consecrati olei liquore ... spiritalis evacuet.
7295. Ungo collum tuum de oleo sancto in nomine patris ... et spiritus sancti.
7296. Ungo guttur tuum de oleo sancto exorcizato ... in trinitate vivit.
7297. Ungo has scapulas sive medium locum ... juvaminis expellere.
7298. Ungo pectus tuum de oleo sancto ... aereas catervas.
7299. Ungo has manus de oleo consecrato ... unctionem evacuetur.
7300. Ungo hos pedes de oleo benedicto ... aboleatur perunctione.
7301. Ungo te de oleo sanctificato in nomine patris ... recipere sanitatem.
7302. Dne j. c. qui es salvatio et redemptio ... spiritus sancti ds.

7303. Propitietur dnus cunctis iniquitatibus hujus ... saecula saeculorum.
7304. Ds qui facturae tuae pio semper dominaris affectu ... praesta medicinam.
7305. Ds qui humano generi et salutis remedium ... in anima sentiat.
7306. Virtutum caelestium ds qui ab humanis ... sanitate benedicat.
7307. Dne s. p. o. ae. ds qui fragilitatem conditionis ... perfecta reparetur.
7308. O. s. ds qui subvenis in periculis ... remedia comprehendat.
7309. Dne s. p. o. ae. ds qui benedictionis tuae gratiam ... restituas.
7310. Dnus j. c. apud te sit ut te defendat ... ut te benedicat.
7311. Benedicat te ds pater sanet te deus filius ... saecula saeculorum.
7312. Benedicat te ds caeli adjuvet te christus ... spiritus sancti ds.
7313. Benedicat te ds pater qui in principio cuncta creavit ... ad judicium.
7314. Benedicat te ds pater custodiat te jesus ... universa delicta tua.

MISSA PRO PRIMO QUI PROXIMA EST MORTE

7315. O. s. ds conservator animarum qui quos ... mereatur ejus anima.
7316. Adesto dne pro tua pietate supplic. nostris ... gloriae regnum.
7317. Hanc igitur obl. q. tibi dne offerimus pro famulo tuo ... qs dne.
7318. Gratias agimus dne multiplicibus largitatibus ... mereatur ad vitam.

ITEM ALIA MISSA

7319. O. s. ds qui subvenis in periculis laborantibus ... gloriae nominis tui.
7320. Exaudi nos o. et m. ds et visitationem tuam ... non tradidit me.
7321. Sacrificium dne hoc quod tibi offerimus ... concede medicinam.
7322. Ds piissime et misericordissime qui quos diligis ... precamur tribuas.
7323. Dne s. p. o. ae. ds qui benedictionis tuae gratiam ... restituas.

MISSA PRO INFIRMIS

7324. Ds in cujus libro sunt vocabula notata ... optabilem sanitatem.
7325. Sana qs dne vulnera famuli tui N. aegritudines ... adunari consortium.
7326. O. s. ds qui ideo delinquentibus occasionem ... jussionibus pareat.

MISSA PRO INFIRMIS

7327. O. s. ds salus aeterna credentium exaudi nos ... referant actionem.
7328. Ds cujus nutibus vitae nostrae momenta ... salute laetemur.
7329. VD. Qui famulos tuos N. ideo corporaliter ... infirmitas salutem.
7330. Ds infirmitatis humanae singulare praesidium ... mereantur.

MISSA IN HONORE S. SIGISMONDI ET PRO FEBRICITANTIBUS

7331. Omnip. deum qui per sanctos apostolos ... revocare dignetur.

7332. Offerimus tibi dne munera tua et in nomine ... muniatur auxilio.
7333. VD. Qui famulum tuum ideo corporaliter ... salvator mundi.
7334. O. s. ds qui concessisti fidelibus tuis obtinere ... consequi mereatur.
7335. Ds nobis dne ut sicut publicani precibus ... gloria mancipetur.

RECONCILIATIO POENITENTIS AD MORTEM

7336. Ds m. ds clemens qui multitudine indulgentiarum ... esse salvandum.

ORATIONES IN AGENDA MORTUORUM

7337. Tibi dne commendamus animam famuli tui N. pietatis absterge.
7338. Misericordiam tuam dne s. p. o. ae. ds pietatis tuae ... perpetuo satietur.
7339. O. s. ds qui humano corpori animam ad similitudinem ... adoravit.
7340. Diri vulneris novitate percussi ... aggregari praecipias.
7341. Partem beatae resurrectionis obtineat ... regnas deus.
7342. Ds cui soli competit medicinam praestare ... parte numeremur.
7343. Suscipe dne animam servi tui N. quam de ergastulo ... mereatur.

MISSALES ORATIONES

7344. Qs dne ut animae famuli tui N. cujus obitus ... perennem infunde.
7345. Animam famuli tui N. dne ab omnibus vitiis ... immolata peccatum.
7346. VD. Qui quamvis humano generi mortis ... glorificationis expectet.
7347. Hanc igitur ... pro anima famuli tui N. offerimus ... perveniat.
7348. Prosit dne qs animae famuli tui N. divini ... miserante consortium.
7349. Non intres in judicium cum servo tuo ... signaculo trinitatis.
7350. Ds cui omnia vivunt et cui non pereunt ... diligentibus te.
7351. Fac qs dne hanc cum servo tuo defuncto ... angelicis choris.
7352. Inclina dne aurem tuam ad preces nostras ... jubeas esse consortes.
7353. Obsecramus misericordiam tuam o. ae. ds qui hominem ... jubeas.
7354. Ds apud quem mortuorum spiritus vivunt ... gaudia repromissa.
7355. Oremus fr. car. pro spiritu cari nostri N. ... nostro jesu christo.
7356. Ds qui justis supplic. semper praesto es ... facias praesentari.
7357. Ds vitae dator et humanorum corporum reparator ... confoveri jubeas.
7358. Ds qui humanarum animarum aeternus amator es ... adunari consortiis.
7359. Ds qui justis supplic. semper praesto es ... facias praesentari.
7360. Temeritatis quidem est dne ut homo hominem ... dextera coronandus.

7361. Debitum humani corporis sepeliendi officium ... nostro jesu christo.

7362. Absolve dne animam famuli tui N. ad omni vinculo ... resuscitatus respiret.

MISSA PRO DEFUNCTO NUPER BAPTIZATO

7363. Ds qui ad caeleste regnum non nisi renatis ... plenitudinem gaudiorum.

7364. Propitiare dne suppl. nostris pro anima ... sociare digneris.

7365. Hanc igitur ... pro anima famuli tui N. benignus ... inserere spirituum.

7366. Propitiare dne animae famuli tui N. ut quem ... facias pervenire.

MISSA PRO DEFUNCTIS DESIDERANTIBUS POENITENTIAM

7367. O. et m. ds in cujus humana conditio ... mortalitatis non perdat.

7368. Satisfaciat tibi dne qs pro anima famuli tui N. ... percipiat.

7369. Hanc igitur oblationem quem tibi offer. pro anima famuli ... sempiterna.

7370. Ds a quo speratur humani corporis ... miseratus optatam.

MISSA PRO DEFUNCTO EPISCOPO

7371. Praesta qs dne ut anima famuli tui episcopi ... semper exultet.

7372. Suscipe qs dne hostias pro anima famuli tui N. episcopi ... donet et meritum.

7373. Hanc igitur obl. servi tui quam t. offer. pro anima ... portionem.

7374. Praesta qs o. ds ut animam famuli tui N. episcopi ... esse consortem.

MISSA PRO DEFUNCTO SACERDOTE

7375. Ds qui inter apostolicos sacerdotes ...

7376. Preces nostras qs dne quas in famuli tui ... societate laetetur.

7377. Hanc igitur oblat. quam tibi pro depositione ... facias sacerdotum.

7378. Propitiare dne supplic. nostris et animam famuli tui ... jubeas sociari.

MISSA IN AGENDA PLURIMORUM SACERDOTUM

7379. Concede qs o. ds animabus famulorum ac sacerdotum ... consequi ministerium.

7380. Munera dne tibi dicanda sanctifica et his ... delevisti peccata.

7381. Hanc igitur obl. dne quam tibi offer. pro animabus ... sociari.

7382. Qs o. ds ut animae famulorum ac sacerdotum ... munere contulisti.

ALIA MISSA PRO SACERDOTE

7383. Ds cujus misericordiae non est numerus ... societatum concede.

7384. Pro requie dne animae famuli tui sacerdotis ... sanctorum consortiis.

7385. Haec nos communio qs dne purget a crimine ... habeat cum sinistris.

MISSA PRO DEFUNCTIS FRATRIBUS

7386. Ds veniae largitor et humanae salutis amator ...
7387. Ds cujus misericordiae non est numerus suscipe ... tribue peccatorum.
7388. Praesta qs m. ds ut animae pro quibus sacrificium ... beatitudinem.

MISSA PRO DEFUNCTA FEMINA

7389. Ds dne pro tua pietate miserere animae famulae ... parte restitue.
7390. His sacrificiis dne anima famulae tuae N. a peccatis ... consequatur.
7391. Inveniat qs dne anima famulae tuae N. lucis ... consecuta est sacramentum.

MISSA PRO UNO DEFUNCTO

7392. Suscipe piissime ds in sinum patriarchae abrahae ... pietatis ad veniam.
7393. Propitiare dne suppl. nostri pro anima famuli ... consociare digneris.
7394. Praesta qs o. ds ut animam famuli tui ... jubeas esse consortes.
7395. Annue nobis dne ut anima famuli tui N. ... percipere peccatorum.

MISSA PLURIMORUM DEFUNCTORUM

7396. Ds cui proprium est misereri et preces ... pervenire mereantur.
7397. Hostias tibi dne humili supplicatione pro animabus ... consequantur.
7398. Divina libantes sacramenta concede qs o. ds ... ad indulgentiam.
7399. Ds vita viventium spes morientium salus ... luce laetentur.

MISSA ALIA

7400. Fidelium ds omnium conditor ...
7401. Hostias quas tibi pro animabus famulorum ... dones et praemium.
7402. Animabus qs dne famulorum famularumque tuarum oratio ... participes.
7403. VD. Per quem salus mundi per quem vita hominum ... parte restitutas.

920. **Ordo 2** (A, II 1076-1078; V, II 384-385)

7404. Tibi dne commendamus ...
7405. Misericordiam tuam dne s. p. o. ...
7406. O.s. ds qui humano corpori animam ad similitudinem ...
7407. Diri vulneris novitate percussi ...

7408. Suscipe dne animam servi tui N. quam de ergastulo ...
7409. Ds cui competit medicinam praestare post mortem ...
7410. Quaesumus dne ...
7411. Non intres in judicium ...
7412. Ds cui omnia vivunt et cui non pereunt moriendo corpora ...
7413. Inclina dne aurem tuam ...
7414. Piae recordationis affectu ...

921. Ordo 3 (A, II 1078-1080; V, II 385-386)

ORATIONES IN AGENDA MORTUORUM

7415. Tibi dne commendamus ...
7416. Misericordiam tuam dne sancte pater ...
7417. O. s. ds qui humano corpori animam ...
7418. Diri vulneris ...
7419. Ds cui soli competit medicinam praestare ...
7420. Suscipe dne animam servi tui N. quam de ergastulo ...

ORATIONES MISSALES

7421. Qs dne pro tua pietate ...
7422. Animam famuli tui N. ab omnibus vitiis ...
7423. Prosit qs dne animae famuli tui N. ...
7424. Non intres in judicium cum servo tuo ...
7425. Ds cui omnia vivunt ...
7426. Fac qs dne hanc cum servo tuo defuncto ...
7427. Inclina dne aurem tuam ...
7428. Piae recordationis affectu ...
7429. Obsecramus misericordiam ...
7430. Ds apud quem mortuorum spiritus vivunt ...
7431. Oremus fr. car. pro spiritu cari nostri N. ...
7432. Ds qui justis supplic. semper praesto es ...
7433. Ds vitae dator ...
7434. Ds qui humanarum animarum ...
7435. Temeritatis quidem est ...
7436. Debitum humani corporis ...
7437. Absolve qs dne animam famuli ...
7438. Praesta qs dne ...
7439. Ds qui inter apostolicos ...
7440. Concede qs ...
7441. Qs dne animae famuli tui ...
7442. Ds indulgentiarum ...
7443. O. s. deus ...

922. Ordo 4 (A, II 1080-1081; V, II 386)

7444. Proficiscere anima christiana ...
7445. Libera dne animam famuli tui ...
7446. Ds ante cujus conspectu defertur ...
7447. Oramus te dne pro famulo tuo ...

7448. Ds qui in altis habitas ...
7449. Piae recordationis affectu ...
7450. Suscipe dne animam servi tui ad te ...
7451. Non intres in judicium ...
7452. Fac qs dne hanc famulo tuo defuncto ...
7453. Annue nobis dne ut anima famuli ...
7454. Suscipe dne servum tuum in bonum ...
7455. Ds vitae dator ...
7456. Ds qui humanarum animarum ...
7457. Ds cui proprium est misereri ...
7458. Obsecramus misericordiam tuam ...
7459. Omnipotentis dei misericordiam ...
7460. Deum judicem universitatis ...
7461. Ds qui universorum es creator ...
7462. Inclina dne aurem tuam ad preces ...
7463. Te dne s. p. o. ...
7464. Ds apud quem mortuorum spiritus vivunt ...
7465. Diri vulneris novitate ...
7466. Oremus fr. car. pro spiritu cari nostri ...
7467. Opus misericordiae tuae sancte pater ...
7468. Ds pietatis et bonitatis ...
7469. Debitum humani corporis ...
7470. Ds apud quem omnia morientia ...
7471. Commendamus tibi dne animam ...
7472. Temeritatis quidem est dne ...
7473. Ds origo pietatis ...
7474. Benedictio dei patris et filii ... descendat super hoc corpus.

923. **Ordo 5** (A, II 1082-1083; V, II 386-387)

ORDO QUALITER AGENDUM EST QUANDO QUIS INGREDITUR VIAM UNIVERSAE CARNIS

7475. Tibi dne commendamus ...
7476. Misericordiam tuam dne s. p. o. ...
7477. O. s. ds qui humano generi ...
7478. Diri vulneris ...
7479. Ds cui soli competit medicinam praestare ...
7480. Partem beatae resurrectionis ...
7481. Suscipe animam famuli tui ...
7482. Qs dne pro tua pietate ...
7483. Non intres ...
7484. Ds cui omnia vivunt ...
7485. Fac qs dne hanc cum servo tuo misericordiam ...
7486. Inclina qs dne aurem tuam ...
7487. Piae recordationis affectu ...
7488. Obsecramus misericordiam tuam ...
7489. Ds apud quem mortuorum spiritus vivunt ...
7490. Oremus fr. car. pro spiritu cari nostri ...

7491. Ds qui justis supplicationibus ...
7492. Ds vitae dator ...
7493. Ds qui humanarum animarum aeternus amator es ...
7494. Temeritatis quidem est dne ...
7495. Debitum humani corporis ...
7496. Ds qui universorum creator ...
7497. Absolve dne qs ...

924. **Ordo 6** (A, II 1183-1194; V, II 387-391)

OBSEQUIUM CIRCA MORIENTES

7498. Ds m. ds clemens qui multitudine ... reconciliationis admitte.
7499. Ascendant ad te dne preces nostrae et animam ... esse consortem.
7500. O. s. ds qui humano generi animam ... fideliter adoravit.
7501. Diri vulneris novitate perculsi ... aggregari praecipias.
7502. Tibi dne commendamus animam famuli tui N. ... pietatis absterge.
7503. Ds cui soli competit praestare post mortem ... parte numeretur.
7504. Ds cui omnia vivunt et cui non pereunt ... ablue indulgendo.
7505. Suscipe dne animam famuli tui N. quam de ergastulo ... resuscitari mereatur.
7506. Non intres in judicium cum servo tuo ... in saecula saeculorum.
7507. Suscipe dne animam famuli tui N. ad te revertentem ... sonum audiat.
7508. Suscipe dne animam servi tui in bonum ... aeternam possideat.
7509. Te dne s. p. o. ae. ds supplices deprecamur pro spiritu ... mereatur.
7510. Ds vitae dator et humanorum corporum reparator ... confoveri jubeas.
7511. Fac qs dne hanc cum servo tuo defuncto ... angelicis choris.
7512. Omnipotentis dei misericordiam deprecemur cujus ... collocare dignetur.
7513. Ds qui humanarum animarum aeternus amator ... adunari consortiis.
7514. Ergo dil. cum sacrificium altaris ... tolerabilius permanebunt.
7515. Consolemur ergo in his sermonibus nostris ... gloriam suscitare.
7516. Egregius namque consolator et praedicator ... in saecula saeculorum.
7517. Misericordiam tuam dne s. p. o. ae. ds pietatis ... perpetuo satietur.
7518. Non intres in judicium cum servo tuo dne ... sanctae trinitatis.
7519. Ds qui universorum es conditor et creator ... facias praesentari.
7520. Inclina dne aurem tuam ad preces nostras quibus ... esse consortes.
7521. Piae recordationis affectu fr. car. commemorationem ... et abstergat.

7522. Obsecramus misericordiam tuam o. ae. ds qui hominem ... jubeas.
7523. Ds apud quem mortuorum spiritus vivunt ... gaudia repromissa.
7524. Tu nobis dne auxilium praestare digneris ... viventium evadat.
7525. Oremus fr. car. pro spiritu fratris nostri ... resuscitari faciat.
7526. Ds qui justis suppl. semper praesto es ... muneris portionem.
7527. Ds pietatis et bonitatis invictae et sempiternae ... possideat.
7528. Debitum humani corporis sepeliendi officium ... perfrui mereatur.
7529. Temeritatis quidem est dne ut homo hominem ... dextra coronandus.
7530. Exequiis rite celebratis membris in tumulo ... regionis vivorum.
7531. Ds qui redemptor et animarum aeternitatem ... morte patiaris.
7532. Ds qui omnium habes potestatem et nostri ... potestatem salvator.
7533. Migranti famulo tuo ds in nomine tuo ... concedere digneris.
7534. Commendamus tibi dne animam fratris nostri ... in saecula saeculorum.
7535. Ds vita viventium spes morientium ... luce laetetur.
7536. Annue nobis dne ut anima famuli tui N. ... accipere peccatorum.
7537. Benedictio dei patris et filii ... descendat super hoc corpus.
7538. Ds origo pietatis pater misericordiarum solamen ... saeculum per ignem.
7539. Anima ejus et omnium fidelium defunctorum requiescant in pace.

925. Ordo 7 (A, II 1094-1101; V, II 391-393)

ORDO QUALITER ERGA INFIRMUM MORTI PROXIMUM AGATUR

7540. Suscipe dne animam servi tui revertentem ... sonum audiat.
7541. Suscipe dne servum tuum in habitaculum ... aeternam possideat.
7542. Ds vitae dator ...
7543. Ds qui humanarum animarum ...
7544. Ds cui proprium ...
7545. Piae recordationis ...
7546. Suscipe dne animam famuli tui ad te revertentem ... saeculum per ignem.
7547. Tu nobis dne auxilium praestare digneris ... in regione viventium.
7548. Suscipe dne animam servi tui quam de ergastulo ...
7549. Non intres in judicio ...
7550. Fac qs dne hanc cum servo tuo ...
7551. Omnipotentis dei misericordiam deprecemur fr. car. ...
7552. Deum judicem universitatis deum caelestium terrestrium ...
7553. Ds qui universorum es conditor ...
7554. Te dne s. p. o. ae. ds supplices deprecamur pro ... consequatur aeternam.

7555. Oremus fr. car. pro spiritu cari nostri ...
7556. Ds qui justis supplic. praesto es ... transferatur abrahae.
7557. Debitum humani corporis sepeliendi officium ...
7558. Temeritatis quidem est dne ut homo hominem ...
7559. Ds pietatis et bonitatis invictae ... caeleste possideat.
7560. Exsequiis rite celebratis membrisque feretro ... regionis vivo-rum.
7561. Commendamus tibi dne animam fratris nostri ... miserere ei.
7562. Migranti famulo tuo in tuo nomine ... praesta salvator.
7563. Redemptio animarum ds aeternitatem concede ... mundi pa-tiaris.
7564. Ds cui omnia morientia vivunt et cui non pereunt ... diligenti-bus te.
7565. Ds origo pietatis pater misericordiarum solamen ... saeculum per ignem.
7566. Ds cujus miseratione animae fidelium ... sine fine laetentur.

926. Ordo 8 (A, II 1101-1110; V, II 393-397)

QUANDO ITUR AD COMMUNICANDUM INFIRMUM FRATREM

7567. O. s. ds salus aterna credentium ...
7568. O. s. ds qui per beatum apostolum tuum dixisti ...
7569. Per istam unctionem ... indulgeat tibi dnus quidquid peccasti per visum, per auditum, per gustum, per odoratum, per tactum, per incessum, per ardorem libidinis.
7570. Adoro te christe et benedico tibi quia per crucem tuam red-emisti me.
7571. Ds qui famulo tuo ezechiae ...
7572. Respice dne famulum tuum in infirmitate ...
7573. Ds qui facturae tuae ...
7574. Ds qui humano generi et salutis remedium ...
7575. Virtutum caelestium ...
7576. Dne s. p. o. ae. ds qui fragilitatis nostrae ...
7577. Exaudi dne supplicum preces ...
7578. Praeveniat hunc famulum tuum ...
7579. Dne ds noster qui offensione nostra non vinceris ...
7580. Adesto dne supplic. nostris et ne sit ab hoc famulo tuo ...
7581. Adesto supplic. nostris et me qui maxima misericordia ...
7582. Praesta qs dne huic famulo tuo dignum paenitentiae ...
7583. Ds humani generis benignissime conditor et misericordissime ...
7584. O. ae. ds salus aeterna credentium ...
7585. Ds infirmitatis humanae singulare praesidium ...
7586. Ds m. ds clemens qui secundum multitudinem ...
7587. Dne s. p. o. ae. ds qui benedictionis tuae ...
7588. Majestatem tuam supplices deprecamur ut huic famulo tuo ...
7589. Absolve dne animam famuli tui per intercessionem ... te do-nante deduci.

7590. Absolve dne animam famuli tui ab omni vinculo ... resuscitatus respiret.
7591. Non intres in judicium...
7592. Piae recordationis affectu fr. car. commemorationem faciamus ...
7593. Ds cui omnia vivunt ...
7594. Suscipe dne animam famuli tui ...
7595. O. s. ds cui numquam sine spe misericordiae ... facias aggregari.
7596. Ds vitae dator et humanorum corporum reparator ...
7597. Ds qui humanarum animarum ...
7598. Ds veniae largitor et humanae salutis auctor qs clementiam ...
7599. Absolve dne animam famuli tui ...
7600. Non intres in judicium ...
7601. Fac qs dne hanc cum servo tuo misericordiam ...
7602. Inclina dne aurem tuam ad preces nostras ...
7603. Ds qui fundasti terram formasti caelos ... omnibus resurrectio.
7604. Benedictio dei omnipotentis patris ... descendat super hoc sepulcrum.
7605. Ineffabilis dei patris unigenite fili ... examinationis deducas.
7606. Obsecramus misericordiam tuam ae. ds ...
7607. Ds apud quem mortuorum spiritus vivunt ...
7608. Oremus fr. car. pro spiritu cari nostri ...
7609. Ds qui justis supplic. semper praesto es ...
7610. Debitum humani generis ...
7611. Temeritatis quidem est ...
7612. Non intres in judicium cum servo tuo ...
7613. Tibi dne commendamus animam famuli tui ...
7614. Ds cujus miseratione animae fidelium requiescunt ...
7615. Absolve dne animam famuli tui ...

927. **Ordo 9** (A, II 1110-1113; V, II 397-398)

7616. Tibi dne commendamus animam famuli tui ...
7617. Misericordiam tuam dne s. p. o. ae. ds ...
7618. O. s. ds qui humano corpori ...
7619. Diri vulneris novitate percussi ...
7620. Suscipe dne servum tuum in bonum ...
7621. Suscipiat te sanctus michael archangelus ...
7622. Proficiscere anima christiana ...
7623. Dne j. c. pastor bone ...
7624. Non intres in judicium ...
7625. Partem beatae resurrectionis obtineat ...
7626. Ds cui omnia vivunt et cui non pereunt corpora ...
7627. Fac qs dne hanc cum famulo tuo N. defuncto ...
7628. Inclina dne aurem tuam ad preces nostras ...
7629. Piae recordationis fr. car. affectu commemorationem ...
7630. Obsecramus misericordiam tuam o. ae. ds ...
7631. Ds apud quem mortuorum spiritus vivunt ...
7632. Oremus fr. car. pro spiritu cari nostri ...
7633. Ds qui justis supplicationibus ...

7634. Temeritatis quidem est ...
7635. Debitum humani corporis ...
7636. Omnipotentis dei misericordiam ...
7637. Deum judicem universitatis ...
7638. Te dne sancte pater ...
7639. Ds qui universorum es creator ...
7640. Ds vitae dator ...
7641. Tu nobis dne auxilium praestare digneris ...
7642. Partem beatae resurrectionis ...
7643. Ds cujus miseratione animae ...
7644. Fidelium ds omnium ...
7645. O. ds qui beato petro apostolo tuo ... cum omnibus sanctis.

928. Ordo 10 (A, II 1113-1115; V, II 398)

ORDO SEPELIENDI CLERICOS ROMANAE FRATERNITATIS

7646. Absolve qs dne animam famuli tui ab omni vinculo ... praecipias.
7647. Non intres in judicium ...
7648. Ds cui omnia vivunt ...
7649. Fac qs dne ...
7650. Ds qui fundasti terram ...
7651. Oremus fr. car. pro spiritu fratris nostri ...
7652. Ds cui omnia vivunt ...
7653. Temeritatis quidem est dne ...
7654. Opus est misericordiae dne sancte ...
7655. Debitum humani corporis ...
7656. O. s. ds qui humano corpori ...
7657. Tibi dne commendamus ...
7658. Ds cujus miseratione ...
7659. Anima ejus et omnium fidelium defunctorum requiescant in pace.

930. Ordo 12 (A, II 1116-1118; V, II 399)

INUNCTIO INFIRMI

7660. O. s. ds qui per b. apostolum tuum dixisti ... pervenire mereatur.
7661. Per istam unctionem et suam ... peccasti per visum, per auditum, per gustum et illicita verba, per odoratum, per tactum, per incessum, per ardorem libidinis.
7662. Ds qui famulo tuo ezechiae ter quinos annos ...
7663. Respice dne famulum tuum ...
7664. Ds qui facturae tuae ...
7665. Ds qui humano generi ...
7666. Virtutum caelestium ...
7667. Ds qui fragilitatem ...
7668. Dne s. p. o. ae. ds qui fragilitatem ...
7669. Praeveniat hunc famulum ...
7670. Adesto dne supplic. nostris ne sit ...

7671. Dne ds noster qui offensione nostra non vinceris ...
7672. Adesto dne supplic. nostris et me qui etiam misericordia ...
7673. O. s. ds salus aeterna credentium ...
7674. Ds infirmitatis humanae ...
7675. Absolve dne ...
7676. Piae recordationis affectu ...
7677. Ds cui omnia vivunt et cui non pereunt moriendo ...
7678. Suscipe dne animam famuli tui N. quam de ergastulo ... mereatur.
7679. Ds vitae dator et humanorum corporum reparator ...
7680. Ds qui humanarum animarum aeternus amator ...
7681. Ds veniae largitor ...
7682. O. s. ds cui numquam ...
7683. Non intres in judicium cum servo tuo ...
7684. Fac qs dne hanc cum famulo tuo misericordiam ...
7685. Inclina dne aurem tuam ...
7686. Obsecramus misericordiam ...
7687. Oremus fr. car. pro spiritu cari nostri ...
7688. Ds qui justis supplic. semper praesto es ...
7689. Debitum humani corporis ...
7690. Temeritatis quidem est dne ut homo hominem ...
7691. Tibi dne commendamus animam famuli tui N. ...
7692. Ds cujus miseratione animae fidelium ...
7693. Absolve qs dne animam famuli tui ...
7694. Satisfaciat tibi dne ds ...
7695. Ds qui hominem a tuo praecepto lapsum justa sententia condemnasti ...
7696. Dne j. c. qui memor redemptionis nostrae ...
7697. Ineffabilis dei patris unigenite fili qui pro nobis humanitatem ...
7698. Dnus j. c. qui b. petro apostolo suo ceterisque ... in saecula saeculorum.

931. Ordo 15 (A, II 1128,1130; V, II 403-404)

COMMENDATIO ANIMAE

7699. Parce dne parce famulo tuo ... in aeternum irascaris ei.
7700. Piae recordationis ...
7701. Proficiscere ...
7702. Ds vitae dator ...
7703. Ds qui humanarum animarum ...
7704. Non intres in judicium ...
7705. Fac qs ...
7706. Te dne s. p. o. ...
7707. Obsecramus misericordiam ...
7708. Rogamus te dne ...
7709. Sanctificetur istud ...
7710. Praesta qs o. ds ut abstersis ...
7711. Diri vulneris ...

7712. Oremus fr. car. ...
7713. Haec requies mea ...
7714. Memento ...
7715. Debitum humani corporis ...
7716. Ds qui et justis supplicationibus ...
7717. Misericordiam tuam dne ...
7718. Absolvimus te ...
7719. Temeritatis ...
7720. Suscipe dne ...
7721. Ds cui omnia vivunt ...
7722. Tibi dne commendamus ...
7723. Ds cujus miseratione ...
7724. Satisfaciat tibi dne ...
7725. O. s. ds sanctificator animarum qui es trinitas ... omnia bona ista.

935. Ordo 17 (A, II 1130-1132; V, II 404)

ORDO AD SEPELIENDUM MORTUUM

7726. Ds cui soli competit medicinam praestare ... parte numeretur.
7727. Absolve ...
7728. Non intres in judicium cum servo tuo ...
7729. O. s. ds qui numquam sine spe misericordiae supplicaris ...
7730. Inclina ...
7731. Ds qui fundasti terram ...
7732. O. s. ds qui humano corpori animam ... praecipias sociari.

936. Ordo 18 (A, II 1132-1138; V, II 404-407)

OFFICIA PAROCHI ERGA INFIRMUM PROPE MORITURUM

7733. Nonne frater carissime firmiter credis ... salvaberis. Cognosco.
7734. In manus tuas dne commendo spiritum meum ... aggregari praecipias.
7735. Commenda te gloriosae virgini mariae dicens ... mortis suscipe.
7736. Et ego authoritate mihi concessa ... spiritus sancti.

ORDO AD SEPELIENDOS DEFUNCTOS SAECULARES

7737. Qs dne famulo tuo cujus diem primum ...
7738. Absolve dne animam famuli tui ...
7739. Obsecramus misericordiam tuam ae. o. ds ...
7740. Tibi dne commendamus animam famuli tui ...

ORDO AD SEPELIENDUM SACERDOTEM VEL CLERICUM

7741. Suscipe animam famuli tui N. sacerdotis vel clerici ...
7742. Absolve qs dne animam famuli tui ...
7743. Anima istius sacerdotis vel clerici ... requiescant in pace.
7744. Obsecramus misericordiam tuam ae. o. ds ...
7745. Tibi dne commendamus animam famuli tui ...

ORDO AD SEPELIENDOS INFANTES INFRA SEPTENNIUM

7746. O. et mitissime ds qui omnibus parvulis ...

7747. Praesta qs o. ds ut animam hujus pueri (puellae) ... facias beatorum.

7748. O. s. ds sanctae puritatis amator ...

937. **Ordo 19** (A, II 1138-1144; V, II 409-411)

OFFICIUM SEPELIENDI PAPAM DEFUNCTUM ET CARDINALES DEFUNCTOS

7749. Non intres in judicium cum servo tuo dne ... sanctae trinitatis.

7750. Ds cui omnia vivunt et cui non pereunt ... ablue indulgendo.

7751. Fac dne qs hanc cum servo tuo defuncto ... angelicis choris.

7752. Absolve qs dne animam famuli tui ... pietatis absterge.

7753. Ds qui fundasti terram formasti caelos qui loca ... vera resurrectio.

7754. Oremus fr. car. pro spiritu fratris nostri ... resuscitari faciat.

7755. Ds cui omnia vivunt et cui non pereunt ... parasti diligentibus te.

7756. Temeritatis quidem est dne ut homo hominem ... dextra commendamus.

7757. Opus est misericordiae dne s. p. o. ae. ds rogare ... transferatur.

7758. Debitum humani corporis sepeliendi officium ... perfrui mereatur.

7759. Tibi dne commendamus animam famuli tui ... pietatis absterge.

7760. Ds cujus miseratione animae fidelium requiescunt ... laetentur.

7761. Absolve qs dne animam famuli tui ut defunctus ... pietatis absterge.

LIBER QUARTUS

TRACTATUS IN DIVINIS CELEBRANDIS OFFICIIS

CAPUT VIII

De prima tertia sexta nona vesperis et completorio

941. DE PRIMA (A, III 53-56; V, III 19-20)

7762. Dne ds pater o. qui ad principium hujus diei ...
7763. Isti et omnes sancti intercedant pro nobis ... vivis et regnas.
7764. Dirigere et sanctificare custodire ... saecula saeculorum.
7765. Inclina ...
7766. Deus indulgentiarum ...
7767. Fidelium ...

CAPUT IX

De quibusdam ritibus et consuetudinibus

942. XVI - BENEDICTIO PANIS (A, III 66; V, III 24)

7768. Dne s. p. o. ae. ds benedicere digneris hunc panem ... saeculorum.

CAPUT XI

944. XI - ORDO ASPERSIONIS AQUAE (A, III, 89-90; V, III, 32)

7769. Exaudi nos dne s. p. o. ae. ds ut sicut domos hebraeorum ... habitaculo.

CAPUT XV

De festo purificationis B. Mariae

7770. Ds verum lumen aeternae lucis propagator ... valeant praesentari.

950. ORATIO AD BENEDICENDOS CEREOS (A, III 128; V, III 45-46)

7771. Ds qui in israelitarum sortem gentium ... in caelestibus regnis.

951. Ordo 1 (A, III 129-130; V, III 46)

IN PURIFICATIONE B. MARIAE BENEDICTIO CANDELARUM

7772. Adesto dne supplic. nostris et has candelas ... veritatis oberret.

7773. VD. Deus fons et origo totius lucis ... tuae claritatis.
7774. Dne ds pater lumen indeficiens qui es conditor omnium luminum ...
7775. Erudi qs dne plebem tuam et quae extrinsecus ... lucem concede.

951. Ordo 2 (A, III 130-131; V, III 46-47)

BENEDICTIO CANDELARUM IN PURIFICATIONE B. MARIAE

7776. O. qui hodierna die unigenitum tuum israeliticae ... gaudiis inserantur.
7777. Adesto dne supplic. nostris et has candelas ...
7778. VD. Deus fons et origo totius luminis ... indefessi solis.
7779. Dne s. p. o. ae. ds benedicere et sanctificare ... valeant pervenire.
7780. Dne s. p. exaudi nos lumen indeficiens ... pervenire mereamur.
7781. Erudi qs dne ...

953. Ordo 3 (A, III 131-132; V, III 47)

7782. Dne s. p. o. ae. ds qui ex nihilo cuncta creasti ...
7783. Dne j. c. vera lux ...
7784. O. s. ds qui per moysen ...
7785. Dne j. c. qui hodierna die in nostrae carnis substantia ...
7786. O. s. ds qui unigenitum tuum ante tempora ...
7787. Erudi qs ...

954. Ordo 4 (A, III 132-133; V, III 47)

IN PURIFICATIONE B. MARIAE

7788. Dne s. p. o. ae. ds benedicere dignare ignem ... pervenire concede.
7789. O. s. ds qui hodierna die unigenitum tuum israeliticae ...
7790. Adesto supplic. nostris o. ds et has candelas ...
7791. VD. Deus fons et origo totius lucis ...
7792. Dne s. p. o. ae. ds benedicere et sanctificare digneris ignem ...
7793. Dne ds p. o. exaudi nos lumen indeficiens ...
7794. Erudi qs dne plebem ...

955. Ordo 5 (A, III 146-147; V, III 52)

BENEDICTIO CANDELARUM

7795. Exaudi qs dne plebem tuam quae extrinsecus ... luce concede.
7796. Immensae majestatis tuae misericordiam obsecramus ... exhibere valeamus.
7797. O. clementissime pater lumen indeficiens exaudi ... accendatur.
7798. Dne s. p. o. ae. ds benedicere et sanctificare digneris ignem istum ...
7799. O. s. ds qui hodierna die unigenitum tuum in ulnis ... mereamur.

CAPUT XVII

De feria quarta in capite jeunii

958. **Ordo 1** (A, III 140-141; V, III 50)

BENEDICTIO CINERUM

7800. Ds qui non mortem ...
7801. O. s. ds qui primo homini transgredienti ... mereamur aeternam.
7802. Ds qui humiliatione flecteris et satisfactione placaris ...
7803. Memento homo quia cinis es et in cinerem reverteris ... opera fac.
7804. Exaudi dne preces nostras et tibi confitentium ... absolvat.
7805. Praeveniat hos famulos tuos et famulas tuas ... indulgentia deleantur.
7806. Adesto dne supplic. nostris nec sit ab his famulis ... valeant adhaerere.
7807. Dne ds noster qui offensione nostra non vinceris ... gratulantur.
7808. Ecce ejicimus vos hodie a liminibus ... cum fructu paenitentiae.
7809. Concede nobis dne ...

959. **Ordo 2** (A, III 142-144; V, III 50-51)

7810. Dne ds o. propitius esto mihi peccatori ... ad paenitentiam venerunt.
7811. Ds cujus indulgentiarum nemo non indiget ... miseratione solvamur.
7812. Ds sub cujus oculis omne cor trepidat ... alienus a venia.
7813. Ds infinitae misericordiae veritatisque ... benedictione laetemur.
7814. Dne ds noster qui offensione nostra non vinceris ... gratulentur.
7815. Adesto dne supplic. nostris et sicut publicani ... gloriae mancipentur.
7816. Precor dne clementiae et misericordiae ... gloriae mancipentur.
7817. Dnus noster j. c. qui dixit apostolis suis ... ad regna caelorum.
7818. Absolutionem et remissionem omnium ... o. deus.
7819. Ds qui non mortem sed poenitentiam peccatorum desideras ...
7820. Dne sempiterne ds qui misereris omnium et nihil odisti ...
7821. Memento homo quia cinis es ... in pulverem reverteris.
7822. Ds qui humilitate flecteris et satisfactione placaris ...
7823. Dominus jesus christus ...

960. **Ordo 3** (5A, III 144-145; V, III 51-52)

IN CAPITE JEJUNIORUM ORDO AD POENITENTES

7824. Ds qui non mortem sed paenitentiam desideras ... consequi mereamur.
7825. Ds qui humiliatione flecteris et satisfactione placaris ...
7826. O. s. ds qui primo homini transgredienti mandatum ...

7827. Memento quia pulvis es ... vitam aeternam.
7828. Exaudi dne preces nostras et tibi confitentium ...
7829. Praeveniat hos famulos tuos ...
7830. Adesto dne supplicationibus ...
7831. Dne ds noster qui offensione nostra non vinceris ...
7832. Ecce ejicimus vos hodie a liminibus ... cum fructu paenitentiae.

961. Ordo 4 (A, III 145-146; V, III 52)

ORDO QUOMODO POENITENTES IN CAPITE QUADRAGESIMAE
EPISCOPO SE DEBENT PRAESENTARE

7833. Adesto dne supplic. nostris et me qui etiam ...
7834. Exaudi dne preces nostras ...
7835. Praesta qs dne ...
7836. Adesto dne supplic. nostris nec sit in his ...
7837. Dne ds noster qui offensione nostra non vinceris ...
7838. Ds humani generis benignissime conditor ...
7839. O. ds qui beato petro apostolo tuo ...
7840. Dnus j. c. qui dixit discipulis suis quaecumque ligaveritis ...
7841. Absolutionem et remissionem ... hic et in aeternum.
7842. Ds qui non mortem sed paenitentiam desideras peccatorum ...
7843. O. s. ds qui misereris omnium ...
7844. Memento homo quia cinis es et in pulverem reverteris.

962. Ordo 5 (A, III 146-147; V, III 52)

OFFICIUM IN REPRAESENTATIONE POENITENTIUM IN DIE CINERUM

7845. Precor dne clementiae et misericordiae tuae majestatem ...
7846. Dnus j. c. qui dixit discipulis suis quaecumque ... ad regna caelorum.
7847. Absolutionem et remissionem omnium ... pater et m. dominus.
7848. Ds qui non mortem sed paenitentiam desideras ...
7849. O. s. ds qui misereris omnium ...
7850. Memento quia cinis es ... et in pulverem reverteris.
7851. Ds qui humilitate flecteris ...

963. Ordo 6 (A, III 147-148; V, III 52-53)

FERIA QUARTA IN CAPITE JEJUNII

7852. Ds qui non mortem ...
7853. O. s. ds qui omnium misereris ...
7854. Absolutionem et remissionem ...
7855. Memento homo quia cinis es ...

964. Ordo 7 (A, III 148-150; V, III 53)

7856. Exaudi qs dne supplicum preces et confitentium ...
7857. Adsit qs his famulis tuis inspiratio ... satisfactione compescat.

7858. Praeveniat hos famulos tuos ...
7859. Adesto dne supplic. nostris ...
7860. Dne ds noster qui offensione nostra non vinceris ...
7861. Ds cujus indulgentia nemo non indiget ... miseratione salvemur.
7862. Da qs dne his famulis tuis continuam ... praeveniat et consequatur.
7863. Ds qui non mortem sed paenitentiam desideras peccatorum ...
7864. Precor dne clementiam tuam sit his famulis ... praemia consequantur.
7865. O. et m. ds qui peccatoribus pietatis tuae ... consequatur.

965. Ordo 8 (A, III 150-151; V, III 54)

7866. Concede nobis dne ...
7867. Memento quia cinis es et in cinerem reverteris.

966. Ordo 9 (A, III 151-152; V, III 54)

7886. Exaudi qs dne supplicum preces ...
7869. Praeveniat hos famulos ...
7870. Adesto dne supplic. nostris ...
7871. Dne ds noster qui offensione nostra non vinceris ...
7872. Absolutionem et remissionem omnium peccatorum ... pius et
m. dnus.
7873. O. s. ds qui misereris ...
7874. Concede nobis dne praesidia militiae ...
7875. Memento homo quia cinis es et in cinerem reverteris.
7876. Paenitentiam itaque vestram ut a sanctis ... beneficio redimatur.
7877. Ds cui proprium est ...
7878. Ineffabilem misericordiam tuam ...
7879. Praetende dne famulis et famulabus tuis ...
7880. Ecclesiae tuae ...
7881. Ds a quo sancta desideria ...
7882. Animabus qs dne famulorum ...

967. Ordo 10 (A, III 153-154; V, III 54-55)

7883. O. s. ds preces nostras ...
7884. Praeveniat hos famulos ...
7885. Adesto dne ...
7886. In ea auctoritate et potestate confidentes ... omnibus sanctis.
7887. Vice b. petri apostolorum principis cui a dno ... corona gloriae.
7888. Misertus et propitius sit vobis o. ds ... ad vitam aeternam.
7889. Misericordia dei omnip. per merita ... diebus vitae vestrae.
7890. O. s. ds ...
7891. Ds qui non mortem ...
7892. Ds qui humiliatione ...
7893. O. s. ds qui ninivitis ...
7894. Concede nobis dne praesidiis ...

968. **Ordo 11** (A, III 154-155; V, III 55)

7895. Exaudi dne preces nostras et confitentium ... miserationis absolvat.
7896. Dnus j. c. qui beato petro licentiam dedit ... in saecula saeculorum.
7897. O. s. ds qui misereris omnium ...
7898. Concede nobis praesidia ...

969. **Ordo 12** (A, III 155; V, III, 55)

7899. Ds qui humiliatione flectitur ...
7900. Exaudi ds preces ...
7901. Adesto dne supplicationibus ...
7902. Praeveniat ...
7903. Ds qui peccatorum maculas ...

970. **Ordo 13** (A, II 155-156; V, III 55-56)

7904. Exaudi dne preces nostras ...
7905. Praeveniat hos famulos tuos ...
7906. Adesto dne supplic. nostris ...
7907. Dne ds noster qui offensione nostra non vinceris ...
7908. Absolvimus vos vice b. petri apostolorum principis ... qui venturus est.
7909. Ds cui culpa offenderis ...
7910. Ds qui non mortem sed paenitentiam desideras peccatorum ...
7911. O. s. ds qui misereris omnium ...
7912. Memento homo quia pulvis es et in pulverem reverteris.

971. **Ordo 14** (A, III 156-158; V, III 56)

7913. Exaudi dne ...
7914. O. ds qui b. petro ...
7915. Parce dne ...
7916. Memento homo quia cinis es ... in pulverem reverteris.
7917. Qs o. ds ut beatus paulus ...
7918. Ds qui populo ...
7919. O. s. ds qui facis ...
7920. Ds qui nos in tantis ...
7921. Ds cujus misericordiae ...
7922. Fidelium ds ...

972. **Ordo 15** (A, III 138-159; V, III 56-57)

7923. Exaudi preces nostras ...
7924. Praesta qs his famulis tuis dignum paenitentiae ... veniam consequendo.
7925. O. ds qui b. petro licentiam dedit ... in saecula saeculorum.

7926. Memento homo quia cinis es et in cinerem reverteris.
7927. Concede nobis dne ...

973. **Ordo 16** (A, III 159-160; V, III 57)

7928. Concede nobis qs dne praesidia militiae ...
7929. Ds qui non mortem sed paenitentiam ...
7930. O. s. ds qui misereris omnium et nihil odisti ... accipere gloriam.
7931. Benedictio dei patris omnipot. et filii ... super hos cineres.
7932. Memento homo quia cinis es ... prima opera fac.
7933. Paenitentiam age in cinere ... spiritus sancti.
7934. Homo recognosce quia cinis es ... habebis vitam aeternam.
7935. Memento homo quia cinis es ... spiritus sancti.
7936. Flecto genua ad patrem dni nostri j. c. ... in terra nominatur.

974-976 CAPUT XVIII (A, III 175-183; V, III 62-65)

GENERALES QUADRAGESIMAE CONSUETUDINES

7937. Retributor omnium bonorum ds ...
7938. Succurre qs o. ds ...
7939. Ds qui juste irasceris ...
7940. Ds cui proprium est misereri semper et parcere ...
7941. Ecclesiae tuae qs dne preces placatus admitte ...
7942. Ds a quo sancta desideria recta consilia et justa sunt opera ...
7943. Exaudi qs dne preces nostras et confitentium ... absolvat.
7944. Adesto dne supplic. nostri et me qui etiam ... est operare.
7945. Benedicat vos ds pater qui in principio ... expectant ad judicium.
7946. Deus noster j. c. qui dixit discipulis ... ad regna caelorum.
7947. Absolvimus vos fratres vice s. petri ... vestrorum indultor.
7948. Per intercessionem beatae et gloriosae semperque ... ad vitam aeternam.
7949. Absolutionem et remissionem omnium peccatorum ... spiritus sancti.

ABSOLUTIONES QUADRAGESIMALES

7950. Adesto dne supplic. nostris et me qui etiam ...
7951. Exaudi dne supplicum preces et confitentium ...
7952. Praeveniat hos famulos tuos et has famulas ... indulgentia deleatur.
7953. Adesto dne supplic. nostris nec sit ab his famulis ...
7954. Dne ds noster qui offensione nostra non vinceris ... gaudia gratulentur.
7955. Dnus j. c. qui dixit discipulis suis quaecumque ...
7956. Absolutionem et remissionem peccatorum ... pius et m. dnus.
7957. Exaudi dne supplicum ...

977-984 CAPUT XIX (A, III 184-194; V, III 65-69)

7958. Exaudi orationem nostram gemitusque ... largire dignare.

985-991 CAPUT XX (A, III 196-205; V, III 70-73)

DE DOMINICA PALMARUM
BENEDICTIO PALMARUM

7959. Dne j. c. qui pro mundi salute sicut ... suscipere mereantur.
7960. Christe jesu fili dei vivi mundi creator ... salvator mundi.
7961. Haec tibi dne festa recoluntur ... nomen tuum gloriosum est.
7962. VD. Dne s. p. o. sempiterneque redemptor ... salvator mundi.
7963. Ds cujus filius pro salute generis humani ... valeant apparere.

992. Ordo 1 (A, III 207-209; V, III 74)

IN DOMINICA PALMARUM

7964. Ds cujus filius pro salute generis humani ...

993. Ordo 2 (A, III 209-210; V, III 74-75)

IN DIE PALMARUM

7965. Ds quem diligere ...
7966. Ds cujus filius pro salute generis humani ...
7967. Ds qui olivae ramum ...
7968. O. s. ds flos mundi ...
7969. Exorcizo te omnis creatura foliorum vel frondium ...
7970. Ds qui filium tuum unigenitum ...
7971. VD. Aeterne ds. Mundi conditor ...
7972. Ds qui filium tuum j. c. dnum nostrum pro salute nostra ...
7973. Auge fidem in te sperantium ...

994. Ordo 3 (A, III 210-212; V, III 75)

ORDO PROCESSIONIS IN RAMIS PALMARUM

7974. O. s. ds qui in diluvii effusione ...
7975. O. s. ds qui dnum nostrum j. c. die azimorum ...

995. Ordo 4 (A, III 212; V, III 75-76)

7976. Exaudi ...

996. Ordo 5 (A, II 213-214; V, III 76)

7977. Actiones nostras ...
7978. Ds qui per olivae ramos ...

998. Ordo 7 (A, III 215-217; V, III 76-77)

7979. Exorcizo te creatura florum vel frondium ...
7980. O. s. ds qui diluvii effusione ...
7981. Ds cujus filius pro salute generis humani ...

7982. Ds qui dispersa congregas ...
7983. Dne j. c. fili dei vivi mundi conditor et redemptor ...

999. Ordo 8 (A, III 217-223; V, III 77-79)

DOMINICA IN RAMIS PALMARUM

7984. Dne j. c. qui ante mundi principium cum deo patre ... suscipere mereantur.
7985. Dnus noster j. c. qui per legem et prophetas ... ramos et palmas.
7986. Alme pater o. rerum omnium creator ... liberare digneris.
7987. Carissimi accipite regulam fidei quod symbolum ... respondete.
7988. Ut facilius memoriae vestrae possint ... ordinemque repetamus.
7989. Tertio quoque textum symboli ... conveniat trinitatis.
7990. Hanc sanctae fidei regulam ... pervenire possitis.
7991. Catholicam fidem fr. car. cordis integritate ... perveniamus inlaesi.
7992. Ds fidelis qui fidelia promissa confirmans ... obtinere ex alto.
7993. Offerentium qs dne vota multiplica ... impetremus aeternam.
7994. VD. Quem tu clementissime pater ante saecularia ... ita dicentes.
7995. Hoc cantant angeli hoc resonant caeli ... redemptor aeternus.
7996. Christe dei filius quem olim hodiernae ... sacratissimam caenam.
7997. Emunda dne conscientias nostras ... proclamaverimus e terris.
7998. Respiciat vos placata divinitas ... sit semper vobiscum.
7999. Reple dne cor nostrum laetitia ... feliciter mereamur.
8000. In nomine dni nostri j. c. perficiamus cum pace.

CAPUT XXII

De coena Domini

1002. DE NOCTURNIS VIGILIIS HORISQUE DIURNIS IN COENA DOMINI
(A, III 232; V, III 83)

8001. Respice qs dne ...

1003-1004 DE RECONCILIATIONE POENITENTIUM (A. III 233-234; V, III, 83-84)

8002. Adesto dne supplic. nostris ...
8003. Praesta qs ...
8004. O. et m. ds ...
8005. O. s. ds ...
8006. Ds humani generis ...
8007. Dominus jesus christus ...
8008. Absolutionem ...
8009. Respice in servos tuos ...
8010. Exaudi dne preces nostras ...
8011. Praesta qs his famulis tuis ...

1005. **Ordo 1** (A, III 235-237; V, III 83-84)

ORATIONES IN V. FERIA AD RECONCILIATIONEM POENITENTIUM

8012. O. s. ds da qs universis famulis ... glorificatione gaudere.
8013. Concede credentibus s. ds salvum ... plebis absolvat.
8014. O. s. ds qui vitam humani generis ... provehat gaudiorum.
8015. Adesto dne supplic. nostris et me qui etiam ... pietatis est operare.
8016. Praesta qs dne huic famulo tuo dignum ... reddatur innoxius.
8017. Ds humani generis benignissime conditor ... misericordia reformavit.
8018. O. s. ds confitenti tibi huic famulo ... pietatis ad veniam.
8019. O. et m. ds qui peccatorum indulgentiam ... pietatis absolvat.
8020. Ds qui confitentium tibi corda purificas ... sustineant detrimentum.
8021. Dne s. p. ae. ds respice super hunc famulum tuum ... agere mereamur.
8022. Virtutum caelestium: ds de cujus gratiae rore ... deferamus obsequium.
8023. Communicantes et diem sacratissimum celebrantes quo traditus est ...
8024. Hanc igitur oblationem dne cunctae familiae ... mereatur offerre.
8025. Qui hac die antequam traderetur accepit panem ...
8026. Concede qs dne ut percepti novi sacramenti ... sentiamus et mente.
8027. Ds qui confitentium tibi corda purificas ... sustineant detrimentum.
8028. Ds miserator de clemens ds qui secundum ... lege concludis.

1006. **Ordo 2** (A, III 237-238; V, III 84)

8029. Adesto dne supplicationibus nostris ...
8030. Ds (qui) humani generis ...
8031. Dne s. p. o. ae. ds respice ...
8032. Absolvimus vos vice b. petri ...
8033. Absolutionem et remissionem ...

1007. **Ordo 3** (A, III 238-239; V, III 85)

ORDO DE RECONCILIATIONE POENITENTIUM IN DIE COENAE DOMINI

8034. Adest o venerabilis pontifex tempus acceptum ...
8035. Adesto dne supplic. nostris et me qui etiam ...
8036. Praesta qs dne famulis tuis dignum ...
8037. Ds humani generis benignissime reformator ...
8038. Ds m. ds clemens ...
8039. Majestatem tuam supplices deprecamur ...
8040. Dnus j. c. qui discipulis suis dixit quaecumque ...

8041. Absolutionem et remissionem omnium peccatorum ... et aeternum.

1008. **Ordo 4** (A, II 239-240; V, III 85)

RECONCILIATIO POENITENTIUM

8042. Adest o venerabilis pontifex ...
8043. Adesto dne supplic. nostris et me qui etiam ...
8044. Praesta dne his famulis tuis dignum poenitentiae fructum ...
8045. Ds humani generis benignissime conditor ...
8046. Sed integra in eis pontifex venerande ...
8047. O. s. ds confitentibus tibi famulis tuis ... pietatis ad veniam.
8048. Adesto dne supplic. nostris et hanc confessionem ... obtineant.
8049. Ds m. ds clemens qui secundum multitudinem ... valeant intrare.
8050. Majestatem tuam qs dne s. p. ae. ds qui non mortem ... converte.
8051. Famulos tuos qs ab ira tua confugientes ... venia gratulari.

1009. **Ordo 5** (A, III 240-241; V, III 85-86)

8052. Adesto dne supplic. nostris ut me etiam ...
8053. Praesta qs dne famulis tuis ...
8054. Ds humani generis benignissime conditor ...
8055. Ds qui mundum in peccati fovea jacentem misericorditer ...
8056. Dnus j. c. dei hominumque mediator ... possidere valeatis.
8057. Benedic dne hos poenitentes tua jam pietate ... te auxiliante perveniant.

1010. **Ordo 6** (A, III 241-242; V, III 86)

8058. Adest o venerabilis pontifex tempus acceptum ...
8059. Adesto dne supplic. nostris et me qui etiam ...
8060. Ds humani generis benignissime conditor ...
8061. Dne s. p. o. ae. ds qui vulnera nostra curare ...
8062. Absolvimus vos vice b. petri apostolorum principis ...

DE BENEDICTIONE OLEI INFIRMORUM, CATHECUMENORUM ET SACRI CHRISMATIS

8063. Haec commixtio liquorum fiat omnibus ... in saecula saeculorum.

1011. **Ordo 1** (A, III 246-247; V, III 88)

AD BENEDICENDUM OLEUM INFIRMORUM, OLEUM CATECHUMENORUM ET SANCTUM CHRISMA

8064. Emitte dne spiritum tuum paraclitum de caelis ...
8065. VD. Qui in principio inter cetera bonitatis et pietatis munera ...
8066. Ds qui virtute sancti spiritus tui imbecillarum mentium ...

1012. **Ordo 2** (A, III 247-248; V, III 88)

8067. Emitte dne spiritum sanctum paraclitum de caelis ...
8068. VD. Qui in principio inter cetera bonitatis ...
8069. Ds qui in virtute sancti spiritus tui imbecillarum mentium ...

1013. **Ordo 3** (A, III 248-254; V, III 88-90)

8070. Exorcizo te immundissime et refuga spiritus ... saecula saeculorum.
8071. O. ds pro infirmarum necessitate potentiae ... saeculorum.
8072. Emitte qs s. p. o. ds spiritum sanctum paraclitum ...
8073. Exorcizo te creatura olei in nomine dei patris ...
8074. Dne ds p. o. cujus unigenitus ut deum ostenderet ... dni j. c.
8075. Ds qui in virtute sancti spiritus imbecillarum ... communionem.
8076. Oremus fr. car. deum patrem omnip. caeli ... ds per omnia.
8077. Dne ds sabaoth vivida spes mortalium ... cumulantur praeconia.
8078. O. et incomprehensibilis pater ds qui dum unigenitum ... coaequalis.
8079. VD. Qui in principio inter cetera bonitatis ... saecula saeculorum.
8080. Benedicat vos o. pater per unigeniti sui passionem ... redivivo.

1014. **Ordo 4** (A, III 254-257; V, III 90-91)

INSTITUTIO QUO ORDINE ET DECORE OPORTEAT EPISCOPUM SANCTUM CHRISMA CONFICERE

8081. Exorcizo te immunde spiritus omnisque incursio satanae ...
8082. Emitte spiritum tuum paraclitum ...
8083. Ds mysteriorum caelestium et virtutum omnium praeparator ...
8084. Creaturarum omnium dne procreator qui moysi famulo tuo ...
8085. Exorcizo te creatura olei per deum patrem omnipotentem ...
8086. Adesto pater altissime et invocantis te peccatoris ... aeternam.
8087. Haec commixtio liquorum fiat omnibus perunctis ... saecula saeculorum.
8088. Oremus deum nostrum omnipot. qui incomprehensibilem ...
8089. VD. Qui in principio inter cetera bonitatis ...
8090. Unctio salutis pinguedo sancta ave ... salutis remedium.
8091. Exorcizo te creatura olei in nomine dei patris ...
8092. Ds incrementorum omnium et profectuum munerator ...
8093. VD. Qui mysterium creaturae olei revelans ... sumpturam per christum.

1015. **Ordo 5** (A, III 257-259; V, III 91-92)

8094. Exorcizo te immunde spiritus ...
8095. Emitte dne spiritum tuum ...
8096. Ds incrementorum ...

8097. Benedicat vos dominus ...
8098. Refecti ...

1016. **Ordo 6** (A, III 259-262; V, III 92-93)

8099. Exorcizo te immundissime spiritus omnisque incursio satanae ...
8100. Emitte qs dne spiritum sanctum tuum paraclitum de caelis ...
8101. Exorcizo te creatura olei in nomine dei patris ...
8102. Ds incrementorum omnium et profectuum spiritualium ...
8103. Ds mysteriorum caelestium et virtutum omnium praeparator ...
8104. Oremus deum patrem omnipot. qui incomprehensibilem ...
8105. Haec commixtio liquorum fiat ... in saecula saeculorum.
8106. VD. Qui in principio inter cetera bonitatis ...
8107. Haec sacrosancta commixtio corporis et sanguinis ... salutaris.

1017. **Ordo 7** (A, III 262-264; V, III 93-94)

FERIA QUINTA IN COENA DOMINI

8108. Exorcizo te immundissime spiritus ...
8109. Emitte dne spiritum tuum ...
8110. Haec commixtio liquorum fiat omnibus ... in saecula saeculorum.
8111. Exorcizo te creatura olei ...

1018. **Ordo 8** (A, III 264-266; V, III 94-95)

S. UNGUENTI OFFICIUM

8112. Et concede nobis uno ore ...
8113. Dne misericordiarum et pater luminum ... in saecula saeculorum.
8114. Tibi omnium deo et regi cordis cervicem ... in saecula saeculorum.

IN FERIA QUINTA MISSA CHRISMALE

8115. Dne ds qui in regenerandis plebibus ... populus augeatur.
8116. Hujus sacrificii potentia dne qs et vetustatem ... salutarem.
8117. VD. Clementiam tuam suppliciter obsecrare ... muneris induantur.
8118. Communicantes et diem sacratissimum celebrantes quo traditus est ...
8119. Qui hac die antequam tradatur accepit panem ...
8120. Emitte qs dne spiritum sanctum tuum paraclitum ...
8121. Ds incrementorum ...
8122. VD. Qui in principio inter cetera bonitatis ...

1021. BENEDICTIO IGNIS NOVI (A, III 271; V, III 96)

8123. Dne ds pater o. exaudi nos lumen indeficiens ... pervenire mereamur.

8124. Dne ds o. lumen indeficiens et conditor ... pervenire mereamur.
8125. Dne ds o. conditor omnium luminum te invocamus ... digneris.

1024. DE LOTIONE PEDUM 5A, III 280; V, III 99-100)

8126. Benedic dne dona tua quae de tua largitate sumus sumpturi.
8127. Ad coenam vitae aeternae perducat nos rex aeternae gloriae.

1024. Antiqui ritus ecclesiae romanae
(A, III 283-284; V, III 101)

8128. Ds a quo ...
8129. Emitte dne spiritum sanctum tuum paraclitum de caelis ...
8130. VD. O. ae. ds. Qui in principio inter cetera bonitatis ...
8131. Ds qui virtute sancti spiritus tui imbecillarum ...
8132. Eripe me dne ...

1029. Antiqui ritus ecclesiae pictaviensis
(A, III, 284-303; V, III 101-108)

8133. Apostolice pontifex turba poenitentium ... voce implorat.
8134. O. et m. ds da nobis regnum tuum ... invicta donorum.
8135. O. s. ds qui non sacrificiorum ambitione ... oblata commendet.
8136. VD. Qui factus est homo pro mundo expiavit ... infundas.
8137. Communicantes et diem sacratissimum celebrantes quo traditus est ...
8138. Hanc igitur oblationem dne cunctae familiae tuae ... salvator noster.
8139. Qui hac die antequam traderetur accepit panem ...
8140. Ds qui misericordia praevenis etiam non petentes ... servire mereatur.
8141. Super hunc famulum tuum qs dne benedictio ... sempiterna firmetur.
8142. Ds omnium misericordiarum ac totius bonitatis ... peccatis.
8143. Dne s. p. o. ae. ds respice super hos famulos tuos ... mereantur.
8144. Concede qs o. ds ut hujus sacrificii ... purget et muniat.
8145. Haec sacrificia o. ds famulos tuos potenti ... venire principium.
8146. Respice dne qs in hanc humilitatis ... misericordia erigantur.
8147. Majestatem tuam dne supplices exoramus ut hos ... laqueis implicari.
8148. Implorantes dne misericordiam tuam hos famulos ... pervenire mereantur.
8149. Hos famulos tuos qs dne benedictio desiderata ... beneficiis gratulari.
8150. O. s. ds da qs universis tuis plenius ... glorificatione gaudere.
8151. Concede credentibus m. ds perfectum nobis ... laqueos evadat.
8152. Virtutum caelestium ds de cujus gratiae .. deferamus obsequium.
8153. O. s. ds qui vitam humani generis ... proveniat gaudiorum.

8154. Concede qs dne ut perceptum ... sentiamus et mente.
8155. Dne ds qui in recreandis plebibus tuis ... populus augeatur.
8156. Da nobis qs o. ds remedia coⅰditionis ... salutis implere.
8157. Hujus sacrificii potentia dne qs ut et vetustatem ... augeat et salutem.
8158. VD. Et clementiam tuam suppliciter exorare ... muneris induantur.
8159. Praesta qs dne ut sicut de praeteritis ... mentibus innovemur.
8160. Ds a quo judas reatus sui poenam ... gratiam largiatur.
8161. Adest o venerabilis pontifex tempus acceptum ... autore gratulemur.
8162. Qua dilectissimi hos de quorum periculo ... clementer admittere.
8163. Ds qui ecclesiam tuam et nova semper prole ... est operare.
8164. Adesto dne supplic. nostris ...
8165. Precor dne clementiam tuae majestatis ac nominis ...
8166. Praesta dne qs his famulis tuis dignum paenitentiae fructum ...
8167. Ds humani generis benignissime conditor ...
8168. Ds infinitae misericordiae veritatisque immensae ...
8169. Ds sub cujus oculis omne cor trepidat ...
8170. Ds cujus indulgentia nemo non indiget ...
8171. Ipse tibi qs dne sancte pater o. ds sacrificium ... j. c. dnus noster.
8172. VD. Quem in hac nocte inter sacras epulas ... commiserat relaxavit.
8173. Communicantes et diem sacratissimum celebrantes quo dnus ...
8174. Hanc igitur serv. nostrae sed et cunctae familiae ... j. c. tradidit.
8175. Qui pridie quam pro nostra omnium salute pateretur hoc est hodie ...
8176. Emitte dne ...
8177. VD. Qui in principio inter cetera bonitatis ...
8178. Ds qui virtute s. spiritus imbecillarum ...
8179. Ds qui confitentium tibi corda purificas ... detrimentum.
8180. Refecti vitalibus alimentis ... munere consequamur.

1030. Antiqui ritus ecclesiae ebroicensis
(A, III 303-306; V, III, 108-109)

ORDO IN CAENA DOMINI

8181. Ds a quo judas ...
8182. Ipse tibi qs dne ...
8183. Emitte spiritum tuum paraclitum ...
8184. Benedicat vos qui unigeniti ...
8185. Oremus fr. car. ut ds o. hoc mysterium ... orantibus nobis.
8186. O. sancta trinitas ds manibus nostris opem ... gratia perficiatur.
8187. Qui in principio inter cetera ...
8188. Ds qui virtute sancti spiritus tui imbecillarum mentium ...
8189. Refecti vitalibus alimentis ...
8190. Adesto dne officiis nostrae servitutis qui ... laventur peccata.

1031. Antiqui ritus ecclesiae bisuntinae
(A, III 306-309; V, III 109-110)

8191. Ipse tibi qs dne s. p. o. ae. ds sacrificium ...
8192. VD. Quem in hac nocte inter sacras epulas increpantem ...
8193. Exorcizo te immundissime spiritus ...
8194. Emitte dne spiritum tuum paraclitum ...
8195. Exorcizo te creatura olei per deum patrem ...
8196. VD. Qui in principio inter cetera bonitatis et pietatis ...
8197. Exorcizo te creatura olei ...
8198. Ds incrementorum et profectuum ...
8199. Benedic dne hanc creaturam panis ... animae sanitatem.
8200. Accipite et sumite in commemorationem dominicae caenae ...
8201. Adesto dne officio servitutis nostrae ...
8202. Benedicat vos dnus qui per unigeniti sui passionem ...

1032. Antiqui ritus insignis ecclesiae bellovacensis
(A, III 309-316; V, III 110-112)

ORDO IN DIE COENAE DOMINI

8203. Exorcizo te immundissime spiritus ...
8204. Emitte dne ...
8205. Exorcizo te creatura olei ...
8206. VD. Qui in principio inter cetera ...
8207. Ds incrementorum ...
8208. Refecti vitalibus ...
8209. Concede qs o. ds ut perceptum novi sacramenti ... sentiamus et mente.

1033. Ritus antiqui in caena Domini
(A, III 316-323; V, III 112-115)

8210. Adest o venerabilis pontifex tempus acceptum ... in commune succurrit.
8211. Redintegra in eo apostolice pontifex quicquid ... auctore gratuletur.
8212. Adesto dne supplic. nostris et me qui etiam ... est operare.
8213. Exaudi dne preces nostras et confitentium ... miserationis absolvat.
8214. Majestatem tuam qs dne s. p. o. ae. ds qui non mortem ... gloriae tuae semper.
8215. Famulos tuos qs dne ab ira tua ad te confugientes ... venia gratulari.
8216. Ds qui confitentium corda purificas ... sustineant detrimentum.
8217. Ds humani generis benignissime conditor ... assume correctos.
8218. Moveat pietatem tuam dne fletus iste ... misericordia reformavit.
8219. Dnus j. c. qui dignatus est discipulis suis dicere ... contractis.
8220. Et sicut peccata totius mundi traditione ... peccatorum remissionem.

8221. Devotionem quoque vestram ita deinceps ... sine fine possidere.
8222. Adjuvante dno j. c. qui nos fecit ... gloriam nominis sui.
8223. Praesta qs dne his famulis tuis secundum piissimam ... criminum labe.
8224. Nos etiam secundum auctoritatem nobis ... saeculum per ignem.
8225. Ds a quo et judas ...
8226. Ipse tibi qs dne ...
8227. Exorcizo te immunde spiritus omnisque incursio satanae ...
8228. Emitte dne spiritum tuum paraclitum ...
8229. Benedicat vos ds qui per unigeniti sui passionem ...
8230. Benedicat dnum nostrum omnipot. qui incomprehensibilem ... gratuletur.
8231. Haec commixtio liquorum fiat ... in saecula saeculorum.
8232. Exorcizo te creatura olei per deum ...
8233. VD. Qui in principio inter cetera ...
8234. Exorcizo te creatura olei in nomine dei patris ...
8235. Ds incrementorum omnium ...
8236. Refecti vitalibus ...
8237. Concede qs dne ...
8238. Ds cujus coenam sacratissimam veneramus ...
8239. Adesto dne officiis nostrae servitutis ... laventur peccata.
8240. Ds qui discipulorum tuorum pedes abluens ... laetentur aspectu.
8241. Annue m. ds ut qui divina praecepta ... custodiam mandatorum.
8242. Respice dne super hos famulos tuos qui se ... percipere praemium.

1034. Ritus antiqui insignis ecclesiae apamiensis in Syria
(A, III 324-326; V, III 115-116)

8243. Exorcizo te immundissime spiritus ...
8244. Emitte qs dne ...
8245. Exorcizo te creatura olei per deum patrem ...
8246. VD. Qui in principio ...
8247. Exorcizo te creatura olei in nomine ...
8248. Ds incrementorum ...
8249. Refecti vitalibus ...
8250. Respice dne super hanc familiam tuam ...

1035. Antiqui ritus insignis ecclesiae arelatensis
(A, III 326-331; V, III 116-118)

ORDO DE RECONCILIATIONE POENITENTIUM

8251. Adesto dne supplicationibus nostris ...
8252. Praesta qs dne famulis ...
8253. Ds humani generis benignissime reformator ...
8254. Ds miserator ds clemens ...
8255. Misericordiam tuam supplices deprecamur ...
8256. Dnus j. c. qui discipulis suis dixit ...

8257. Absolutionem et remissionem omnium peccatorum ... et in aeternum.

ORDO CHRISMATIS

8258. Adesto dne officiis servitutis nostrae ...
8259. Ds a quo ...
8260. Exorcizo te immunde spiritus ...
8261. Emitte dominum spiritum ...
8262. Benedicat vos ...
8263. Oremus deum nostrum o. qui incomprehensibilem ... effici gratuletur.
8264. Haec commixtio liquorum fiat omnibus perunctis ... in saecula saeculorum.
8265. Exorcizo te creatura olei per deum ...
8266. VD. Qui in principio ...
8267. Exorcizo te creatura olei in nomine ...
8268. Ds incrementorum ...
8269. Refecti vitalibus ...
8270. Adesto dne officiis servitutis ...
8271. Visita qs ...

1036. Antiqui ritus insignis ecclesiae suessionensis
(A, III 331-335; V, III 118-119)

ORDO IN COENA DOMINI

8272. Adesto dne supplicationibus nostris ...
8273. Praesta qs his famulis tuis ...
8274. Ds humani generis ...
8275. O. s. ds confitentibus tibi famulis tuis ...
8276. Ds misericors ds clemens ...
8277. Majestatem tuam ...
8278. Famulos tuos dne ...
8279. Ds a quo et judas ...
8280. Exorcizo te creatura olei ...
8281. Ds qui discipulis tuis dignatus es ...

Antiqui ritus insignis ecclesiae moguntinae

DE INTRODUCTIONE POENITENTIUM

8282. Adesto dne supplic. nostris et me ... pietatis est operare.
8283. Praesta qs dne his famulis tuis secundum piissimam ... criminum labe.
8284. Exaudi dne preces nostras et confitentium ... miserationis absolvat.
8285. Praeveniat hos famulos tuos qs dne misericordia ... deleantur.
8286. Ds infinitae misericordiae veritatisque ... benedictione laetemur.
8287. Ds sub cujus oculis omne cor trepidat ... alienus a venia.
8288. Praesta qs dne his famulis tuis dignum ... reddantur innoxii.

8289. O. s. ds confitentibus tibi his famulis tuis ... prosit ad veniam.
8290. O. et m. ds qui peccatorum ... pietatis absolvat.
8291. Dne s. p. o. ae. ds respice propitius super hos famulos ... mereantur.
8292. Ds m. ds clemens qui secundum multitudinem ... mereantur introire.
8293. Famulos tuos qs dne ab ira tua ... venia gratulari.
8294. Ds qui confitentium tibi corda purificas ... sustineant detrimentum.
8295. Ds qui mundum in peccati fovea ... affluentium conferantur.
8296. Dnus noster j. c. qui dignatus est discipulis ... exteriusque contractis.
8297. Et sicut peccata totius mundi ... peccatorum remissionem.
8298. Devotionem nostram quoque ita deinceps ... sine fine possidere.
8299. Adjuvante dno nostro j. c. qui nos fecit ... sancti nominis tui.
8300. Nos etiam secundum auctoritatem nobis ... saeculum per ignem.
8301. Fratres dnus j. c. qui discipulis suis dixit ... ad regna caelorum.
8302. Fratres absolutionem et remissionem peccatorum ... hic et in aeternum.
8303. Emitte dne spiritum tuum paraclitum de caelis ...
8304. In tuo nomine ds pater o. et jesu ...
8305. Dne qui studio salutis humanae creaturis tuis ...
8306. Benedicat vos ds qui per unigeniti sui passionem ... lavare discipulorum.
8307. Benedictio dei omnipotentis ... super vos et maneat.
8308. Fiat haec commixtio corporis et sanguinis dni nostri ... praeparatio.

ORDO DE CONSECRATIONE PRINCIPALIS CHRISMATIS

8309. Haec commixtio liquorum fiat ... in saecula saeculorum.
8310. Oremus dnum nostrum omnipotentem qui incomprehensibilem ...
8311. Exorcizo te creatura olei per deum patrem ...
8312. VD. Qui in principio inter cetera bonitatis ...
8313. Exorcizo te creatura olei in nomine dei patris ...
8314. Ds incrementorum omnium ...
8315. Refecti vitalibus alimentis ...
8316. Ds cujus caenam sacratissimam veneramur ... spiritu sancto vivis.
8317. Adesto dne officiis nostrae servitutis ...
8318. Annue m. ds ut qui divina praecepta violando ... custodiam mandatorum.

Antiqui ritus insignis ecclesiae toletanae

FERIA QUINTA IN COENA DOMINI

8319. Diligamus et sequamur fr. car. ...
8320. Occurrentes dne cum coetu totius populi ...

8321. Pietatis tuae christe ...
8322. Corpus dni nostri j. c. ...
8323. Quas tibi dne j. c. pro cruce lacrymas ... extollat in gaudium.
8324. Expia qs dne nostrorum cunctas facinorum ... operibus inlustrari.
8325. Unigenite dei patris qui pro mundi salute ... in regno caelorum.

1039. Ritus insignis ecclesiae mediolanensis
(A, III 346-348; V, III 123-124)

QUALITER AGANTUR IN COENA DOMINI

8326. Ds a quo et judas ...
8327. Communicantes et diem sacratissimum celebrantes quo traditus est ...
8328. Hanc igitur ... ob diem coenae dominicae in qua ...
8329. Qui pridie quam pro nostra et omnium salute ...
8330. Haec facimus haec celebramus tua dne ... tribuas ad salutem.
8331. Ipsius praeceptum est dne quod agimus ... sanguinis hauriamus.
8332. Ds a quo et judas ...

1041. Antiqui ritus romani S. Pauli monasterii
(A, III 348-351; V, III 124-125)

QUALITER AGANTUR IN COENA DOMINI

8333. Suscepimus ds misericordiam tuam ...
8334. Adesto dne nostrae servitutis ...

1042. Ritus lugdun. Monasterii S. Martini Athanacensis
(A, III 351-354; V, III 125-126)

8335. Oremus dne ds noster pater o. exaudi nos lumen indeficiens ...
8336. Adesto ...

CAPUT XXIII

De feria sexta parasceves
1046-1047 (A, III 364; V, III 129)

8337. Dne j. c. qui pro nobis crucis et mortis ... misericorditer respice.
8338. Dne j. c. adoro te in cruce pendentem ... peccata mea quam judices.

Antiqui ritus ecclesiae romanae in parasceve

1051. ORDO FERIAE SEXTAE PASSIONIS DOMINI (A, III 370-371; V, III 132)

8339. Ds a quo judas ...
8340. Ds qui peccati veteris ...
8341. Refecti vitalibus alimentis ... munere consequamur.
8342. Adesto dne propitius plebi tuae ... ad aeterna contendere.

8343. Oremus dil. pro ecclesia sancta dei ...
8344. In nomine patris et filii et spiritus sancti. Pax tibi.

1056. Antiqui ritus insignis ecclesiae pictaviensis
(A, III 375-378; V, III 133-134)

8345. Ds a quo et judas ...
8346. Ds qui peccati veteris haereditariam mortem ... portemus.
8347. Adoro te dne j. c. in crucem ascendentem ... dimittes quam judices.
8348. Dne j. c. gloriosissime conditor mundi ... adsistere mundus.
8349. Ds trine et une scientiae lumen ... sine fine contemplari.

1058. Antiqui ritus insignis ecclesiae bisuntinae
(A, III 379-381; V, III 135)

8350. Ds a quo et judas ...
8351. Adoro te dne j. c. in crucem ascendentem ... dimittes quam judices.

Ritus antiqui in parasceve

1059. ORDO IN DIE SANCTO PARASCEVE (A, III 381-383; V, III 135-136)

8352. In nomine patris ... spiritus sancti recedite omnes cum pace.
8353. Ds a quo et judas reatus sui poenam ...
8354. Dne j. c deus verus de deo vero ... incursione securi.
8355. Ds qui moysi famulo tuo in via ... te adjuvante vincamus.
8356. Dne j. c. qui nos per crucis passionem ... valeam pervenire.

1060. ORDO IN PARASCEVE (A, III 383-384; V, III 136)

8357. Ds a quo ...
8358. Adoro te dne j. c. in cruce ascendentem ... dimittas quam judices.
8359. In nomine patris et filii ... recedite omnes cum pace.

1061-1062. Antiqui ritus ecclesiae lugdunensis
(A, III 384-385; V, III 137)

8360. Ds qui unigeniti tui dni nostri j. c. pretioso ... confidamus aeternam.
8361. Dne sancte pater ...
8362. Dne j. c. ...
8363. Placeat tibi sancta trinitas ...

1063. Antiqui ritus ecclesiae suessionensis
(A, III 386-390; V, III 137-138)

8364. Respice qs dne ...
8365. Ds a quo et judas ...
8366. Refecti vitalibus ...
8367. Respice qs ...

1064. Antiqui ritus feriae sextae parasceves
(A, III 390-391; V, III 138-39)

8368. Adesto qs dne supplic. nostris tuaque praesentia ... saluberrimum.

8369. Ds a quo et judas ...

1065. Antiqui ritus insignis ecclesiae viennensis in Gallia
(A, III 391-393; V, III 139-140)

8370. Ds a quo et judas reatus sui poenam ...

1067. Ritus insignis ecclesiae toletanae in parasceve
(A, III 395-402; V, III 141-143)

8371. Paenitentes orate flectite genua ... donare dignetur.
8372. Unigenite fili dei patris cujus caro ... hoste victoriam.
8373. Unigenite fili dei patris qui caelum ... aeternitas requiratur.
8374. Dne j. c. adoro te in cruce ascendentem ... juste judices.
8375. Unigenite filius dei patris de quo ante ... gloria de inferno.
8376. Eruti a malo stabiliti semper in bono ... in saecula saeculorum.

1068. Ritus insignis ecclesiae mediolanensis
(A, III 402-405; V, III 143-144)

8377. Immensae pietatis ds qui latronem ... bonorum esse concede.
8378. Ds qui unigeniti tui dni nostri j. c. pretioso ... liberentur.
8379. Benedic dne qs hanc crucem quam eripuisti ... perpetuum vexillum.
8380. Dne j. c. qui manus tuas in crucem misisti ... spiritu sancto.
8381. Ds qui humano generi ad imitandum ... consortia mereamur.
8382. Oremus dil. nobis in primis pro ecclesia sancta dei ...
8383. O. s. ds qui gloriam tuam ...

CAPUT XXIV

De sabbato sancto

1069. III. DE BENEDICTIONE IGNIS NOVI (A, III 407; V, III 145)

8384. Ds o. ds abraham ...
8385. Veniat qs dne ds super hoc incensum ...

1071. IV. BENEDICTIO INCENSI (A, III 407-408; V, III 145)

8386. Dne ds noster qui suscepisti munera abel ... in remissionem populi tui.
8387. Dne ds o. cui adstat exercitus angelorum ... antiqui serpentis.
8388. Exorcizo te omnis immundissime spiritus ... saeculum per ignem.

1072. BENEDICTIO IGNIS (A, III 408; V, III 145)

8389. Ds qui moysi famulo tuo in specie ignis ... pertingere valeamus.

8390. Ds o. ds abraham ds isaac ds jacob immitte ... habere vel cedere.
8391. Ds qui divitias misericordiae tuae in hac ... patiaris offensae.

XXIV. BENEDICTIONIS FONTIS RITUS

8392. Sanctificetur et fecundetur fons ... spiritus sancti.

1078. XXVI DE BAPTISMO (A, III 421; V, III 150)

8393. Creditis in deum patrem omnipotentem ... credimus.
8394. Baptizo te in nomine patris et filii et spiritus sancti.
8395. Ds pater o. dni nostri j. c. qui vos regeneravit ... in vitam aeternam.
8396. Gratiam tuam ...
8397. Ds a quo sancta desideria ...

Antiqui ritus sabbati sancti
(A, III 427-429; V, III 152-153)

8398. Nec te latet satanas ...
8399. Effeta quod est adaperire ... judicium dei.
8400. Abrenuntias satanae ... abrenuntio.
8401. Credis in deum patrem omnipotentem ... Credo.

ORDO QUALITER SABBATO SANCTO AD VIGILIAS INGREDIUNTUR

8402. Ds mundi conditor auctor luminis syderum fabricator ...
8403. Exultet jam angelica turba ...
8404. Sancte dne o. ds qui ad nostrarum contemplationem ... ambulemus.
8405. Ds templum ignis aeterni ds verae lucis ... largiaris oramus.
8406. Ds qui divitias ...
8407. Ds qui mirabiliter creasti hominem ...
8408. Ds incommutabilis virtus ...
8409. Ds fidelium pater ...
8410. Ds cujus antiqua miracula ...
8411. O. s. ds multiplica ...
8412. Ds qui ecclesiam tuam ...
8413. Ds qui nos ad celebrandum ...
8414. Ds qui in omnibus ecclesiae tuae ...
8415. Os. s. ds qui omnium operum ...
8416. Ds qui diversitatem gentium ...
8417. Ds celsitudo humilium ...
8418. O. s. ds spes unica ...
8419. O. s. ds respice ...
8420. O. s. ds adesto magnae pietatis tuae mysteriis ...
8421. Ds qui invisibili potentia tua ... nova infantia renascatur.
8422. Ds o. pater dni nostri j. c. qui te regeneravit ... vitam aeternam.
8423. Ds o. pater dni nostri j. c. qui regenerasti ... saecula saeculorum.
8424. Signum christi in vitam aeternam.

1082. Antiqui ritus ecclesiae trecensis
(A, III 429-432; V, III 153-154)

ORDO BAPTISTERII DICENDUS

8425. Exi ab eo spiritus immunde et da locum ... spiritus sancti.
8426. Accipe signum crucis tam in fronte quam in corde ...
8427. Signum crucis et salvatoris dni nostri ... in pectore tuo pono.
8428. O. s. ds pater dni nostri j. c. respicere dignare ...
8429. Preces nostras qs dne clementer exaudi et hunc electum ...
8430. Ds qui humani generis ita es conditor ...
8431. Exorcizo te creatura salis ...
8432. Accipe sal sapientiae propitiatus in vitam aeternam.
8433. Ds patrum nostrorum ...
8434. Ds abraham ds isaac
8435. Ds caeli ds terrae ...
8436. Ds immortale praesidium ...
8437. Audi maledicte satana ...
8438. Ds abraham ds isaac ds jacob ...
8439. Exorcizo te immunde spiritus in nomine patris ...
8440. Exorcizo te immunde spiritus per patrem ..
8441. Effeta quod est adaperire ... judicium dei.
8442. Nec te latet satana ...
8443. Abrenuntias satanae ... abrenuntio.
8444. Et ego te linio te oleo salutis in christo ... in vitam aeternam.
8445. O. s. ds adesto magnae ...
8446. VD. Qui invibili potentia ...
8447. In nomine spiritus sancti paracliti ... foecundetur fons iste.
8448. Credis in deum patrem omnipotentem ... Credo.
8449. Vis baptizari. Volo.
8450. Baptizo te in nomine patris et filii et spiritus sancti.
8451. Ds o. et pater dni nostri j. c. ...
8452. Accipe vestem candidam ... in saecula saeculorum.
8453. Corpus et sanguis dni nostri j. c. custodiat te in vitam aeternam.
8454. O. s. ds qui regenerare dignatus es ...
8455. Medelam tuam deprecor dne sancte ...
8456. Exultet jam angelica ...
8457. Suscipe ...
8458. VD. Te quidem omni tempore ...
8459. Spiritum nobis dne ...

1083. Antiqui ritus ecclesiae pictaviensis
(A, III 432-442; V, III 154-158)

DE SABBATO SANCTO ORDO BAPTISTERII

8460. O. s. ds pater dni nostri j. c. respicere dignare super ...
8461. Preces nostras qs dne clementer exaudi et hunc electum ...
8462. Ds qui humani generis ita es conditor ut sis etiam reformator ...

8463. Exorcizo te creatura salis in nomine dei ...
8464. Accipe salem ...
8465. Ds patrum nostrorum ds universae conditor veritatis ...
8466. Ds abraham ds isaac ds jacob ds qui moysi ...
8467. Ds caeli ds terrae ds angelorum ...
8468. Ds immortale praesidium ...
8469. Ds abraham ds isaac ds jacob ds qui tribus ...
8470. Exorcizo te immunde spiritus in nomine patris ...
8471. Exorcizo te immunde spiritus per patrem ...
8472. Aeternam ac justissimam pietatem tuam ...
8473. Nec te latet satana ...
8474. Effeta ...
8475. Abrenuntias satanae ... abrenuntio.
8476. Et ego te linio oleo salutis in christo jesu dno nostro.

ITEM DE SABBATO SANCTO

8477. O. s. ds pater dni nostri j. c. ...
8478. N. accipe salem sapientiae in vitam propitiatus aeternam.
8479. Aeternam ac justissimam pietatem tuam ...
8480. Nec te latet satana ...
8481. Effeta quod est adaperire ...
8482. Ego te linio ...
8483. Ds mundi conditor ...
8484. Qui invisibili potentia ...
8485. Exultet jam angelica turba caelorum ...
8486. Ds qui divitias misericordiae tuae ... patiaris offensas.
8487. Ds qui mirabiliter ...
8488. Ds cujus antiqua miracula ...
8489. Ds qui nos ad celebrandum ...
8490. Ds qui ecclesiam tuam ...
8491. Concede qs o. ds ...
8492. O. s. ds respice propitius ...
8493. Ds mundi conditor auctor luminis ...
8494. O. s. ds ...
8495. Ds o. pater dni nostri j. c. qui te regeneravit ... in vitam aeternam.
8496. Vult baptizari. Vult. Credit in deum ... Credit.
8497. Et ego baptizo eum in nomine patris et filii et spiritus sancti.
8498. Accipe vestem candidam sanctam ... tribunal dni nostri j. c.

ORDO AD CONSIGNANDOS INFANTES

8499. O. s. ds qui regenerare dignatus es ...
8500. Signat te deus sigillo fidei ... spiritus sancti.
8501. Aeternam ac justissimam pietatem tuam deprecor dne ...
8502. Medelam tuam deprecamur ...
8503. Nec te latet satana ...
8504. Effeta quod est adaperire ...
8505. Abrenuntias satanae .. **abrenuntio.**

8506. Et ego te linio te chrismate salutis in christo j. dno nostro.
8507. Exaudi nos o. ds et in hujus aquae ... qui venturus est.
8508. Exorcizo te creatura aquae in nomine dei ...
8509. Exorcizo te omnis virtus adversarii ... omnium peccatorum.
8510. Credis in deum patrem ... credo.
8511. Et ego te baptizo in nomine patris et filii et spiritus sancti.
8512. Ds o. pater dni nostri j. c. ...
8513. O. et m. ds majestatem tuam ... tribuas sanitatem.
8514. Accipe vestem candidam sanctam ... tribunal dni nostri j. c.

DE SABBATO SANCTO

8515. O. s. ds pater dni nostri j. c. ...
8516. N. accipe salem sapientiae in vitam propitiatus aeternam.
8517. Aeternam ac justissimam pietatem tuam ...
8518. Nec te latet ...
8519. Effeta ...
8520. Et ego te linio ...
8521. Credis in deum patrem ...

1084. Antiqui ritus ecclesiae bisuntinae
(A, III 442-44; V, III 158)

ORDO IN SABBATO SANCTO

8522. Ds qui filium tuum angularem scilicet lapidem ...
8523. Ds o. ds abraham ds isaac ds jacob ...
8524. Exultet jam angelica ...
8525. O. ae. ds ...
8526. In nomine patris et filii et spiritus sancti.
8527. Ds o. pater dni nostri j. c. qui te regeneravit ...
8528. Accipe vestem candidam sanctam ... tribunal christi.
8529. Accipe corpus et sanguinem dni nostri j. c. in vitam aeternam.
8530. O. s. ds qui regenerasti hunc famulum ... unitatis veritatem.
8531. Ds qui sacratissimam noctem ...
8532. Suscipe dne ...
8533. VD. Te quidem omni tempore ...
8534. Ds qui ecclesiae tuae intemerato utero novos ...
8535. Spiritum nobis dne tuae charitatis ...

ANTIQUI RITUS SABBATI SANCTI

8536. Ds qui per filium tuum angularem scilicet ... festa pertingere.
8537. Dne ds pater o. lumen indeficiens qui es conditor ... mereamur.
8538. Dne s. p. o. ae. ds benedicentibus nobis ... spiritu sancto.
8539. Veniat qs o. ds super hoc incensum ... majestatis adsistat.
8540. Exultet jam angelica turba caelorum ...
8541. Ds qui mirabiliter creasti hominem ...
8542. Ds cujus antiqua miracula ...
8543. Ds qui nos ad celebrandum ...
8544. Concede qs ...

8545. O. s. ds respice propitius ...
8546. O. s. ds adesto magnae pietatis tuae ...
8547. VD. Qui invisibili potentia ...
8548. Abrenuntias satanae? abrenuntio.
8549. Credis in deum patrem ... Credo.
8550. Vis baptizari? Volo.
8551. Et ego baptizo te in nomine patris et filii et spiritus sancti.
8552. Ds o. pater dni nostri j. c. qui te regeneravit ... omnium peccatorum.
8553. Ipse te liniat chrismate salutis ... in vitam aeternam.
8554. Accipe cappam vestem candidam sanctam ... sanctae trinitatis.
8555. O. s. ds qui regenerare dignatus es hos famulos ...
8556. Confirmo te et signo in nomine patris et filii et spiritus sancti.
8557. Ds qui apostolis tuis sanctum dedisti spiritum ... perficiat.
8558. Benedicat vobis o. ds qui cuncta ... effici mereamini.
8559. Ds qui hanc sacratissimam noctem ...

1086. Antiqui ritus ecclesiae lugdunensis
(A, III 448-449; V, III 160)

8560. Ds qui mirabiliter ...
8561. Ds cujus antiqua ...
8562. Ds qui nos ad celebrandum ...
8563. Ds qui ecclesiam semper ...
8564. Concede qs o. ds ut qui festa ...

1087. Antiqui ritus sabbati sancti
(A, III 449-451; V, III 160-161)

8565. Ds qui per filium tuum angularem lapidem ...
8566. Dne ds lumen indeficiens ...
8567. Dne s. p. o. ae. ds benedicentibus nobis hunc ignem ...
8568. Veniat qs o. super hoc incensum ...
8569. In nomine patris et filii et spiritus sancti.

1088. Antiqui ritus ecclesiae suessionensis
(A, III 451-454; V, III 161-162)

8570. Exultet jam angelica turba ...
8571. Ds qui mirabiliter ...
8572. Ds cujus antiqua miracula ...
8573. Ds qui nos ad celebrandum ...
8574. Ds qui ecclesiam tuam ...
8575. O. s. ds respice propitius ...
8576. O. s. ds adesto magnae pietatis tuae mysteriis ...
8577. VD. Qui invisibili potentia ...
8578. Abrenuntias satanae? abrenuntio.
8579. Et ego linio te oleo salutis ...
8580. N. credis in christum jesum filium ejus? ... Credo.
8581. Vis baptizari? Volo.

8582. Et ego baptizo te in nomine patris et filii et spiritus sancti.
8583. Ds o. pater dni nostri j. c. ...
8584. Accipe vestem candidam sanctam ... in saecula saeculorum.
8585. Accipe lampadem ardentem ... in saecula saeculorum.
8586. Ds qui hanc sacratissimam noctem ...
8587. VD. Te quidem omni tempore sed in hoc potissimum ...
8588. Sanguis dni nostri j. c. custodiat te in vitam aeternam.
8589. Spiritum in nobis ...

1089. Antiqui ritus ecclesiae argentinae
(A, III 454-457; V, III 162-163)

8590. Exultet jam angelica turba ...
8591. Ds qui mirabiliter ...
8592. Ds cujus antiqua miracula ...
8593. Ds qui nos ad celebrandum ...
8594. Ds qui ecclesiam tuam ...
8595. O. s. ds respice ...

1090. Ritus ecclesiae toletanae
(A, III 458-470; V, III 163-168)

IN VIGILIA GLORIOSAE DOMINICAE RESURRECTIONIS

8596. Exaudi nos lumen indeficiens dne ds noster ... in saecula saeculorum.
8597. Veniat qs o. ds super hoc incensum larga ... majestatis assistat.
8598. Offerimus tibi dne cerei hujus rutilantis ... fidei perseveret.
8599. Prima tibi et principalia ds pater o. ... acceptum cum pace.
8600. Dignum et justum est vere dne satis dignum ... in pace diffusa.
8601. Ds qui filios israel educis ex aegypto ... faciant voluntatem.
8602. Aequum et justum est vere dne satis dignum ... in pace diffusa.
8603. Expectati temporis dil. fr. festa solemnitas ... propitiatus adspiret.
8604. Pro solemnitati paschali flexis genibus ... aeternae consociet.
8605. Deprecamur te p. ae. o. ds pro his qui diversis ... conferat veniam.
8606. Sacerdotes tuos dne indue justitiam ... altaribus famulentur.
8607. Ecclesia tua christe quae dilatata per universam ... gentium populus.
8608. Pro virginibus flectentes genua te p. o. ds postulamus ... augeat.
8609. Deprecamur te dne pro his qui misericordiae ... praemiorum.
8610. Concede p. o. cunctos peregrinantes patriae ... generale sit gaudium.
8611. Miserere dne his quos corporalis aegritudinis ... corporum sanas.
8612. Cunctorum paenitentium p. o. suscipe fletus ... gratia liberentur.
8613. Pro regibus saeculi hujus atque principibus ... proveniat populorum.

8614. Exorcizo te creatura aquae per deum patrem ... mereantur adscribi.
8615. Ds qui solus habes immortalitatem eamque ne solus ... saeculorum.
8616. Te deprecamur dne s. p. o. ae. ds qui intonas ... regni caelorum.
8617. Abjecti et humiles licet vitiorum tabe ... consequantur aeternam.
8618. Et benedictio patris et filii ... descendat super istum fontem.
8619. Concede dne omnes qui nunc fide meruerunt ... non maculent.
8620. Excellentissimam in hac nocte tuae resurrectionis ... qui es in caelis.
8621. Christus dominus qui ascendit patibulum ... in saecula saeculorum.
8622. Dnus noster j. c. filius tuus qui solus verbo ... inlustravit.
8623. Dne j. c. qui per moysen famulum tuum ... exultantes perveniamus.
8624. In nomine dni nostri j. c. sanctificatus hic agnus permaneat.

1091. Ritus ecclesiae mediolanensis
(A, III 470-477; V, III 168-170)

8625. O. s. ds qui omnium operum tuorum dispensatione ... est christus.
8626. Dne ds noster p. o. qui es lumen indeficiens ... pervenire mereamur.
8627. Dne s. p. o. ae. ds lux et splendor ... sit nobis adjutorium.
8628. Exultet jam angelica turba caelorum ... spiritus sancti.
8629. VD. Qui populorum pascha cunctorum ... saecula saeculorum.
8630. Ds incommutabilis virtus et lumen ... sumsere principium.
8631. Ds fidelium pater summe qui in toto orbe ... vocationis intrare.
8632. O. s. ds multiplica in honorem nominis tui ... cognoscat impletum.
8633. Ds celsitudo humilium et fortitudo rectorum ... transeat in salutem.
8634. O. s. ds spes unica mundi qui prophetarum ... incrementa virtutum.
8635. O. s. ds respice propitius ad devotionem ... corpusque sanctificet.
8636. O. s. ds adesto magnis pietatis tuae mysteriis ... impleatur effectu.
8637. Deum immensum majestatis aeternae suppliciter ... spiritus sancti.
8638. Oremus et deprecemur dei patris omnipotentis ... offensione celebremus.
8639. Adjuro te creatura aquae per deum verum ... rigare praecepit.
8640. Adjuro te per dnum nostrum j. c. filium dei vivi ... per ignem.
8641. Sanctificare per verbum dei unda caelestis ... spiritus sancti.
8642. Sit fons iste sacer sanctificatus ... spiritus sanctus.
8643. Celebratis atque perfectis divini baptismatis ... spiritus sancti.

CAPUT XXV

De paschatis festo

1093. 29. CONFESSIO GENERALIS (A, III 490-496; V, III 175-177)

ORDO AD MATUTINOS IN NOCTE

8644. Per resurrectionem dni nostri j. c. et per ... ad vitam aeternam.
8645. Indulgentiam absolutionem et remissionem ... misericors dnus.
8646. Dnus noster j. c. qui in cruce moriens ... spiritus sancti.
8647. Dnus noster j. c. qui dixit discipulis suis ... ad regna caelorum.
8648. Et benedictio dei patris omnipotentis et filii et spiritus sancti.

1094. Antiqui ritus ecclesiae pictaviensis in die paschatis
(A, III 498-499; V, III 177-178)

8649. Ds qui hodierna die ...
8650. Suscipe dne qs ...
8651. VD. Te quidem in omni tempore ...
8652. Communicantes ...
8653. Hanc igitur ...
8654. Spiritum nobis dne ...
8655. O. s. ds qui ad aeternam ...

1095. Ritus antiqui ecclesiae suessionensis
(A, III 499-503; V, III 178-179)

8656. Ds qui hodierna die ...
8657. Ds qui hodie ...
8658. Spiritum in nobis ...
8659. Concede qs o. ds ut qui resurrectionis ...
8660. Praesta qs ...

1096. Antiqui ritus ecclesiae turonensis
(A, III 503-505; V, III 179-180)

8661. VD. Te quidem ...
8662. Spiritum ...
8663. Concede ...
8664. Ds qui diversitatem ...
8665. Praesta qs ...
8666. Quaesumus ...

1097. Antiqui ritus ecclesiae viennensis in Gallia
(A, III 505-506; V, III 180-181)

8667. Praesta qs o. ds et misericors ...

1098. Antiqui ritus ecclesiae argentinae
(A, III 507-510; V, III 181-182)

8668. Ds qui hodierna die ...
8669. Concede qs o. ds ...
8670. Praesta qs o. ds ut qui gloriam ...
8671. Praesta qs o. ds ut in resurrectione ...

CAPUT XXVII

De litania majore in festo sancti Marci et triduo rogationum ante Ascensionem

1099. BENEDICTIO CINERUM IN CAPITE JEJUNII (A, III 517; V, III 184)

8672. Ds qui humiliatione fidelium flecteris ... manere decernas.
8673. Mentem familiae tuae qs dne intercedente ... pietatis exaudi.

1100. DE MISSA ROGATIONUM (A, II 519; V, III 185)
ACCUSATIO SACERDOTIS

8674. Hic tuae clementissime christe impenetrabili ... saecula saeculorum.

ORDO PROCESSIONIS IN ROGATIONIBUS
1101. DE LETANIA MINORI (A, III 520-522; V, III 185-186)

8675. Mentem familiae tuae qs dne intercedente ... pietatis exaudi.

1102. FERIA SECUNDA ROGATIONUM (A, III 522-524; V, III 186-187)

8676. Parce dne ...
8677. Adesto dne ...
8678. Mentem familiae tuae ...
8679. Da qs o. ds ...
8680. Praesta qs o. ds ut qui in afflictione nostra ...

1103. IN ROGATIONIBUS FERIA SECUNDA POST TERTIAM (A, III 524-532; V, III 187-190)

8681. Actiones nostras qs dne aspirando ...
8682. Ds qui culpas delinquentium districte ... gratiam sentiamus.
8683. Mentem familiae tuae qs dne placatus ... pietatis exaudi.
8684. Ds qui culpas nostras piis verberibus ... consolatione gaudere.
8685. Exaudi qs dne gemitum populi supplicantis ... consequi mereamur.
8686. Afflictionem familiae tuae qs dne intende ... beneficiis gloriemur.
8687. Ds qui juste irasceris et clementer ignoscis ... propitiatus averte.
8688. Deprecamur te dne ...
8689. Adesto dne supplic. nostris et sperantes ... benignus auxilio.
8690. Ds qui culpa offenderis ...

1104. ORDO PROCESSIONIS ROGATIONUM (A, III 532-534; V, III 190-191)

8691. Ds qui conspicis ...
8692. Fideles tuos qs dne ...

8693. Quaesumus o. ds ut b. thomas ...
8694. Protegat dne qs tua ...
8695. Ds qui b. petrum ...
8696. Respice dne propitius ...
8697. O. s. ds qui dedisti ...
8698. Ds qui nobis sub sacramento ...
8699. Ds qui miro ordine ...
8700. Auxiliare dne populo tuo ...
8701. Praesta qs o. ds ...
8702. Benedictionem tuam qs dne ...
8703. Indulgentiam tuam qs dne ...
8704. Conserva qs ...

1105. (A, III 534-537; V, III 191-192)

8705. O. et m. ds qui peccantibus ninivitis ... salutem operetur.
8706. Pax et benedictio dei omnipotentis ... maneat semper.
8707. Maestorum refugium ds tribulantium ... servire possimus.

CAPUT XXVIII

De Ascensione Domini et ejus octava

DE VIGILIA FESTO ET OCTAVA PENTECOSTES
ET DE FESTO SANCTISSIMAE TRINITATIS

1106. IV. PANIS BENEDICTIO (A, III 540-541; V, III 193)

8708. Dne j. c. panis angelorum panis vivus ... percipiant sanitatem.
8709. Dne s. p. o. ae. ds benedicere digneris hunc panem ... saeculorum.
8710. Benedic dne et hos fructus novos fabae ... gratiarum actione.
8711. VD. Invisibilem deum patrem o. filiumque ... conservare digneris.
8712. O. s. ds qui dixisti famulis tuis ...

CAPUT XXXI

De festis januarii februarii et martii

1111. FESTUM S. HILARII (A, III 560-561; V, III 200)

8713. Ds cujus miseratione delinquentes ... prece defensa.
8714. Universitatis conditor et humani generis reformator ... acceptum.
8715. VD. Qui beatum hilarium confessorem tuum ... laudant angeli.
8716. Ds fidelium remunerator animarum praesta qs ... indulgentiam consequamur.

FESTUM S. REMIGII

8717. Potum servorum suorum benedicat rex angelorum.

1112. MISSA IN CONVERSIONE S. PAULI (A, III 565; V, III 202)

8718. Ds qui beatum paulum apostolum ut in viis ... calle perficere.
8719. His sacrificiis qs dne intende placatus ut ... mundemur offensis.
8720. VD. Et majestatem tuam suppliciter exorare ut ecclesiam ... doctorem.
8721. Divinis dne satiati muneribus qs ut ... honoribus frequentamus.

1113. MISSA S. SOTHERIS (A, III 566-567; V, III 202)

8722. Ds cujus in omnium confessione sanctorum ... fecit in signum.
8723. Preces nostras qs dne propitius admitte ... oratio commendet.
8724. VD. Quia tuae virtutis esse cognoscimus ... praesidium relinqueret.
8725. Sanctae sotheris precibus confidentes ... remedia capiamus.

NATALE SS. ZOTICI JACINTI ET HIRENEI

8726. Dne ds noster multiplica super nos gratiam ... professione victoriam.
8727. Suscipe qs munera populi tui ... natalitiis interesse.
8728. Sacramenti tui dne qs sumpta benedictio ... praeparet adscribendos.

1114. FESTUM S. SCOLASTICAE (A, III 567-568; V, III 203)

8729. Familiam tuam qs dne b. virginis tuae scolasticae ... perfundere.
8730. Suscipe qs dne ob honorem sacrae virginis tuae ... largire propitius.
8731. VD. Et te in sanctarum virginum laude ... praemia sempiterna.
8732. Quos caelesti dne refectione satiasti ... propitiatus adversis.
8733. Ds qui beatae virginis scholasticae animam ... gaudia pervenire.

CAPUT XXXII

De festis aprilis maii et junii

1115. MISSA S. BARNABAE (A, III 576; V, III 206)

8734. Concede qs o. ds ut qui beati barnabae apostoli ... ipse subveniat.
8735. Beati barnabae apostoli tui dne qs solemnia ... laudis offerimus.
8736. Adjuvet familiam tuam qs dne tibi supplicantem ... praedicator.

CAPUT XXXIII

De festis julii et augusti

1116. MISSA S. BENEDICTI (A, III 582-583; V, III 208)

8737. O.s. ds qui sacri corporis b. benedicti ... benignissimi patroni.
8738. Suscipe preces et munera populi tui qs dne ds ... gaudere cum illis.
8739. Benedictione caelesti participes effecti ... sine fine celebrantium.

8740. Exaudi qs o. ds tuam misericordiam deprecantes ... feliciter pervenire.
8741. O. s. ds fons veri luminis qui sub tenebroso ... in caelestibus.

1117. MISSA S. CYRICI (A, III 583; V, II 208-209)

8742. O. s. ds qui sanctorum martyrum tuorum cyrici ... veniam consequamur.
8743. Praesta qs ut haec sacrificia quae in passione ... et praesidium.
8744. Beatorum martyrum tuorum dne cyrici ... peccatorum et remissionem.
8745. Exaudi nos dne s. p. o. ae. ds et sanctorum tuorum ... consequi mereamur.
8746. Mirabilis in sanctis tuis dne virtutum ... accipere mereamur.
8747. Dne s. p. o. ae. ds qui misericordiam amas ... esse possimus.

1119. MISSA IN INVENTIONE S. STEPHANI (A, III 585-586; A, III 209)

8748. O. s. ds qui sacra beati protomartyris tui ... liberari.
8749. His qs dne muneribus intende placatus et tribue ... gratia ditari.
8750. VD. Pro cujus nomine b. protomartyr stephanus ... ad dexteram tuam.
8751. Ds qui ecclesiae tuae gloriosi protomartyris ... meritis pretiosa.

1120. FESTUM S. SIXTI (A, II 586; V, II 210)

8752. Benedic dne hos fructus uvae ... jesu christi.

CAPUT XXXIV

De festis septembris octobris et novembris

1121-1122. FESTUM EXALTATIONIS S. CRUCIS (A, III 593-594; V, III 212)

8753. Ds qui unigeniti tui dni nostri j. c. pretioso ... liberemur.
8754. Respice dne super hanc familiam ...
8755. Infirmitatem nostram ...

1125. FESTUM FIDELIUM DEFUNCTORUM (A, III 603; V, III 216)

8756. Tibi dne commendamus ...
8757. O. s. ds ...

1131. LIBELLUS SACRARUM PRECUM (A, III 655-694; V, III 234-248)

Oratio S. Hilarii

8758. Sancta trinitas conserva hanc fidei meae ... in saecula saeculorum.

Oratio S. Joannis

8759. Dne j. c. te obsecro per misericordiam ... filius dei vivi.

Oratio S. Martini

8760. Ds gloriae ds qui unus et verus deus ... cunctis criminibus meis.

Oratio S. Ambrosii

8761. Largire mihi dne pater pie et sancte intellectum ... vitam aeternam.

Oratio S. Augustini

8762. Ds justitiae te deprecor ds misericordiae ... salvator mundi.

Oratio S. Hieronymi

8763. Mane cum surrexero intende ad me dne ... in saecula saeculorum.

Oratio S. Ephrem

8764. Dne ds et salvator meus quare me dereliquisti ... templum gratiae tuae.

Oratio S. Gregorii

8765. Tibi ago laudes et gratias tibi refero ... quandoque perducas.

Oratio S. Ambrosii

8766. Miserator et m. patiens et multum misericors ... scis miserere mei.

Item S. Gregorii

8767. Da mihi dne confessionem quae tibi sit placita ... saecula saeculorum.

Oratio S. Isidori

8768. Misericordiam tuam dne deprecor misericordiam ... saecula saeculorum.

Item S. Isidori

8769. Pie et exaudibilis dne ds noster j. c. clementiam ... donare digneris.

Oratio pro familiaribus

8770. Te dne s. p. o. ae. ds supplices deprecamur pro spiritibus ... aeternam.

Pro homine defuncto

8771. O. et m. ds tuam deprecamur clementiam quia ... vita perenni.

Pro defunctis

8772. Libera dne animam servi tui N. de periculis ... mereatur aeternam.

Oratio de sanctis

8773. Miserere nobis miseris m. trinitas sancta ... orent por nobis.

Oratio sapientis

8774. Per horum omnium sanctorum martyrum ... largire custodiam.

Oratio S. Augustini

8775. Dne ds noster credimus in te patrem ... ignosce et tui.

Oratio S. Prudentii

8776. O dee cuncti parens animae dator ... clementer adurat.

Oratio Eugenii

8777. Rex deus immense quo constat machina ... culpa coronam.

Oratio Bedae

8778. O deus aeterne mundo spes unica ... carmina laudes.

Item ejusdem

8779. Fida manens miseris solus ... ore melos.

Oratio S. Augustini

8780. Ds universitatis conditor praesta mihi ... salvator mundi.

Item ejusdem

8781. Salva me dne rex aeterne gloriae qui solus ... constrictus teneor.

Item unde supra

8782. Dne ds meus qui non habes dominum sed omnia ... saecula saeculorum.

Oratio ad Patrem

8783. Dne ds p. o. qui consubstantialem et coaeternum ... sanctum nomen tuum.

Oratio ad personam Filii

8784. Dne j. c. fili dei vivi qui es verus ... pretioso sanguine tuo.

Oratio ad personam Spiritus

8785. Dne sancte spiritus ds o. qui coaequalis ... suavissimi amoris tui.

Oratio ad Trinitatem

8786. Dne ds o. ae. ineffabile sine fine ... visionem qui es unus.

Oratio ad Jesum Christum

8787. Dne j. c. rex virginum integritatis amator ... complacere tibi.

Oratio ad S. Mariam

8788. Singularis meriti sola sine exemplo ... consequar regnum.

Oratio ad SS. Apostolos

8789. Sanctissimi apostoli dni mei j. c. beatissime ... agmine vestro.

Oratio ad S. Benedictum

8790. Obsecro te beatissime benedicte dilecte dei ... servaturum spopondi.

Oratio ad plures Confessores

8791. Obsecro vos beatissimi confessores christi ... consortio gratulari.

Oratio S. Gregorii

8792. Dominator dne ds o. qui es trinitas una ... saecula saeculorum.

Item alia oratio

8793. Christe parce et miserere mei ... orationem meam.

Item oratio

8794. Miserator et m. ds qui et barbaros ... domine deus meus.

Pro invidia hominum

8795. Libera nos dne a latratu hominum ... dominator dominus.

Oratio quotidiana

8796. O. s. ds te humiliter deprecamur ut non nos ... placere mereamur.

Oratio S. Augustini

8797. O dne jesu qui omnibus te puro corde ... in me sequatur te.

Oratio ejusdem

8798. Dne j. c. miserere mei et cohibe in me ... in saecula saeculorum.

Oratio contra gulae vitium

8799. O. mitissime ds tua gratia inspirante ... datorem bonorum omnium.

Oratio quotidiana

8800. Ds in adjutorium meum intende ... quid nobis oportet.

Confessio

8801. Ds inaestimabilis misericordiae ds immensae ... saecula saeculorum.

Item oratio

8802. Ds justorum gloria et misericordia peccatorum ... in saecula saeculorum.

Oratio super paenitentem

8803. Ds clementiae ds misericordiae ds indulgentiae ... saecula saeculorum.

Confessio pura

8804. Te dne pius dominator et m. ds supplices ... deus in trinitate.

Alia confessio

8805. Dne s. p. o. et m. ds qui dixisti poenitentiam ... saecula saeculorum.

Confessio inter missarum solemnia

8806. Suscipe confessionem meam unica spes ... dne deus meus.

Oratio eucharistica

8807. Dne j. c. fili dei vivi qui ex voluntate patris ... digneris separari.

Oratio ante altare

8808. Ds propitius esto mihi peccatori ... diebus vitae meae.

Oratio S. Ambrosii

8809. Ante conspectum divinae majestatis tuae reus ... per te jesu christe.

Oratio ejusdem

8810. Ignosce dne quod dum rogare compellor ... salvator mundi.

Ad orationes speciales

8811. Miserere dne miserere christe tu misericordia ... in sempiterna saecula.

Oratio pura

8812. Adesto lumen verum pater o. ds ... nomen tuum.

Oratio contra vitia

8813. Dne s. p. o. ae. ds misericordiam tuam ex intimo ... voluntatem.

Item preces

8814. Diligam te dne fortitudo mea ... pervenire mereatur.

Fides Augustini de Filio Dei

8815. Haec est fides quae paucis verbis ... in saecula saeculorum.

Item oratio

8816. Dne s. p. o. ae. ds qui es doctor sanctorum ... semper sanctus.

Oratio pro iter agentibus

8817. Dne s. p. o. ae. ds propitiare digneris ... spiritu sancto vivis.
8818. O. et m. ds tuum super nos nomen supplices ... habitacula remeate.
8819. Dne j. c. mitissime ds qui dixisti paenitentiam ... in saecula saeculorum.

INDEX ALPHABETICUS

Accende dne mentes eorum ... 4588
Acceptabile sit
— deo omnipotenti sacrificium ...
  nomini praeparatum. 2219
— omnipotenti deo sacrificium nostrum. 2341
Acceptabilis sit majestati tuae o.
— ae. ds ... fidei cultoribus. 1179
  1240
— ds ... dei ecclesiae. 1059 1699
Acceptabilis sit omnipotenti deo o-
  blatio tua. 1405 2066
Acceptis fr. car. spiritualibus ... spiritum sanctiorem. 218
Acceptum sit
— dno deo omnipotenti ... superpositum. 1995
— omnipotenti Deo et omnibus
  sanctis ejus sacrificium tuum.
  1403
— omnipotenti deo sacrificium istud. 1613 1899
— tibi omnipotenti deo ... fieri
  particeps. 2006
Accinge
— dne gladium tuum ... firma veritatis tuae. 1952
— hunc gladium cum benedictione .. vivit et regnat. 5995
— in me dne custodiam mentis ...
  elationis et superbiae. 2281
Accingere gladio (tuo) super femur
  tuum ... spiritus sancti. 5760
  5815 6041
Accipe anulum
— castitatis et sanctitatis ... in
  saecula saeculorum. 5690
— discretionis et honoris ... in saecula saeculorum. 4311 4350 4460
  4802
Accipe anulum fidei
— (scilicet) signaculum ... illibatae
  custodias. 4563 4620 4704 4771
  4778 4803 5409
— signaculum spiritus ... fideliter
  servieris. 5578 5594 5633 5649
— signaculum sanctae trinitatis ...
  veritatis advocare. 5799 5968
Accipe anulum
— pontificalis honoris ... integri
  tate munitus. 3983 4165 4312
— signaculum videlicet sanctae fidei ... perseverabilitati connep-
  ti. 5870 5953 6851 6865

Accipe baculum pastoralem
— et animarum ... redditurus es
  ratione. 5304
— quem perferas ... severitatis
  et correctionis. 5330
Accipe baculum pastoralis officii
— ut sis ... censuram non deserens. 4562 4619 4705 4770 5320
— ut sis ... memor eris. 5383
Accipe baculum pastoralis officii ut
  sis ...
— minime recorderis. 4799
— misericordiae reminiscens. 3982
  4095 4164 4314 4348 4449 4458
Accipe baculum
— pastoralitatis quem perferas ...
  severitatis et correctionis. 5339
  5357 5372 5408
— sacri regiminis ... regnat in unitate. 4450 4459
— sacri regiminis ... virtus et imperium. 4315 4347 4798
— ut coram te christi ... in officio contineat. 4860
Accipe
— candelam irreprehensibilem ...
  in saecula saeculorum. 643
— cappam vestem candidam ...
  sanctae trinitatis. 8554
— ceroferarium cum cereo ... luminaria mancipari. 4375 4529
Accipe coronam
— a domino deo ... derelinquas.
  5741
— gloriae honorem ... exultatione
  coroneris. 5801 5888 5970
— gloria ut scias ... 5985
— regalis excellentiae ... deo patre. 5927 6857
— regni quae licet ... saecula saeculorum. 5763 5784 5911 6000
  6009
Accipe
— corpus et sanguinem dni ... in
  vitam aeternam. 8529
— depositum istud ... cum a te
  repetetur. 4843
— diadema regni coronam ... spiritus sancti. 5828
— dignitatis anulum ... honor et
  gloria. 6017
— eam in nomine patris ... benedictionem suam in vobis. 5166
— ergo anulum discretionis ...

la saeculorum. 5338

Accipe sacrum velum puella ... in saecula saeculorum. 5615

Accipe sal sapientiae
— propitiatus in vitam aeternam. 19 42 64 94 116 160 227 257 467 694 727 798 820 8432
— quod propitietur ... in vitam aeternam. 777
— sit tibi propitiatus in vitam aeternam. 628
— ut per hoc ... 138

Accipe salem sapientiae
— in vitam propitiatus aeternam. 8478 8516
— propitiatus in vitam aeternam. 314 499 508 541 651 8464

Accipe sanitatem. 3844

Accipe sceptrum
— regiae potestatis ... in saecula saeculorum. 5786 5876 5955 6858
— regni virgam ... spiritus sancti. 5816

Accipe signaculum
— christi suscipe ... confessus es a christo. 8
— dei patris et filii et spiritus sancti. 648 774

Accipe signum
— christi in capite ... in perpetuum coroneris. 5579 5595 5635 5648 5665 5691
— crucis christi in manu ... j. c. salvatoris. 7222

Accipe signum crucis tam in fronte ...
— esse jam possis. 722
— in saecula saeculorum. 5 10 155 8426
— qui venturus est. 89 817

Accipe signum gloriae in nomine patris ... coronam percipias. 5817 5826 6856

Accipe signum sanctae crucis ...
— saeculum per ignem. 795
— chrismate in vitam aeternam. 876

Accipe spiritum sanctum et in corde teneas. ... 6 86 690 4789

Accipe stolam candidam de manu dni ... acquirere justam. 4543 4747

Accipe stolam tuam imple ministerium
— ... augeat tibi gratiam. 4496

4597
— ... gratiam suam. 4659
— ... spiritu sancto in gloria. 4277

Accipe urceolum ad
— fundendum vinum ... sanguinis christi. 4530
— suggerendum vinum ... sanguinis christi. 4376

Accipe velamen
— quo cognoscaris mundum ... perducat aeternam. 5660 5675
— sacrum puella ... in saecula saeculorum. 5684

Accipe velum sacrum puella quod perferas ... in saecula saeculorum. 5574 5590 5647

Accipe vestem candidam
— et immaculatam ... in saecula saeculorum. 752 8452
— quam immaculatam ... in vitam aeternam. 399 430 567 607 642 670 703

Accipe vestem candidam et immaculatam ...
— in saecula saeculorum. 808
— tribunal christi. 8528
— vitam aeternam. 787

Accipe vestem candidam sanctam quam immaculatam ...
— in saecula saeculorum. 8584
— dni nostri j. c. 8514

Accipe vestem candidam sanctam quam perferas ... dni nostri j. c. 8498

Accipe vestem candidam ... 825

Accipe vestem
— indue sanctitatis ... christi perferas. 5423
— sacerdotalem ... opus perfectum. 4237 4505
— sanctam candidam ... vitam aeternam. 685

Accipe viaticum. 2547

Accipe viaticum corporis et sanguinis ... in novissimo die. 3637

Accipe
— viduae pallium ... terrestrium et infernorum. 5706
— vinculum pacis. 2354
— virgam pastoralis ... in gaudium dni tui. 5334

Accipe virgam virtutis atque
— aequitatis ... dnum nostrum. 5762 5788 5878 5910 5937 5957

5686 5997 6019
— veritatis qua intelligas ... 5978
Accipe virgo
— christi velamen virginitatis ...
spiritus sancti. 5606
— velamen sacrum quod perferas ... 5631
Accipiat dnus sacrificium de ore ...
nostrum salute. 1555
Accipite ceroferarium cum cereo...
luminaria mancipari. 4264 4412
4486 4583 4642 4732
Accipite et
— commendate memoriae ... sive
catechumenum. 4187 4210 4261
4482 4580 4638 4728
— estote verbi dei relatores ...
dei manifestaverint. 4184 4206
4257 4478 4577
— estote verbi dei relatores ...
administraverint ab initio. 4633
— sumite in commemorationem
dominicae caenae. 8200
— urceolum ad suggerendum ...
sanguinis christi. 4413 4487
— videte cujus ministerium vobis
traditur ... possitis. 4138
Accipite has
— capsellas et hos baculos ... incolumes remeare. 6827
— claves sic agite ... clavibus recluduntur. 4630
Accipite hoc gestatorium luminis ...
fideliter invenire. 4212
Accipite patenam et calicem ... spiritus sancti. 4647
Accipite potestatem legendi
— evangelium ... quam pro defunctis. 4278
— in ecclesia dei ... in nomine dni.
4196
Accipite
— potestatem offerre sacrificium
... in nomine dni. 4201 4290 4400
— signaculum dei patris ... spiritus sancti. 57
Accipite urceolum ad
— fundendum vinum ... in nomine
dni. 4643
— suggerendum vinum... sanguinis
christi. 4265 4584
Acolyti est accendere luminaria ...
christi administrare. 4485
Acolytum oportet ceroferarium fer-

re ... ad eucharistiam ministrare. 4641 4731
Actiones notras qs dne aspirando
— et pacem ... requiescant in pace. 2508
— praeveni ... coepta finiatur. 1490
1944 2039 2174 2216 2249 2366
2503 2530 2541 4364 5366 5377
5859 6005 6086 6134 6139 6236
6374 6612 6659 6807 6812 6878
6913 7977 8681
Ad coenam vitae aeternae perducat
nos rex aeternae gloriae. 8127
Ad honorem dni nostri j. c. et
— beatorum apostolorum ... clero
et populo suo. 4762
— sanctorum ... clero et populo.
4554
Ad laudem et honorem ... ecclesiae
sanctae dei. 5001
Ad preces nostras qs dne propitiatus
intende ... spiritali conspicuus.
4048
Ad te dne
— interni clamoris vocibus ...
cum fiducia loqui. 6886
— interni clamoris vocibus proclamantes. 6891 6906
Ad te plasmator deus redemptor ...
dne de meus. 1865
Adest
— electus noster ad benedictionem ... ad ordinem accedere.
5324
— o venerabilis pontifex tempus
acceptum ... commune succurrit. 2648 2763 8034 8042 8058
8161 8210.
Adesto
— adesto jesu bone pontifex ... in
claritatem de caelis. 1201
— dne nostrae servitutis ... 8334
Adesto dne officiis
— nostrae servitutis ... laventur
peccata. 8190 8239 8317
— servitutis nostrae ... 8258 8270
Adesto dne
— officio servitutis nostrae ... 8201
— precibus nostris quibus ... vitam aeternam. 3040
— pro tua pietate supplicationibus ... gloriae regnum. 7316
— propitius plebi tuae et tempo-
rali ... ad aeterna contendere.

8342

Adesto dne qs
— humilitatis nostrae obsequiis ... in aeternum persolvat. 3273 3344
— plebi tuae ... 7060
— redemptionis ... dignanter aptandos. 238 281

Adesto dne supplicationibus nostris et hanc
— confessionem ... precantur obtineant. 8048
— domum ... sint habitaculum. 2879 3128 3611 5167
— oblationem famulorum ... gratia compleatur. 5059
— oblationem quam tibi ... benignus assume. 5085

Adesto dne supplicationibus nostris et
— has candelas ... veritatis oberret. 7772 7777
— hos famulos ... mereantur aeternam. 4713
— hunc famulum ... mereatur aeternam. 4464 4514 5432 5451 5459 5471 5474
— institutis ... auxiliante servetur. 5057
— me qui etiam ... est operare. 2553 2568 2605 2643 2649 2662 2712 2719 2756 2765 2781 3028 7083 7672 7833 7944 7950 8015 8035 8043 8059 8212 8282
— quod humilitatis ... impleatur effectu. 5883 5923 5965
— sicut publicani ... gloriae mancipentur. 7815
— sperantes ... benignus auxilio. 8689

Adesto dne supplicationibus nostris
— nec sit ab ... valeat adhaerere. 2551 2562 2576 2601 2676 2696 2710 2754 2784 3071 3410 3532 3580 3767 7286 7580 7670 7806 7836 7953
— omnip. ds ut quod humilitatis ... impleatur effectu. 4567 5291
— ut me etiam ... 8052
— ... 2949 3323 3838 4303 4556 5931 7859 7870 7906 8002 8029 8164 8251 8272

Adesto dne
— supplicationibus ... 3003 7830

7901
— tuis muneribus ... impleatur auxilio. 445 482 ... 7885 8677

Adesto ... 8336

Adesto
— lumen verum pater o. ds ... propter nomen tuum. 8812
— nobis dne ds noster et quos ... defende subsidiis. 2251 7064
— o. ds supplicationibus humilitatis meae ... saecula saeculorum. 2729
— pater altissime et invocantis te ... consequantur aeternam. 8086

Adesto qs dne
— huic famulo tuo inspiratio ... satisfactione compescat. 2603
— humilitatis nostrae obsequiis ... in aeternum persolvat. 3404 3534 3591

Adesto qs dne officio
— nostro hunc locum ... praemia consequantur. 6218 6754 6765 6779
— servitutis ... 6748

Adesto qs dne supplicationibus nostris
— nec sit ... valeat adhaerere. 2617
— tuaque praesentia ... spiritus tui saluberrimum. 8368

Adesto qs dne o. honorum dator ... potiora mereatur. 4022 4072 4119 4144 4195 4226 4284 4395 4424 4542 4596 4745

Adesto supplicationibus nostris et
— hos famulos tuos ... 4626
— me qui maxime ... 7581

Adesto supplicationibus nostris o. ds et quod humilitatis ...
— impleatur actu. 3975
— effectu. 4087 4172 4297 4339 4441 4695 4764
— praestare digneris. 5291

Adesto supplicationibus nostris o. ds et has candelas ... 7790

Adesto supplicationibus nostris
— ... 4159 4786 5331
— ut me etiam ... 8052

Adgredior te immundissime damnate ... judicium confitentur. 199

Adhuc rogamus pro misericordia vita ... et tibi gloriam. 3951

Adjuro ergo te draco nequissime ... sanctus sanctus. 7192

Adjuro te aqua frigida
— in nomine patris ... saecula saeculorum. 7008
— per patrem ... tradat. 7005
Adjuro te aqua in nomine Dei ...
saecula saeculorum. 7116
Adjuro te creatura aquae in nomine
— j. c. nazareni ... in saecula saeculorum. 7139
— sanctae ... fieri comprobatos.
7039
Adjuro te
— creatura aquae per deum verum ... rigare praecepit. 8639
— ergo serpens antique per judicem ... rex judaeorum. 7189
— ergo serpens antique per judicem rex judaeorum. 7189
Adjuro te homo per invocationem
— dni nostri ... in saecula saeculorum. 6993
— dni nostri ... qui venturus. 7035
Adjuro te homo per patrem
— quis hoc egerit. 7030
— ... judicio praevaleat. 7036
— ... usque in aeternum. 6995
— ... in saecula saeculorum. 7009
Adjuro te homo per
— sanctam trinitatem ... quis hoc
fecerit. 7103
— spiritum sanctum ... confessus
non fueris. 6997
Adjuro te homo ut cognoscat ... qui
vivis et regnas. 7108
Adjuro te o homo (femina) per deum
patrem ... aquam manum tuam.
7079
Adjuro te per deum
— altissimum maledicte ... qui vivit. 7203
— vivum per deum ... inimice per
ignem. 7218
Adjuro te per dominum
— nostrum j. c. filium ... saeculum
per ignem. 8640
— omnipotentem qui fecit ... in
te declaretur. 7128
Adjuro te per
— invocationem dni nostri j. c. ...
benedictus qui vivis. 7120
— patrem et filium ... qui hoc
egerit. 7021
Adjuro vos homines per patrem ...
— quis hoc egerit. 6991
— quis hoc fecerit. 7109

Adjuro vos
— omnes qui ad hoc venistis ...
male meriti estis. 7002
— urceole per patrem et filium
et spiritum sanctum. 7100
Adjutor altissime ds et protector ...
mereantur aeterna. 6155 6257
Adjuva nos dne ds noster tuorum
deprecatione ... sentiamus auxilium. 1870
Adjuvante dno j. c. qui nos fecit ...
gloriam nominis tui. 3300 8222
8299
Adjuvet familiam tuam qs dne tibi ...
extitit praedicator. 8736
Admitte qs o. ds familiam tuam ...
fraudibus inimici. 421
Adnuntia fidem ipsorum qualiter
credant. 247
Adora ergo illum ... individuam trinitatem. 191
Adoramus te christe et benedicimus
— ... redemisti mundum. 2369
— ... spiritus sancti. 2513
Adoro te christe et benedico tibi ...
redemisti me. 7570
Adoro te dne j. c.
— ds ae. ds misericordiae ...
saecula saeculorum. 8347
— in crucem ascendentem ... dimittes quam judices. 8351 8358
Adsit nobis dne virtus spiritus sancti quae
— eorum ... tueatur adversis. 1501
— et corda ... operatione confirmet 925 1230 7068
Adsit
— officiis nostris dne ... fultus
praesidio. 6016
— qs dne huic famulo tuo inspiratio ... satisfactione compescat.
2560 2614 3005 3030 7857
Adsumus dne sancte spiritus ... praemia sempiterna. 6874 6881 6889
6901 6909
Adventum ad te in humilitate ... sine
fine praeconium. 1185
Aequum et justum est vere dne satis
... in pace diffusa. 8602
Aeternam ac justissimam pietatem
tuam
— deprecamur ... redoleat suavitate 6196
— deprecor ... percipiendam gratiam tuam. 33 56 78 130 148 167

rum actione. 8710
— et sanctifica has manus sacerdotis ... vivis et regnas. 4035
4152 4434
Benedic dne fortitudinem
— **principis ... in sempiternum**
fiat. 5964
— regis ... in sempiternum fiat.
5842
Benedic dne hanc aquam
— adversus generis ... proficiat ad
salutem. 7171
— benedictione caelesti ... 6072
6443
— salutaris ... in vitam aeternam.
406
Benedic dne hanc creaturam
— aquae ut sit ... defensionem
mentis. 7170
— panis ... animae sanitatem.
8199
— panis ...spiritus sancti. 5206 5220
— **salis quam ... dolorem patienti.**
7165
Benedic dne hanc crucem tuam per
quam
— eripuisti ... 6076 6441
— redemisti mundum ... 6197 6792
Benedic dne hanc turrim in honore
... manuum tuarum. 6788
Benedic dne has
— aquas quas ad usus humani generis ... in omnibus convalescat.
6050 7172
— arras quas hodie tradet famulus tuus. 5208
Benedic dne hoc
— incensum ... in odorem suavitatis. 1966
— metallum ignitum ... sancti N.
vel sanctae N. 6786
— signum benedictione caelesti.
6206
Benedic dne hos
— fructus novos uvae ... jesu christi. 8752
— paenitentes ... eosque devotos
... saecula saeculorum. 8057
— paenitentes ... et humilitatem ...
te auxiliante perveniant. 6965
Benedic dne hunc
— anulum quem nos ... in longitudinem dierum. 5074
— famulum tuum N. quem ad regimen ... praestare digneris.

5292 5318 5332
Benedic dne hunc potum et hoc vasculum ...
— mereatur in caelis. 5114
— salvator mundi. 5153
Benedic dne hunc praeelectum principem ... obtinere pacificum.
5961
Benedic dne hunc praesulem principem qui regna
— omnium ... obtinere pacificum.
5880
— **regum ... in pace victoriosus.**
5840
Benedic dne hunc pricipem nostrum
... 5830
Benedic dne hunc regem nostrum
qui regna ...
— reperiatur merito. 5791
— **glorietur in regno.** 5750 5897
5992
Benedic dne
— istum panem et hunc potum ...
salvator mundi. 5090
— ornamenta ista ... 5628
— per potentiae tuae virtutem ...
qui venturus es. 7052
Benedic dne qs
— hanc crucem quam eripuisti ...
perpetuum vexillum 8379
— hunc ducem nostrum ... dilatatus in grege. 6031
Benedic dne s. p.
— o. ae. ds per invocationem sanctissimi ... manifesta fiat. 6037
7075
— per invocationem sanctissimi
... manifesta fiat. 7124
Benedic dne super hunc principem
... glorientur in regno. 5854
Benedic dne thalamum
— et omnes habitantes ... in longitudinem dierum. 5216
— hunc et omnes habitantes ... in
longitudinem dierum. 5116 5196
— istum et ... 5091 5151
Benedic
— domum istam ... 3696 3723
— hanc creaturam salis ... 580
Benedic omnipotens ds
— hanc creaturam salis ... qui venturus. 18 93
— has aquas adversus homini ...
in omnibus convalescat. 7172
— pater dni nostri j. c. pannum ...

— super vos et angelus ... semper vobiscum. 892

Benedictio dei patris ... descendat
— super vos ut sitis ... honor et gloria. 4291 4681
— saecula saeculorum. 4242 4510 4555

Benedictio dei patris ... veniat ... perducat aeternam. 34

Benedictio dei patris omnipotentis et filii ... maneat semper. 924

Benedictio dei patris omnipotentis et descendat super
— hanc hostiam ... patri offerendam. 1234
— hoc scrinium ... super illud. 6816
— hos cineres. 7931
— hunc panem ... comedentes. 1248
— te et aperiat ... evangelium pacis. 1383
— te ut custodiat ... vitam aeternam. 3606
— te maneat semper. 3855
— vos et pax ... semper vobiscum. 932

Benedictio dei patris omnipotentis
— ingeniti filii ... saecula saeculorum. 6608
— unigeniti tui ... semper super illud. 6816

Benedictio
— et claritas et sapientia ... in saecula saeculorum. 2497
— illa in te descendat ... super te corroboret. 3492
— patris et flii et spiritus sancti ... 4608

Benedictio patris omnipotentis et filii ...
— descendat super hunc infirmum et maneat semper. 3826
— super vos descendat. 5111

Benedictio quam deus super isaac ... cordibus vestris. 5170

Benedictione caelesti participes effecti ... sine fine celebrantium. 8739

Benedictionem tuam qs dne ... 8702

Benedictionis et consecrationis ... descendat super munus. 2146

Benedictum regnum patris ... spiritus sancti. 829 863 3966

Benedictus ds noster perpetuo nunc ... omnis gloria. 2789

Benedictus ds qui
— illuminat ... in saecula saeculorum. 834
— omnes homines ... in saecula saeculorum. 192
— vult omnes ... in saecula saeculorum. 383

Benedictus dnus
— deus meus qui docet manus meas ad praelium. 6038
— ecce servus dei factus est lector ... 4827

Benedictus es dne ds
— noster mysticarum ... in saecula saeculorum. 5247
— o. fons bonorum ... regni caelestis. 839 846 853 861
— pater dni nostri ... dignus fiat. 194

Benedictus es ds o. pater dni nostri j. c. ... nomen tuum glorificet. 3971

Benedictus
— es dne patrum nostrorum ... spiritualem impertire. 4824
— est ille qui dedit sacerdotium ... in omnibus ecclesiis. 4911
— tu et sermo oris tui ... spiritus sancti. 2152

Benignissime ac misericordissime
— dne ds ... sanctum ac mundum ... salvator mundi. 1867
— ... dne ds ... sanctum castum ... indulta propitiatio. 1972

Benigno respice oculo bone ... uncturi convenimus. 3932

Bona accepit ministerium nostrum ...offeramus trinitati. 4882

Bone et humane pie et valde misericors ... digna opera. 3960

Bonorum auctor et distributor omnium dignitatum ... 4235

C

Caelestis hic panis quem sumsimus ... irrisione defendat. 7226

Caenam suae familiae benedicat rex gloriae ... spiritus sancti. 5179

Calcea dne pedes meos ... in velamento alarum tuarum. 1030 1848 1878

— in nomine patris ... omniumque salute. 6435

Consecrate et sanctificare dignare dne ds
— lapidem ... nostram benedictionem. 6567
— manus istas ... in nomine dni. 4701

Consecrare et sanctificare dignare dne
— hoc altare ... concedat aeternam. 6465
— lapidem ... tribuat sempiternam. 6389
— manus istas ... in nomine dni nostri j. c. 4399

Consecrare et sanctificare digneris dne
— ds o. hanc crucem ... vivit et regnat. 6203 6797
— hoc altare ... concedat aeternam. 6724
— lapidem ... nostram benedictionem. 6676 6733

Consecrare et sanctificare digneris dne manus istas ...
— jesu christi. 4240 4289 4508 4552 4676 4759
— ut sanctificentur. 4200

Consecrare et sanctificare digneris dne patenam hanc ... dno nostro. 6063 6436 6475

Consecrare et sanctificare digneris dne ... 6183 6395

Consecrentur manus istae qs dne de oleo sancto ... sanctificata permaneant. 4080 4153 4435

Consecrentur manus istae qs dne et ...
— sanctificata sint. 4025 4075 4428
— sanctificaverint sanctificentur. 4129
— sit sanctificatum. 4036

Consecrentur manus istae qs dne et sanctificentur per istam unctionem. 4609

Consecretur et sanctificetur
— haec tabula ... pro quibus offerentur. 6723
— hoc altare ... pro quibus offerentur. 6643
— hoc sepulchrum ... spiritus sancti. 6732

Consecretur et sanctificetur qs dne
— altare ... saecula saeculorum. 6515
— hoc altare ... nostram benedictionem. 6688

Consecretur et sanctificetur tintinnabulum ... spiritus sancti. 6783

Consecretur
— hic lapis in nomine patris ... spiritus sancti. 6674
— hoc sepulchrum in nomine patris ... spiritus sancti. 6563 6673 6703

Conserva qs ... 8704

Conservent nos dne ... tribuant nobis. 1483

Consigno et confirmo te signo sanctae crucis ... spiritus sancti. 910 928

Consigno te signo
— crucis et confirmo te chrismate salutis. 935 943 954 958
— sanctae crucis ... vitam aeternam. 963

Consolare dne hanc famulam tuam viduitatis ... delectabile sanctitatis. 5346 5708 5710 5716

Consolatio dulcissima et famulum tuum ... mereatur repausare. 5499

Consolemur ergo in his sermonibus ... gloriam suscitare. 7515

Conspirantes dne contra tuae plenitudinis firmamentum ... falsitas veritati. 7029 7113

Conterantur sub
— signo figurae ... in saecula saeculorum. 832 843 857
— virtute ... 850

Convertamini ad
— occidentem ... insufflate in eum. 381
— orientem ... adorate illum. 382

Convivium magnum et excelsum ... secundum gratiam tuam. 4878

Copiam qs dne benedictionis populo hic adunato ... dextra coronandi. 6758

Copiosa beneficia qs dne christianus populus ...
— redemptionis inveniat. 6413
— redemptoris inveniat. 6084, 6133

Cor contritum et humiliatum ne despicias ... miserere mei ds. 3061 3175 3196 3365 3259 3566

3615 3666 3762

Corona honoris pulchritudinis tuae ... aemulus et zelator. 4985

Coronatur servus dei propter ancillam ... spiritus sancti. 5250 5273

Coronet te ds corona gloriae atque justitiae ... saecula saeculorum. 5874 5958

Corporis et sanguinis tui dne j. c. ... saluti. 2456

Corporis sacri et
— pretiosi sanguinis repleti ... muniendo custodias. 4047 4358
— sanguinis pretiosi ... intraverunt sacramenta. 2121

Corpus
— cum sanguine dni nostri j. c. custodiat te in vitam aeternam. 687
— dni j. c. sit mihi ... in vitam aeternam. 1120

Corpus dni mei j. c.
— quod accepi ... in vitam aeternam. 2235
— sit mihi salus ... in vitam aeternam. 1566

Corpus dni nostri j. c. conservet animam meam in vitam aeternam. 1668 2311 3177

Corpus dni nostri j. c. custodiat
— animam meam in vitam aeternam. 1306 3451 3871
— corpus ... in vitam aeternam. 2201 2265
— me in vitam aeternam. 2117 2401
— te in vitam aeternam. 529 568

Corpus dni nostri j. c.
— hoc et sanguis ... ad probationem hodie. 7022
— in vitam aeternam. 488 672
— maneat ad salutem ... in vitam aeternam. 1640
— mihi proficiat ad remedium animae meae. 1127

Corpus dni nostri j. c. proficiat
— mihi ... gaudium sempiternum. 1290
— nobis in vitam aeternam. 2357

Corpus dni nostri j. c. prosit
— mihi in remissionem ... ad vitam aeternam. 3168 3349
— tibi ad salutem ... in vitam

aeternam. 3798

Corpus dni nostri j. c.
— quo pasti sumus ... vitae aeternae. 1643
— quod accepi et sanguis ... 1710
— sanguine sui tinctum ... in vitam aeternam. 3168 3349

Corpus dni nostri j. c. sit mihi
— dne famulo ... in vitam aeternam. 2494
— peccatori ... spiritus sancti. 2458
— remedium ... in vitam aeternam. 1471 2028

Corpus dni nostri j c. sit tibi
— hodie ad comprobationem. 7110
— in vitam aeternam. 451

Corpus dni nostri j. c. ... 8322

Corpus et sanguis dni j. c.
— conservet ... in vitam aeternam. 2314
— custodiat ... in vitam aeternam. 608 644 1212 1774 3290 8453
— non sint mihi ... in vitam aeternam. 2266

Corpus et sanguis dni mei j. c. sit mihi salus ... 1567

Corpus et sanguis dni nostri j. c.
— proficiat nobis in vitam aeternam. 2361
— prosint ... spiritus sancti. 2460
— prosit animae ... vitam aeternam. 3729
— prosit mihi in vitam aeternam. 2495
— prosit tibi in vitam aeternam. 1479

Corpus et sanguis dni nostri j. c. sint
— mihi ... in vitam aeternam. 2202
— tibi ... in aeternum. 2860

Corpus et sanguis dni nostri j. c. sit tibi
— ad probationem ... judicii dei. 7031
— ad salutem ... saecula saeculorum. 3636
— hodie ad probationem. 7104

Corpus et sanguis dni sit tibi remissio ... in vitam aeternam. 2830

Corpus hic et sanguis dni nostri j. c. sit vobis ad probationem hodie. 6992

— exercitu domus stephani et cohorte ... justo et athanasio. 4937

— sol occidisset omnes qui habebant ... ad jesum et curabantur. 3368 3569

Cuncta famuli tui per hanc oblationem purgentur ... aeterna tribuatur. 3308

Cunctorum
— bonorum institutor ds qui per moysen famulum ... 5345 5368 5379 5391 5404
— institutor ds qui moysen famulum ... 5288 5301 5313
— paenitentium p. o. suscipe fletus ... gratia liberentur. 8612

Custodi
— infra nos dne gratiae tuae ... virtute muniamur. 1484
— me dne ut pupillam oculi ... protege me. 3059 3171 3192

D

Da dne manipulum in manibus meis ... ministrare merear. 1252

Da dne virtutem manibus meis ad abstergendam ...
— ministrare merear. 2324
— servire valeam. 1959
— tibi servire. 1330 1850

Da
— famulo tuo qs dne in tua fide ... integritate vellatur. 7265
— illi misericordiam tuam ... justificationes tuas. 198

Da mihi dne
— confessionem quae tibi sit placita ... in saecula saeculorum. 8767
— corpus et sanguinem tuum ... misericordiae tuae. 1772

Da mihi dne manipulum
— in manibus meis ... merear servire. 2212
— justitiae ... merear deservire. 2242

Da mihi dne sensum
— et vocem ut possim cantare laudem tuam. 2048
— rectum et orationem meam ... vitam aeternam. 2472

Da mihi dne sensum rectum et vo-

cem puram ...
— adimplere laudem tuam. 2329
— omnem laudem tuam. 1025
— possim laudem tuam. 1856 1885 1958 2282

Da mihi dne
sermonem rectum ... in vitam aeternam. 1384

Da nobis dne ut sicut publicani precibus ...
— famulatui mancipetur. 2819
— gloriae mancipetur. 2556 2593 2787 2846 3327 3622 7335
— gratia mancipetur. 3408

Da nobis
— dne veritatem tuam ... digne aperire. 1333
— qs dne ut sicut publicani precibus ... gloriae mancipetur. 2695

Da nobis qs o. ds
— remedia conditionis ... salutis implere. 8156
— vitiorum. 2319

Da pacem dne in diebus nostris ... nisi tu deus noster. 2228 2261

Da qs
— ancillae tuae quam virginitatis ... mereatur in finem. 5598
— clementissime pater in quo vivimus ... videre mereamur. 6079

Da qs dne
— electis nostris ... gratiam reformentur. 229 276 316
— famulabus tuis quas virginitatis ... mereantur ad finem. 5639 5693
— famulo tuo indulgentiam ... accipere mereatur. 5419
— his famulis tuis continuam ... praeveniat et consequatur. 7862

Da qs dne huic famulo tuo continuam ...
— et sequatur. 3031
— et subsequatur. 2604 2615

Da qs dne populis christianis ... diligere quod frequentant. 4043 4296

Da qs dne
— ut haec famula tua quae pro spe retributionis ... 5711 5717
— ... 3006

Da qs

Ds ad quem
— accedere mundi ... salvator mundi. 1726
— mundi accedere desideramus ... in die judicii. 1982
— respicit sacerdotum solertia ... grex medelam. 4810
— scabie veteris hominis ... subtrahatur haereditas. 414
— sitientes animae ... fragilitate deponant. 408
Ds aeternae lucis inventor ... ubique tuearis. 4672 5361 5411
Ds aeterne qui
— divisa a se invicem unitatem ... bono deducens illos. 5238 5266
— in sapientia fecisti omnia ... dirigatur remunerationem. 3055
Ds aeternorum bonorum fidelissime promissor ...
— immortalitate vestiri. 5465 5539 5568 5581 5603 5610 5622 5640 5654 5678
— servire concedas. 1038
Ds amator castitatis et auctor ... deum mansorem. 5519
Ds angelorum ds archangelorum ... invoco
— nomen santum tuum ... redire jussit. 7185
— sanctum nomen tuum ... spiritus sancti ds. 7161
Ds ante cujus conspectum defertur ... 7446
Ds apud quem
— mortuorum spiritus vivunt ... gaudia repromissa. 7354 7430 7464 7489 7523 7607 7631
— omnia morientia ... 7470
— et pater dni nostri j. c. qui te ad pontificatus ... proficiat ad salutem. 4309 4345 4457 4561 4618 4677 4702 4769 4795
— fidelis qui fidelia promissa confirmans ... obtinere ex alto. 7992
Ds bonarum virtutum dator et omnium ...
— defendi mereatur. 5420 5427 5467
— velum ... sanctificare digneris. 5540 5553 5659 5670 5703
Ds bonitatis eximiae fons pietatis ...
— propitiare ... invicta custodiat.

1534 1630
— propitius esto ... vitam aeternam. 1738 1764
Ds bonorum dator ... 5565
Ds bonorum omnium
— auctor et lagitor ... 4302
— dator ds omnium dignitatum ... saecula saeculorum. 5858
Ds caeli ds terrae ds angelorum ... ad gratiam baptismi sui. 23 50 68 98 124 260 318 471 516 549 585 654 8435 8467
Ds caeli terraeque dominator
— a cujus facie ... pervenire mereantur. 6447
— auxilium ... benignus impede. 6137 6240
Ds caritatis
— indultor ds indulgentiae ... consequi mereamur. 1166
— totius confirmator ... fidei percipiat. 1
Ds castitatis amator et continentiae conservator ... largiente percipiat. 5546 5721
Ds castorum corporum benignus
— habitator ... respice ... donante valeat. 5445
— inhabitator ... castitate permaneat. 5544 5559 5567 5608
Ds
— celsitudo humilium et fortitudo rectorum ... transeat in salutem. 8417 8633
— clementiae ds misericordiae ds indulgentiae ... saecula saeculorum. 8803
— conditor et defensor generis humani ... praebere famulatum. 7162 7202
— creator et conservator humani generis ... altaris proficiat. 6098 6150 6251
Ds cui
— ad initiandum nulla parvitas ... deducente perveniat. 796 818
— competit medicinam praestare post mortem ... 7409
— cunctae oboediunt creaturae et omnia ... sempiternum infundas. 6205
— omne cor patet ... laudare mereamur. 2431 4694
— omnia morientia vivunt et cui

4469

Ds cujus verbo
— et potentia facta sunt ... perpetuum regnum. 6404 6431
— omnia benedicuntur ... corporisque salutem. 7266
Ds cujus ... 5936
Ds
— custos et in te sperantium protector ... tutelam proficiat. 6034
— de quo scriptum est qui et
  justus es ... subsequatur judicium. 7020
Ds dei filius j. c. dnus noster qui
a patre oleo ...
— regnare merearis. 5869 5902
  5934 5952 5976 6006
— spiritus sancti. 5758 5813 5825
  6849
Ds
— descende ut sanes filium meum
  ... filius tuus vivit. 3364
— dnus ab aeterno occultorum
  cognitor ... confessio et adoratio. 4992
— electorum fortitudo et humilium celsitudo ... habere facias.
  5839 5868 5951
Ds fidelium
— pastor et rector me famulum
  tuum ... possim haereditatem.
  4353
— pater summe qui in toto orbe
  ... vocationis intrare. 8409 8631
— remunerator animarum praesta ... indulgentiam consequamur. 8716
Ds fons bonitatis et pietatis origo ...
  inveniar justificatus. 1505
Ds gloriae
— ds qui unus et verus deus ...
  cunctis criminibus meis. 8760
— excelsae ... 6201
Ds honorum cunctorum auctor et
  distributor. 5983
Ds honorum omnium ds omnium dignitatum quae gloriae ...
— intelligenda poscebant. 4097
— plebem universam. 3984 4166
  4452
— possit esse devotus. 3978 4089
  4134 4161 4443
Ds humani generis benignissime
  conditor et misericordissime ...

— assume correctos. 8217
— misericordia reformavit. 2555
  2578 2607 2659 2714 2721 3028
  3840 7583 8006 8017 8030 8045
  8054 8060 8167 8274
Ds humani generis benignissime
— conditor ... 7838
— reformator ... 8037 8253
Ds humani generis conditor et redemptor ... benignitate reputetur. 6980
Ds humilium visitator qui nos fraterna
— dignatione ... qui in eo habitant. 5115
— dilectione ... sentiamus adventum. 5527
Ds
— illibate et omnis creaturae opifex qui per ... conducunt postulata. 5245
— immensae clementiae et inaestimabilis ... castigatos et absolutos. 6958
— immense et ineffabilis pietate
  pater ... sine fine gaudere. 5488
— immortale praesidium omnium
  postulantium ... regna percipiat. 25 46 70 120 142 232 261
  363 512 545 587 655 732 8436
  8468
— in adjutorium meum intende ...
  quid nobis oportet. 8800
Ds in cujus
— honore hoc altare ... postulata
  concedas. 6428
— libro sunt vocabula notata ...
  optabilem sanitatem. 3085 7324
— manu corda sunt regum inclina
  ad preces ... omnia praecellat.
  5822 6843
Ds in virtute magnus intellectu investigabilis ... magnificum nomen tuum. 4842
Ds
— inaestimabilis misericordiae ds
  immensae ... saecula saeculorum. 8801
— incommutabilis virtus et lumen ... sumsere principium.
  8408 8630
— incrementorum omnium et
  profectuum ... 8092 8096 8102
  8121 8198 8207 8235 8248 8268

8314
— individua trinitas et unita majestas ... faciente perveniat. 6430

Ds indulgentiae
— ds pietatis et misericordiae ... mereatur percipere. 3423 7274
— pater qui severitatem tuae dilectionis ... 3428 5446
— pater qui severitatem tuae districtionis ... 5462
— pater ... 5433 5478

Ds indulgentiarum pater qui severitatem ... spiritus exsequaris. 5517

Ds indulgentiarum ... 7442 7766

Ds inenarrabilis auctor
— conditor humani generis ... 5823
— mundi conditor generis humani ... in pace victores. 5811 5855 5898 5981 5993 6012 6846

Ds infinitae misericordiae
— et majestatis immensae ... consequatur effectu. 6828
— majestatisque ... benedictione laetemur. 2596
— veritatisque ... benedictione laetemur. 2566 2681 3039 7813 8168 8286
— ... 2766

Ds infirmitatis humanae singulare praesidium ... repraesentari mereatur. 3252 3261 3865 3895 7330 7585 7674

Ds innocentiae restitutor et amator
— dirige ... percipere mereatur. 4103
— qui auctor ... miserante liberentur. 7025
— qui quondam ... gratanter incedat. 2580

Ds invictae virtutis
— auctor et insuperabilis ... spiritus sancti. 2947 3318 6097 6149 6250 6309 6501 6540 6551 6636 6666 6717 7144 7174 7242
— triumphator et omnium ... saecula saeculorum. 4015 4147 4276 4385 4425

Ds judex justus fortis auctor
— et amator pacis ... declarare dignetur. 7024
— pacis ... miserante liberentur. 7088

Ds judex justus fortis et patiens qui
— auctor ... habere sentiat. 7125
— es auctor ... qui venturus es. 7041 7046 7094
— es auxiliator ... bonitatem tuam manifesta. 7134

Ds judex justus
— qui auctor et pacis et judicas ... falsitas veritati. 7049 7074 7127
— ... 7137

Ds justitiae te deprecor ds misericordiae ... saecula saeculorum. 8762

Ds justorum gloria et misericordia peccatorum ...
— in saecula saeculorum. 8802
— praemia pervenire... 2592 2842 2966 3190

Ds magnus
— amator hominum qui tenes ... spiritus sancte. 5005
— et excelsus qui ab omni ... nomen tuum glorificatur. 3956

Ds miserator ds clemens ds
— indulgentiae ... poenitentialiter fructuosum. 2715 2739 3094 3741
— qui secundum multitudinem ... lege concludis. 8028 8254

Ds misericordiae ds indulgentiae det tibi ... poenitentia perseverare. 2673

Ds misericordiae et veritatis clementiam ...
— digneris perducere. 1518 1935 1976 2051
— perducere digneris. 1359
— suppliciter deprecor. 1596 1868

Ds misericors ds clemens cui cuncta bona placent ... valeat consortium. 5440

Ds misericors ds clemens qui in multitudine indulgentiarum ...
— esse salvandum. 7336
— reconciliationis admitte. 7498
— ... 2655

Ds misericors ds clemens qui
— indulgentiam ... 2913
— multitudinem indulgentiarum. 2693 3045

Ds misericors ds clemens qui secundum multitudinem ...
— mereantur introire. 8292
— reconciliationis admitte. 2573

1110
— concede ... largiaris et praemium. 5500
— et per eos ... inhabitando perficiat. 878 896 899 904 912 918
923 930 936 940 945 951 956 959
965 971 975 980 4362 6879 8557
Ds qui
— apostolorum tuorum praedicationibus ... placabilis perficiamus. 6237
— apostolum tuum petrum inter
ceteros coapostolos ... vicem
recipiat. 4571 4783
Ds qui beatae
— crucis patibulum quod prius ...
conversa est in salutem. 6794
— virginis scholasticae animam ...
gaudia pervenire. 8733
Ds qui beatum paulum apostolum
ut in viis ... calle perficere. 8718
Ds qui beatum petrum apostolum
— misisti ad tabitam ... medela
subveniat. 3240 3894
— tuum misisti ad tabitam ...
medela subveniat. 3507
Ds qui beatum petrum
— misisti ad tabitam ... medela
subveniat. 3139
— ... 8695
Ds qui benedixisti vestigia apostolorum ... pace custodiat. 3877
Ds qui confitentium tibi corda purificas ...
— obtineant detrimentum. 3303
— sustineant detrimentum. 2876
3137 3560 8020 8027 8179 8216
8294
Ds qui
— conspicis ... 8691
— contritorum non despicis gemitum ... saecula saeculorum.
1379
— corda fidelium ... 5290 6900
— creaturae tuae ... 3832
— culpa offenderis ... 7909 8690
Ds qui culpas
— delinquentium districte ... gratiam sentiamus. 8682
— nostras piis verberibus ... consolatione gaudere. 6951 8684
Ds qui cum salutem hominum ... renatos custodias. 302 347
Ds qui cuncta tua virtute

— condidisti per orbem... spirituali benedictione. 5257
— fecisti qui orbem ... spirituali
benedictione. 5278
Ds qui davidi propria peccata
— confitenti ... vade in pace. 2794
— de diversis ordinibus ... 4243
Ds qui de indignis dignos
— de peccatoribus ... 1678 1975
— et immundis ... j. c. dnus noster. 1873
Ds qui de indignis dignos facis ...
— agitatione ... obtulit in sacrificium. 1658 1742
— cogitatione ... in sacrificium acceptabile. 2060
— cogitatione male ... macula peccati. 1389
— contagione ... requie defunctorum. 1042
— contagione ... sanctum sacrificium. 1892 2509
— sorde ... pontifex jesus christus. 1225
— ... 1595 1753
Ds qui de
— omni coaptione sanctorum ...
semper adjuvemur. 6453
— vivis et electis lapidibus ... 6168
Ds qui digne tibi servientum nos
imitari ...
— da nobis ... consortia obtinere.
4044 4354
— respice ... benignus perficiat.
6114 6275
Ds qui
— diligentibus te facis cuncta
prodesse ... tentatione mutari.
5922 6025
— discipulis tuis dignatus es ...
8281
— discipulorum tuorum pedes
abluens ... vivis et regnas. 8240
— dispersa congregas ... 7982
— diversa ad tabernaculum foederis ornamenta ... percipere
sempiterna. 6284
— diversitatem gentium ... 8416
8664
— divitias misericordiae tuae ...
patiaris offensas. 707 8391 8406
8486
— dixisti domus mea domus orationis ... benigne perficias. 6580

Ds qui ecclesiae tuae
— gloriosi protomartyris ... meritis pretiosa. 8751
— in sanctis montibus ... interventione secura. 6294
— intemerato utero novos ... 8534
Ds qui ecclesiam semper ... 8563
Ds qui ecclesiam tuam
— de omnibus finibus ... 6593
— et nova semper ... virtutis est operare. 7082 8163
— novo semper foetu ... mereatur aeternam. 4470
Ds qui ecclesiam tuam sanctam de omnibus
— finibus ... 6625
— mundi ... 6600 6609
Ds qui ecclesiam tuam
— sponsam vocare ... pervenire mereatur. 6289
— ... 8412 8490 8574 8594
Ds qui es
— dominator omnium fac nos ... dona nobis pacem. 1114
— dominator omnium fac nos ... unitatis conjunctio. 1635
— et qui eras ... spiritu sancto. 4
— humani generis benignissimus conditor ... 2650
— judex vivorum sive mortuorum .. saecula saeculorum. 6755
— justorum gloria et misericordia ... gaudia mereatur. 5756 5905
— medicus salutaris ... mentium sanitatem. 7180
— salus omnium salvum fac servum ... fidem pervertentium. 6027
— sanctorum tuorum splendor ... perfrui sempiterna. 1805
— totius orbis conditor et humani generis redemptor ... 6214 6744 6749 6775
— trinus et unus respice propitius ... animae proficiant. 1624 1739 1762
— visibilium rerum et invisibilium ... 6722
Ds qui et justis
— praemia ... 368
— supplicationibus ... 7716
Ds qui
— ex omni coaptione sanctorum

aeternum ... meritis adjuvemur. 6119 6226 6286 6337 6372 6410 6483 6514 6566 6642 6706 6734
— ezechiae famulo tuo ter quinos ... 2951
Ds qui facturae tuae pio
— dominaris affectu ... praesta medicinam. 3239 3552 3576 3765
— semper affectu ... praesta medicinam. 2823 2980 2987 3100 3371 3510 3765
— semper dominaris affectu ... praesta medicinam. 3022 3415 3892 7304 7573 7664
Ds qui famulo tuo
— dedisti fidei ... mereatur consortium. 3306
— ezechiae ... erigat ad salutem. 2548 2821 2835 2881 2915 2978 2985 2996 3021 3134 3241 3311 3369 3413 3426 3508 3528 3571 3745 3761 3830 7284 7571 7662
— moysi in monte sinai ... malefactores in pala. 7007
— ter quinos annos ... 3745
Ds qui famulum tuum a saeculi vanitate conversum ... promittere pertingat. 5418 5461
Ds qui filios israel
— educis ex aegypto ... faciant voluntatem. 8601
— per maris medium ... pervenire valeamus. 2543
Ds qui filium tuum
— angularem scilicet lapidem ... 8522
— j. c. dnum nostrum pro salute nostra ... 7972
— unigenitum ... 7970
Ds qui
— fragilitatem ... 7667
— fundasti terram formasti caelos ... omnibus resurrectio. 7603 7650 7731 7753
— habitaculum tuum in corde pudico ... consolatione percipiat. 5602 5653
— hanc sacratissimam noctem ... 8559 8586
— hodie ... 8657
Ds qui hodierna die
— per unigenitum tuum ... 1828

— vice apostolica ... civium supernorum. 4325

— ... 8649 8656 8668

Ds qui hominem a tuo praecepto
lapsum justa sententia condemnasti ... 7695

Ds qui hominem ad imaginem tuam
conditum

— in id reparas ... communione
reddatur. 6979

— invidia ... absolvat ut alta ...
6985

Ds qui

— humanae substantiae dignitatem ... particeps jesus christus.
1047 1048 1425 1907 2126

— humanarum animarum aeternus amator es ... adunari con-
sortis. 7358 7434 7456 7493 7513
7543 7597 7680 7703

Ds qui humani generis

— et salutis remedium ... in anima sentiat. 3075

— ita es conditor ... recepisse per
gratiam. 40 62 91 114 136 158
225 255 539 578 693 725 8430
8462

— ... 2758

Ds qui humano generi

— et salutis remedium ... in
anima sentiat. 2837 2897 2931
2981 2988 3010 3023 3075 3098
3167 3251 3272 3372 3388 3433
3511 3575 3619 3746 3833 7305
7574 7665

— ita es conditor ... recepisse per
gratiam. 16 626

Ds qui humili actione flecteris ...
2705

Ds qui humiliatione

— fidelium flecteris ... manere decernas. 8672

— flecteris et satisfactione placaris ... 2779 7802 7822 7825 7851
7892

— flectitur ... 7899

Ds qui illuminas omnem hominem ...

— illumina ... diligere valeat. 2590
2961 3065 3132 3185 3750 7277

— luce ... justa decernat. 6028

Ds qui in

— altis habitas ... 7448

— israelitarum sortem gentium ...
in caelestibus regnis. 7771

Ds qui in omni loco

— dominationis tuae dedicator ...
supplicat mereatur. 6285 6369
6513 6564 6592 6599 6624 6641

— tuae dedicationis assistis ...
gaudeat mereatur. 6450

Ds qui in omnibus ecclesiae tuae ...
8414

Ds qui in sanctis

— habitans supernae moderami-
ne ... sempiterna laetentur.
6587 6607

— habitas ... 6932

Ds qui in

— sancto habitas et pia corda ...
clementer absolvat. 6929

— virtute sancti spiritus (tui) imbecillarum ... felicitatis communionem. 8069 8075

Ds qui ineffabilis

— auctor mundi conditor ... 5751

— observantia sacramenti ... 6611
6658

Ds qui

— inter apostolicos sacerdotes ...
6911 7375 7439

— invictae virtutis auctor ... 6309

— invisibili potentia tua sacra-
mentorum ... natura conciperet. 417 8421

— invisibiliter omnia contines ...
6089 6128 6141 6222 6232 6244
6345

— jacob famulo tuo praeelecto ...
in imis versantur. 6156 6258

— jordanis fontem ... in aeternum. 392

Ds qui juste irasceris et clementer
ignoscis ...

— aggregari praecipias. 3162 2707
7939

— propitiatus averte. 8687

Ds qui justificas impium et non vis
mortem ... tentationibus a te
separetur. 2737 6830

Ds qui justis supplicationibus praesto es ... transferatur abrahae.
7556

Ds qui justis supplicationibus semper praesto es...

— da famulo tuo ... muneris portionem. 7356 7526

— qui universorum ... facias praesentari. 7359

— ... 7432 7491 7609 7633 7688

scit. 4916

Dilectissimi
— fratres inter cetera virtutum solemnia ... non negetis 6045 6085
— nobis accepturi sacramenta ... 272 340 354 374

Diligam te dne fortitudo mea ... pervenire mereatur. 8814

Diligamus et sequamur fr. car. 8319

Dimitte ds quidquid per intemperantiam ... nominis supplicemus. 1767

Dimitte dne
— ds o. quidquid ... nomini supplicemus. 1380
— peccata nostra et tribue ... clementer exaudias. 2591 2962 3066 3097 3133 3786 3238 3522 2751 7278

Dimitte nobis peccata nostra et tribue ... clementer exaudias. 3660

Diri vulneris novitate percussi ... aggregari praecipias. 7340 7407 7418 7465 7478 7501 7619 7711

Dirigantur qs dne pedes famuli tui per hujus ... feliciter pervenire. 3056

Dirigatur (dne) oratio mea sicut incensum
— in conspectu tuo. 1435 2096 2163 2349 6411
— ... qui suscepisti ... peccatorum nostrorum. 1545

Dirigere et sanctificare custodire ... saecula saeculorum. 7764

Discede immunde spiritus ab omnibus quibus fides ... saeculum per ignem. 6376 6489

Disrumpe dne vincula peccatorum meorum ...
— onus meum leve. 1498
— reverentia famulari. 1324 1955

Divina
— gratia quae semper infirma curat ... sanctissimi spiritus. 4829 4833 4836 4839 4844 4849 4853
— libantes sacramenta concede qs o. ds ut haec ... prosint ad indulgentiam. 7398
— lucis lampade ... ad te nunc recurrentem. 3903

Divinis dne satiati muneribus qs ut ... honoribus frequentamus.

8721

Divinitatis suffragio lanaletensis monasterii ... in mediis tenebris. 6948

Diximus vobis dilectissimi ... constituat haeredes. 358

Dixit jesus centurioni ... 3201

Doce me dne viam ... ministerium tuum. 4933

Dominator dne ds noster animarum medice ... in saecula saeculorum. 3964

Dominator dne ds noster qui per
— baptismi ... deducere digneris. 869
— celeberrimum ... glorificatum est regnum. 4850

Dominator dne ds noster
— servum tuum ... in saecula saeculorum. 193
— ... 4863

Dominator dne ... 4854

Dominator dne ds o.
— in voluntate tua universa ... ad gloriam regni tui. 1517
— qui es trinitas una ... saecula saeculorum. 8792

Dominator dne ds
— patrum nostrorum ... in saecula saeculorum. 833 844 851 858
— servos tuos ... regni filii tui. 387
— universarum caelestium ... consequamur aeterna. 6810 6815

Dominator dne
— j. c. te rogamus et te ... vitae suae perseveret. 4822
— o. pater dni et dei et salvatoris ... sanctissimo et bono. 4820

Dominator dne qui
— hominem ... vitae consocia. 183
— neque feminas seipsas ... accipiat mercedem. 5726

Dominator dne regum rex gloriose ... 1618

Dominator et vivificator
— bonorum omnium ... futuram beatitudinem. 1696
— et bonorum ... in sempiterna gloria. 1769
— et omnium ... aeternam beatitudinem. 1530

Dne accinge in me custodiam mentis meae ...

Dne ds noster qui
— perfectum renuntiare ... donisque exorna. 6990
— petro et meretrici ... in saecula saeculorum. 2795

Dne ds noster qui suscepisti abel ...
— aaron ... in remissionem peccatorum. 1063
— abraham ... in remissionem populi tui. 8386
— melchisedech ... peccatorum nostrorum. 1615 2130

Dne ds noster qui
— solus bonus et humanus ... exsequi largire. 3970
— supplici devotione deposcimus ... peccatorum nostrorum. 1831
— ... 4837 4856

Dne ds o.
— ae. ineffabilis sine fine .. visionem qui es unus. 8786

Dne ds o. agios ...
— astans in caelis et in terris ... judica causam istam. 7087
— dne s. p. qui es invisibilis ... transire non possit. 7085

Dne ds o. benedic
— et sanctifica ... exaudi orationem meam. 2195
— hanc creaturam salis ... proficiat sanitatem. 6351 6506
— ... 6315

Dne ds o.
— caeli et terrae aquarumque creator ... gratiam referamus. 6839
— conditor omnium luminum te invocamus ... illuminare digneris. 8125

Dne ds o. cui
— adsistunt exercitus angelorum ... antiqui serpentis. 6193
— adstat exercitus angelorum ... antiqui serpentis. 8387

Dne ds o. cujus
— est omnis potestas et dignitas ... placere contendat. 5824 6848
— omnis potestas ... 5812

Dne ds o.
— elige servum tuum hunc ... nunc et semper. 4819
— et m. cui nihil ... esto mihi peccatori. 1607
— exaudi preces nostras ... 5327
— fac me peccatorem ... salutaris

ad veniam. 1388
— famulos tuos ... integritate custodiant. 434
— lumen indeficiens et conditor ... pervenire mereamur. 8124
— omnis creaturae visibilis ... tremendum invocavi. 864
— pater benedic ... omnia peccata mea. 1243

Dne ds o. pater dni j. c. qui
— dignatus es ... in vitam aeternam. 6982
— naturam ... saecula saeculorum. 172

Dne ds o.
— pius et misericors ... esto mihi peccatori. 1512

Dne ds o. preces nostras clementer exaudi ...
— electione justifices. 4071 4143 4423
— electione sanctifices. 4118
— ... 4594

Dne ds o. propitius esto mihi peccatori ...
— ad misericordiam tuam confugit. 7163
— ad paenitentiam venerunt. 2613 7810
— cicatricumque sauciamenta. 3029
— remissio te largiente. 2730

Dne ds o. qui
— ab initio hominibus utilia et necessaria creasti ... 6174 6269 6342 6406 6573 6648
— aquarum substantia arcanis ... in saecula saeculorum. 7119
— baptismum in aqua fieri ... aquae abstrahatur. 7042

Dne ds o. qui es magnus et
— admirabilis ... humanitatem j. c. 1503 1593
— mirabilis ... humanitatem j. c. filii tui. 1341

Dne ds o. qui es trinus et unus ...
— miserere mei. 1335 1514 1601 1872
— ut mei miserearis. 1977

Dne ds o. qui
— es unus et trinus ... miserere mei. 1936
— in similitudinem connubiis isaac cum rebecca ... 5119
— moysi famulo tuo in montem ...

tueri mereantur. 6808 6813
Dne ds o. qui non vis mortem ...
quam
— fundo ... caveamus efficias.
2736
— pro famulo tuo ... illaesos custodias. 2685
Dne ds o. qui
— per moysen famulum tuum ...
6396
— pro humani generis ... cognoscimus baptizatos. 1195
— sicut ab initio hominibus utilia ... saecula saeculorum.
6471
— sororem moysi mariam ... 5307
5340 5374
— vestimenta pontificibus ... immortalitate vestiri. 6823
Dne ds o. rex
— et magnificus ... 6344
— regum et dnus dominantium ...
pervenire mereatur. 2579 2732
6343
Dne ds o.
— sempiterne qui peccatorum ...
2843
— sicut ab initio hominibus utilia
... vivit et regnat. 6060 6109
6365 6520
Dne ds pastor aeternae gloriae ...
6216 6746 6752 6763 6777
Dne ds p. o. benedic
— et sanctifica ... ad te veniat.
2258
— hanc creaturam salis ... proficiat sanitatem. 6546 6631 6661
6712
Dne ds o. cujus
— praeclara bonitas ... 4811
— unigenitus ut deum ostenderet
... dni j. c. 8074
Dne ds p. o.
— exaudi nos lumen indeficiens ...
pervenire mereamur. 7793 8123
— hunc famulum tuum N. tuae
majestati ... laudetur. 5857
— lumen indeficiens qui es conditor ... pervenire mereamur.
7070 7774 8537
Dne ds p. o. qui
— ad principium hujus diei ...
7762
— consubstantialem et coaeternum ... sanctum nomen tuum.

8783
— es verus sanctus ... consortium
concedas. 1775
— sola bonitate ... necessaria sunt
tribuas. 2488
Dne ds p. o.
— rex magnificus trimphator ...
percipere mereantur. 6177 6271
6525
— sensuum illuminator ... usque
perficiam. 1516
Dne ds p. o. statutor
— et conditor ... procul recedant.
6491
— omnium elementorum ... 6548
Dne ds p. o.
— trina majestas ... 6762 6776
— ... 6663
Dne ds
— patrum nostrorum qui dixisti
ubicumque ... regnas deus. 5528
— propitius esto mihi peccatori
ut condigne ... ad paenitentiam
venerunt. 2665
Dne ds qui in
— recreandis plebibus tuis ... populus augeatur. 8155
— regenerandis plebibus ... populus augeatur. 8115
Dne ds qui
— licet caelo et terra non capiaris
... consequatur effectum. 6774
— non mortem sed paenitentiam
... pro eodem populo tuo. 1445
Dne ds qui per apostolum tuum
— jacobum ... salvator mundi.
2799
— locutus es ... reparetur officia.
2832 2884 2952 2963 3042 3106
3159 3187 3215 3265 3384 3525
3639 3677 7282
Dne ds qui per beatum apostolum
jacobum ... 3890
Dne ds
— redemptor ... 3009
— rex universarum caelestium ...
consecrata permaneat. 6151
6252
— sabaoth vivida spes mortalium ... cumulantur praeconia.
8077
Dne ds salvator noster qui es vera
salus ...
— optata remissio. 2893 3405
— per te christe. 2968

3508 3870

Dne noster
— adjuva nos ... ad rem hanc perficiendam. 4924
— adjuva ds ae. qui omnem ordinem ... honore appareat. 4806

Dne o. qui castigas et omnem aegritudinem ... vitae suae adimpleat. 3969

Dne p. o. trina majestas ... 6215

Dne puer meus jacet paralyticus ... veniam et curabo eum. 3194 3366 3565

Dne qui
— dixisti jugum meum suave est ... merear salvator. 1649
— in hunc mundum lumen claritatis misisti ... virtute confirma. 4416
— in misericordia et miserationibus ... saecula saeculorum. 3939
— juste irasceris et clementer ignoscis ... propitius averte. 2802
— publicani precibus et oratione ... adesto dne. 3086
— studio salutis humanae creaturis tuis ... 8305

Dne
— rex o. memor fragilitatis ... exaudire digneris. 1583
— sabaoth ds israel qui omnem ... saecula saeculorum. 182
— salvum fac regem et exaudi nos in die qua invocaremus te. 5743

Dne s. p.
— caeli et terrae protege ... filium ancillae tuae. 3304
— clemens cujus nec initium nec finis ... innocentiae sacrificium. 6099 6169
— exaudi nos lumen indeficiens ... pervenire mereamur. 7780

Dne s. p. o. ae. ds
— a quo descendit omne bonum ... semper oboediat. 5734
— benedicentibus nobis hunc ignem ... spiritu sancto. 8538 8567

Dne s. p. o. ae. ds benedicere dignare
— famulos ... lectorum ... sanctitatis suae consulant. 4726

— hanc creaturam salis ... corporis et animae. 7167
— hos ... exorcistarum ... virtute confirmati. 4786 4374 4730
— hos ... lectorum ... monstrare intelligibilia. 4480
— hos ... ostiariorum ... habere mercedis. 4721
— hos ... ostiariorum. 4575
— hos .. subdiaconatus ... gratiam consequantur. 4740
— hunc famulum tuum ... sanctitatis suae consulat. 4371
— ignem istum ... pervenire concede. 7788
— ... 4382 4525 4528 4579 4582 4650

Dne s. p. o. ae. ds benedicere digneris hunc ...
— exorcistae ... virtute confirmatus. 4009 4059 4112 4411
— lectoris ... ecclesiae consulat. 4006 4056 4408
— lectoris ... resonent ecclesiae. 4109 4183
— ostiarium ... habere mercedis. 4003 4053 4106 4180 4405
— subdiaconatus ... gratiam consequatur. 4014 4064 4116 4191 4420

Dne s. p. o. ae. ds benedicere digneris
— hos famulos ... 4217
— hunc panem ... saecula saeculorum. 7768 8709
— ... 4140 4592

Dne s. p. o. ae. ds benedicere ... 4205 4208 4211 4214 4537

Dne s. p. o. ae. ds benedicere et sanctificare digneris
— ignem ... valeant pervenire. 7779 7792 7798
— sanctam oblationem illam. 1062

Dne s. p. o. ae. ds clemens et propitius preces nostras ... concedat aeterna. 6070 6329 6363 6522 6681

Dne s. p. o. ae. ds creator
— caeli et terrae ... sacerdotum offeratur. 6161 6262
— et conservator humani ... conjunctus gratuletur. 2845

Dne s. p. o. ae. ds cujus verbo procreata sunt ... spiritus sancti. 7250

Dne s. p. o. ae. ds da mihi hoc

corpus ...
— benedictus in saecula. 1118
— peccatorum meorum. 1286
— in saecula saeculorum. 1138
1142 1473 1565 1665 1709 1842
1924 2022 2199 2229 2263
Dne s. p. o. ae. ds da mihi
— sacrosanctum corpus ... sine
fine permanet. 2453
— sacrum corpus ... manet in
aeternum. 2309
Dne s. p. o. ae. ds
— exaudi preces nostras sicut
exaudire ... laudes et gratias.
7173 7241
— fundator omnium creaturarum
... nomini sancto tuo. 6773
— honorum auctor et distributor ... praemia consequatur.
4029 4079 4125 4151 4199 4394
4433
— instaurator et conditor ... habeat commemorandi. 7145
— iteratis precibus te supplices ...
conjungi pervenerunt. 5065
5126
— locorum omnium sanctificator ... 6769
— lux et splendor ... sit nobis
adjutorium. 8627
— misericordiam tuam ex intimo
... perficere voluntatem. 8813
— osanna in excelsis pater ...
sanguinem redemisti. 7155 7188
Dne s. p. o. ae. ds pater dni j. c.
— in tuo nomine ... nomen sanctum tuum. 7219
— qui illum ... saeculum per
ignem. 7147
Dne s. p. o. ae. ds
— per impositionem manuum
mearum fugiat ... vivos et mortuos. 7183
— propitiare digneris ... spiritu
sancto vivis. 8817
— qs ut hunc ignem quem in nomine ... sanctificare digneris.
7129
Dne s. p. o. ae. ds qui
— ad moysen et aaron locutus
es ... acolyti in ecclesia. 4189
4268 4378 4533 4586 4735
— benedictionis tuae ... prosperitate restituas. 2902 2935 3078
3153 3268 3374 3377 3601 3623

3671 7309 7323 7587
— benedixisti quinque panes ...
consequendae fiduciam. 7242
— cuncta solus ordinas ... 6039
— dixisti poenitentiae ... in saecula saeculorum. 8805
Dne s. p. o. ae. ds qui es
— doctor sanctorum ... semper
sanctus; 8816
— et eras ... servire mereatur. 12
— via veritas ... nostri j. c. 3263
Dne s. p. o. ae. ds qui
— ex nihilo cuncta creasti ... 7782
— fecisti caelum ... religiose consistat. 3
— fragilitatem conditionis ... perfecta reparetur. 2825 2899 2933
2990 3025 3121 3247 3431 3621
3683 3714 3747 3858 7307 7668
— fragilitatis nostrae ... 7576
— jesum christum filium tuum in
hunc mundum... 4587
— misericordiam amas ... participes esse possimus. 8747
— omnem ordinem ... honore appareat. 4806
— peccatorum non vis animas
perire ... spiritus sanctus. 7216
Dne s. p. o. ae. ds qui per jesum
christum ...
— et apostolos ... ecclesia deserviant. 4734
— in hunc mundum ... in eo confirma. 4011 4061 4113
— ... pervenire mereatur. 2690
— vulnera ... ad vitam aeternam.
2558 2598 2683
— ... 4267
Dne s. p. o. ae. ds qui vulnera nostra
curare ... pervenire mereatur.
2571 8061
Dne s. p. o. ae. ds respice
— propitius super ... agere mereantur. 2654 2761 8291
— super hos famulos tuos ... agere mereamur. 8031 8143
— super hunc famulum tuum ...
agere mereamur. 8021
Dne s. p. o. ae. ds
— rex regum et dnus dominantium ... perseverare concedas.
4104
— sic me dignum ... invocare volunt. 1043

tus contractis. 3297 3407 8219
Dnus j. c. qui
— discipulis suis dixit ... ad regnum caelorum. 2717 8040 8256
— dixit apostolis suis ... ad regna caelorum. 2635 3221 3632 3693 3728 6969 7840 7846 7955
Dnus j. c.
— super te sit ut te defendat ... ut te benedicat. 3684
— ... 7823 8007
Dnus
— jesus loquutus est discipulis ... bene habebunt. 3057 3169 3195
— largitor bonorum benedicat istum panem et vinum ... 5219
— loquutus est discipulis suis ... bene habebunt. 3886 2920 3163 3268 3385 3434 3527 3587 3699 3760
— mentis et lingua corporalis ... saecula saeculorum. 6885 6905
— nos benedicat et ab omni malo ... perducat aeternam. 2149
Dnus noster j. c.
— apud te sit ut te defendat ... in hoc saeculo et in futuro. 3455 3715
— cui omnia possibilia ... totum tibi indulgemus. 3141 3754
— de linteo ... hospitibus et pauperibus. 432
— filius tuus qui solus verbo ... mirabiliter inlustravit. 8622
— per suam piissimam misericordiam ... spiritus sancti. 6977
— qui dignatus est discipulis ... exteriusque contractis. 8296
Dnus noster j. c. qui dixit
— apostolis suis quaecumque ... ad regna caelorum. 7817
— discipulis suis quaecumque ... ad regna caelorum. 2545 3804 3868 7946 8647
Dnus noster j. c. qui
— in cruce moriens ... spiritus sancti. 8646
— per legem et prophetas ... ramos et palmas. 7985
Dnus noster qui suscepisti munera ... pro peccatis. 1542
Dnus qui
— ad salutem humani generis maxime quaeque sacramenta ... 7141

— in monte sinaï locutus est ... intretis in paradisum. 4865
— laudatur in propinquis suis ... donum tuum acceperunt. 4942
Dnus sit in corde meo ... evangelium divinum. 2516
Dnus sit in corde tuo et in labiis tuis ...
— evangelium suum. 2218
— evangelium pacis. 1604 1895 1988 2056 2158
— in nomine dni. 2338
— sanctum evangelium. 1522
— spiritus sancti. 2191 2291 2370 2481
— ... 2127 2154
Dnus sit in corde tuo et in ore tuo ...
— evangelii lectionem. 1830
— omniumque salute. 1443
Dnus sit tibi adjutor et protector ...
— et peccatorum ... feliciter obtinere. 3305
— praestet ... de tua peccata. 2668
Domum tuam dne qs clementer ingredere ... habitatio praeclara. 6087 6116 6140 6221 6241 6335 6368 6409 6451 6480 6533 6562 6613
Dum olei unctione cunctorum ... christe dne. 3921

E

Eadem divina auctoritate et praecepto ... affabilis et misericors? Volo. 4332
Ecce
— agnus dei ... 3869
— ego dne acce ego miser ... proveniat sempiternam. 1608
— ejicimini hodie a sinu maris ... transgressionem suam. 2711
— ejicimus vos hodie a liminibus ... cum fructu paenitentiae. 7808 7832
— frater mysterium redemptionis nostrae ... adora redemptorem. 3718
— jesu benignissime quod concupivi ... suscipio in terris. 1122 1636
— mysterium redemptionis nostrae ... vitam aeternam? 3691
— renuntiatis diabolo ... filio et spiritui sancto. 384

Ecce sanctissimi sacerdotes praemissis deo precibus
— sollicitudo tepescat. 6875
— solutio tepescat. 6892
Ecce sic benedicetur homo ...
— diebus vitae vestrae. 886 937
944 950 955 966 970 979
— in timore tuo sanctissimo. 917
922 976
Ecce
— sic benedicetur omnis homo ...
habeatis vitam aeternam. 4363
— vultum salvatoris qui te sui ...
recognosce te culpabilem. 3692
Ecclesia tua christe quae dilatat per
universam ... gentium populus.
8607
Ecclesiae nostrae fr. car. pater
electus ... ad ordinem accedere.
5341
Ecclesiae tuae qs dne
— dona propitius intuere ... 5769
— preces placatus admitte ... serviat libertate. 1105 6944 7880
7941
Ecclesiam
— ingreditur servus dei ... in saecula saeculorum. 177
— tuam qs dne benignus ... perveniat sempiterna. 2528
Effeta
— effecta est in odorem suavitatis. 423
— (epheta) quod est adaperire in
odorem suavitatis. 80 132 169
305 435 440 455 478 492 502
521 557 597 612 635 662 697 741
763 780 790 814 8399 8441 8474
8481 8504 8519
Effunde dne
— benedictionem caelestem super ... sub dextera tua. 5561
— caelestem benedictionem ... regni caelestis. 5538
— ds noster gratiam tuam super
hos ... dne omnium. 4958
— rorem gratiae tuae et pluvias ...
dne omnium pater? 4988
— super hos famulos tuos ... in
apostolis gloriosis. 901
Effunde
— lumen tuum purificans ... spiritus sanctus. 4930
— qs dne super hos famulos
tuos ... in apostolis gloriosus.

880
Ego
— albertus profiteor et promitto
coram deo ... observare juro.
6002
— auctoritate sanctae matris ecclesiae ... spiritus sancti. 5230
— baptizo te in nomine ... 701 715
760
— dixi dne miserere mei ... ad te
veniat. 2214
— do fidem meam matrimonialem ... spiritus sancti. 5227
Ego frater N.
— offerens trado meipsum ecclesiae ... canonice elegerit. 5512
5522
— promitto stabilitatem meam ...
domini N. abbatis. 5460 5477.
— regulam a sanctis patribus ...
praecepta canonum. 5501
— talis offerens trado ... renuncio
propriis. 5475
Ego
— N. futurus imperator juro me
servaturum romanis ... dei
evangelia. 6860
— igitur tamquam publicus ecclesiae dei minister ... in tales
decretum. 5225
Ego ille N. nunc ordinandus abbas
— canonicorum ... confirmo. 5317
— subjectionem propria manu
firmo. 5296 5344
Ego
ille N. sanctae N. ecclesiae nunc
— ordinandus ... officium missae.
4337
— immeritus et peccator episcopus ... ad regna caelorum. 2581
— in nomine christi promitto
spondeo ... scire meum et posse. 5990
— lavo tibi pedes ... habeas vitam
aeternam. 398
— miser peccator qui me prae
omnibus ... ab ira ejus nisi ad
illum. 1351
Ego peccator confiteor omnipotenti
deo
— caeli ... ut ipse misereatur mei.
2184 2368 2510
— omnipotenti ... dnum deum nostrum. 3156
— omnipotenti ... orare pro me.

7895 8213 8284
— famulum tuum N. ad regendum ... fideliter constituat.
5737
— haec linteamina ... 6574
— has vestes quibus famulae
tuae ... 5570 5680
Exaudi dne preces nostras et super
— hanc famulam tuam ... 5306
5335
— hos famulos tuos ... exemplum
praebere. 4194 4595 4663
— hunc famulum tuum ...
exemplum praebere. 4070 4389
4422 4545 4749 5323 5389
exemplum videre. 4021
valeat praebere. 5300
Exaudi dne preces nostras et tibi
confitentium ... miserationis
absolvat. 2449 2599 2639 2674
3321 3727 3836 7804 7828
Exaudi dne preces nostras
— pater clementissime ... 6649
— quas in conspectu tuae majestatis ... 5328
— ... 2750 3002 4142 4150 4225 4274
7834 7904 8010
Exaudi dne preces ... 7900
Exaudi dne qs
— preces nostras quas in conspectu ... daturum esse in caelis.
5352
— supplicum preces et confitentium ... miserationis absolvat.
2741
Exaudi dne
— s. p. o. ae. ds ut sicut domos
hebraeorum ... in hoc habitaculo. 3505 7769
— supplicationem familiae ...
percipere mereantur. 201
Exaudi dne supplicum preces et
confitentium ...
— ut pariter ... tribuas et pacem.
2332
— ut quos ... miserationis absolvat. 3144
— ... 7951
Exaudi dne supplicum preces
— et devoto tibi ... exhibeamus
officiis. 4038 4292
— ut quod nostro gerendum est ...
virtute firmetur. 3977 4132
— ... 2688 2782 3578 7577 7957
Exaudi dne

— vocem deprecationis ... ad te
veniat. 1411
— ... 4494 7913
Exaudi ergo dne preces nostras et
concede ... conferat unitatem.
7254
Exaudi nos ds noster ... 6700
Exaudi nos ds salutaris noster et
— per ... defende periculis. 1227
— precum nostrarum ... 6731
— super hos famulos tuos benedictione ... 4602
Exaudi nos dne ds noster
— et praesta ut per ... pane saturetur. 2858 3000
— ... 4469
Exaudi nos dne
— et sicut publicani ... gloriae
mancipetur. 2572
— qs ut haec linteamina ... 6405
— s. p. o. ae. ds et mittere dignare sanctum angelum ... in
hoc habitaculo. 3610 3658 5498
Exaudi nos dne s. p. o. ae. ds et
mittere
— dignare angelum ... famuli tui
N. 6049
— digneris angelum ... in hoc habitaculo. 3127 3459 5180 7231
7259
Exaudi nos ds s. p. o. ae. ds
— et sanctorum tuorum cyrici ...
consequi mereamur. 8745
— ut quod nostro ministratur ...
potius impleatur. 5066
— ut si qua sunt adversa ... tuae
pellantur. 2880
— ... 2948 3319
Exaudi nos dne ... 2950 6310
Exaudi nos
— lumen indeficiens dne ds noster ... in saecula saeculorum.
8596
— o. ae. ds ... 3346
Exaudi nos o. ds et
— famulos tuos ... operatione
mundari. 298 345
— in hujus aquae ... mereatur
aeternam. 443 615 8507
— ... 480 5159
Exaudi nos o. et m. ds
— et visitationem ... morti non
tradidit me. 7320
— ut quod nostro ... potius impleatur. 5083 5105 5120 5186

Exaudi nos qs ds ... 4234
Exaudi nos qs dne ds noster et super
— hos famulos ... largitate prosequaris. 4198 4754
— hunc famulum tuum ... largitate prosequaris. 4077 4124 4392 4432
Exaudi nos qs dne ... 4547
Exaudi nos qs dne ds
— noster ... 4283
— salutaris noster et super ... largitate prosequaris. 4028
Exaudi nos qs o. ds et
— famulum tuum N. quem ad regimen ... electione placeamus. 5285 5309
— haec linteamina ... jesu christi. 6434
Exaudi
— o. ds preces nostras et hanc vestem quam famula tua ... 5583
— orationem nostram gemitumque ... largire dignare. 7958
— preces nostras et super hunc famulum tuum ... 5335 7923
Exaudi qs dne
— gemitum populi tui supplicantis ... consequi mereamur. 8685
— plebem tuam quae extrinsecus ... luce concede. 7795
Exaudi qs dne preces nostras et
— confitentium ... miserationis absolvat. 7943
— hunc ensem ... 6036
— hunc gladium ... 5994
— super hos famulos tuos ... 4657
Exaudi qs dne supplicum preces et confitentium ...
— ut pariter ... benignus et pacem. 1311 7078
— ut quos ... miserationis absolvat. 2559 7856
Exaudi qs dne supplicum preces ... 7868
Exaudi qs o. ds
— preces nostras et has vestes ... 5642
— tuam misericordiam deprecantes ... feliciter pervenire. 8740
Exaudi
— qs ... 5624
— ... 7976

Exaudiat te dnus orantem pro
— nobis ... omnes petitiones tuas. 1556
— nostra omnium salute. 1441
Exauditor omnium ds exaudi
— fletuum nostrorum ... consoleris. 2619
— nostrorum fletuum ... consoleris. 3033
Excellentissimam in hac nocte tuae resurrectionis ... qui es in caelis. 8620
Excita
— dne potentiam ... 2273
— qs dne ... 2151
Exciteris a sommo militiae et vigila ... fama laudabili. 6042
Exerce liberator in nobis ... concina gloriaris. 215
Exi ab
— ea spiritus immunde ... spiritus sancti. 152
— eo immunde spiritus ... 773
Exi ab eo satan spiritus immunde et da locum ...
— sancto paraclito. 85 717
— spiritus sancti. 8425
Exi ab eo satana
— da honorem ... famulo dei illi. 58 108
— et da locum spiritui sancto paraclito. 7181
Exi
— immunde spiritus et da locum spiritui sancto. 310 558 598 647
— maledicte sathana ... 733
— transgressor exi seductor plene omni dolo ... interitus praeparatus. 7190
Exorabilis dne intende orationem supplicum ... misericordiae sublevemur. 2623 3036
Exorcistam oportet abjicere daemones ...
— debet effundere. 4637
— ministerio effundere. 4260
— ministerio fundere. 4260 4481 4727
Exorcizo te aqua in nomine dni dei ... infinita saeculorum. 7033
Exorcizo te auctor
— diabolicae potestatis ... locus relinquetur. 7146 7212
— mortis diabole inventor ... habitationis inveniatur. 7160

Exorcizo te cinis in nomine ... sinceri inveniantur. 303

Exorcizo te creatura aquae
— exorcizo te ... saeculum per ignem. 394
— in nomine dei patris et filii ... solum deum. 6352 6415
— in nomine dei patris omnipotentis ... vitam aeternam. 415 447 617 6048 6316 6459 6498 7237
— in nomine dei... 2944 3315 6146 6632 6713 7130 7140 8508
— in nomine dni j. c. ... saeculum per ignem. 532 616 758
— per deum patrem ... in saecula saeculorum. 8614
— per deum vivum ... saeculum per ignem. 444 6318 7169 7238 7240
— ... 481 484 571 6247 6306 6354 6507 6509 6537 6547 6662
— vel ferri ... 7071

Exorcizo te creatura florum vel frondium ... 7979

Exorcizo te creatura olei
— in nomine dei patris ... 8073 8091 8101 8234 8247 8267 8313
— per deum patrem omnipotentem ... 8085 8195 8232 8245 8265 8311
— ... 8111 8197 8205 8280

Exorcizo te creatura salis
— et aquae in nomine ... qui venturus est. 6054
— in nomine dei ... saeculum per ignem. 17 41 63 115 137 159 226 256 313 466 507 540 579 627 726 797 819 6092 6419 6459 7232 8431 8463

Exorcizo te creatura salis
— in nomine dni nostri ... 6314 6350 6660 6711
— in nomine patris ... qui venturus. 6460
— per deum creatorem ... qui venturus. 7164
— per deum vivum et verum ... vivos et mortuos. 6052
— per deum vivum per deum verum ... saeculum per ignem. 7235
— ... 2942 6093

Exorcizo te creatura salis ... 3313 6144 6305 6379 6492 6496 6505 6535 6545 6630 7142

Exorcizo te creatura salis quatenus consecrata ... in hac cruce sancta. 6791

Exorcizo te
— fons aquae ... mundum per ignem. 404
— hostis humani generis in nomine ... per eum qui venturus. 7217
— immunde spiritus exi ab hac creatura dei ... vitam aeternam. 7214
— immunde spiritus in nomine ... dextram porrexit. 29 48 74 104 122 144 263 321 365 470 514 547 591 658 736 8439 8470
— patris ... 7153
— ut exeas ... praesumas stare. 7205

Exorcizo te immunde spiritus
— omne phantasma ... saeculum per ignem. 6195
— omnisque incursio satanae ... 8081 8227
— per deum patrem ... saeculum per ignem. 6983
— per patrem ... de monumento suscitavit. 31 54 76 106 128 146 165 234 264 322 472 518 553 593 659 7154 8440 8471
— ... 8094 8260

Exorcizo te immundissime
— et refuga spiritus ... in saecula saeculorum. 8070
— spiritus omnisque incursio satanae ... 8099
— spiritus ... 8108 8193 8203 8243

Exorcizo te maledicte
— et immundissime draco ... in saecula saeculorum. 7086
— immunde spiritus draco ... peccata mundi. 7211

Exorcizo te nequam spiritus auctor diabolicae ... in saecula saeculorum. 7257

Exorcizo te omnis
— creatura foliorum vel frondium ... 7969
— immundissime spiritus ... saeculum per ignem. 794 8388
— virtus adversarii ... omnium peccatorum. 8509

Exorcizo te
— spiritus immunde per deum

patrem ... in saecula saeculorum. 422 7213
— ... 165 650 658
Expecta dnum viriliter age ... sustine dnum. 5698
Expectati temporis dil. fr. festa solemnitas ... propitiatus adspiret. 8603
Expia qs dne nostrorum cunctas facinorum ... operibus illustrari. 8324
Exsequiis rite celebratis
— membrisque feretro ... regionis vivorum. 7560
— membris in tumulo ... regionis vivorum. 7530
Exsufflo te immundissime spiritus ... judicium dei. 791
Exsurgat deus et nostri famulatus ... augmentum. 6100 6750
Extendat o.
— ds dextram suae benedictionis ... tribuat esse consortem. 5879 5960
— dnus dextram suae benedictionis ... intercedentibus meritis. 5789
Exuat te deus veterem hominem cum actibus suis ... sanctitate veritatis. 5507
Exuat te dnus veterem hominem cum actibus
— suis. 5438 5442 5515
— et moribus suis. 5449
Exue me dne veteri homine ... sanctitate virtutis. 2277
Exue veterem hominem cum actibus suis et indue ... 5458
Exultet jam angelica turba ... spiritus sancti. 706 8403 8456 8485 8524 8540 8570 8590 8628

F

Fac
— dne qs hanc cum servo tuo defuncto ... angelicis choris. 7751
— me quaeso o. ds ita justitia indui ... conscientiae gravat. 1336 1591 1859 1930 1960 2040 2327
— nos dne sanctorum tuorum auxilio ... incessanter habere. 6304 6347 6408 6449 6532 6561 6672
Fac qs dne hanc cum famulo tuo
— defuncto ... 7452 7627
— misericordiam ... 7684
Fac qs dne hanc cum servo tuo
— defuncto misericordiam ... angelicis choris. 7351 7426 7511
— misericordiam ... angelicis choris. 7485 7550 7601
Fac qs dne ... 7649 7705
Fac qs hos famulos tuos toto semper ad te corde ... beneficiis gratulari. 5502
Facientes commemorationem beatissimorum ... marci et lucae. 1191
Facturus memoriam salutaris hostiae ... commercia largiantur. 1078 1447 1546 2004
Familiam tuam qs dne beatae virginis tuae scolasticae ... rore perfundere. 8729
Famulam tuam dne tuae custodia muniat pietatis ... 5399 5591
Famulas tuas dne
— custodia muniat pietatis ... 5547 5575 5632 5657 5674
— tuae custodia muniat pietatis ... 5685
Famulorum tuorum qs dne delictis ignosce ... intercessione salvemur. 1345
Famulos tuos dne ... 8278
Famulos tuos qs
— ab ira tua confugientes ... venia gratulari. 8051
— dne ab ira tua confugientes ... venia gratulari. 8215 8293
Famulum tuum dne
— ad tui baptismi ... valeant exultare. 475
— qs tuae custodia muniat ... inlaesum custodiat. 5430
Famulum tuum qs dne ab omnibus absolve ... destituatur auxilio. 3307
Fecundetur et sanctificetur ... vitam aeternam. 563
Fiant merita et orationes eorum ... diebus vitae tuae. 3255
Fiat commixtio
— aquae et vini ad consecrationem ... spiritus sancti. 6638 6719
— corporis et sanguinis ... in vi-

Gratia dni nostri j. c. qui perfecit defectum nostrum ... spiritus sancti. 5033

Gratia
— et miserationibus ... in saecula saeculorum. 186
— sancti spiritus per meam mediocritatem ... custoditae civitatis. 4859

Gratia sancti spiritus tecum sit
— illuminans ... diebus vitae tuae. 4858
— ... 4857

Gratiam
— spiritus sancti quam accepit ... vim habentibus. 4939
— tuam ... 8396

Gratias agimus dne multiplicibus largitatibus ... mereatur ad vitam. 7318

Gratias agimus tibi
— dne multiplicatis ... deprecatione sustentas. 1174
— et nomini tuo o. ds qui mittere ... qui venturus. 7168
— o. rex noster o. per omnia ... 5016

Gratias ago tibi dne
— ds pater o. ... gaudia justorum. 1133
— s. p. o. ae. ds qui me refecisti ... fiat in aeternum. 2533

Gratias tibi agimus
— dne ds noster qui bonus es ... in saecula saeculorum. 3963
— o. dne ds o. per omnia ... jesu christe ille qui tecum. 5028 5042
— o. propter omnem gloriam ... jesu christi. 5052

Gratias tibi ago dne ds pater o. qui me ... ad vitam aeternam. 2269

Gratias tibi ago s. p. o. ae. ds qui me ...
— indignum ... gaudium sempiternum. 2534
— refecisti ... in vitam aeternam. 2461

Gratias tibi in nomine tuo o. ds noster qui mittere ... jaculam inimici. 6051

Gubernaculus nostrae et rector ... recta regantur. 4094

H

Habes
— fidem confessam et peccata confessa ... trinitatem custodire? Volo. 3359
— voluntatem emendandi si spatium vivendi haberes? Habeo. 3810

Habete vinculum caritatis et pacis ut apti sitis sacrosanctis mysteriis. 2025

Habete vinculum pacis et caritatis ...
— in cordibus nostris. 2115
— misteriis dei. 1285
— sacris mysteriis. 2087
— sacrosanctis mysteriis. 1116 1466
— ... 2398

Habetote osculum dilectionis ... mysterii dei. 1198

Habitator sanctarum mentium ... 6332

Haec aqua benedicta sit tibi hodie ad comprobationem. 7106

Haec aqua fiat tibi hodie ad
— comprobationem. 7115
— probationem veri judicii dei. 7032

Haec commixtio
— et consecratio corporis ... praeparatio salutaris. 1112
— liquorum fiat omnibus perunctis ... in saecula saeculorum. 8063 8087 8105 8110 8231 8264 8309

Haec commixtio salis et cineris cum aqua ...
— efficiatur sacramentum. 6665
— spiritus sancti. 6550 6635 6716

Haec dne salutaris sacrificii perceptio famuli tui
— maculas diluat ... 5773
— peccatorum ... dispensatione redemptus. 5809 5919

Haec est
— autem vita aeterna ... pendet et prophetae. 689
— fides quae paucis verbis ... in saecula saeculorum. 8815

Haec facimus haec celebramus tua dne ... tribuas et salutem. 8330

— ... carnali corruptione ... sempiternum perveniat. 7347

— famulis tuis quos ad presbyterii ... dona custodi. 4511

— ... ob diem caenae dominicae ...
mereamur offerre. 8328

— offerimus pro hujus negotii
qualitate ... ordinetur et compleatur. 1454

Hanc ig. ob. quam tibi pro

— depositione sacerdotis ... facias
sacerdotum. 7377

— famula tua ob diem natalis ...
occurrere mereatur. 5600

— famulis tuis quos ad presbyterii ... dona custodi. 4041 4511

— famulo tuo ut des ... spiritus
refrigerium. 7317

Hanc ig. ob. quam tibi regeneratio-
nis fonte ... inserere spiritus.
7365

Hanc ig. ob. servitutis nostrae ...

— carnemque nostram ... misericorditer largire. 1803

— cordibus intercedentium ... dona oboedientiam. 1783

— famulo tuo N. quem ad episcopatus ... effectibus consequatur? 4455 4622

— in fide s. trinitatis ... potenter
custodi. 1778

— intercessione b. mariae ... cunctis credentibus. 1808

— etiam pro famulo tuo quem ad
episcopatus ... effectibus consequatur. 4343 4774

Hanc ig. ob. servitutis nostrae pro
anima famuli tui N. episcopi ...

— beatitudinis portionem. 7373

— indulgentia sempiterna. 7369

Hanc ig. ob. servitutis nostrae ...

— pro famulo tuo quem ad episcopatus ... effectibus exsequatur. 3991 4176 4319

— petimus tantam perfectae ...
semper et munias. 1798

— quam tibi offerimus in die ordinationis ... operatus es in me.
4357

— sed et ... actionesque meas ...
pace disponas. 1090

— spiritus sanctus ... malo semper eripias. 1788

— ut custodia sanctorum ... misericorditer perducas. 1793

— ... 2442

Hanc ig. ob. ... 286 300 326 2102

Hanc ig. ... 2383 4809 8653

Hanc oblationem

— clementissime pater defero ...
populi delictis. 1611

— qs dne placatus admitte et omnium offerentium peccata indulge. 1181 1242

— qs o. ds placatus accipe et
omnium ... peccata indulge.
1688 1703 2373

Hanc sanctae fidei regulam ... pervenire possitis. 7990

Hesterno die fr. car. in synodo nostra ... nobis concedat qui vivit.
6897

Hic

— accipiet maledictionem a dno
... nullatenus consequeris. 6926

— benedictionem tuam dne populus fidelis ... jugiter inveniat.
6153 6255

— est calix sanguinis mei ... in remissione peccatorum. 1175

— qui christum et deum nostrum ... victores esse praebe.
871

— subdiaconus in ecclesia sancta
dei. 5014

— tuae clementissime christe impenetrabili ... in saecula saeculorum. 8674

His qs dne muneribus intende placatus et tribue ... gratia ditari.
8749

His sacrificiis

— dne anima famulae tuae a peccatis ... misericordia consequatur. 7390

— qs dne intende placatus ut qui
b. paulum ... mundemur offensis. 8719

Hoc

— cantant angeli hoc resonant
caeli ... redemptor aeternus.
7995

— enim facimus in quinque sensus. 3221

— ergo facimus dne haec praecepta ... sanguinis haereamus.
1169

Hoc est corpus meum quod pro
multis ... remissionem peccatorum. 1093

Hoc est corpus meum quod pro vobis
— et pro multis ... remissionem peccatorum. 1095
— frangitur ... remissionem peccatorum. 1092
— tradetur ... redemptione multorum. 1094
Hoc est corpus quod ... hic est calix novi ... remissionem peccatorum. 1097
Hoc est enim corpus meum
— hic est enim calix ... remissionem peccatorum. 1096
— quod pro multis confringetur ... sanguis meus. 1098
Hoc incensum ad omnem putorem ... suavitatis suae accendat. 1541 1614
Homo recognosce quia cinis es ... habebis vitam aeternam. 7934
Honorifica eum prae cunctis regibus gentium ... aequitatis singularis. 5792
Hos dne
— fonte baptismatis ... poscimus praeparari. 280
— renovandos fonte ... pace disponas. 327
Hos
— famulos tuos qs dne benedictio desiderata ... beneficiis gratulari. 8149
— quos reficis dne sacramentis ... capiamus et mentibus. 4042
Hostiam tibi dne ... 7102
Hostias
— dne quas tibi offero ... propitius largire. 1806
— quas tibi pro animabus famulorum ... dones et praemium. 7401
Hostias tibi dne
— humili supplicatione pro animabus ... misericordiam consequantur. 7397
— laudis exsolvo ... propitius exsequaris. 4324
Hostium nostrorum
— dne qs elide superbiam ... virtute prosterne. 1106
— omnium qs dne ... virtute prosterne 6945
— ... 6938
Hujus sacrificii dne qs et vetusta-

tem
— ... augeat et salutem. 8157
— ... augeat salutarem. 8116
Humeros meos
— sancti spiritus gratia ... in saecula saeculorum. 1318
— spiritus sancti ... in saecula saeculorum. 1946
Humili mente caritateque devota ... participatione perducat. 2859 3634
Humilitatis glorificae rector ds qui brachio ... sanctissimo nutu. 3051

I

Igitur quia monita nostra per crebras ... laesit satisfaciat. 6955
Ignosce dne
— commaculatae vitae ... compleatur officium. 1766
— ignosce quia dum rogare compellor ... salvator mundi. 1716
Ignosce dne quod dum rogare compellor ...
— salvator miserere mei. 1480 1585
— creditae non recuses. 1532
— salvator mundi. 1656 1893 2062 8810
Ignosce
— mihi dne ignosce quia dum rogare ... 1681
— quaeso mihi dne quem maculatae ... compleatur officium. 1397
Illa
— feria adveniente ... ipse nuntiaverit. 241 266 333
— gratia et illud donum ... in terra et in caelo. 4972
Ille
— est cui cum timore et tremore ... voluntatis suae consistunt. 4921
— vos benedicat de caelis ... venire in terris. 3997
Illum metue qui in isaac immolatus est ... qui venturus est. 7187
Illumina qs oculos majestatis tuae ad benedicendam ... servire mereatur. 5705
Illustret vos unigenitus filius dei ...

regit in saecula saeculorum. 1208

Immensae
— majestatis tuae misericordiam obsecramus ... exhibere valeamus. 7796
— pietatis deus qui latronem ... bonorum esse concede. 8377

Immensam clementiam tuam o.
— ae. des humiliter imploramus ... spiritualis nequitiae. 2943 3314 7236
— et piissime ds... et consecrentur. 4703

Immensam clementiam tuam
— rogamus o. et piissime ... 4301
— ... 6094 6145 6497 6536 7143

Immittat in te dnus sanctum religionis amorem ... bonorum desiderio. 5729

Immola deo sacrificium laudis ... ad eum exaudiat te. 1905

Immola dno sacrificium laudis et redde
— ... ad eum exaudiat te. 1426
— altissimo vota tua. 1440

Impellit me
— dne ministrandi officium ... factus es hostia. 1963
— ministrandi officium ... indebiti sacerdotii ... 1876
— peccatorem ministrandi ... paenitentiae non excludis. 1375

Impellit ministrandi officium hostia ... salvator mundi. 1719

Imperat tibi verbum patris imperat tibi ... praesumebas contingere. 7193

Imperium perpetuitas ... saecula saeculorum. 1278

Implorantes
— clementiam ineffabilis pietatis ... cum omnibus sanctis tuis. 3082
— dne misericordiam tuam hos famulos tuos ... pervenire mereantur. 8148

Imponimus dne capiti hujus antistitis ... 4812

In
— animae corporisque medelam ... et plasmaverunt me. 836
— conspectu tuo dne ... 7065
— cujus honore cremaberis ... 2135 2142

— dei tui domo oliva fructifera ... ope hunc aegrotum. 3918

In diebus ejus oriatur
— omnibus aequitas et justitia ... commercia consequatur. 5838 5866
— omnis aequitas et justitia ... commercia consequatur. 5947

In diuturnitate desiderium ejus ... intra altare tuum. 4941

In ea auctoritate et potestate
— confidentes ... cum omnibus sanctis. 7886
— fidentes ... cum omnibus sanctis. 2636 3142

In
— geminas partes diem ... voce salvator. 211
— hoc regni solio te confirmet ... regnat deus. 5914
— laudem et honorem et decorem ... ecclesiae sanctae dei. 4997
— manus tuas corpori animam ... 7734
— ministerio et potestate ligandi ... vivit et regnat. 3143
— multitudine dne in luce ... atque in fide. 4938

In nomine
— christi promitto spondeo ... scire eum et posse. 5821
— dei patris omnipotentis et filii ... ad sanitatem corporis. 3220

In nomine dni benedicatur incensum ... in odorem suavitatis. 1521 1987

In nomine dni ego N. licet peccator
— ... ostiarii ... evangelium deportare. 6930
— ... subdiaconatus ... vasa dni. 6933

In nomine dni ego N. quamvis peccator ...
— diaconatus ... sanguinis christi. 6934
— presbyteratus ... devote perficere. 6935

In nomine dni nostri j. c. accipe
— baculum ... pastori pastorum. 5287 5311
— hanc sportam ... adipisci custodiam. 6834

In nomine dni nostri j. c.

— sacris tuis ... tu enim. 1826
— tuis mysteriis esse fateor ... peccatis fuscor. 1684
— tuis sacrificiis ... 1747
Induat te dnus
— novum hominem ... sanctitate veritatis. 4391 4660 5439 5450 5516
— vestimento salutis et indumento ... in nomine dni. 4653 4661
— vestimentum salutis et coronam ... super caput tuum. 4032
Induat vos dnus vestimento salutis et
— indumento ... jesu dno nostro. 4750
— tunica justitiae. 4491
Indue hos famulos tuos dne vestimento salutis ... in saecula saeculorum. 5506
Indue me dne
— calceamentis justitiae ... timore servire. 1813
— cingulo fidei ... totius castitatis. 2409
— indumento humilitatis ... mentis et corporis. 2284
Indue me dne lorica
— fidei et galea ... spiritus sancti. 1588
— justitiae et galea salutis aeternae. 1018
Indue me dne
— loricam fidei et galeam ... spem salutis. 997
— novum hominem ... sanctitate veritatis. 1037
Indue me dne ornamento caritatis et
— circumda ... saecula saeculorum. 2047
— pacis ... mentis et corporis. 1884
Indue me dne ornamento humilitatis
— contra ... in saecula saeculorum. 2474
— et pacis ... corporis per te christe. 1956
— et pacis ... in saecula saeculorum. 1328
— et pacis ... mentis et corporis. 1027 1855
Indue me dne sacerdotali justitia ut induci ...
— fac me ... conscientiae gravat.

1499
— tabernacula sempiterna. 1002 1327
Indue me dne
— stola gloriae ... thesauriza super me. 2182 2411
— veste nuptiali ... possim gratiam tuam. 2183 2412
Indue me dne vestimento humilitatis et
— castitatis ... nomen sanctum tuum. 2331
— concede ... in saecula saeculorum. 2244
— et da mihi ... in saecula saeculorum. 2213
Indue me dne vestimento justitiae et spiritali intellectu. 994
Indue me dne vestimento salutis et
— circumda me lorica fortitudinis. 1023 1325 1852 1881 1947 2044 2280 2326
— indumento ... in nomine patris, 2240
— justitiae ... ambire dignare. 1249
Indue me dne vestimento salutis et tunica ...
— laetitiae circumda me. 1036
— circumda me semper. 1006 1014 1220 1575 1646 1672 2179 2209 2469
Indue novum hominem qui secundum ... sanctitate veritatis. 5469
Induere vestibus praeclaris ... benedictio data. 4287
Induitur servus dei N. tunica ... in saecula saeculorum. 838
Indulgeat tibi dnus omnia peccata ... ad vitam aeternam. 2670
Indulgentiam
— absolutionem et remissionem ... misericors dnus. 2186 2478 2512 8645
— et absolutionem et remissionem ... misericors dnus. 1862 3361
Indulgentiam et remissionem
— ipse occultorum ... soliditate custodiat. 1342
— omnium ... misericors dnus. 2434
Indulgentiam tuam qs dne ... 8703
Indulges his qui tibi aliquod no-

— in nomine patris ... oleo sancto ... vitam aeternam. 3401
— oleo in nomine patris ... quatenus ... merearis sanitatem. 3402

Invectione
— horum manipulorum subnixe te ... perenniter gaudere, 4490
— hujus manipuli subnixe te ... perenniter gaudere. 1039

Inveniat qs dne anima famulae tuae N. lucis ... consecuta est sacramentum. 7391

Investione
— harum manipularum subnixe te ... perenniter gaudere. 4218 4652
— istius mappulae ... gaudere per omnia. 1329

Ipse
— est qui elegit in medio ecclesiae ... kyrie eleison. 4895
— tibi qs dne s. p. o. ae. ds sacrificium ... j. c. dnus noster 8171 8182 8191 8226

Ipse te liniat chrismate salutis in vitam aeternam. 8553

Ipse te
— liniat ... 806
— linit chrismate ... in vitam aeternam. 669

Ipsis dne et omnibus ... indulgeas deprecamur. 2108 2389

Ipsius praeceptum est dne quod agimus ... sanguinis haurimus. 8331

Isti et omnes sancti intercedant pro nobis ... vivis et regnas. 7763

Isti promovendi sunt ad ordinem
— diaconatus ... testes ejus N. et N. 4219
— presbyteri ... testes ejus N. et N. 4220

Istis et omnibus in fide ... indulgeas deprecamur. 1459

Istud est incensum contra insidias ... spiritus sancti. 1268

Ita dne immensi criminis rei ... in examinatione confusos. 1765

Ite baptizantes populum ... spiritus sancti. 768

Item
— praecipio tibi si necessitas urget te ... petite in ecclesia. 7269

— pro spiritu pausantium ... joannis et felicis. 1192

Iteratis precibus
— dilectissimi nobis ... interesse conventibus. 3712
— dne supplices deprecamur ... interesse conventibus. 3665

Iterum atque iterum continuo ... pro
— redemptione ... kyrie eleison. 4892
— securitate ... kyrie eleison. 4905

Iterum atque iterum perpetuo ... pro
— patre ... kyrie eleison. 4870
— tranquillitate saeculi ... dno supplicemus. 4881
— tranquillitate superna ... mihi concede. 4874

J

Je te baptise au nom du p. ... saint esprit. 756

Jesu salvator
— et dne qui es vera salus et medicina ... 3341
— noster et dne qui es vera salus ... 2874 3164

Jesu dne caelestis qui statuit ... corde tranquillo. 4935

Joannes
— evangelista ... 271 297 339 352 373
— habet similitudinem aquilae ... dno nostro percipere. 206 246

Jube dne benedicere dnus sit ... evangelium divinum 1236

Jucunditate signi misericordiae tuae ... adversariis redde. 3908

Jugum enim dne tuum suave est ... possim tuam gratiam. 1581 1676

Jugum tuum dne
— j. c. pone ... quia leve. 993
— suave est et ... possim gratiam tuam. 1224 1254

Justificatus es illuminatus es ... 873

Justus est? justus est ... justum manere. 4230 4499

L

Laeteris quod in fide christi moraris? Laetor. 3808

Laetetur ecclesia tua ds omnium et horum sanctorum ... secura

M

N

Ne derelinquas
— dne ds meus ne discedas a me.
3614
— me dnus ds meus ... ne in furore tuo. 3663
Ne despicias o. ds nos famulos tuos
... succurre placatus. 6943
Nec non et illorum
— quorum hodie ... celebratur
triumphus. 1704
— sanctorum quorum ... 1632
Nec te
— lateat ... 740
— latet satana imminere tibi ...
79 131 149 168 439 454 477 491
501 520 556 596 611 674 7215
8398 8442 8473 8480 8503 8518
Nobis quoque peccatoribus ... peccatorum nostrorum. 1100 1276
2109 2167 2390
Non ego impero tibi neque peccata
mea ... in futuro saeculo. 7149
7157
Non in manibus
— nostris prosperant viae nostrae
... te dne noster invocamus.
4969
— vestris prosperant ... te invocamus dne noster. 4948
Non intres in judicium cum servo
tuo quoniam
— non ... omnis vivens. 3618 3672
— nullus ... signaculo sanctae trinitatis. 7349 7506 7518 7749
Non intres in judicium
— cum servo tuo ... 7424 7612 7683
7728
— ... 7411 7451 7549 7591 7600 7624
7647 7704
Non intres ... 7483
Non
— nobis dne non nobis ... da gloriam. 2099
— te latet ... 661
Nonne frater carissime firmiter credis ... salvaberis? Cognosco.
7733
Nos
— admittimus te in canonicum et
fratrem nostrum. 5532
— etiam secundum auctoritatem
nobis ... saeculum per ignem.

8224 8300
Nostrorum tibi dne curvantes genua
... placita actionis. 6884 6890
6904
Nota tibi sit o frater mensura doni
... laus deo semper. 5043
Notam tibi facio o frater mensuram
hujus ordinis ... in gaudium dni
tui. 5053
Noverit caritas vestra fr. car. quod
quidam vir ... veneno inficiantur. 6954
Nulla est dne humanae conscientiae
virtus ... remuneratio sempiterna. 6876 6887 6893 6907
Nunc o rex noster supplices deprecamur bonitatem tuam ... jesum christum. 5056

O

O bone qui misericordiae es abyssus
... aegrotat seu pius. 3911
O dee cuncti parens animae dator
... clementer adurat. 8776
O ds aeterne mundi spes unica ...
carmina laudes. 8778
O ds et p. o. qui per grandiloquium
... saecula saeculorum. 176
O ds dives in donis tuis qui benignum ... spiritu sancto. 5004
O dne ds
— cujus filius o. tui qui praecessisti ... jesus christus. 5006
— magnus in donis tuis et misericordia ... absque omni contrarietate. 5054
— o. p. dnus noster et ds noster
... qui in caelis est. 5047
O dne o. qui
— purificasti in gubernaculo ... justitiae in jucunditate. 5011
— omnia creasti in verbo tuo ...
procedit a te. 5035
O dne ds o. verus sine falsitate ...
jesum christum ille qui tecum.
5023
O dne ds qui venire nos fecisti in
sortem ... spiritu sancto. 5032
O dne ds virtutum qui
— induxisti nos ... spiritu sancto.
5020
— nos venire fecisti in sortem ...
spiritu sancto. 5045

rem ... gaudere mereatur. 5918
— primos parentes nostros adam
et aevam ... dilectionis conjungat. 5080 5102
— pro infirmorum necessitate potentiae ... vivis et regnas. 8071
— sacerdotibus tuis ... 6348
O. ds qui
— scapulis assumti hominis ...
evasisse gravedinem. 3054
— solus respicis afflictionem omnium ... nunc et in perpetuum.
6942
— subvenis in periculis ... remedia comprehendat. 3453
— suscepisti munera abel ... peccatorum nostrorum. 1686
— vos hodierna die ad consecrationem ... possidere valeatis.
6655.
O. ds
— sua vos clementia benedicat ...
maneat super vos. 4682
— suppliciter rogamus ... evacuare digneris. 7076
— trinitas in personis ... misericorditer concede. 1780
O. ds trinitas inseparabilis manibus
nostris ... gratia
— efficiatur. 6440
— perficiatur. 6067 6127
— sanctificetur. 6282
O. ds trinitas inseparabilis ... 6401
O. ds trinitas ... 6338
O. ds universa a vobis et ab hoc
templo ... efficiamini coheredes. 6583
O. dominator christe
— qui secundum assumtionem
carnis ... 6446 6785
— ... 6075
O. dne rex sancte qui corripis ... voluntatem tuam exsequentes.
3958
O. dnus
— intercedentibus virginibus suis
vos dignetur ... maneat semper.
5695
— qui es custos animarum ... 6747
O. et
— incomprehensibilis pater ds qui
dum unigenitum ... regnat coaequalis. 8078

— ineffabilis ds noster cujus nutu
cuncta ... saeculorum. 6804
O. et m. ds
— confitenti tibi huic famulo tuo
.... pietatis ad veniam. 2847
— da nobis regnum tuum ... invicta donorum. 8134
— et origo sanctificationis pius
reparator ... gaudeat. 6824
— in cujus humana conditio ...
mortalitatis non perdat. 7367
— majestatem tuam ... tribuas sanitatem. 8513
— p. dni nostri j. c. te supplices
deprecamur ... in saecula saeculorum. 7148 7156
— precor clementiam tuam ut me
... leniter suscipere. 1820
O. et m. ds qs immensam
— clementiam ... referat actionem.
3236 3506 3570
— pietatem tuam ... referat actionem. 2883 2917 3154 3214 3698
3726 3827
O. et m. ds qui ab initio utilia et
necessaria ...
— aptentur famulatibus. 6470
— pareant famulatibus. 6433
O. et m. ds qui ab initio
— utilia ... 6402 6530
— ... 6341
O. et m. ds qui
— ineffabili bonitate votis ... immaculatum conservet. 4346 4797
5356
— justo nobis tamen occulto ... te
adjuvante vincamus. 7270
— peccantibus ninivitis ... salutem operetur. 8705
— peccatoribus (et) pietatis tuae
... misericordiae consequatur.
3424 7273 7865
O. et m. ds qui peccatorum indulgentiam ...
— pietatis absolvat. 2641 8019 8290
— ... 2653 2752 2768
O. et m. ds qui peccatorum ... 2760
O. et m. ds qui
— sacerdotibus tuis prae ceteris
... pacis ingressus. 3724 3728
6411 * 6543 6594 6601
— sacerdotum ministerio ... pacis
ingressus. 1811 3155 6230

... 2759

O. s. ds confitentibus tibi
— famulis tuis ... pietatis ad veniam. 8047 8275
— his famulis tuis ... prosit ad
veniam. 2640 2652 8289

O. s. ds
— conservator animarum qui
quos ... mereatur ejus anima.
7315
— copiam tuae benedictionis ...
digne celebrare. 6817

O. s. ds creator et
— conservator humani generis ...
altaris proficiat. 6511 6554 6639
6670 6720
— gubernator caeli et terrae ...
ejusdem spiritus. 5779 5867
— omnium imperator angelorum
... vita salusque. 5975 6003
— ... 6320

O. s. ds
— criminum absolutor et indultor
... impleatur effectu. 3295
— cui numquam sine spe misericordiae ... facias aggregari.
7595 7682

O. s. ds cujus
— dispositione omnia ex nihilo
... perpetua gratulari. 6806
— sanctum et terribile nomen ...
postulata percipere. 6078 6800

O. s. ds da qs universis
— famulis ... glorificatione gaudere. 8012
— tuis plenius ... glorificatione
gaudere. 8150

O. s. ds
— dirige actus nostros ... operibus abundare. 2542
— dominator christe ... 6210
— ecclesiam tuam ... regeneratione caelestes. 283 329

O. s. ds effunde
— benedictionem tuam super
hunc furnellum ... perfectionem
veniat. 6840
— super hunc locum gratiam
tuam ... obtineatur effectus.
6167

O. s. ds
— fac nos tibi semper ... corde
famulari. 1153
— flos mundi ... 7968

O. s. ds fons et origo
— lucis et origo bonitatis ... 4215
— totius bonitatis qui feminei ...
saecula saeculorum. 5766 5795
5832 5924

O. s. ds fons
— lucis et origo bonitatis ... pervenire mereatur. 4010 4060 4415
4589 4736
— luminis et origo bonitatis ...
4379 4534
— omnium virtutum et plenitudo
gratiarum ... sine fine laetentur.
6213
— veri luminis qui sub tenebroso ... cum ipsis in caelestibus.
8741

O. s. ds
— gubernator caeli et terrae conditor ... spiritus sancti perunge. 5948
— hanc famulam tuam caelesti
benedictione sanctifica ... 5982

O. s. ds humani generis
— benignissime conditor ... misericordia reformavit. 6963
— reformator et auctor ... ad propria remeare. 6826

O. s. ds
— hunc famulum tuum N. ... 6044
— immensam clementiam tuam
suppliciter ... mereatur aeternam. 5508
— in omni loco dominationis tuae
totus assistis ... 6541
— majestatem tuam supplices ...
tribuas sanitatem. 453 490 671

O. s. ds miserere
— (huic) famulo tuo N. et dirige
... virtute perficiat. 5415 5472
— supplici ... 3839

O. s. ds misericordiam tuam
— his famulis ... misericordiam
sentiant. 6962
— nobis ostende ... indulgentiam
sentiamus. 1312
— nobis placatus ... veniam consequamur. 1313 2050

O. s. ds
— multiplica in honorem nominis
tui ... cognoscat impletum 8411
8632
— ne famulum tuum pro quo speciali ... placere mereatur. 5529

rum ... procurent substantiam.
6081

O. s. ds qui hodierna die unigenitum tuum
— israeliticae ... 7789
— in ulnis ... repraesentari merea-mur. 7799

O. s. ds qui hodierna luce carnis ... 985

O. s. ds qui humano corpori animam per similitudinem ...
— praecipias sociari. 7732
— saecula saeculorum. 7339

O. s. ds qui humano
— corpori animam ... 7406 7417 7618 7656
— generi animam ... fideliter ado-ravit. 7477 7500

O. s. ds qui
— ideo delinquentibus occasio-nem ... jussionibus pareat. 3091 7326
— immensam clementiam tuam ... 3519

O. s. ds qui in
— diluvii effusione ... 7974
— omni loco dominationis tuae totus assistis ... 6541

O. s. ds qui legalium differentias hostiarum ... procurent sub-stantiam. 6295

O. s. ds qui me peccatorem sacris ...
— diligere te merear. 1348
— ministrare merear. 1508 1599 1866 1939 1968 2228

O. s. ds qui misereris omnium et nihil odi-sti ...
— accipere gloriam. 2703 7843 7849 7873 7897 7911 7930
— ninivitis ... 2775 7893

O. s. ds qui
— non sacrificiorum ambitione placaris ... oblata commendet. 8135
— numquam sine spe misericor-diae supplicaris. 7729
— omnia occulta praenoscis ... po-scimus manifesta. 7011

O. s. ds qui omnium
— misereris ... mereamur aeter-nam. 2777 7853
— operum tuorum dispensatione

... immolatus est christus. 8415 8625

O. s. ds qui peccantium non vis ani-mas perire ... misericordiae transferatur. 2699

O. s. ds qui per beatum apostolum tuum
— dixisti ... pervenire mereatur. 7568 7660
— jacobum ... 3841
— ... 3731

O. s. ds qui per beatum jacobum apostolum ... invisibiliter ope-retur. 2885 2919 3106 3216 3676

O. s. ds qui per filium tuum
— angularem ... 6312
— lapidem angularem ... 6542

O. s. ds qui per
— gloriosa b. benedicti ... errore subsequamur. 989
— jacobum apostolum tuum in-ducere ... invisibiliter operetur. 2885 2919 3106 3216 3676
— lignum perdito mundo ... vir-tute caelesti. 6199
— moysen famulum tuum ponti-ficalis ... salvator mundi. 4016 6176 7784

O. s. ds qui primo homini transgre-dienti ... mereamur aeternam. 2778 7801 7826

O. s. ds qui regenerare dignatus es
— ... emitte ... propitiatus aeter-nam. 530 875 883 889 948 4359
— tribue ... universitatis tuae ve-ritatem. 645

O. s. ds qui regenerare ... 569 621 646 887 893 902 905 909 915 920 927 934 938 942 953 957 962 968 973 977 8454 8499 8555

O. s. ds qui regenerasti hunc famu-lum ...
— divinitatis tuae virtutem. 810 827
— unitatis tuae veritatem. 452 489 8530
— virtutis tuae veritatem. 755

O. s. ds qui sacerdotibus tuis
— prae ceteris ... 6588
— tantum ... 6503 6620

O. s. ds qui
— sacra beati protomartyris tui stephani ... tribulationibus li-berari. 8748

Omnium creaturarum dominator dne qui inter cetera ... conferatur palma. 5350

Omnium dne fons bonorum
— cunctorumque ds institutor ... glorietur in regno. 5787 5877 5956 6859
— dator provectuum ... corrobora gloriam. 5971
— et cunctorum ... corrobora gloriam. 5889
— ... 5303 5800

Omnium dne fons bonorum justorumque
— profectuum ... 5395 5382
— provectuum ... operibus comprobare. 5360 5375 5853

Operare creatura olei
— in nomine patris ... spiritus sancti. 3461 3642
— operare ut non lateat ... saecula saeculorum. 425

Opus
— est misericordiae dne s. p. o. ae. ds rogare pro aliis ... abrahae transferatur. 7654 7757
— misericordiae tuae sancte pater ... 7467

Oramus te dne
— ds noster ut calicem istum ... 6186 6278
— j. c. ut per sanctum angelum tuum ... 3043
— o. ut spiritus iniquitatis ... nobiscum est qui vivit. 7220
— per merita et patrocinia ... peccata nostra. 1507
— per merita sanctorum ... 1302
— pro famulo tuo ... 7447
— ut per merita sanctorum ... dimitte peccata. 2334

Orate fr. car. pro me
— misero peccatore ... patrem omnipotentem. 2224
— peccatore ut meum ... vivorum quam mortuorum. 2521

Orate fratres et sorores pro
— cunctis fidelibus ... requiem sempiternam. 2197
— me miserrimo peccatore ... acceptum sacrificium. 2196
— me ut meum ... offensionibus nostris. 2440

Orate fratres pro me ...
— deum nostrum. 2164
— omniumque salute. 1069
— votis vestris. 2015
— exorare queam. 2298

Orate fratres ut
— me orantem pro vobis exaudiat dnus. 2014
— meum ac vestrum ... sanctae ecclesiae. 2132

Orate fratres ut meum pariter ...
— acceptum sacrificium. 2013
— sit acceptum. 1625
— sit sacrificium. 1740 1763

Orate pro me fratres et ego pro vobis ... obumbrabit tibi. 1071

Orate pro me fratres et sorores et ego
— orabo ... acceptum sit sacrificum. 2424
— pro vobis ... dei sacrificium. 1073

Orate pro me fratres et sorores ut meum pariter ... in conspectu dni. 1553

Orate pro me fratres ut
— digne ... omniumque salute. 2485
— vestrum ... ante conspectum dni. 2379

Orate pro me misero peccatore ... divinae pietatis. 1912 2350

Orate pro me peccatore
— fratres et sorores ... ante conspectum suum. 1437
— ut nostrum ... omnipotenti deo. 2098

Ordinamus N. diaconum supra altare ... spiritus sancti. 5027

Ordinatus est in ecclesia
— dei ... saeculi saeculorum. 4996
— sancta dei ... saeculi saeculorum. 4999

Oremus deum ac dnum nostrum fr. car.
— et super hos servos ... 4591
— ... 4649

Oremus deum ac dnum nostrum
— fr. car. ... 4381 4536
— ut per servos suos ... regnat deus. 4190

Oremus deum ac dnum nostrum ut super servum suum ...
— deus per omnia. 4063
— praemia consequatur. 4419 4739

2307
— sit semper vobiscum. 2148
Pax christi
— et sanctae ecclesiae ... abundet in cordibus vestris. 1115
— in visceribus nostris permaneat. 1339
Pax christi quam nobis per
— evangelium ... vitam aeternam. 1347 1600 1864 1888 1940 1971 2054
— sanctum evangelium ... in vitam aeternam. 1509
Pax Christi quam
— tibi per evangelium ... in vitam aeternam. 2336
— vobis per evangelium ... in vitam aeternam. 2144
Pax dni sit semper vobiscum. 1746 1916 2112 1271 2394 2538
Pax et benedictio dei o. patris ...
— habitantes in ea. 3879
— maneat semper. 3896 5237 8706
Pax et communicatio
— corporis ... in vitam aeternam. 3291
— dni nostri ... semper vobiscum. 1282
Pax fides caritas ... sit semper vobiscum. 1176
Pax huic domui. 3862 3864 3876
Pax huic domui ...
— crux christi triumphat. 6456
— et omnibus habitantibus in ea. 2831 2914 2995 3234 3309 3355 3411 3425 3456 3503 3561 3608 3655 3722 3743 3787 3805 3857 3860 6088 6242 7275
Pax huic domui et omnibus ...
— in nomine dni. 2826
— egredientibus et regredientibus. 2796 3125
Pax
— in caelo pax in terra ... semper nobiscum. 1284
— mihi dne j. c. et ecclesiae sanctae tuae. 2552
Pax tibi frater et
— ecclesiae sanctae dei. 2430
— universae sanctae ecclesiae dei. 2262 2491
Penetralium cordis inspector ds ... valeat virtutis. 3049
Per

— aquae benedictae aspersionem ... gratiam et benedictionem. 5231
— eum cui est honor et gloria per infinita saecula saeculorum. 5739
Per evangelica dicta
— deleantur nostra delicta. 1260 2339 2417
— nostra deleantur peccata. 2482
Per
— evangelia lecta deleantur nostra delicta. 2517
— gratiam sancti spiritus paracliti ... ad vitam aeternam. 2185 2414
— haec indumenta stolam et casulam salutis ... valeas repromissa. 4082
Per hoc
— ostium traditur vobis ministerium ... rejiciendi indignos. 4204
— sacrum corpus ... 7105
— signum tibi diaconatus officium ... existere merearis. 4227 4388
Per
— horum omnium sanctorum martyrum ... largire custodiam. 8774
— hoc sermones sancti evangelii ... peccata nostra. 2136
Per intercessionem
— beatae et gloriosae semperque ... ad vitam aeternam. 7948
— sancti gabrielis ... suavitatis accipere. 1432 1909 2008 2077
Per ipsum et cum ipso ... honor et gloria. 2110 2141 2169 2392 2448
Per istam insufflationem ... permaneat in aeternum. 688
Per istam sacri olei unctionem et dei benedictionem ...
— deliquisti per visum. 3420
— optata remissio. 3421
Per istam sanctam unctionem et suam ...
— per auditum. 3681
— per visum. 3680
Per istam unctionem et
— dei benedictionem ... sit semper tecum. 2864 3472
— per ministerium ... sit semper

tecum. 2817

Per istam unctionem et suam misericordiam ...
— per ardorem libidinis. 3599
— per cogitatum. 3598

Per istam unctionem et suam piissimam misericordiam ...
— per ardorem libidinis. 3738 3777 3796
— per auditum. 3734 3791 3846 3884
— per gressum. 3795 3888
— per gustum. 3737 3793 3848 3886
— per incessum pedum. 3740 3851
— per locutionem illicitam. 3736
— per lumborum delectationem. 3889
— per odoratum. 3735 3792
— per olfactum. 3847 3885
— per tactum. 3739 3794 3850 3887
— per visum. 3107 3733 3790 3845 3883
— per visum ... auditum ... gustum ... odoratum ... tactum ... incessum ... ardorem libidinis. 7569 7661

Per istos sanctos sermones evangelii
— omnia peccata nostra. 1527
— universa peccata nostra. 1386

Per istos sermones
— dni nostri j. c. ... omnia peccata nostra. 1990
— sancti evangelii ... dnus (omnia) peccata nostra. 1385 1896 2058

Per misericordiam tuam ds noster
— in cujus conspectu ... recitantur. 1189
— qui es benedictus ... in saecula saeculorum. 1178 1186 1215

Per quem
— haec omnia dne semper bona creas ... praesta nobis. 2156 2168 2391 2447 2537
— supplices te deprecamur ut altare ... perpetuam consequatur. 6469

Per
— resurrectionem dni nostri j. c. et per intercessionem ... ad vitam aeternam. 8644
— virtutem sanctae crucis ... venire gaudentes. 1228 1685

Perceptio corporis dni nostri j. c.
— 1125 1146
— sit ... tuorum peccatorum, 1925

Perceptio corporis et sanguinis
— dni j. c. ... in vitam aeternam. 1478 1642 1669 1711 2035 2122 2203 2267 2362 2403
— tui dne j. c. ... in vitam aeternam. 1840 2523

Perceptio corporis
— tui dne j. c. quod ... mentis et corporis. 1469 1920 2029 2310
— ... 1139

Perceptis dne ds noster
— muneribus sacris te suppliciter ... sententiam declaret. 7023
— sacris muneribus te suppliciter ... sententiam declaret. 7093
— salutaribus sacramentis ... proficiat ad salutem. 991

Perceptis tui corporis et sanguinis dne ... fulciamur aeternis. 988

Percipientes dne munera salutis aeternae ... semper assistant. 6582

Perpetua
— nos dne pace custodi ... redimere dignatus es. 2479
— qs dne pace custodi ... salvator mundi. 2189

Perseveret in his dne caeleste ... consequi mereantur. 216

Persolve miserationes tuas dne nobis ... caelesti componi. 3035

Perungo te chrisma sanctitatis ... saecula saeculorum. 397

Piae recordationis affectu commemorationem ... deleat et abstergat. 7414 7428 7449 7487 7521 7545 7592 7629 7676 7700

Pie
— dne qui attriti cordis gemitum ... benevolentiae coronari. 5489
— et exaudibilis dne ds noster clementiam ... saecula saeculorum. 8769

Pietate tua qs dne nostrorum solve ... aeternum concede. 1790

Pietatis tuae christe ... 8321

Pignore me fidei signatum ... rex benedicte tua. 1822

Placare
— dne per hoc incensum ... in vitam aeternam. 1245

— qs dne humilitatis nostrae precibus ... succurre praesidiis. 7271

Placatum redde ds nostrorum cordium habitaculum ... vita sanctificetur. 2645

Placeat tibi
— ds obsequium ... 1298
— sancta trinitas ... in saecula saeculorum. 1569
— sancta trinitas ... miserante propitiabile. 1134 1148 1486 1714 1844 1927 2036 2123 2133 2173 2205 2237 2270 2316 2364 2406 2463 2526 8363
— sancte deus trinitas ... miserante propitiabile. 1102

Placetur dne hoc thymiamate ... in vitam aeternam. 1832 2011

Plenum nobis qs dne ... 4813

Plenum qs dne in nobis remedium tuae miserationis ...
— fovere digneris. 3999
— placere valeamus. 4566 4775

Plenum qs dne in nobis remedium ... 4322

Poenitentes orate flectite genua ... donare dignetur. 8371

Pone dne amictum salutarem ... diabolicas fraudes. 1574

Pone dne galeam salutis
— in capite meo. 2178
— ... diabolicas catervas. 1031
— ... diabolicas fraudes. 1671 2408 2468
— ... saevitiam superandam. 1005 1219 1645
— ... spiritus sancti. 1013 2239
— ... diaboli fraudes. 1251

Pono signum in capite tuo ... in nomine dni. 4706

Populus te honoret adjuvet te dnus ... in saecula saeculorum. 3987 4101 4169 4804

Postulat
— haec sancta mater ecclesia ... a vestra paternitate. 4248
— mater ecclesia catholica ... memor sit conditionis suae. 4539

Postulat sancta mater ecclesia catholica ...
— ad hujus onus officii. 4221
— jesu christo. 4065

Potum servorum suorum benedicat
— rex angelorum. 8717
— spiritus sancti. 5194

Praebe ds autem supplicationibus nostris et me ... pervenire in pace. 2644

Praeceptis salutaribus moniti ... audemus dicere. 2449

Praecingat te dnus zona justitiae ... mandata tua. 5730

Praecinge dne cingulo fidei et virtute castitatis ...
— corporis mei. 1015 2180
— patris et filii. 2241
— totius castitatis. 1024 1033 1221 1576
— virtus castitatis. 1647

Praecinge dne lumbos
— mentis ... corporis mei. 995 2470
— meos et circumda vitia cordis mei. 1497

Praecinge me dne cingulo fidei ...
— humorem libidinis. 2210
— totius castitatis. 1007 1576 1673
— vigor castitatis. 1250

Praecinge me dne virtute et pone immaculatam viam meam. 1000 1322 1500 1589 1951

Praecinge me dne zona justitiae ...
— caritatis et pudicitiae. 2045
— dei et proximi. 2328

Praeclaram velut coronam ... celebranda domina. 3927

Praeclare fecit dnus simeonem ... nec vincent eam. 4887

Praesta dne
— famulo tuo renuncianti saecularibus pompis ... gaudeat evasisse. 5453
— his famulis tuis dignum paenitentiae fructum ... 2757 8044
— huic famulo tuo dignum ... reddatur innoxius. 6974
— j. c. fili dei vivi ut qui corpus ... criminum nostrorum. 1485

Praesta dne per
— hanc creaturam ... 6311
— hujus creaturae aspersionem ... 2999

Praesta dne qs his famulis tuis dignum paenitentiae fructum ... 8166

Praesta dne qs huic famulo tuo
— dignum ... viam consequendo.

— nobis dne in condemnationem ... de futuris cautelam. 1374

Promittis te de praeteritis culpis emendare ... abrenuntiare? Promitto. 2671

Promitto deo ego N. et sanctis ejus in quorum ... in die judicii. 5428

Promitto vobis
— et perdono quod unicuique ... exhibere debet. 5863 5941
— quod vobis et ecclesiis ... exhibere debet. 5894

Propitiare dne
— animae famuli tui N. ut quem ... facias pervenire. 7366
— iniquitatibus meis ... munere glorier. 1492

Propitiare dne supplicationibus nostris
— et animam ... jubeas sociari. 7378
— et inclinato ... effunde virtutem. 3982 4088 4133 4340 4442 4568 4614 4767 4776
— et institutis tuis ... auxiliante servetur. 5087 5109
— pro anima ... sociare digneris. 3181 7364 7393

Propitiare dne ... 4160 4173 4305 4558 4697 4790 5123 5135 5148 5162 5189 5201

Propitietur dominus
— cunctis iniquitatibus ... desiderium tuum. 2820 2875 3012 3075 3166 3354 3375 3416 3437 3571 3662 3730 3782 3800 7303
— iniquitatibus tuis ... desiderium tuum. 2894 2927 3223
— omnibus iniquitatibus tuis ... 2969 3095 3835
— ... 2957

Propitius sit nobis o. et m. ds ... et benedicat nos. 3878

Prosit
— dne qs animae famuli tui divini celebratio ... miserante consortium. 3182 7348
— qs dne animae famuli tui ... 7423

Prospice o. ds serenis obtutibus
— gloriosum regem ... 5754
— hunc ... regalis munificentiae. 5861

— hunc ... habitare mereatur. 5738 5904
— ... 5829

Protector in te sperantium ds sine quo ... amittamus aeterna. 2407 2501 2527

Protegat dne qs tua ... 8694

Protege
— dne famulum tuum ... redde securum. 754
— eam protectione tua divina ... hic et in perpetuum. 5562

Proximus est dnus
— christe qui servis ... donum tuum susceperunt. 4947
— tu es ille ... dona tua acceperunt. 4968

Pulchritudo tua ceteris pulchritudinibus ... fructumque ferat. 4987

Pura celebranda super omnes ... famulum tuum serva. 3914

Purifica dne ds p. o. peccatorum arcana ... fortissimum regnum. 1188

Purificent nos qs
— dne sacramenta quae sumsimus ... plenitudine glorietur. 2698 5724
— o. et m. ds sacramenta quae sumpsimus ... omnium peccatorum. 1804

Purificent semper et muniant ... salvationis effectum. 1161

Purificet nos qs dne divini libatio ... beatitudinis regnum. 1784

Purus et diligens puros dne ... 4929

Pya glossa omologesin ... pisteuo is ena. 341

Q

Qua dil. hos de quorum periculo ... clementer admittere. 8162

Quaeso dne
— ds pone eum dignum vocatione ... spiritus sancte. 5034
— exaudi nos in iis quae supplices ... jesum christum ille qui. 5036

Quaeso o dne pone eum
— consortem vocationis ... usque in saeculum. 5022
— dignum vocatione ... spiritu

sancto. 5010
Quaesumus dne
— animae famuli tui ... 7441
— ds noster spes vera credentium ... suavissimam accipias.
1776
— famulo tuo cujus diem primum
... 7737
— pro tua pietate miserere animae famulae ... parte restitue.
7389 7421 7482
— ut animae famuli tui cujus obitus ... perennem infunde. 7344
— ... 7410
Qs immensam pietatem tuam ds ...
magnitudinem pietatis tuae.
1365
Qs o. ds famulum tuum quem ad
regimen animarum ... electione
placeat. 5401
Qs o. ds in
— cujus honore hoc altare consecramus ... 6518 6570 6645
— honore ... 6325
— quorum videlicet N. et N. honore ... 6679
Qs o. ds instituta
— providentiae tuae ... pace custodi. 5058 5112 5125
— ... 5165 5192
Qs o. ds universarum ... 6327
Qs o. ds ut animae famulorum ac
sacerdotum ... munera contulisti. 7382
Qs o. ds ut beatus
— paulus ... 7917
— thomas ... 8693
Qs o. ds ut
— hi famuli tui quos incolumes
... inhaerere mandatis. 6829
— famulus tuus franciscus dux
noster ... valeat pervenire. 6029
— hoc in loco quem nomini tuo
... pietatis accommodes. 6132
6293
— mittere digneris sanctos ... titillare praesumat. 7227
— munere divino ... prosit effectum. 1162
Quaesumus ... 8666
Quam multae misericordiae tuae ds
... per gratiam tuam sanctifica. 4961
Quam oblationem

— quam tuae pietati ... nostri j. c.
1271
— tu ds in omnibus ... jesu christi. 1453 2103 2443
Quamvis per gratiam baptismi fratres unum simus ... repromissa percipere. 5476
Quantum ad humanum spectat examen ... 4250
Quae tibi dne j. c. pro cruce lacrymas ... extollat in gaudium. 8323
Quatenus consecrata sis aqua sancta ...
— ad consecrationem ... in hac
capsa. 6811
— ad reconciliationem ... qui venturus est. 6604
Quem refecisti dne caelesti mysterio corporis ... percipere mereatur. 3638
Qui benedixit discipulis suis in bethania ... ovium gregis tui. 4975
Qui dispersos
— congregat ipse vos ... gaudeatis in caelo. 6903
— israel congregat ... gaudeatis
in caelo. 6883 6895
Qui es omnium ds et dominator
— dnus ... dne ds noster. 1770
— fac ... unitatis conjunctio. 1141
1707
Qui
— foedera nuptiarum blando ...
perducat augmentum. 5060
— hac die antequam traderetur
accepit panem ... 8025 8119 8139
Qui in
— ea auctoritate et potestate confidentes ... cum omnibus sanctis 3755
— principio inter cetera ... 8187
Qui
— inexplicabili affectu meretricis
... hujus famuli tui. 3913
— invisibili potentia ... 8484
— ordinandi estis presbyteri offerre ... undique redundare.
4232 4501
Qui pridie quam
— pateretur ... corpus meum. 2104
2165 2384 2444
— pro nostra omniumque salute
... remissionem peccatorum.
1272 8175 8329

R

— me tunica ... in saecula saeculorum. 1334

Rogo te ds sabaoth altissime p. s. ut (me) tunica castitatis ... benigne suscipere. 1858 1962

S

Sacerdos est altaris sacri ... ecclesia dei. 5039

Sacerdotem oportet offerre benedicere ... praedicare et baptizare. 4665 4751

Sacerdotes tuos dne indue justitiam ... altaribus famulentur. 8606

Sacramenti tui dne qs sumpta benedictio ... praeparet adscribendos. 8728

Sacri
— sanguinis commixtio ... ad vitam aeternam. 1463
— unctio olei in pectore reginae spiritus sancti ... in saecula saeculorum. 6851

Sacrificiis dne placatus oblatis ... clementer indulge. 5921

Sacrificium
— dne hoc quod tibi offerimus ... concede medicinam. 7321
— salutis nostrae ... 4711

Salva me dne rex aeternae gloriae qui potes ...
— da in ... largiri custodiam. 1353
— dne s. p. o. ds ... tentationis virtutem. 1377

Salva me dne rex aeternae gloriae qui solus ... constrictus teneor. 8781

Salvator noster redemptorque omnium qui non
— poenitentem ... salvator mundi. 3212
— solum ... benedictione perducas. 2857

Sana dne animam meam quia peccavi tibi. 3725

Sana dne infirmum istum cujus ossa
— ... animam ejus a morte. 3266 3526
— et sana eum. 3389

Sana dne infirmum istum et
— dne ... 3758
— medica ... 3174

— ... 3428 3563 3585

Sana
— dne omnes languores nostros ... vitam nostram alleluia. 3161
— me dne quoniam conturbata sunt ... eripe animam meam. 2890 2924 3162 3173 3362 3612 3659
— qs dne vulnera famuli tui aegritudines ... adunari consortium. 7325

Sana quoque
— ds omnium medicator ... optata remissio. 2818 3450
— qs omnium medicator ejus febrium. 3781

Sanat te jesus christus ... 3432

Sancta
— cum sanctis et conjunctio ... in vitam aeternam. 1103
— maria inclita mater dni nostri j. c. indulgere dignetur. 2535
— salariensis ecclesia atque episcopalis ... celebrare missam. 6928
— sanctis et conjunctio ... praestetur ad requiem. 1207

Sancta trinitas
— conserva hanc fidei meae ... in saecula saeculorum. 8758
— et inseparabilis ... aeternam custodiat. 3264

Sanctae sotheris precibus confidentes ... remedia capiamus. 8725

Sanctam et laudandam et benedictam ... dno supplicemus. 4875

Sancte dne
— o. ds qui ad nostrarum contemplationem ... offendiculo ambulemus. 8404
— qui remissis delictis beatitudinem ... exsultatione perfunde. 2620

Sancte p. o. qui famulum tuum ab errore haereseos ... timoris dei. 6981

Sancte spiritus qui te
— deum ... 5481
— dominum ac deum revelare mortalibus ... 5454

Sancte spiritus ... 5436

Sancti dei omnes qui ab initio saeculi ...
— habere cum sanctis. 1493 1586

Sanguis tuus sit nobis semper ad vitam ... ds noster. 1305

Satisfaciat tibi dne
— ds ... 7694 7724
— qs pro anima famuli tui ... compensatione percipiat. 7368

Scias o fili benedicte hunc gradum ... amen amen amen. 5030

Scrutator cordis et castae ... corpore gestus. 1816

Scrutinii diem dil. fr. ... peragere valeamus. 221 252 307

Sed
— integra in eis pontifex venerande ... 8046
— quid nunc truculente recogitas? ... persuasionibus venit. 7191

Separatus est sanctificatus est perfectus est ... spiritus sancti. 4946 4967 4993

Sermo et sacramentum totius ... ita incipit. 200

Servanda est dil. fr. in excessu sacerdotum ... dicite dignus est. 4130

Si ante oculos tuos dne culpas ...
— gentium gaudeamus. 1367 1717
— semper perseveremus. 1973

Si baptizatus es non te baptizo ... 716 750 805

Si tantum dne
— reatum nostrae delinquentiae ... in dolore gementem. 2226
— reatus nostrae delinquentiae ... visitat per dolorem. 1724

Si vis habere vitam aeternam ... per eum qui venturus. 84

Sic
— age quasi redditurus deo rationem ... clavibus recluduntur. 4001 4051 4365 4403 4473 4519
— agite quasi reddituri (deo) rationem ... clavibus recluduntur. 4181 4203 4253 4573 4719

Sicut a dno nostro j. c. didicimus per doctrinam ...
— peccatorum tuorum indultor. 3149
— sanctorum angelorum. 2724

Sicut
— principali constat sententia ... consortium supernorum. 2723
— ros hermon qui descendit in

sion descendat super te benedictio. 4245

Signaculo dei patris ... ut confitearis illi. 622

Signaculum dei patris ... in saecula saeculorum. 623

Signaculum doni spiritus sancti
— 840 847 854
— ... remissae sunt iniquitates. 862

Signaculum dei ... 866

Signat te ds
— fidei in nomine patris ... in consignatione fidei. 4361
— sigillo fidei ... spiritus sancti. 888 8500

Signo
— caput tuum sicut signavit ds ... in futuro saeculo. 7223
— te in fronte in nomine ... ut confitearis illi. 59

Signo te in nomine
— dni nostri j. c. ut confidas in eum. 110
— patris et filii ... pax tecum. 9

Signo te
— sigillo fidei ... pectus tuum pono. 133
— signaculo dni nostri j. c. de manu ... saecula saeculorum. 632
— signo crucis ... spiritus sancti. 949 969 978

Signum christi in vitam aeternam. 463 882 884 8424

Signum crucis dni nostri j. c. in
— fronte tua pono. 36 153
— pectus tuum pono. 111

Signum crucis
— et salvatoris dni nostri j. c. ... in pectore tuo pono. 8427
— salvatoris dni nostri j. c. ... in pectus tuum. pono. 720

Signum crucis salvatoris nostri j. c. ...
— in fronte tua pono. 153 574
— in pectore tuo pono. 154 575

Signum salutis pone ... 3504 3518

Signum salvatoris
— dni nostri j. c. inter scapulas tuas pono. 721
— nostri j. c. in pectus tuum pono. 37 87 88 536

Signum sanctae crucis ... in frontem tuam pono. 535 719

Simili modo postquam caenatum est ... memoriam facietis. 2426 2445

Singulare illud repropitiatorium quam se in altare ... scripsit in tabulas. 6068

Singulare illud repropitiatorium quod se in
— altari crucis ... scripsisti in tabulis. 6385 6487
— ara crucis ... scripsisti in tabulis. 6118
— ... 6162

Singularis meriti sola sine exemplo ... consequar regnum. 8788

Sint ipsi virtutes diaconi ne imponatur ... laus deo semper. 5018

Sit dne ds nostris obsequiis tuae praesens gratia ... spiritus sancti. 5221

Sit dnus
— ds tuus benedictus cui complacuit ... non te deserat. 5312
— in corde tuo et in ore ... omnia peccata tua. 1558

Sit fons iste sacer sanctificatus ...
— spiritus sanctus. 8642
— manus tua dextera ... cum decore et gloria. 4977

Sit nobis
— communis oratio ut is qui ... deprehendatur obtineat. 4030
— fratres communis oratio ... 4084 4238 4438 4506 4674
— qs fratres communis oratio ... 4126 4606

Sit
— splendor dni nostri super nos ... nostrarum dirige. 1003
— vobis communis oratio ut hic qui ... deprehendatur obtineat. 4156

Solemnia completa sunt in nomine ... acceptum cum pace. 1216

Solus et ineffabilis supernorum rex dne ds auxiliare ... ducente consortium. 6154 6256

Sors ad eos qui te adorant ... quaestum faciendi. 4957

Spes aeterna ds cunctorum certa ... ordo veternus. 1823

Spiritum
— erroris spiritum ... regno consequatur. 185
— in nobis ... 8589 8658
— nobis dne tuae charitatis ... 1843 8459 8535 8654
— sanctificationis qs dne hludowico regi ... gaudia consequatur. 5856
— ... 8662

Spiritus sancti gratia
— humilitatis nostrae officio ... 5755 5768 5926
— illuminet cor tuum et mentem tuam ... 5617
— nostrae humilitatis officio ... 5834

Spiritus sanctus
— paraclitus qui descendit ... capita te adorantium. 4960
— qui in ecclesia constituit ... laudemque supra laudem. 4979
— septiformis veniat super te ... in saecula saeculorum. 3988 4445 4793
— super vos descendat ... vos custodiat. 947

Spiritus sanctus superveniat
— in te et virtus altissimi obumbret tibi. 1557
— in vos ... a peccatis. 961

Spiritus sanctus superveniet in
— te et virtus altissimi sine peccato custodiat te. 4655 4667
— vos ... custodiat vos. 914
— vos ... custodiat. 933

Sta et retine a modo
— locum quem hucusque ... spiritu sancto. 5881
— statum quem huc ... vivit et regnat. 5962

Sta et retine
— animo locum a deo tibi ... saecula saeculorum. 6010
— locum a deo ... augeat tibi gratiam. 5294 5359

Sta et retine locum a modo
— quem ... plebis constituat. 5913
— tibi a deo delegatum ... 5979

Sta
— retine a modo locum regium quem non jure ... in saecula saeculorum. 5765
— in justitia et sanctitate et retine ... augeat tibi gratiam. 5322 5388 5397

T

nam tribuas. 1779

Tui
— dne perceptione sacramenti ... liberemur insidiis. 4326
— nobis dne communio sacramenti ... tribuat unitatem. 1158

Tuis
— dne qs operare mysteriis ut haec tibi ... mentibus offeramus. 4293
— semper dne qs operare mysteriis ... mentibus offeramus. 4039

Tunica jocunditatis et indumento laetitiae induat te dnus. 4383

Tuum est enim misereri et salvare ... in saecula saeculorum. 3957 3959 3961

U

Unctio
— consecratio et sanctificatio quam huic imagini ... spiritus sancti. 6803
— salutis pinguedo sancta ave ... salutis remedium. 8090

Unctionem tuam sacram o benigne ... per lignum tuum miserere. 3899

Unde
— et memores dne nos servi tui ... salutis perpetuae. 1274 2105 2301 2385 2427
— unxisti sacerdotes reges prophetas ... saecula saeculorum. 5901

Ungantur manus istae de oleo sanctificato et chrismate ...
— in nomine dni. 4700
— te rogamus exaudias. 4344 4456
— te rogamus et exoramus. 4135 4308 4617

Ungantur manus istae de oleo sanctificato unde uncti ...
— in saecula saeculorum. 5753
— praestare dignetur. 5903

Ungantur manus istae et
— consecrentur ... spiritus sancti. 3980
— sanctificentur ... in saecula saeculorum. 3979 4093 4162 4446 4794

Ungatur et consecretur caput tuum caelesti ... spiritus sancti. 3981

4037 4081 4090 4154 4163 4307 4436 4447 4560 4616 4699

Ungitur
— oleo laetitiae in nomine patris ... et spiritus sancti. 859
— servus dei oleo ... in saecula saeculorum. 835

Ungo aures corporis tui ut per has ... in vitam aeternam ... 3817

Ungo aures has
— sacrati olei liquore ... spiritualis evacuet. 3276 3393 3440 3463 3539 7292
— sacri olei liquore ... spiritualis evacuet. 3206

Ungo aures hujus sacrati olei liquore ... spiritualis evacuet. 3594

Ungo aures
— sacrati olei de liquore ... salutaris evacuet. 2868
— tuas de hoc sacrati olei liquore ... spiritualis evacuetur. 3769

Ungo
— caput tuum de oleo sanctificato ... superare catervas. 3274 3391 3537 3815
— collum tuum de oleo sancto ... spiritus sancti. 2809 3114 3466 3648 3706 7295

Ungo guttur tuum de oleo
— exorcizato ... vivit et regnat. 3115 3467 3649 3707
— sancto exorcizato ... in trinitate vivit. 7296

Ungo has aures
— de oleo sancto ... superare catervas. 3483
— sacrati olei liquore ... spiritalis evacuet. 2806 3111 3645 3703

Ungo has manus (de) hoc consecrato oleo ... liquaminis evacuetur. 3597

Ungo has manus de oleo
— benedicto ... unctionem vacuetur. 3821
— consecrato ... unctionem evacuetur. 2812 2871 3209 3446 7299
— sacrato ... unctionem evacuetur. 3284 3397 3772
— sanctificato ... unctionem evacuetur. 3547
— sancto ... unctionem evacuetur. 3118 3470 3652 3710

Ungo has

tros ... corda placeamus. 2125 2248 2320 2507

Ut
— de profectu sanctarum ovium ... simul in aeternum. 3993
— divinus fluvius misericordiae ... tuam gratiam expetimus. 3905
— dni discipulus suscepisti ... animae nostrae salventur. 3943
— facilius memoriae vestrae possint ... ordinemque repetamus. 7988
— quid nos vocasti frater? ... peccaminum abominationem. 2800

V

Vade in pace et angelus ... inimicorum dei. 946
Valeat dnus noster archiepiscopus ... tuam habuero gratiam. 4327
Vel te latet satanas ... 634
Venerabilem atque sublimem beatissimi ... in omnibus largiatur. 1163
Venerabilibus informati praeceptis ... dicimus pater. 214
Veni creator spiritus mentes ... 2254
Veni sancte spiritus reple ...
— clamor meus ad te veniat. 1066
— ignem accende. 2376
Veni sanctificator o. ae. ds et benedic ...
— nomini tuo praeparatum. 1431 2297
— consecratum ... spiritus sancti. 2423
Veni sanctificator
— o. ds benedic hoc sacrificium nomini tuo praeparatum. 1049 1056 1757 2093 2346
— quaeso o. ae. ds benedic ... praeparatum tibi. 1551
Veniam peto a te dne
— j. c. coram sanctis ... cunctis peccatis meis. 1651
— tibi et omnibus ... praestante ds noster. 1702
Veniat ergo o. ds super hoc incensum ... majestatis adsistat. 6194
Veniat qs
— dne ds super hoc incensum ... 8385
— o. ds super hoc incensum ...

majestatis adsistat. 8539 8568 8597
Veniat spiritus sanctus et habitet ... dne omnium laus tibi. 4995
Venientes autem venient ... portantes manipulos suos. 1016 2181 2410
Venisti huc ex libera tua voluntate ... hic manu tenes. 5223
Venite accedamus ad sacerdotium ... dat saporem. 4951
Verbum caro factum est et habitavit in nobis. 1144 1293
Verbum patris
— quod cum factum es ... proclaverimus in terris. 1205
— unigenitus filius ... apostole te colimus. 3944

VERE DIGNUM

Adesto precibus nostris adesto
— sacramentis ... 6104 6160 6261 6559 6618.
— votis ... 5337
Adesto ... 6323
Affluentem spiritum tuae benedictionis famulo ... abbas instituitur. 5405
Bonorum
— auctor et distributor omnium dignitatum. 4670
— dator ordinum distributor ... 4658
Castorum benignus ... 5673
Castorum corporum benignus
— habitator et incorruptarum ... 5587 5683
— inhabitator ... 5573 5630 5645
Castorum inhabitator et incorruptarum amator animarum. 5658
Clementiam tuam suppliciter obsecrare ... muneris induantur. 8117
Creator
— et gubernator caeli et terrae ... spiritus sancti perunge. 5906
— omnium imperator angelorum ... 5757
Cujus
— bonitas immensa ut non habuit principium ... 6623
— virtuti subdita sunt universa ... hosanna in excelsis. 7253
Ds fons et origo totius

— mysterium creaturae olei revelans ... sumpturam per christum. 8093

— non existentem me creasti ... sanctorum tuorum. 1797

— per passionem crucis mundum redemit ... largire consortium. 1802

— populorum pascha cunctorum ... saecula saeculorum. 8629

— post offendicula lapsus primi hominis ... sanctificator appare. 6071 6326 6364 6523 6709 6727 6737

— potestate virtutis ... 5190

— providentia tua ecclesia ... 5845

— quamvis humano generi mortis ... glorificationis expectet. 7346

— septiformes ecclesiasticae ... largiaris consortium. 1787

— solus habes ... praemiis consecretur. 407

— te mirabiliter operante ... fideles tuos. 1807

Quia tuae virtutis esse cognoscimus ... praesidium relinqueret. 8724

Respice qs super hunc famulum tuum quem in tui ... coronam accipiat. 5346

Salva nos ex ore leonis ... corda purifica. 7000

Sed quid tibi dignum ... consortium perducas. 1782

Te

— laudare teque benedicere tibi gratias ... proclamant dicentes. 1167

— quidem omni tempore sed in hoc potissimum ... 1834 8458 8533 8587 8651 8661

Totius sanctae religionis origo ... tibi deserviant. 5504

Unde nos quoque te supplices deprecamur ... perpetuam consequatur. 6292

Ut

— altare hoc sanctis usibus praeparatum ... 6654

— propensiori cura et attentiori tui nominis ... 6106 6172 6267 6328 6571

Vere sanctus et gloriosus dnus ... redemptor aeternus. 1200

Vere sanctus vere benedictus dnus noster j. c.

— filius ... manifestus in terris. 1079

— unigenitus ... solemnitatis instituit. 1081 1168

Vestibus angelicis induti ... contagia mentis. 1815

Via sanctorum omnium j. c. qui ad te ... paradisi introire. 1810 6228

Vice

— apostolorum principis cui a dno ... omnium peccatorum tuorum. 2637

— b. petri apostolorum principis cui a dno ... corona gloriae. 7887

— b. petri principis apostolorum ... in saecula saeculorum. 2725

— sancti petri apostolorum principis cui ... omnium peccatorum tuorum. 2909 3123 3480

Victoriosum te atque triumphatorem de ... regnum perducat. 5790 6871

Vide cujus

— ministerium tibi traditur et ideo ... placere possis. 4062 4114 4418 4535

— mysterium tibi traditur et ideo ... placere possis. 4012 4380

Vide

— (ut) quod ore cantas ... operibus probes. 4136 4178 4402 4471

— quomodo ipsam deo sacratam ... jesu christi. 5597

— ut natura scientia et moribus ... de nostro multiplicetur. 4249

Videamus optime salvator laetantes ... typice a te exhibitum. 3929

Videte cujus ministerium vobis traditur ... placere possitis. 4192 4216 4270 4489 4590 4648 4738

Videte fr. christianae religionis officium ...

— digni sunt morte. 7121

— facientibus damnabuntur. 7043 7089

Videte ut quod ore cantatis ... operibus probetis. 4251 4518 4572 4624 4684 4717

Virgam fortitudinis mittet tibi dnus ex sion ... inimicis tuis. 4919

INDEX LOCORUM
UBI « ORDINES » INVENIUNTUR

(Numerus indicat paginam)

INDEX GENERALIS

LIBER SECUNDUS

DE SACRIS BENEDICTIONIBUS

LIBER TERTIUS

DE RITIBUS AD ECCLESIASTICAM DISCIPLINAM SPECTANTIBUS ALIISQUE NONNULLIS

LIBER QUARTUS

TRACTATUS IN DIVINIS CELEBRANDIS OFFICIIS